Jürgen Weber
Michael Piazolo (Hg.)

JUSTIZ
im Zwielicht

Jürgen Weber
Michael Piazolo (Hg.)

JUSTIZ
im Zwielicht

Ihre Rolle in Diktaturen
und die Antwort des
Rechtsstaates

OLZOG

Die Deutsche Bibliothek - CIP-Einheitsaufnahme

Justiz im Zwielicht:
ihre Rolle in Diktaturen und die Antwort des Rechtsstaates /Jürgen Weber ;
Michael Piazolo (Hg.). - München :
Olzog, 1998
(Akademiebeiträge zur politischen Bildung / Akademie für Politische Bildung,
Tutzing ; Bd. 32)
ISBN 3-7892-9201-X

ISBN 3-7892-9201-X
Internet: http://www.olzog.de

© 1998 Günter Olzog Verlag GmbH, München

Alle Rechte, insbesondere das Recht der Vervielfältigung und Verbreitung sowie der Übersetzung, vorbehalten. Kein Teil des Werkes darf in irgendeiner Form (durch Fotokopie, Mikrofilm oder ein anderes Verfahren) ohne schriftliche Genehmigung des Verlages reproduziert oder unter Verwendung elektronischer Systeme gespeichert, verarbeitet, vervielfältigt oder verbreitet werden.

Umschlagentwurf: Gruber & König, Augsburg
Druck- und Bindearbeiten: Druckerei J.P. Himmer, Augsburg
Printed in Germany

Inhalt

Vorwort 9

Jürgen Weber/Michael Piazolo
Parteisoldaten in Richterrobe 11

I. Nationalsozialistische Diktatur

Jürgen Zarusky
Politische Strafjustiz im nationalsozialistischen Doppelstaat 25

Bernhard Jahntz
Diener des Unrechts: Funktionen und Selbstverständnis der NS-Strafjustiz 39

Günter Spendel
Freispruch für die NS-Justiz? Strafrechtliche Ahndung von
Justizverbrechen in Deutschland 65

Willi Dreßen
Blinde Justiz - NS-Justizverbrechen vor Gericht 77

II. Faschistische Regime

Hans Woller
Die gesellschaftliche Überwindung des Faschismus in Italien nach 1943 97

Walther L. Bernecker
Zum Umgang mit ungeliebter Vergangenheit - Die spanische
Gesellschaft und die Erinnerung an den Bürgerkrieg von 1936 111

Fernando Rosas
Politische Justiz in Portugal unter dem Regime Salazar 131

III. Kommunistische Diktaturen: Sowjetunion, Polen

Friedrich-Christian Schroeder
„Verräter und räudige Hunde" - Die Justiz im Stalinismus 151

Adam Krzemiński
Zwischen Amnestie und Aufarbeitung - Das polnische Beispiel 161

IV. Kommunismus in Deutschland: Die SED-Diktatur

Hermann Wentker
Justiz im Übergang: Die sowjetische Besatzungsmacht, die deutschen
„Täter" und die Anfänge der politischen Strafjustiz in der SBZ/DDR............ 171

Falco Werkentin
Instrumentalisierung der Strafjustiz durch die SED:
Methoden - Ziele - Fälle.. 191

Clemens Vollnhals
Nomenklatur und Kaderpolitik - Staatssicherheit und die
„Sicherung" der DDR-Justiz 213

Christoph Schaefgen
Wer richtet die Richter? Die Rechtsbeugungsverfahren gegen
DDR-Juristen: Ergebnisse, Kritik 241

Günter Spendel
Unrechtsentscheidungen des SED-Regimes und BGH-Judikatur................... 257

Rudolf Wassermann
Nachsicht und Milde - Vom Umgang mit dem Justizunrecht
des SED-Regimes... 273

Hans-Jürgen Grasemann
Vergangenheitsbewältigung durch Rehabilitierung?....................................... 285

V. Möglichkeiten und Grenzen der Ahndung von Justizunrecht durch den Rechtsstaat

Edzard Schmidt-Jortzig
Der Rechtsstaat ist nicht hilflos... 305

Wolfgang Schuller
Justizunrecht im NS- und SED-Regime - einige vergleichende
Überlegungen 311

Friedrich-Christian Schroeder
Der Rechtsstaat hat die Pflicht zur Wiederherstellung der Gerechtigkeit 321

Herwig Roggemann
Politischer Systemwechsel, Systemunrecht und Strafrecht -
Zur Kritik des deutschen Modells aus vergleichender Sicht 325

Abkürzungsverzeichnis 351

Die Autoren 353

Personenregister 355

Vorwort

Zu den Prägekräften des 20. Jahrhunderts gehört ohne Zweifel die Diktaturerfahrung, ebenso aber auch die Erfahrung, die Folgen staatlich-gesellschaftlicher Verwüstung zu überwinden und zu „bewältigen". Diktaturen jeglicher Couleur pflegten ein instrumentelles Verhältnis zum Recht. Nicht einmal einer formalen Rechtsstaatsidee verpflichtet, besaßen sie erst recht keine Beziehung zu einer materiellen Rechtsstaatsidee: Recht war für Sie stets nichts anderes als Instrument zur Durchsetzung ihres Herrschaftsanspruchs. Im Nationalsozialismus ging es um die Weltanschauung und den Rassismus, im Kommunismus um Ideologie und Klassenkampf. Dabei traf der Nationalsozialismus auf einen Korpus von Rechtsregeln und im Grunde auch auf eine Richterschaft, die zwar positivistisch beengt gewesen sein mochte, gleichwohl aber doch der Rechtsstaatsidee verpflichtet gewesen ist. Doch erfuhren klassische Rechtsbestände schleichende Uminterpretation, und neues Recht im Sinne der „Weltanschauung" wurde geschaffen. Für positivistische Interpreten stellte dessen Gerechtigkeitsqualität kein Problem dar. Fast wichtiger aber noch erscheint, daß es nicht an Kronjuristen gebrach, die schon frühzeitig das Recht dem Führerprinzip unterstellten: „der Führer schützt das Recht" (Carl Schmitt) war nicht nur eine Rechtfertigung für Staatsmord; es war auch ein frühzeitiger Dammbruch, der Rechtsprechung entlang erprobter rechtsstaatlicher Orientierungen erschwerte. Die Richterschaft hatte in den Erwartungen der Partei zu lavieren zwischen traditioneller Orientierung und Anpassung. Überzeugte Parteisoldaten mit einer Freisler-Mentalität, die sich kein Gewissen zu machen brauchten, kamen hinzu.

Das Prinzip der Parteilichkeit beherrschte dagegen von vornherein das sozialistische Rechtsverständnis der kommunistischen Systeme. Es durchzog das Recht und beherrschte die Auswahl der Richter. Unparteilichkeit und Unabhängigkeit der Rechtsprechung im Sinne der Gewaltenteilung und als Bollwerk gegen ungebremste politische Herrschaft und Willkür galten als Relikte bürgerlicher Gedankenwelten, die sich dem Durchsetzungs- und absoluten Gestaltungsanspruch der einzigen Wahrheit in Politik und Gesellschaft widersetzten und folglich eliminiert werden mußten. Nicht unabhängige Richter sondern willfährige Richter gehörten zum Verständnis dieser Diktatur – und willfährige Richter unterfertigten Urteile, die ihnen vom Staats- und Parteiapparat vorgegeben worden waren – speziell bei „politischen" Straftaten.

Für die politische Kultur besitzt die Politisierung der Justiz verheerende Wirkungen. Angemessenes Rechtsstaatsverständnis in solchen Gesellschaften zu implementieren gestaltete sich nach dem weltgeschichtlichen Wandel von 1989/1990 schwierig. Zu dem Gedanken, daß der Rechtsstaat auch seinen Feinden fair und gerecht begegnen muß – statt politisch – fehlte vielen der Zugang. Zugespitzt ausgedrückt, schien Rache attraktiver als Recht in seinem neutralen Verständnis. Natürlich wäre auch dies eine Instrumentalisierung des

Rechts gewesen, die unabhängig von noch so hehren Zielen nicht hinnehmbar erscheint.

Umso schwieriger ist der Umgang mit den Richtern des Unrechts. Im Westen hat sich dies schon in der Nachkriegszeit erwiesen. Die Kritik an Versäumnissen der Auseinandersetzung und Bewältigung ist zunehmend angeschwollen. In gleichem Umfang erhob sich das Problem erneut nach dem Zusammenbruch des kommunistischen Herrschafts- und Interpretationsimperiums. Wieder sind wir mit der Schwierigkeit konfrontiert, politisch motivierte Urteile rechtsstaatlich zu bewerten – und wir erkennen, wie oft die Ergebnisse unbefriedigend sind – gerade für die Opfer solcher Richter. Der Umgang mit dieser Justiz ist peinlich und schwierig. Gerade deswegen geschieht er offenbar in unterschiedlichen Ländern unterschiedlich – bis zur Ausbreitung des Mantels des Vergessens. Die deutschen Erfahrungen haben freilich insgesamt gezeigt, daß sich diese Auseinandersetzung lohnt. Zeitgeschichtliche Erkenntnisse daraus sind nur ein Nebenprodukt. Am wichtigsten erscheint der Versuch, die Unterscheidung von Recht und Unrecht historisch zu sichern, Opfern Genugtuung und oft zu späte Rechtfertigung zuteil werden zu lassen: eine reinigende Kraft für die politische Kultur.

Heinrich Oberreuter

Jürgen Weber/Michael Piazolo

Parteisoldaten in Richterrobe

Diktaturen gegen Menschenrechte

Spätere Historiker werden das 20. Jahrhundert vielleicht einmal als das Jahrhundert des Staatsterrorismus, der unumschränkten Herrschaft totalitärer Bewegungen oder einfacher, der menschenverachtenden Diktaturen in ihrer nationalsozialistischen, faschistischen, stalinistischen und poststalinistisch-kommunistischen Spielarten beschreiben - als ein Jahrhundert, in dem die Auseinandersetzung zwischen Demokratie und Diktatur schließlich mit dem Sieg der demokratischen Idee und des freiheitlichen Verfassungsstaates endete, freilich nach opferreichen Kämpfen und unter unendlichem menschlichen Leid.

Trotz aller evidenten Unterschiede in Ideologie und Herrschaftspraxis sowie der daraus folgenden Verbrechen, die es verbieten, jene diktatorischen Systeme einfach gleichzusetzen, ist es sinnvoll, sie zu vergleichen. Nicht nur weil Ähnlichkeiten und Unterschiede dieser Systeme gerade auch in der zeitlichen Perspektive ihrer Entwicklungen und Veränderungen anders gar nicht herausgearbeitet werden können. Der Vergleich ihrer Herrschaftsstrukturen und Herrschaftspraktiken ist auch deshalb erkenntnisfördernd, weil jene Regime erkennbar etwas verbindet, was die europäische, vor allem die deutsche Geschichte dieses Jahrhunderts ganz wesentlich geprägt hat. Gemeinsam ist ihnen nämlich die kompromißlose Ablehnung des freiheitlich demokratischen Rechtsstaates und der Menschenrechte also des westlichen Demokratiemodells - eine fundamentale Gegnerschaft, die zwar unterschiedlich begründet wurde und sich in der politischen und lebensweltlichen Praxis verschieden auswirkte, aber für die Mehrheit der davon betroffenen Menschen zu durchaus vergleichbaren Reaktionen und Haltungen führte.

Die in diesen Systemen institutionalisierte Rechtlosigkeit und staatlich sanktionierte Willkür ließen die Angst vor Übergriffen der „Sicherheitsorgane" zum täglichen Begleiter der Menschen werden oder doch zumindest derer, die als wirkliche oder vermeintliche Gegner des Regimes bzw. als „Volksschädlinge" im Visier von Geheimpolizei und Justiz standen. Doch auch wer in die Nische der Privatheit flüchtete, konnte niemals sicher sein, vor den Übergriffen der Staatsmacht dauerhaft geschützt zu sein. Gefühle der Ohnmacht und des Ausgeliefertseins gegenüber den Herrschenden bildeten die kollektive Erfahrung von Millionen Menschen, die in solchen Systemen leben mußten und ihr Land nicht verlassen konnten oder wollten. Doppelzüngigkeit, Anpassungsbereitschaft und Mitläufertum, aber auch Resistenz, Widerstand und Opposition gehörten zum Repertoire individueller Antworten auf diese Erfahrungen. Die Einschränkung der Individualität und eine starke Entsolidarisierung innerhalb der Gesellschaft konstatiert Joachim Gauck als augenfällige Folgen staatsterroristischer Herrschaft auf die Bürger im Nationalsozialismus wie im Kommunismus: „Angst um den Erhalt des Lebens oder die Aufstiegsmöglichkeiten trennt die anpassungsbereiten Mehrheiten von Minderheiten, die anders denken und leben und im Extremfall als Feinde, Abweichler oder Schädlinge ausgegrenzt, ja massenhaft eliminiert werden."[1] Auch den Menschen, die in faschistischen Diktaturen lebten, waren diese Erfahrungen nicht fremd.

Die machtpolitische Instrumentalisierung der Justiz als kultureller Rückfall

Aus der erwähnten fundamentalen Gegnerschaft der Diktaturen des 20. Jahrhunderts gegenüber den liberal-demokratischen Verfassungsstaaten ergibt sich noch eine weitere Ähnlichkeit, die einen wichtigen Aspekt ihrer Herrschaftstechnik betrifft. Sie bemächtigten sich frühzeitig der überkommenen Justizapparate und nutzten insbesondere die Strafjustiz für die Verfolgung ihrer politischen Gegner und sonstiger „Volksfeinde". Das Unrecht in Gesetzesform fand seine Fortsetzung und Zuspitzung im Unrecht der richterlichen Rechtsprechung. Recht und Justiz wurden zu Gehilfen der Machthaber und fungierten damit neben der Geheimpolizei als zentrale Instrumente zur Herrschaftssicherung in der Diktatur.

Diese machtpolitische Instrumentalisierung des Rechts und der Justiz insgesamt war ein Rückfall in überwunden geglaubte Verhältnisse. Ein kurzer Blick auf die Entwicklung der Rechtsprechung im modernen Staat mag dies erläutern.

Der moderne Staat der Gegenwart ist nicht zuletzt geprägt durch seine dem mittelalterlichen Verständnis gegenüber veränderte Haltung zu der Frage, wie der Rechtssuchende sein Recht finden und durchsetzen kann, mithin auch durch die neuartige Rolle der Justiz. Das mittelalterliche Rechtsdenken stützte sich auf die Vorstellung von einem Recht auf Selbsthilfe. Staatsdenker wie Niccolo Machiavelli oder Jean Bodin erwiesen sich als wirksame Wegbereiter für die Überwindung dieser Vorstellungen und für ein neues Verständnis des Rechts bzw. der Gerichtsbarkeit. Orientierung fand dieses Denken am Ideal der Gerechtigkeit und an der Forderung, die Rechtssicherheit für jeden einzelnen zu wahren. Während im Absolutismus die Gerichtsbarkeit noch als ein Teil der Herrschaftsordnung im engeren Sinne verstanden wurde, gewann sie, beflügelt von den Ideen John Lockes und Montesquieus im Zeitalter der Aufklärung eine eigene Dimension. Die Berufsethik der Richter, die unbestechlich, gerecht und unabhängig urteilen sollten, versinnbildlicht in der Figur der Justizia mit Waage, Augenbinde und Schwert, leitete sich daraus ab. Im Sinne des Montes-

---

1 Joachim Gauck: Vom schwierigen Umgang mit der Wahrnehmung, in: Das Schwarzbuch des Kommunismus. Unterdrückung, Verbrechen und Terror, hrsg. Von Stéphane Courtois u.a., München/Zürich 1998, S. 892.

quieuschen Diktum „le pouvoir arrête le pouvoir" dient die Rechtsprechung im modernen Rechtsstaat der Gewaltenteilung und der Gewaltenkontrolle. Der Richter ist der Hüter des Rechts auch und gerade gegenüber den anderen Gewalten, der Legislative und der Exekutive. Die Mäßigung der Staatsgewalt soll er befördern, sie in einem Gleichgewicht halten und den Bürger vor Übergriffen durch sie schützen.

Der Richter findet die Legitimation, aber auch die Grenze seines Tuns letztlich in der „Souveränität" des Rechts, in der Geltungskraft des Gesetzes. Gemeint ist damit der Primat des Rechts vor der Politik.

Die gedachte Quelle der Justiz ist demgemäß das Recht, nicht ein unmittelbar handelnder Willensträger wie Staat, Volk oder Führer. Insofern hat das Recht eine positive, leitende und bestimmende Funktion für den Staats- und Politikbegriff des modernen Verfassungsstaates. Für die Funktion der Justiz im Rechtsstaat bedeutet dies zweierlei: Zum einen die damit zum Ausdruck gebrachte Beschränkung der Staatsgewalt durch das Recht, zum anderen die Ausrichtung aller staatlichen Tätigkeit am Recht. Die Staatsgewalt soll nur im Rahmen des Rechts ausgeübt werden, an das Recht gebunden sein und ihm untergeordnet bleiben. In jedem Fall ist allein der Richter zur Kontrolle berufen und befugt. Darüber hinaus unterliegt die Rechtsprechung bestimmten materiell-rechtlichen Anforderungen, die in den nationalen, supranationalen und internationalen Rechtsnormen festgelegt sind. Diese wiederum stellen nicht die letzte Quelle allen staatlichen Handelns dar. Darüber stehen Grundnormen wie insbesondere die Idee der Gerechtigkeit und des Gemeinwohls als Leitlinien und Begrenzungen für das Recht und als letzte Orientierungspunkte für den Richter im Rechtsstaat heutiger Prägung.

Die Justiz als Gehilfe der Diktatur

Ganz anders dagegen stellt sich die Rolle der Justiz in Diktaturen dar. Ziel eines totalitären Systems ist, idealtypisch gesehen, die Durchsetzung der Allmacht der Politik, der absolute Vorrang des Willens des Herrschers oder der entsprechenden kollektiven Instanz über die Regel.[2] Die rechtlich ungehinderte Durchsetzung von Machtinteressen wird zum Selbstzweck. Diesem ganzheitlichen Anspruch auf die Macht wird die Gewaltenteilung geopfert. Die Gleichschaltung der staatlichen Gewalten in einen Einheitsstaat ist die Folge, die Unterordnung aller Institutionen unter die Führung eines Machtmonopols, vereinigt in der Hand eines einzelnen oder weniger. Der Unrechts- oder „Nicht-

---

2   Vgl. dazu grundsätzlich Hannah Arendt: Elemente und Ursprünge totaler Herrschaft. Antisemitismus, Imperialismus, totale Herrschaft (1955), München Zürich 5. Aufl. 1996; zur aktuellen Diskussion Eckhard Jesse (Hrsg.): Totalitarismus im 20. Jahrhundert. Eine Bilanz der internationalen Forschung, Bonn/Baden-Baden 1996; Hans Maier (Hrsg.): Totalitarismus und politische Religionen. Konzepte des Diktaturvergleichs, Paderborn u.a. 1996.

Rechtsstaat" ist dadurch gekennzeichnet, daß die Staatsgewalt nicht oder nur ungenügend durch das Recht begrenzt wird.

In der Diktatur hat die Justiz der Durchsetzung der politischen Macht zu dienen. „Recht ist, was dem Volke nutzt" (Reichsjuristenführer Hans Frank, 1933) hieß es im Nationalsozialismus.[3] In der DDR brachte Generalstaatsanwalt Ernst Melsheimer (1956) die entsprechende Forderung der Kommunisten auf folgende Formel: „In der richterlichen Entscheidung muß sich die Bereitschaft widerspiegeln, die von der Partei der Arbeiterklasse und von der Regierung gefaßten Beschlüsse durchzusetzen."[4] Als „Grundlage der Auslegung aller Rechtsquellen" habe - so Frank im Jahre 1936 - „die nationalsozialistische Weltanschauung" zu dienen. 1955 forderte die DDR-Justizministerin Hilde Benjamin eine „parteiliche" anstelle einer unabhängigen Justiz[5] und eine konsequente „Umwertung" der einschlägigen Rechtsbegriffe.[6] Der Präsident des Volksgerichtshofes Roland Freisler bezeichnete sich 1942 als „politischer Soldat" Hitlers.[7] Diesem Selbstbild gemäß handelte der bis zu seinem Ende im Februar 1945, so wie sich auch der Generalstaatsanwalt der Sowjetunion Wyschinski als Chefankläger in den großen Moskauer Schauprozessen Mitte der dreißiger Jahre gegen ehemalige Mitstreiter und Konkurrenten Stalins als dessen todbringender betätigte.[8]

Ohne das scharfe Schwert einer dienstbeflissenen Justiz könnten die Herrschenden ihren totalitären Anspruch über Staat und Gesellschaft nicht verwirklichen. Der Diktator benötigt den Parteisoldaten in der Richterrobe, und dieser versteht sich als Teil der usurpierten Macht, die es mit allen Mitteln, also auch mit dem Strafrecht, zu verteidigen gilt. Die vielen Opportunisten, die sich einredeten oder später einfach behaupteten, daß sie Schlimmeres verhüten wollten, indem sie die Willkür der Machthaber normierten beziehungsweise in rechtsförmigen Verfahren anwandten, waren nicht besser. Auch sie betätigten sich objektiv als Handlanger der Macht.

---

3 Siehe dazu in diesem Band die Beiträge von Jürgen Zarusky, Bernhard Jahntz, Günter Spendel (Freispruch), Will Dreßen; vgl. auch Ralph Angermund: Deutsche Richterschaft 1919-1945. Krisenerfahrung, Illusionen, politische Rechtsprechung, Frankfurt am Main 1990.
4 Hans-Jürgen Grasemann: „Wenn die Partei Weisung gibt, folgen die Richter." Die politische Strafjustiz als Instrument von SED und Staatssicherheit, in: Jürgen Weber (Hrsg.): Der SED-Staat: Neues über eine vergangene Diktatur, München 1994, S. 38; vgl. auch Hans-Jürgen Grasemann: Das politische Strafrecht, in: Eberhard Kuhrt u.a. (Hrsg.): Die SED-Herrschaft und ihr Zusammenbruch, Opladen 1996, S. 91-110.
5 Zit. nach Günther Heydemann/Christopher Beckmann: Zwei Diktaturen in Deutschland. Möglichkeiten und Grenzen des historischen Diktaturvergleichs, in: Deutschland Archiv, 30. Jg. 1997, H. 1, S. 12-40, hier S. 25; siehe in diesem Band den Beitrag von Hermann Wentker; vgl. auch Hermann Wentker (Hrsg.): Volksrichter in der SBZ/DDR 1945 bis 1952. Eine Dokumentation, München 1997.
6 Friedrich-Christian Schroeder: Das Recht als Herrschaftsinstrument der SED-Diktatur, in: Kuhrt (Hrsg.), a.a.O., S. 83-89.
7 Siehe in diesem Band den Beitrag von Bernhard Jahntz.
8 Siehe in diesem Band den Beitrag von Friedrich-Christian Schroeder (Verräter).

Der Begriff totalitär meint sowohl die Ausschließlichkeit des Herrschaftsanspruchs als auch die Unbegrenztheit des Herrschaftsbereichs, die „dritte Gewalt" voll mit eingeschlossen. Die Rechtsprechung wurde zum Mittel, um den Zweck, wie ihn die Ideologie von der Volksgemeinschaft bzw. der klassenlosen Gesellschaft propagiert, zu befördern und durchzusetzen. Von einer Unabhängigkeit der Richter kann bei dieser vollendeten Konzentration staatlicher Macht keine Rede sein.

Parallelen, Besonderheiten und Unterschiede

Wie bereits erwähnt, darf man jedoch trotz der funktionalen Ähnlichkeit, die die Justiz in allen diktatorischen Regimen aufweist, ihre Besonderheiten, das heißt die spezifische Rolle, die ihr in den betreffenden Ländern zugewiesen wurde, nicht außer Acht lassen. Mussolini, Franco und Salazar nutzten den Justizapparat, um ihre Herrschaft abzusichern und ihre politischen Gegner auszuschalten.[9] Unter Hitler und Stalin hatten das Recht und die Justiz darüber hinaus die sehr viel weiterreichende Aufgabe, die „Volksgemeinschaft" von rassischen und sozialen „Volksschädlingen" zu reinigen[10] bzw. die Herrschaft der „Arbeiterklasse" durch die Liquidierung der Bourgeoisie und der Großbauern unangreifbar zu machen.[11] Neben der sozusagen „normalen" Gegnerbekämpfung stand die Justiz in diesen beiden Ländern im Dienste von Rassenwahn und Klassenhaß.[12] Insofern ist die Justiz nicht nur in demokratisch verfaßten Staaten, sondern auch im Rahmen einer Diktatur immer auch ein Spiegelbild des jeweiligen Gemeinwesens und seiner weltanschaulichen Grundlagen.

Die deutlichste Parallele zwischen Nationalsozialismus und Stalinismus besteht in den von beiden Regimen verübten historisch beispiellosen Massenverbrechen, die es gerechtfertigt erscheinen lassen, beide Systeme als terroristische Diktaturen[13] zu bezeichnen, zu deren Funktionieren die jeweiligen Justiz-

---

9 Siehe in diesem Band die Beiträge von Hans Woller, Fernando Rosas, Walther L. Bernecker; vgl. auch Fernando Rosas (Hrsg.): Vom Ständestaat zur Demokratie. Portugal im 20. Jahrhundert, München 1997.
10 Ausführlich Ralph Angermund: „Recht ist, was dem Volke nutzt". Zum Niedergang von Recht und Justiz im Dritten Reich, in: Karl Dietrich Bracher/Manfred Funke/Hans-Adolf Jacobsen (Hrsg.): Deutschland 1933-1945. Neue Studien zur nationalsozialistischen Herrschaft, Bonn/Düsseldorf 1992, S. 57-75, hier S. 58.
11 Statt vieler jetzt Nicolas Werth: Ein Staat gegen sein Volk. Gewalt, Unterdrückung und Terror in der Sowjetunion, in: Stéphane Courtois u.a. (Hrsg.): Das Schwarzbuch des Kommunismus, a.a.O., S. 51-295.
12 Siehe dazu in diesem Band die Beiträge von Willi Dreßen und Friedrich-Christian Schroeder (Verräter).
13 Vgl. Matthias Vetter (Hrsg.): Terroristische Diktaturen im 20. Jahrhundert. Strukturelemente der nationalsozialistischen und stalinistischen Herrschaft, Opladen 1996.

apparate wesentlich beitrugen. Die faschistischen Diktaturen Italiens[14], Spaniens und Portugals[15] sowie die kommunistischen Regime des Ostblocks wie etwa Polen und die DDR[16] trugen ebenfalls den Bazillus der Gewalt in sich. Politische Gegner und Klassenfeinde wurden mit fadenscheinigen Gründen und unter Bruch aller rechtsstaatlichen Normen verfolgt, verhaftet, gefoltert, verurteilt, auch getötet. Auch hier wirkte die Strafjustiz als verlängerter Arm der Herrschenden, urteilten Parteifunktionäre im Gewand von Richtern über Regimegegner, Dissidenten oder ganz normale Bürger, die sich den Zumutungen des Regimes widersetzten (wie z.B. die Antragsteller auf Ausreise aus der DDR), kooperieren Parteifunktionäre in hohen staatlichen Ämtern der Justiz mit der Geheimpolizei und wirkten als deren Gehilfen.[17] Dennoch wird man diese Diktaturen angesichts der Verbrechensdimension nicht auf die gleiche Stufe mit dem Nationalsozialismus und dem Stalinismus stellen können. Am Unrechtscharakter jener Regime ändert dies freilich grundsätzlich nichts. Denn bei der Bewertung von justizförmig begangenem Unrecht gegen die Menschenrechte können quantitative Kategorien keine Rolle spielen.

Strafjustiz in der DDR - Vom bekennenden zum heimlichen Terror

Im Falle der DDR lassen sich die Waldheim-Prozesse Anfang der fünfziger Jahre[18] und die propagandistisch groß herausgestellten NS-Prozesse am ehesten mit den aggressiv-propagandistischen Prozessen des Volksgerichtshofes vergleichen. Die zahllosen Verfahren, die die SED später zur Stabilisierung ihrer Herrschaft durchführte, wurden dagegen meistens im Verborgenen geführt. Zehntausende von Republikfluchtverfahren fanden unter Ausschluß der Öffent-

---

14 Hans Woller: Die Abrechnung mit dem Faschismus in Italien 1943 bis 1948, München 1996.
15 Siehe dazu in diesem Band die Beiträge von Walther L. Bernecker und Fernando Rosas; vgl. auch Walther L. Bernecker: Spaniens Geschichte seit dem Bürgerkrieg, München 1997.
16 Siehe dazu in diesem Band die Beiträge von Adam Krzemiński, Hermann Wentker, Falco Werkentin, Clemens Vollnhals, Christoph Schaefgen; vgl. auch Klaus Schroeder: Der SED-Staat. Geschichte und Strukturen der DDR, München 1998; Stefan Wolle: Die heile Welt der Diktatur. Alltag und Herrschaft in der DDR 1971-1989, Bonn/Berlin 1998.
17 Siehe dazu in diesem Band den Beitrag von Clemens Vollnhals; vgl. auch Siegfried Suckut/ Walter Süß (Hrsg.): Staatspartei und Staatssicherheit. Zum Verhältnis von SED und MfS, Berlin 1997; Karl Wilhelm Fricke: Das MfS als Instrument der SED am Beispiel politischer Strafprozesse, in: Ebenda, S. 199-212 (mit zahlreichen weiteren Angaben zur einschlägigen Literatur); Karl Wilhelm Fricke: Akteneinsicht. Rekonstruktion einer politischen Verfolgung, Berlin 1995; Karl Wilhelm Fricke: Kein Recht gebrochen? Das MfS und die politische Strafjustiz der DDR, in: Aus Politik und Zeitgeschichte, B 40/1994, S. 24-33; Karl Wilhelm Fricke: Opposition und Widerstand in der DDR-Strafjustiz, in: Aus Politik und Zeitgeschichte, B 39/1996, S. 31-39; Karl Wilhelm Fricke: Der Rechtsanwalt als „Justizkader". Zur Rolle des Verteidigers im politischen Strafverfahren der DDR, in: Aus Politik und Zeitgeschichte, B 38/1995, S. 9-16.
18 Wolfgang Eisert: Die Waldheimer Prozesse. Der stalinistische Terror 1950, München 1993; Falco Werkentin: Politische Strafjustiz in der Ära Ulbricht, Berlin 1995.

lichkeit statt, weil die Bevölkerung davon nichts erfahren sollte, und es diese Menschen ja auch nicht geben durfte, die die Unerträglichkeit der inneren Verhältnisse der DDR mit ihrem Ausreisebegehren zum Ausdruck brachten.[19] So ersetzte nach Falco Werkentin die DDR-Justiz „zunehmend den 'bekennenden Terror' der politischen Justiz aus den fünfziger Jahren durch den heimlichen Terror eines Apparates, der dieselben, von der SED vorgegebenen Ziele verfolgte wie bisher, jedoch öffentlich weniger auffällige Fälle produzieren sollte. Langjährige Haftstrafen für Zeichen politischen Widerspruchs gingen (gemessen an der Praxis der fünfziger Jahre) zurück und wurden durch 'operative Vorgänge' und Methoden der Zersetzung ersetzt, respektive ergänzt; anstelle der offen verkündeten Todesstrafe für politische Delikte trat bis 1981 das schamhaft verschwiegene Todesurteil."[20] Nach realistischen Schätzungen wurden zwischen 1949 und 1989 aus politischen Gründen etwa 200.000 bis 250.000 Personen verurteilt und inhaftiert.[21]

Bis zum Zusammenbruch der SED-Herrschaft erfüllte die politische Justiz zuverlässig ihren Parteiauftrag, durch exemplarisch hohe, teilweise drakonische Strafen den Willen der Partei- und Staatsführung gegenüber wirklichen oder vermeintlichen Gegnern des Sozialismus in den Farben der DDR durchzusetzen. Machtsicherung um jeden Preis war die Devise. Dazu dienten die jeweiligen Gesetze und Verordnungen, in denen der Parteiwille bereits zum Ausdruck kam und die zwingend im Sinne aktueller Parteibeschlüsse auszulegen waren - eine Aufgabe, die den als verläßliche Partei- und Staatsfunktionäre auftretenden Richter und Staatsanwälte oblag. Die meisten von ihnen identifizierten sich problemlos mit dem Rechtsverständnis der SED, demzufolge jedes Urteil eine politische Tat sei,[22] und sie akzeptierten widerspruchslos, wie die MfS-Akten zu einzelnen politischen Strafprozessen beweisen, die Vorgaben durch das Ministerium für Staatssicherheit. Unter Ulbricht wie unter Honecker funktionierte die Justiz im Sinne der Mächtigen zufriedenstellend. Wo es am vorauseilenden Gehorsam fehlte, setzte die Steuerung der Richter und Staatsanwälte durch die Parteigremien und die Staatssicherheit ein; justizförmig wurde sanktioniert, was auf politischer Ebene bereits vorentschieden war.

---

19 Steffen Heitmann: Im Namen des deutschen Volkes - Justiz im Nationalsozialismus, in: Zeitschrift für Rechtspolitik, 27. Jg. 1994, H. 11, S. 417ff.
20 Falco Werkentin: Die Reichweite politischer Justiz in der Ära Ulbricht, in: Im Namen des Volkes? Über die Justiz im Staat der SED. (Wissenschaftlicher Begleitband zur Ausstellung des Bundesministeriums der Justiz), Leipzig 1994, S. 194; umfassend dazu Hubert Rottleuthner: Steuerung der Justiz in der DDR. Einflußnahme der Politik auf Richter, Staatsanwälte und Rechtsanwälte, Köln 1994; darin auch Falco Werkentin: Strafjustiz im politischen System der DDR: Fundstücke zur Steuerung- und Eingriffspraxis des zentralen Parteiapparates der SED, Ebenda, S. 93-133.
21 Schlußbericht der Enquete-Kommission „Überwindung der Folgen der SED-Diktatur im Prozeß der deutschen Einheit". Deutscher Bundestag 13. Wahlperiode. Drucksache 13/11000, 1998, S. 19.
22 Hans-Jürgen Grasemann: „Jedes Urteil ist eine politische Tat". Zur Steuerung der Justiz im SED-Staat, in: Deutsche Studien, 34. Jg. 1994, H.135/136, S. 220-235.

Um es zu wiederholen: Unterschiede und Ähnlichkeiten des Justizterrors in den verschiedenen europäischen Diktaturen lassen sich nicht pauschal über eine ganze Epoche hinweg feststellen; sie müssen auch im zeitlichen Horizont gesehen und in ihren Veränderungen in Form und Inhalt analysiert werden. Andererseits: bei allen Unterschieden in der Verbrechensintensität der beiden Diktaturen auf deutschem Boden sollte wiederum eine auffällige Parallele nicht übersehen werden, die das Justizpersonal alle die Jahre über betrifft. In den Worten des sächsischen Justizministers Steffen Heitmann: „NS- und SED-Justiz waren nur möglich - und darin liegt eine schreckliche Parallele - durch eine Vielzahl willfähriger, persönliche Vorteile erheischender und teilweise skrupelloser Juristen"[23]

Wer richtet die Richter?

Nach dem Zusammenbruch der Diktaturen in Europa, insbesondere wiederum in Deutschland, standen und stehen die demokratischen Nachfolgestaaten vor der schwierigen Aufgabe, das von den Vorgängerregimen begangene Unrecht zu benennen, es zu ahnden und den Opfern Gerechtigkeit widerfahren zu lassen - das heißt auf unseren Themenkomplex bezogen, die Rolle der Justiz als Instrument und Garant der Diktatur zu erforschen, zu bewerten und die persönliche Verantwortung einzelner Funktionsträger strafrechtlich zu würdigen.

Was allgemein über die Möglichkeiten und Grenzen der Verfolgung und Bestrafung von durch Partei- und Staatsfunktionären in Diktaturen verübten Verbrechen durch den Rechtsstaat zu sagen ist,[24] gilt natürlich uneingeschränkt auch für den Bereich der Justiz in der Diktatur. Die moralische und historische Schuld der Parteisoldaten in Richterrobe kann der Rechtsstaat nicht sühnen. Das ist eine Aufgabe der Gesellschaft und ihrer politischen Repräsentanten, denen es obliegt, für den notwendigen Elitenwechsel in der Justiz zu sorgen, die Archive zu öffnen, im öffentlichen Diskurs die totalitäre Diktatur und ihre beamteten Helfer zu delegitimieren und den Opfern materielle und immaterielle Wiedergutmachung zuteil werden zu lassen. Justitielles Unrecht kann der Rechtsstaat ausschließlich als individuelles Unrecht einzelner Personen, also der Richter, Staatsanwälte, Juristen in Staats- und Parteiämtern und Funktionäre des Strafvollzugs ahnden. Dazu können unterschiedliche Rechtsnormen herangezogen werden - nationales positives Recht, internationales Recht aber auch überpositives Recht.[25] Volkserzieher ist der Richter jedoch nicht, auch

---

23 Heitmann, a.a.O., S. 418.
24 Vgl. Jürgen Weber/Michael Piazolo: Vergangenheitsbewältigung als Aufgabe der Justiz, in: Jürgen Weber/Michael Piazolo (Hrsg.): Eine Diktatur vor Gericht. Aufarbeitung von SED-Unrecht durch die Justiz, München und Landsberg am Lech 1995, S. 9-19; Rudolf Wassermann: Sind politische Verbrechen justitiabel? Möglichkeiten und Grenzen des Strafrechts, Ebenda, S. 21-36.
25 Siehe dazu in diesem Band den Beitrag von Herwig Roggemann.

nicht die letzte Autorität zur Bestimmung dessen, was in der Vergangenheit geschehen ist. Im Strafprozeß kommt nicht zwingend die Wahrheit ans Licht, denn die Wahrheitsfindung hat in den formal begrenzten Regeln des rechtsstaatlichen Verfahrens zu erfolgen, nicht um jeden Preis. Kurz: der Strafprozeß ersetzt nicht die historische Forschung und auch nicht die öffentliche Debatte über die Vergangenheit und ihre Bewertung. Allerdings kann er wertvolles Material dafür liefern, Tatsachen, die nicht wegzudiskutieren sind.

Die doppelte Diktaturerfahrung in Deutschland[26] bietet reichlich Stoff zur Beantwortung der Frage, wie der demokratische Rechtsstaat die Aufarbeitung der justitiellen Vergangenheit, der Justizverbrechen der beiden Vorgängerregime als Aufgabe gesehen hat und sieht, zu welchen Ergebnissen die Auseinandersetzung der Justiz mit ihrer eigenen Vergangenheit geführt hat, und wie diese Ergebnisse heute zu bewerten sind. Der mit dem vorliegenden Band vorgenommene Blick über die deutschen Grenzen hinaus, auf andere europäische Länder mit diktatorischer Vergangenheit kann die bei uns geführte Diskussion befruchten und möglicherweise zusätzliche Kriterien zur Beurteilung früherer Versäumnisse und zur Einschätzung der bislang vorliegenden Ergebnisse bei der Verfolgung von SED-Justizverbrechen liefern.[27] Wenn man die Methoden vergleicht, mit denen die hier vorgestellten Länder ihre Altlasten zu bewältigen suchten - Stillschweigen (Rußland), Schlußstrich nach radikaler Abrechnung (Italien), Strafprozesse (Deutschland), halbherzige Aufarbeitung (Polen), Amnestien (Portugal und Spanien) -, wird deutlich, daß es einen Königsweg, eine allseits zufriedenstellende Lösung nicht gibt. Die posttotalitären bzw. postdiktatorischen Demokratien in Europa haben sehr unterschiedliche Antworten auf die Justizverbrechen der vorangehenden Regime gefunden. Keine hat alle Vorteile auf ihrer Seite.

Haben wir aus den Versäumnissen der Vergangenheit gelernt?

Die Antworten, die der Rechtsstaat in Deutschland auf die zweimalige Notwendigkeit gegeben hat, die Hinterlassenschaften einer Diktatur zu klären, stehen im Mittelpunkt der nachfolgenden Beiträge. Die gravierenden Versäumnisse der westdeutschen Nachkriegsjustiz bei der Ahndung von Justizverbre-

---

26 Vgl. Im Namen des Deutschen Volkes. Justiz und Nationalsozialismus (Katalog zur Ausstellung des Bundesministers der Justiz), Köln, 3. Aufl. 1994; Im Namen des Volkes? Über die Justiz im Staat der SED (Wissenschaftlicher Begleitband zur Ausstellung des Bundesministeriums der Justiz), Leipzig 1994.
27 Siehe dazu in diesem Band die Beiträge von Hans Woller, Walther L. Bernecker, Fernando Rosas, Friedrich-Christian Schroeder (Verräter), Adam Krzeminski; vgl. auch Georg Brunner (Hrsg.): Juristische Bewältigung des kommunistischen Unrechts in Osteuropa und Deutschland, Berlin 1995; Walther L. Bernecker/Carlos Collado Seidel (Hrsg.): Der Übergang von der Diktatur zur Demokratie 1975-1982, München 1993; Bugoslaw Banaszak: Die Aktualität des Lustrationsvorhabens in Polen, in: Datenschutz und Datensicherheit, 21. Jg. 1997, H. 3, S. 142-145.

chen des Nationalsozialismus sind seit langem bekannt und wissenschaftlich ausführlich diskutiert.[28] Der Freispruch für die NS-Justiz bleibt ein dunkler Punkt in der bundesdeutschen Geschichte. Sowohl der Bundesgesetzgeber als auch der Bundesgerichtshof sahen sich schließlich veranlaßt, diese Versäumnisse mit klaren Worten zu benennen, freilich Jahrzehnte zu spät, nachdem Hunderte von belasteten ehemaligen NS-Richter und -Staatsanwälte ihre Karriere im Nachkriegsdeutschland fortsetzen konnten. So beschloß der Deutsche Bundestag 1985, daß „die als 'Volksgerichtshof' bezeichnete Institution kein Gericht im rechtsstaatlichen Sinne, sondern ein Terrorinstrument zur Durchsetzung der nationalsozialistischen Willkürherrschaft war".[29] Seine Urteile wurden im nachhinein aufgehoben und für ungültig erklärt, darunter über 5.000 Todesurteile. Die „späte Beichte des Bundesgerichtshofs" (Gritschneder) erfolgte im Jahre 1995 als dessen 5. Senat im Kontext einer ausführlichen Bestätigung der ihm zur Revision vorgelegten Verurteilung eines 74jährigen hohen DDR-Richters sich mit der „insgesamt fehlgeschlagenen Auseinandersetzung mit der NS-Justiz" befaßte und dabei harte Kritik an der Spruchpraxis des Bundesgerichtshofs in den fünfziger und sechziger Jahren übte. Die strafrechtliche Verurteilung der NS-Richter sei „durch eine zu weitgehende Einschränkung bei der Auslegung der subjektiven Voraussetzungen des Rechtsbeugungstatbestandes" gescheitert.[30] Anders formuliert: man hätte den NS-Richtern nicht glauben dürfen, daß sie ihre Unrechtsurteile, vor allem die Todesurteile, für rechtens hielten. In diese Reihe der verspäteten Versuche, NS-Justizverbrechen zu korrigieren, gehört schließlich das im Mai 1998 vom Deutschen Bundestag verabschiedete Gesetz zur pauschalen Aufhebung aller NS-Unrechtsurteile. Diese Regelung betrifft bis zu einer halben Million Urteile, die vom Volksgerichtshof, den Sondergerichten, den Feldkriegs- und Standgerichten aus „politischen, militärischen, rassischen, religiösen und weltanschaulichen Gründen" verhängt worden sind. Sie alle wurden ohne Einzelfallprüfung für nichtig er-

---

28 Statt vieler Günter Spendel: Rechtsbeugung durch Rechtsprechung, Berlin 1984; Ingo Müller: Furchtbare Juristen. Die unbewältigte Vergangenheit unserer Justiz, München 1987; Jörg Friedrich: Freispruch für die Nazi-Justiz. Die Urteile gegen NS-Richter seit 1948. Eine Dokumentation, Reinbek bei Hamburg 1983; Jörg Friedrich: Die kalte Amnestie. NS-Täter in der Bundesrepublik, Frankfurt am Main 1984; Annette Weinke: Die strafrechtliche Verfolgung von NS- und Kriegsverbrechen im geteilten Deutschland 1949-1989, in: Recht und Politik, 1996, H. 2, S. 98-106; vgl. auch neuere rechtshistorische Untersuchungen Klaus-Detlev Godau-Schüttke: Ich habe nur dem Recht gedient. Die „Renazifizierung" der Schleswig-Holsteinischen Justiz nach 1945, Baden-Baden 1993; Michael Förster: Jurist im Dienst des Unrechts. Leben und Werk des ehemaligen Staatssekretärs im Reichsjustizministeriums Franz Schlegelberger (1876-1970), Baden-Baden 1995; Hinrich Rüpping: Staatsanwälte und Parteigenossen. Haltungen der Justiz zur nationalsozialistischen Vergangenheit zwischen 1945 und 1949 im Bezirk Celle, Baden-Baden 1994.
29 Siehe dazu in diesem Band die Beiträge von Bernhard Jahntz und Willi Dreßen; vgl. auch Otto Gritschneder: Rechtsbeugung. Die späte Beichte des Bundesgerichtshofs, in: NJW, 1996, H. 19, S. 1239 ff.; Jahntz/Kähne: Der Volksgerichtshof, 3. Aufl. Berlin 1992.
30 Siehe dazu in diesem Band die Beiträge von Günter Spendel (Freispruch) und Willi Dreßen.

klärt.[31]

Die im Zusammenhang mit der Rolle der Justiz im Nationalsozialismus aufgeworfenen und vielfach diskutierten rechtlichen und rechtspolitischen Fragen sind keineswegs nur noch von historischem Interesse. Das zeigen die vielen Tausend Ermittlungsverfahren wegen Rechtsbeugung gegen frühere Richter und Staatsanwälte, die bisher in Berlin und in den neuen Bundesländern geführten Prozesse sowie die durchaus umstrittenen Revisionsentscheidungen des Bundesgerichtshofes.[32] Die damit erneut aufgeworfenen Fragen nach den Möglichkeiten, aber auch den Grenzen des Rechtsstaates bei der Ahndung von Justizunrecht einer Diktatur haben nichts von ihrer Aktualität und ihrer juristischen Brisanz verloren.

Haben wir in Deutschland etwas aus den Fehlern der Nachkriegszeit gelernt, und ziehen wir im Falle der SED-Justizfunktionäre heute die richtigen Konsequenzen daraus? Wenn man den umfassenden Personalwechsel in den Gerichten in Ostdeutschland betrachtet, ist man geneigt, diese Frage zu bejahen. Eine Wiederholung bruchloser Richterkarrieren trotz schlimmster Belastungen wird es dieses mal nicht geben. Die seit 1990 vorgenommenen Überprüfungen der Richter und Staatsanwälte der DDR im Zuge der Wiedervereinigung hatten zum Ergebnis, daß nur etwa jeder Dritte ehemalige Richter und Staatsanwalt der DDR in den Bundesjustizdienst übernommen wurde - in Berlin von 551 Richtern und Staatsanwälten nur 43, in den neuen Bundesländern von 2.467 immerhin 1.037.[33]

Aber reicht dieser Elitenwechsel in den Gerichten aus, um das Vertrauen der Bürger in den Rechtsstaat zu stärken? Wie steht es mit der Bestrafung derer, die bis zum Zusammenbruch der DDR jedem Rechtsempfinden Hohn sprechende Willkürurteile, zum Beispiel wegen versuchter Republikflucht, verhängt haben? Wie ist die Tatsache zu werten, daß bislang nur 141 DDR-Richter und DDR-Staatsanwälte wegen Rechtsbeugung angeklagt und nur 16 rechtskräftig

---

31 Süddeutsche Zeitung vom 30./31. Mai 1999; kritisch dazu Günter Spendel: Zur Aufhebung von NS-Unrechtsurteilen, in: Zeitschrift für Rechtspolitik, 30. Jg. 1997, H. 2, S. 41-44.
32 Siehe dazu in diesem Band die Beiträge von Christoph Schaefgen, Günter Spendel (Unrechtsentscheidungen), Rudolf Wassermann; vgl. auch Friedrich-Christian Schroeder. Die Ahndung des SED-Unrechts durch den Rechtsstaat, in: Aus Politik und Zeitgeschichte, B 38/1995, S. 17-29; Lore Maria Peschel-Gutzeit/Anke Jenckel: Aktuelle Bezüge des Nürnberger Juristenurteils: Auf welchen Grundlagen kann die deutsche Justiz das Systemrecht der DDR aufarbeiten?, in: Lore Maria Peschel-Gutzeit (Hrsg.): Das Nürnberger Juristen-Urteil von 1947. Historischer Zusammenhang und aktuelle Bezüge, Baden-Baden 1996, S. 277-299; kontrovers argumentieren Günter Spendel: Rechtsbeugung und BGH - eine Kritik, in: NJW, 49. Jg. 1996, H. 13, S. 809-812, und Herwig Roggemann: Die strafrechtliche Aufarbeitung der DDR-Vergangenheit am Beispiel der „Mauerschützen"- und Rechtsbeugungsverfahren. Eine Zwischenbilanz, in: Neue Justiz, 51. Jg. 1997, H. 5, S. 226-232.
33 Detailliert untersucht und aufgeschlüsselt bei Hans Hubertus von Roenne: „Politisch untragbar...?" Die Überprüfung von Richtern und Staatsanwälten der DDR im Zuge der Vereinigung Deutschlands, Berlin 1997, S. 191-198 und passim.

verurteilt wurden, davon nur drei mit Freiheitsstrafen ohne Bewährung?[34] Werden die in der deutschen Justizgeschichte bekannten Fehler wieder gemacht? Gibt es doch eine gewisse Tradition der Nachsicht und Milde seitens der Richter gegenüber Ihresgleichen - eingehüllt freilich in komplizierte Auslegungen des verfassungsrechtlich verankerten Rückwirkungsverbotes?[35] Oder werden, was nicht weniger befriedigend wäre, am Ende die falschen Konsequenzen aus den heute kritisierten Verhaltensweisen der Justiz von damals gezogen? Etwa dargestellt, daß der ehemals fehlende Verfolgungseifer heute durch ein überzogenes Verfolgungsinteresse sozusagen im nachhinein und am falschen Objekt kompensiert wird? Oder stimmen beide Behauptungen nicht, und müssen wir nicht vielmehr einräumen, daß sich die bundesdeutsche Justiz nach Kräften und mit Erfolg bemüht, die Justizverbrechen des SED-Staates zu ahnden und die Opfer zu rehabilitieren?[36]

Daß die Meinungen über diese Fragen geteilt sind, kann angesichts der historischen Folie, vor der die heutigen Verfahren zu sehen sind, nicht weiter verwundern.[37] Der Leser mag sich selbst ein Urteil darüber bilden. Soviel dürfte jedoch unumstritten sein, daß sich die bundesdeutsche Politik und die Justiz dieses mal rechtzeitig den „Mühen der Gerechtigkeit" unterzogen und deutlich zu machen versucht haben, daß „Tyrannenmacht an den Menschenrechten eine Grenze hat".[38]

---

34 Siehe dazu in diesem Band die Beiträge von Christoph Schaefgen und Herwig Roggemann; vgl. Rudolf Wassermann: Mühen der Gerechtigkeit, in: Die Welt vom 3. Juli 1998; Deutscher Bundestag, 13. Wahlperiode, Enquete-Kommission. „Überwindung der Folgen der SED-Diktatur im Prozeß der deutschen Einheit" (Hrsg.): Die justitielle Aufarbeitung der SED-Diktatur im Prozeß der deutschen Einheit - Bilanz und Perspektiven (Protokoll Nr. 40), 1997.
35 Siehe dazu ausführlich in diesem Band die Beiträge von Günter Spendel (Unrechtsentscheidungen), Rudolf Wassermann, Edzard Schmidt-Jortzig; vgl. auch Lore Maria Peschel-Gutzeit/Anke Jenckel, a.a.O., S. 292-295.
36 Siehe hierzu in diesem Band den Beitrag von Hans-Jürgen Grasemann.
37 Siehe hierzu in diesem Band die Beiträge von Edzard Schmidt-Jortzig, Wolfgang Schuller, Friedrich-Christian Schroeder (Der Rechtsstaat), Herwig Roggemann.
38 Rudolf Wassermann: Mühen der Gerechtigkeit, in: Die Welt vom 3. Juli 1998.

I. Nationalsozialistische Diktatur

Jürgen Zarusky

Politische Strafjustiz im nationalsozialistischen Doppelstaat

Der geifernde und gehässige Roland Freisler, der die Angeklagten in den Prozessen gegen den 20. Juli anbrüllte und beleidigte, ist zu einem Symbol der politischen Justiz des Dritten Reichs geworden, wohl nicht zuletzt deshalb, weil von Freislers Auftritten die vielleicht einzigen Filmaufnahmen über das Wirken eines Richters im Dritten Reich existieren und wohl auch, weil sich der „rasende Roland" so verhielt, wie es dem Klischee vom Nazirichter entspricht. Tatsächlich aber war Freisler eher ein Unikum,[1] dessen Gebaren selbst Justizminister Thierack, dem Vorgänger Freislers als Präsident des Volksgerichtshofes, zuweilen mißfiel.[2] Generell ging es in der politischen Justiz des Dritten Reichs, selbst beim Volksgerichtshof,[3] ruhiger und sachlicher zu, ohne daß dies allerdings die Justiz daran gehindert hätte, ihre politische Funktion im NS-Staat zu erfüllen. Im Gegenteil: Freislers Tobsuchts-Szenen waren so nur denkbar in der Periode des totalen Kriegs. Unter anderen Umständen hätten sie sehr schnell das Ansehen und damit die Legitimationsfunktion der Justiz beschädigt. In seiner großen Studie „Politische Justiz" schrieb Otto Kirchheimer:

„Das Gerichtsverfahren dient primär der Legitimierung, damit aber auch der Einengung politischen Handelns. [...] Die gerichtliche Feststellung dessen, was als politisch legitim zu gelten habe, nimmt unzähligen potentiellen Opfern die Furcht vor Repressalien oder vor dem Liquidiertwerden und fördert bei den Untertanen eine verständnisvolle und freundliche Haltung gegenüber den Sicherheitsbedürfnissen der Machthaber."[4]

Auf die Legitimierung durch justitielle Verfahren wollte der NS-Staat nicht verzichten, noch weniger allerdings die damit verbundene Einengung politischen Handelns in Kauf nehmen. Schon sehr frühzeitig wurden sowohl in der Rechtstheorie als auch in der Praxis der politischen Justiz Lösungen für diesen Zwiespalt entwickelt, die den Vorteil hatten, keineswegs einen revolutionären Bruch mit Althergebrachtem zu erfordern, sondern aus einem traditionell

---

1 Dies bestätigt die statistische Analyse von Holger Schlüter: Die Urteilspraxis des nationalsozialistischen Volksgerichtshofs. Berlin 1995, S. 99-102.
2 Vgl. das Schreiben Thieracks an Freisler vom 19. Januar 1943, in: Im Namen des Deutschen Volkes. Justiz und Nationalsozialismus, hrsg. vom Bundesminister der Justiz, Köln 1989, S. 210. Helmut Ortner: Der Hinrichter. Roland Freisler - Mörder im Dienste Hitlers. Wien 1993, S. 277.
3 Schlüter, Urteilspraxis, S. 102.
4 Otto Kirchheimer: Politische Justiz. Hamburg ²1993, S. 26. [Die amerikanische Originalausgabe erschien 1961, die deutsche Erstausgabe 1965.]

machtstaatlichen Denken erwuchsen. An einigen Beispielen soll dies verdeutlicht werden.

„Der deutsche Rechtsstaat Adolf Hitlers"

Zu dem 1935 vom „Reichsjuristenführer" Hans Frank herausgegebenen „Nationalsozialistischen Handbuch für Recht und Gesetzgebung" hat Carl Schmitt den Artikel „Der Rechtsstaat" beigesteuert. Begriffliche Wurzeln des Rechtsstaats sah er zum einen in der „liberalindividualistischen Staats- und Gesellschaftsauffassung" im Anschluß an Kant, aber auch in einer juristisch-technischen Begriffsbestimmung, wie er sie auf den 1802 in München geborenen konservativen Staatstheoretiker Friedrich Julius Stahl zurückführte. Stahls Feststellung, der Rechtsstaat „bedeutet überhaupt nicht Ziel und Inhalt des Staates, sondern nur Art und Charakter, dieselben zu verwirklichen" führe, so Schmitt, folgerichtig zu einem neutralen, auswechselbaren Gesetzespositivismus, dessen Hauptzweck es sei, das staatliche Handeln für die Untertanen durch Normierung berechenbar zu machen. „Dadurch wird trotz scheinbarer Neutralität und Instrumentalität, diese Art Rechtsstaat doch wieder zu einem für den liberalen Individualismus typischen Mittel." Unter Berufung auf nicht genannte „bedeutende italienische Rechtsgelehrte" zieh Schmitt Stahl, dessen ursprünglichen jüdischen Namen „Jolson" er dabei nicht anzugeben vergaß, der „Zweideutigkeit" und „theoretischen" Heuchelei, da bei ihm der Begriff des Rechts in „Rechtsstaat" in einen positivistischen Normativismus umgedeutet werde, „dessen folgerichtiger Schluß nur dem rücksichts- und bedenkenlosen Individualismus der liberalen Epoche zugute kommt." Im Strafrecht, so Schmitt, gebe das liberale Rechtsstaatsdenken der individuellen Freiheit und der Berechenbarkeit staatlicher Eingriffe Vorrang. Das Strafgesetzbuch werde dadurch zur „Magna Charta des Verbrechers", denn der gerechte Grundsatz *nullum crimen sine poena* werde durch den positivistisch-gesetzesstaatlichen Satz *nulla poena sine lege* ersetzt.

Trotz seiner Ablehnung der menschenrechtlichen und konstitutionellen Quellen des modernen Rechtsstaats und seiner deutlich bekundeten Verachtung für diese Staatsform verzichtete Schmitt nicht auf den Gebrauch des Terminus „Rechtsstaat". Am Schluß seines Aufsatzes führte er aus:

„Durch die Erklärungen hervorragender nationalsozialistischer Rechtswahrer ist klargestellt, daß selbstverständlich auch im nationalsozialistischen Staat Rechtssicherheit herrscht, daß die Gesetze dieses Staates unverbrüchlich gelten, die Richter unabhängig sind und ein ausgedehnter Rechtsschutz besteht. Man kann daher, wie es häufig von autoritärer Seite - Reichsminister Dr. Frick, Reichsjuristenführer Staatsminister Dr. Frank, Staatssekretär der Reichskanzlei Lammers, Staatssekretär im Reichs- und Preußischen Justizministerium Dr. Freisler, Ministerialdirektor Dr. Nicolai - geschehen ist, den natio-

nalsozialistischen Staat als einen Rechtsstaat bezeichnen. Dabei besteht allerdings kein Zweifel darüber, daß diese rechtsstaatlichen Einrichtungen jetzt auf dem Boden des nationalsozialistischen Staats stehen und sowohl die Vorstellungen von Recht und Gerechtigkeit, wie die von Staat und Gemeinschaft nach Inhalt und Form nationalsozialistisch sind. [...] Soll also das problematische Wort Rechtsstaat auch für den nationalsozialistischen Staat übernommen werden, so scheint mir die beste und am wenigsten mißverständliche Umprägung in der Formel zu liegen, die Dr. Hans Frank in seinem Vortrag vom 20. März 1934 geschaffen hat: Der deutsche Rechtsstaat Adolf Hitlers."[5]

Diese Formel ist gehaltvoller, als sie zunächst erscheinen mag, allerdings ist sie dazu geschaffen, einen Widerspruch zu verhüllen, der einen Grundzug des NS-Regimes darstellte. Über diesen Widerspruch diskutierten zur selben Zeit, als Carl Schmitt an seinen Formelkompromissen arbeitete, der jüdische Sozialist und Rechtsanwalt Ernst Fraenkel und der Justitiar des lutherischen Rats, Martin Gauger, viele Nächte lang. Auch in Gesprächen mit dem Inlandsleiter des illegalen Internationalen Sozialistischen Kampfbundes (ISK), Hellmut von Rauschenplat alias Fritz Eberhard, versuchte sich Fraenkel über die Natur des NS-Staats klarzuwerden. Der Ertrag dieser Diskussionen floß in das Buch „The Dual State" ein, das der inzwischen in die USA emigrierte Fraenkel 1940 dort veröffentlichte. Einige Grundgedanken waren auch schon in illegalen Flugblättern des ISK in Deutschland verbreitet worden - in dem bescheidenen Umfang, in dem das den sozialistischen Widerstandsgruppen eben möglich war.[6] Erst 1974 erschien Fraenkels Buch in deutscher Rückübersetzung unter dem Titel „Der Doppelstaat". Fraenkel beschreibt den NS-Staat als in zwei idealtypische Sphären geschieden, den Normenstaat und den Maßnahmenstaat, wobei letzterer der schrankenlosen Umsetzung der politischen Ziele des NS-Regimes diene. Der „politische Sektor" des Dritten Reichs, so Fraenkel, sei der Herrschaft des Rechts entzogen. „Im politischen Sektor dient, was immer als ‚Recht' bezeichnet werden mag, ausschließlich dem Zweck, die politischen Ziele des Regimes zu fördern."[7] Der daneben weiterbestehende Normenstaat ist dabei keineswegs überflüssig, denn er ist eine notwendige Voraussetzung, um die Produktionsabläufe in einer modernen, hochindustrialisierten Gesellschaft zu gewährleisten. Um es mit Max Weber auszudrücken: „Die universelle *Markt*vergesellschaftung verlangt [...] ein nach rationalen Regeln *kalkulierbares* Funktionieren des

---

5   Carl Schmitt: Der Rechtsstaat, in: ders.: Staat, Großraum, Nomos. Arbeiten aus den Jahren 1916-1969. Hrsg., mit einem Vorwort und mit Anmerkungen versehen von Günter Maschke. Berlin 1995, S. 108-120, hier: S. 116 f.
6   Zur Entstehungsgeschichte des Buches siehe Fraenkels Vorwort zur deutschen Ausgabe: Ernst Fraenkel: Der Doppelstaat. Frankfurt a. M. 1974, S. 11-18. Martin Gauger wurde 1941 im KZ Buchenwald ermordet.
7   Fraenkel, Doppelstaat, S. 26.

Rechts."[8] Ganz ähnlich sah es auch Werner Best, der Justitiar der Gestapo. Nicht nur im Gespräch mit Martin Gauger, der einmal als Rechtsvertreter der Bekennenden Kirche mit ihm konferierte, sondern auch in diversen Veröffentlichungen bekundete Best, daß es auch im nationalsozialistischen Staat auf sehr vielen Gebieten zweckmäßig sei, daß neben einer von allen rechtlichen Beschränkungen befreiten Polizeigewalt, „der Staat von sich aus eine künftige Tätigkeit genau normiert, so daß sie voraussehbar ist und den Betroffenen die Möglichkeit gegeben wird, sich danach zu richten."[9]

Die Abgrenzung zwischen Normen- und Maßnahmestaat ist allerdings ein letztlich unmögliches Unterfangen, da die Kompetenz des Maßnahmestaates theoretisch unbegrenzt ist, wenngleich sie faktisch beschränkt bleiben muß.[10] So ist es auch wenig erstaunlich, daß die Bemühungen des von Best geleiteten „Ausschusses für Polizeirecht der Akademie für Deutsches Recht" einen nationalsozialistischen Polizeibegriff zu definieren, zu keinem Ergebnis führten.[11] Für die Strafjustiz, die per definitionem an Normen gebunden ist, eröffnen sich theoretisch nur die Möglichkeiten einer immerwährenden Konfrontation mit dem Maßnahmestaat oder einer elastischen Anpassung an seine Zumutungen. Ein Teil des Problems wurde in einer späteren Phase dadurch gelöst, daß jene Herrschaftsunterworfenen des Dritten Reichs, die in der völkischen Ideologie als minderwertig betrachtet wurden, also vor allem Juden und Slawen, der Sphäre des Rechts völlig entzogen wurden. In der rassistischen Pyramide, die durch die NS-Herrschaft errichtet wurde, ging es nach unten hin immer „maßnahmestaatlicher" zu.[12] Welche Entwicklung sich bei der Strafjustiz in der Konfrontation mit dem „politischen Sektor" anbahnte, wird bereits in der Frühphase in den Hochverratsverfahren, die das Reichsgericht von Hitlers Machtübernahme bis zur Übertragung der Kompetenz für Hoch- und Landesverrat auf den Volksgerichtshof im Sommer 1934 durchführte, sehr deutlich.

---

8 Max Weber: Wirtschaft und Gesellschaft. Grundriß der verstehenden Soziologie. Fünfte, revidierte Auflage, mit textkritischen Erläuterungen herausgegeben von Johannes Winckelmann. Tübingen 1976, S. 198.
9 Zit. nach Fraenkel, Doppelstaat, S. 93.
10 Fraenkel, Doppelstaat, S. 89.
11 Ulrich Herbert: Best. Biographische Studien über Radikalismus, Weltanschauung und Vernunft; 1903-1989. Bonn 1996, S. 177 f.
12 Vgl. dazu Diemut Majer: „Fremdvölkische" im Dritten Reich. Ein Beitrag zur nationalsozialistischen Rechtssetzung und Rechtspraxis in Verwaltung und Justiz unter besonderer Berücksichtigung der eingegliederten Ostgebiete und des Generalgouvernements. Boppard am Rhein 1981.

Selbstgleichschaltung der Justiz am Beispiel des Reichsgerichts

Das 1879 geschaffene und in Leipzig eingerichtete Reichsgericht war oberstes Rechtsmittelgericht und zugleich erst- und letztinstanzlich in Hoch- und Landesverratssachen zuständig. Während der Weimarer Republik waren auch Nationalsozialisten vor dem RG angeklagt gewesen. Im Reichswehrprozeß von 1930 wurden drei Ulmer Offiziere wegen nationalsozialistischer Umtriebe verurteilt, zugleich erhielt Adolf Hitler jedoch ausführliche Gelegenheit, die angebliche Legalitätstreue seiner Partei zu bekunden. Gegenbeweise der Reichsregierung wurden nicht zur Kenntnis genommen. Das Verfahren gegen Werner Best wegen der im Herbst 1931 bekanntgewordenen Boxheimer Dokumente, einer Sammlung detaillierter Entwürfe für das Ausnahmerecht im Falle eines nationalsozialistischen Umsturzes, war nach einem Jahr eingestellt worden, weil der Oberreichsanwalt den Tatbestand des Hochverrats nicht für gegeben sah.[13] Dagegen wurde die KPD grundsätzlich als hochverräterisch eingestuft. Jegliche Tätigkeit für diese Partei konnte entsprechend inkriminiert werden. So wurde beispielsweise ein verantwortlicher Redakteur einer kommunistischen Zeitung verurteilt, obwohl er wegen Urlaubs keine Kenntnis vom Inhalt eines verfolgungsauslösenden Artikels hatte.[14] Das „lawinenartige Anschwellen" der Hochverratsverfahren seit 1929, das der seit eben jenem Jahr amtierende Präsident des Reichsgerichts, Erwin Bumke, Anfang 1932 beklagte, betraf ebenfalls in erster Linie die Kommunisten. Mit einer Steigerung von 34 im Jahre 1929 auf 109 im Jahre 1931 hatte sich die Gesamtzahl der Verfahren in diesem Zeitraum fast verdreifacht, und sie stieg weiterhin exponentiell an.[15] Im März 1933 wurde daher die Möglichkeit geschaffen, Verfahren minderer Bedeutung an bestimmte Oberlandesgerichte abzugeben, wovon die Reichsanwaltschaft ausgiebig Gebrauch machte.[16] Die Rechtsprechung des Reichsgerichts in Hochverratssachen nach der Machtübernahme bis zur Übertragung dieser Kompetenz auf den Volksgerichtshof im Sommer 1934 war durch ein hohes Maß an Kontinuität ausgezeichnet. Personell hatte sich an der Zusammensetzung des Gerichts kaum etwas geändert. Nur ein jüdischer und ein sozialdemokratischer Zivilrichter waren auf politischen Druck hin schon vor dem Inkrafttreten des sogenannten „Gesetzes zur Wiederherstellung des Berufsbeamtentums" am 7. April ausgeschieden.[17] Auch inhaltlich bewegte man sich weitgehend in den alten Bahnen. Allerdings war doch eine etwas zwiespältige Situation eingetreten: Ein beträchtlicher Teil der 1933/34 vor dem Reichsgericht verhandelten Hochverrats-

---

13 Herbert, Best, S. 112-119.
14 Christoph Gusy: Weimar - die wehrlose Republik? Verfassungsschutzrecht und Verfassungsschutz in der Weimarer Republik. Tübingen 1991, S. 124 f.
15 Erwin Bumke: Vom Reichsgericht, in: Juristische Wochenschrift 61 (1932), S. 1185-1188.
16 Hans-Eckhard Niermann: Die Durchsetzung politischer und politisierter Strafjustiz im Dritten Reich. Ihre Entwicklung aufgezeigt am Beispiel des OLG-Bezirks Hamm. Düsseldorf 1995, S. 141 = Juristische Zeitgeschichte, Bd. 3.
17 Friedrich Karl Kaul: Geschichte des Reichsgerichts. Band IV: 1933-1945. Glashütten/Ts. 1971, S. 53-58.

sachen betraf kommunistische Aktivitäten aus der Zeit vor 1933. Während also die Nationalsozialisten ihre Diktatur etablierten, wurden Anhänger der KPD wegen Delikten verurteilt, die auf den Umsturz der parlamentarischen Demokratie von Weimar gerichtet waren. Diese Zwiespältigkeit blieb auch in den Verfahren gegen Angeklagte bestehen, die zum Widerstand gegen die Regierung Hitler aufgerufen hatten - richteten sich die Strafbestimmungen gegen Hochverrat doch gegen jene, die es unternahmen, gewaltsam die Verfassung zu ändern. Von welcher Verfassung aber war die Rede? Hätten sich die Richter an der geschriebenen Verfassung der Weimarer Republik orientiert - auf die sie im übrigen alle vereidigt waren - wäre mit jedem Urteil auch die pseudolegale Demontage dieser Verfassung durch die Regierung Hitler indirekt thematisiert worden. Die beiden mit Hochverratssachen betrauten Strafsenate des Reichsgerichts waren indes um einen Ausweg nicht verlegen. Zum einen knüpften sie an die in ständiger Rechtsprechung getroffene Feststellung vom hochverräterischen Charakter der KPD an, zum anderen stellten sie sich ohne weiteres auf den Boden der neuen Realverfassung - der Diktatur der NSDAP und ihrer nationalistischen Verbündeten. Einige charakteristische Beispiele sollen das belegen. Arthur Vogt, ein Mitglied der Berliner Bezirksleitung der KPD, wurde zusammen mit vier anderen wegen seiner politischen Tätigkeit in den ersten Wochen nach dem 30. Januar angeklagt. Vogt machte geltend, damals sei die KPD nicht verboten gewesen, er sei also zu einer politischen Betätigung für diese Partei berechtigt gewesen. Das Urteil vom 21. Februar 1934 wies dieses Argument zurück. Den Angeklagten sei klar gewesen, „daß für die kommunistische Partei die Möglichkeit irgendeiner legalen Betätigung in Zukunft nicht mehr gegeben war, daß jede Kundgebung eines organisierten Machtstrebens ihrerseits auf den unerbittlichen Widerstand der nationalen Regierung und der hinter ihr stehenden großen Mehrheit des Volkes stoßen und die schärfsten Gegenmaßnahmen auslösen würde".[18] Daraus leitete der 5. Strafsenat des RG die Gewaltbereitschaft der Angeklagten ab. Höchst bemerkenswert ist das Argument, die Angeklagten hätten aus dem politischen Willen der Regierung Hitler, die KPD zu unterdrücken, auf die Illegalität ihrer Betätigung schließen müssen. Insbesondere, so der Senat, hätten sie „nach den ersten Maßnahmen der neuen Regierung zur Niederschlagung des Marxismus" die Lage durchaus richtig eingeschätzt. Maßnahmen der Regierung, die das Gericht wohl mit Vorbedacht nicht näher charakterisierte, da sie sich in einem juristischen Text unschön ausgenommen hätten, wurden hier gegen die Berufung der Angeklagten auf die formale Legalität als normbegründend ins Feld geführt - ein Schulbeispiel für die Funktionsweise des Doppelstaats.

---

18 XV H 3/34 gg. Vogt, in: Widerstand als „Hochverrat" 1933-1945. Die Verfahren gegen deutsche Reichsangehörige vor dem Reichsgericht, dem Volksgerichtshof und dem Reichskriegsgericht. Mikrofiche-Edition. Herausgegeben vom Institut für Zeitgeschichte. Bearbeitet von Jürgen Zarusky und Hartmut Mehringer. München u.a. 1994-1997, MF 0657 f. (Künftig zitiert als WaH.)

In dem Urteil gegen den Berliner Kommunisten Kurt Schulze vom 19. Januar 1934 trat die politisch einseitige und vom Gesetz losgelöste Handhabung des Hochverratstatbestandes durch das Reichsgericht noch unverhüllter zutage. Schulze wurde zu einem Jahr und neun Monaten Gefängnis verurteilt, weil er im März 1933 versucht hatte, einen Bekannten als Spitzel in den Stahlhelm, eine der großen rechten paramilitärischen Organisationen, einzuschleusen. Zur Begründung des Hochverratsvorwurfs reichte dem Reichsgericht der Hinweis, damit habe der Angeklagte die Umsturzbestrebungen der KPD gefördert. „Bei der Bemessung der Strafe fiel erschwerend ins Gewicht, daß die Tätigkeit des Angeklagten in einer Zeit, da die Stellung der nationalen Regierung sich kaum erst gefestigt hatte, sich gegen einen sie stützenden Verband richtete, und daß solche Bestrebungen, wenn sie Erfolg gehabt hätten, dem Reiche empfindlichen Schaden hätten zufügen können", heißt es weiter im Urteil.[19] Im Endeffekt wurde damit ein rechtsradikaler Wehrverband in den Rang einer Verfassungsinstitution gerückt.

Nicht nur die KPD und linke und rechte Absplitterungen wie die Kommunistische Arbeiterpartei[20] und die Kommunistische Partei/Opposition[21] gerieten ins Visier des Reichsgerichts, in dem Verfahren gegen den jungen Stettiner Leihbüchereibesitzer Fritz Lamm und Genossen wurde auch die Sozialistische Arbeiterpartei als hochverräterisch qualifiziert. Sie erstrebe eine Diktatur des Proletariats und versuche „durch ständige Verbreitung von Greuelnachrichten die Staatsautorität zu untergraben", hieß es in der Anklageschrift, der das Urteil folgte.[22] Die SAP war Ende 1931 als Linksabspaltung der SPD entstanden und bald unter den Einfluß rechtsoppositioneller Kommunisten geraten. Als hochverräterisch war sie erstmals in einem Urteil des Oberlandesgerichts Stuttgart vom Juli 1933 eingestuft worden, auf das sich der Oberreichsanwalt hier berufen hatte.[23]

Am 16. November 1933 wurde der Händler und Steinschleifer Johann Kirschneck aus Hof der Vorbereitung zum Hochverrat angeklagt. Kirschneck gehörte der SPD an und hatte von einem Besuch in der Tschechoslowakei, wo er die Emigration seines zu diesem Zeitpunkt im KZ Dachau einsitzenden Bruders vorbereiten wollte, illegale sozialdemokratische Schriften eingeschmuggelt. Im Gegensatz zur KPD und zur SAP war die SPD stets entschieden hinter der Weimarer Verfassung gestanden, ja sie war die Verfassungspartei schlechthin. Das RG konnte in diesem Fall also nicht so ohne weiteres an seine frühere Rechtsprechung anknüpfen. Allerdings hatte die Exil-SPD schon seit Mitte 1933 erklärt, daß die Politik der Sozialdemokratie unter den Bedingungen der Diktatur nur eine revolutionäre sein könne. Daraus leitete das RG den hochverräterischen Charakter der SPD ab. Die SPD stelle sich mit ihrem Bekenntnis zu

---

19 XII H 54/33 gegen Kurt Schulze, WaH MF 0606.
20 XV H 58/33 gegen Ziegenhagen und Gen., WaH MF 0607.
21 XV H 52/33 gegen Erich Neumann und Gen., WaH MF 0606.
22 XI H 53/33 gegen Lamm und Gen., WaH MF 0619 f.
23 Ebenda.

revolutionären Methoden „in eine Einheitsfront mit denjenigen Parteien, welche seit jeher auf den gewaltsamen Umsturz zur Errichtung einer Diktatur des Proletariats hinarbeiten". Kirschneck wurde am 11. Januar 1934 zu vier Jahren Gefängnis verurteilt.[24] Das Urteil beruhte auf einer Fiktion, denn tatsächlich gab es weder eine Einheitsfront noch strebten die Sozialdemokraten eine Diktatur des Proletariats an.[25] Dennoch wurde es zum Präzedenzfall für weitere Verurteilungen von Angehörigen des sozialdemokratischen Widerstands.[26]

Am 27. Juni 1933 wurde der kommunistische Reichstagsabgeordnete Christian Heuck wegen Vorbereitung zum Hochverrat zu einem Jahr und neun Monaten Gefängnis verurteilt, die er in Neumünster zu verbüßen hatte. Dort wurden er und der Kommunist Rudolf Timm in der Nacht vom 23./24. Februar 1934 ermordet. Die Tat wurde als Selbstmord getarnt. Der Haupttäter, der damalige kommissarische Leiter der Schutzpolizei Neumünster wurde 1947 vom Landgericht Kiel zum Tode verurteilt.[27] Heuck war vom Oberreichsanwalt unter anderem vorgeworfen worden, er habe zu einem politischen Streik aufgerufen, um einen kommunistischen Umsturz herbeizuführen. Heuck konterte, sicher nicht wahrheitsgemäß, aber durchaus geschickt, mit dem Argument, er habe nur bezwecken wollen, daß der Reichspräsident Hitler als Reichskanzler entlasse und eine andere Regierung berufe, die wieder demokratische Verhältnisse herstelle. Das Gericht nahm ihm diese Behauptung nicht ab, ließ sich aber dennoch auf eine Erörterung ein:

„Aber selbst wenn es so wäre, würde sich der Angeklagte auch damit der Vorbereitung des Hochverrats schuldig gemacht haben. Denn er hat in der Hauptverhandlung ausdrücklich hervorgehoben, daß er die Wiederherstellung der verfassungsmäßigen demokratischen Regierung nur deshalb angestrebt habe, weil unter ihr für die Umsturzziele der KPD ein viel günstigerer Boden sei als unter dem Faschismus; er habe gehofft, daß die KPD unter der verfassungsmäßigen Demokratie ihre Ziele werde verwirklichen können. Hiernach hat sich der Angeklagte der Vorbereitung des Hochverrats nach §§ 81 Ziff. 2, 86 StGB schuldig gemacht. Nach der ständigen Rechtsprechung des Reichsgerichts wird der Tatbestand dieser Gesetzesvorschrift auch schon durch ganz entfernte Vorbereitungshandlungen erfüllt, wenn diese dazu dienen, ein bestimmtes hochverräterisches Unternehmen (hier den von der KPD geplanten Umsturz) zu fördern."[28]

---

24 XII H 60/33 gegen Kirschneck, WaH MF 0620.
25 Francis L. Carsten: Widerstand gegen Hitler. Die deutschen Arbeiter und die Nazis. Frankfurt a. M. u.a. 1996, S. 28 f.
26 Vgl. XII H 14/34 gg. Wilhelm Krüger u.a., WaH MF 0611.
27 Martin Schumacher: M.d.R. Die Reichstagsabgeordneten der Weimarer Republik in der Zeit des Nationalsozialismus. Politische Verfolgung, Emigration und Ausbürgerung 1933-1945. Eine biographische Dokumentation. Dritte, erheblich erweiterte und überarbeitete Auflage. Düsseldorf 1994, S. 195-198.
28 XII H 23/33 gegen Christian Heuck, WaH MF 0619.

Die Wiederherstellung der Demokratie als Vorbereitung zum Hochverrat einzustufen, stellt zweifellos einen der Höhepunkte doppelstaatlicher Interpretationskunst des Reichsgerichts dar.

Rechtspositivismus?

Die nach dem Krieg verbreitete Ansicht, eine angebliche „rechtspositivistische Verbildung" habe die Richter wehrlos gegenüber den Zumutungen des Unrechtsstaats gemacht, kann derlei Rechtserkenntnisse nicht erklären, und sie ist in jüngerer Zeit zu Recht mit Entschiedenheit kritisiert worden.[29] Das Reichsgericht selbst hat in seinem berühmtesten Hochverratsprozeß während der NS-Zeit, dem Reichstagsbrandprozeß, einen Eckpfeiler der Rechtssicherheit und damit des Rechtspositivismus preisgegeben, nämlich den Grundsatz „nulla poena sine lege". Bekanntlich waren in dem Prozeß, der vom 21. September bis 23. Dezember 1933 verhandelt wurde, neben dem jungen Holländer Marinus van der Lubbe der kommunistische Reichstagsabgeordnete Torgler und die drei bulgarischen Kominternfunktionäre Dimitroff, Popoff und Taneff angeklagt. Die Machthaber erwarteten ein Urteil, das eine kommunistische Umsturz-Verschwörung entlarven und ihre schrankenlose Usurpation der Macht als Notwehrmaßnahme legitimieren sollte. In dieser Hinsicht wurden sie enttäuscht. Die angeklagten kommunistischen Funktionäre wurden mangels Beweise freigesprochen, allein van der Lubbe wurde verurteilt, und zwar zum Tode wegen „Hochverrats in Tateinheit mit aufrührerischer Brandstiftung und versuchter einfacher Brandstiftung". Die Strafe beruhte auf der einen Tag nach dem Reichstagsbrand erlassenen *Verordnung des Reichspräsidenten zum Schutz von Volk und Staat vom 28. Februar 1933*,[30] die die Todesstrafe für Hochverrat und Brandstiftung ermöglichte. Um deren Anwendung auf die Angeklagten des Reichstagsbrandprozesses zu ermöglichen, verabschiedete das Reichskabinett am 29. März das *Gesetz über die Verhängung und den Vollzug der Todesstrafe*,[31] die sogenannte Lex van der Lubbe, die das Inkrafttreten der in der Reichstagsbrandverordnung enthaltenen Strafverschärfung kurzerhand auf den 31. Januar 1933 zurückverlegte. Die Vorlage hierfür stammte von Justizstaatssekretär Franz Schlegelberger, der allerdings im Vorfeld der Entscheidung entschieden gegen das Vorhaben argumentiert hatte, weil es gegen den Grundsatz „nulla

---

29 Prononciert wurde die Positivismus-These u.a. vertreten von Hermann Weinkauff: Die deutsche Justiz und der Nationalsozialismus. Ein Überblick. Stuttgart 1968, S. 182 f. Zur Kritik siehe Ingo Müller: Furchtbare Juristen. Die unbewältigte Vergangenheit unserer Justiz. München 1987, S. 221-226; Manfred Walther: Hat der juristische Positivismus die deutschen Juristen im „Dritten Reich" wehrlos gemacht?, in: Ralf Dreier und Wolfgang Sellert (Hrsg.): Recht und Justiz im „Dritten Reich". Frankfurt a. M. 1989, S. 323-354.
30 RGBl. I, S. 83.
31 RGBl. I, S. 151. Siehe dazu: Volker Epping: Die „Lex van der Lubbe". Zugleich auch ein Beitrag zur Bedeutung des Grundsatzes „nullum crimen, nulla poena sine lege", in: Der Staat 34 (1995), S. 243-267.

poena sine lege" verstoße, welcher außer in einigen schweizerischen Kantonen, Rußland und einigen asiatischen Staaten auf der ganzen Welt Geltung habe.[32] Da die Verteidigung im Prozeß die Gültigkeit der „Lex van der Lubbe" mit ganz ähnlichen Gründen bestritten hatte, wie sie Schlegelberger zunächst angeführt hatte, ging der vierte Strafsenat des Reichsgerichts darauf bei der Erörterung der Strafzumessungsgründe ausführlich ein, und behauptete die Rechtsgültigkeit der Bestimmung, da nicht die Strafbarkeit der Tat, sondern nur das Strafmaß rückwirkend bestimmt worden sei. Ein Rückwirkungsverbot in dieser Hinsicht bestehe nicht.[33]

Bei dieser höchstrichterlichen Aufweichung des Gesetzesbegriffes ist gewiß der politische Druck nicht außer Acht zu lassen, entscheidend war dennoch ein anderer Faktor, nämlich die längst zuvor in die Wege geleitete Lösung des Richters vom Gesetz, die im Urteil mit der Formel ausdrückt wurde, es sei „unabweisbare Pflicht des nur dem Gesetz unterworfenen Richters, zu prüfen, ob das, was er anwendet, Gesetz ist"[34]. Ein ähnliches, stark von der Freirechtslehre[35] beeinflußtes Amtsverständnis hatte bereits 1920 der Vorsitzende des Deutschen Richterbundes, Johannes Leeb, vertreten: „Wo der Richter an das Gesetz gebunden ist, ist er Diener der Macht, nicht Diener der Gerechtigkeit, ist die Richterrobe Livree nicht Talar."[36]

Terror und justitielle Normalität: Der Volksgerichtshof

Trotz seiner erheblichen Anpassungsleistungen fiel das Reichsgericht nach dem für die NS-Machthaber enttäuschenden Urteil im Reichstagsbrandprozeß bei diesen in Ungnade, mit der Folge, daß die Kompetenz für Hoch- und Landesverratsverfahren im Sommer 1934 auf den neugeschaffenen Volksgerichtshof übertragen wurde, dessen „Volksverbundenheit" darin zum Ausdruck kam, daß seine Senate mit zwei Berufs- und drei Laienrichtern besetzt waren, wobei es sich zumeist um Angehörige von NS-Organisationen, Militär oder Ministerien handelte.[37] Zweifellos war die Errichtung des Volksgerichtshof neben den ausufernden Sondergerichten[38] die wichtigste institutionelle Neuschöpfung im Ge-

---

32 Vgl. dazu Lothar Gruchmann: Justiz im Dritten Reich 1933-1940. Anpassung und Unterwerfung in der Ära Gürtner. München 1988, S. 826-830; Michael Förster: Jurist im Dienste des Unrechts. Leben und Werk des ehemaligen Staatssekretärs im Reichsjustizministerium, Franz Schlegelberger (1876-1970). Baden-Baden 1995, S. 39 f.
33 XII H 42/33 gg. Marinus van der Lubbe u.a., WaH MF 0615 ff.
34 Ebenda.
35 Vgl. dazu Okko Behrends: Von der Freirechtsschule zum konkreten Ordnungsdenken, in: Dreier, Sellert (Hrsg.), Recht und Justiz, S. 34-79.
36 Zitiert nach: Im Namen des Deutschen Volkes, S. 19.
37 Zur Organisationsgeschichte des VGH immer noch maßgeblich: Walter Wagner: Der Volksgerichtshof im nationalsozialistischen Staat. Stuttgart 1974, S. 13-29.
38 Zur Charakterisierung ihrer Tätigkeit vgl. das Schreiben von Reichsjustizminister Thierack an die Präsidenten der Revisionsinstanzen vom 5.7.1943 in: Trials of War Criminals before the

richtswesen des Dritten Reiches, dennoch blieb zunächst ein relativ hohes Maß an Kontinuität gewahrt. Nicht nur, daß weiterhin Oberlandesgerichte mit weniger bedeutsamen Hoch- und Landesverratssachen betraut werden konnten, auch die Rechtsprechung des VGH unterschied sich zunächst nicht fundamental von der des Reichsgerichts.[39] Vielmehr hatte dieses wichtige Grundlagen für jenen gelegt. Die Jurisdiktion des VGH verschärfte sich allerdings exponentiell. Insgesamt gehen 7.022 Urteile auf ihn zurück. Die Zahl der Abgeurteilten beträgt 15.519. Gegen 5.279 wurde die Todesstrafe verhängt, 9.174 erhielten Freiheitsstrafen, 1.276 wurden freigesprochen.[40] Neben Deutschen und Österreichern gehörten auch viele Tschechen, sowie Franzosen und Polen zu den Opfern des VGH.

1942 fand ein starker Radikalisierungsschub bei der Tätigkeit des VGH statt, für den mehrere Gründe ausschlaggebend waren: zum einen Hitlers heftige Justizschelte in seiner Reichstagsrede vom 26. April, dann das tödliche Attentat auf Reinhard Heydrich in Prag, das eine verschärfte Verfolgung des tschechischen Widerstandes zur Folge hatte, und schließlich der Amtsantritt Roland Freislers als Präsident des VGH am 20. August. Bis zu seinem Tod bei einem Bombenangriff am 3. Februar 1945 betrieb Freisler nachdrücklich eine konsequente Politisierung und äußerste Härte der Judikatur des VGH. Ein Resultat dieses Engagements war die Tatsache, daß 95 Prozent aller seiner Todesurteile in den Jahren seit 1942 ausgesprochen wurden.[41] Zweifellos war der Volksgerichtshof, wie die gegen seine Staatsanwälte und Richter ermittelnden Staatsanwälte beim Landgericht Berlin festgestellt haben, zumindest in der Ära Freisler, ein nationalsozialistisches Terrorinstrument und kein unabhängiges Gericht. Auch der Deutsche Bundestag sprach in seiner einstimmigen Entschließung vom 25. Januar 1985 dem VGH die Gerichtsqualität ab.[42] Schlüter, der diese Einschätzung teilt, hat allerdings zugleich auf Merkmale juristischer Normalität beim VGH verwiesen und - sehr zu Recht - festgestellt: „Gerade die Tatsache, daß der Terror mit tausenden von Todesurteilen von einer Institution verbreitet wurde, die viele Züge einer normalen Gerichtstätigkeit aufweist, gibt Anlaß zur Besorgnis."[43]

Die Bindung an Reste rechtsstaatlicher Verfahrensweisen setzte dem Volksgerichtshof dennoch Grenzen bei der Unterdrückung politischer Opponenten des NS-Staates. Sehr deutlich zeigte sich dies an dem geplanten Prozeß gegen den KPD-Vorsitzenden Ernst Thälmann, der nach dem Reichstagsbrand festge-

---

Nuernberg Military Tribunals, Volume III: „The Justice Case". Washington 1951, S. 227-231 (= NG 478).
39 Wagner, Volksgerichtshof, S. 80. Eine statistische Untersuchung der Sanktionspraxis bei Schlüter, Urteilspraxis, insbesondere S. 61 ff.
40 Schlüter, Urteilspraxis, S. 37 f.
41 Schlüter, Urteilspraxis, S. 39 und S. 199-205.
42 Bernhard Jahntz, Volker Kähne: Der Volksgerichtshof. Darstellung der Ermittlungen der Staatsanwaltschaft bei dem Landgericht Berlin gegen ehemalige Richter und Staatsanwälte am Volksgerichtshof. Berlin ³1992, S. 48 f.
43 Schlüter, Urteilspraxis, S. 232.

nommen worden war. Nachdem der Prozeß gegen van der Lubbe, Dimitroff, Popoff, Taneff und Torgler nicht die erwünschte Enthüllung einer großen kommunistischen Umsturzverschwörung erbracht hatte, war Thälmann als Kandidat für die Rolle des Angeklagten in einem Schauprozeß vorgesehen, der dies nachholen sollte. Thälmann seinerseits bereitete sich darauf vor, in die Fußstapfen Dimitroffs zu treten.[44] Doch dazu kam es nicht.

Zwar machten die in der vom 17. Dezember 1934 datierenden Anklageschrift ausführlich zitierten Publikationen und Materialien der KPD sehr deutlich, daß die Partei im Januar 1933 einen Umsturz zumindest ins Auge faßte, sie zeigen aber auch, daß sie über letztlich erfolglose Aufrufe an die „Massen" nicht hinauskam. Zu einer unmittelbaren Ausführung der hochverräterischen Absichten sei es nicht gekommen, stellt die Anklageschrift denn auch juristisch und historisch korrekt fest.[45] Bei einer Besprechung über die „Pressebehandlung des Thälmannprozesses" von Vertretern verschiedener Ministerien am 5. Februar 1935 plädierte der Regierungsrat im Innenministerium und spätere Widerständler Hans-Bernd Gisevius dafür, das Verfahren ganz abzusetzen. Wenn man nicht mit ganz außerordentlichen Enthüllungen aufwarten könnte, würde man damit nur den Kommunisten und interessierten Auslandskreisen Gelegenheit zu einem neuerlichen Pressefeldzug gegen das nationalsozialistische Deutschland geben.[46] Am 1. November 1935 beschloß der Volksgerichtshof die Außerhaftsetzung Thälmanns, zugleich erging ein Schutzhaftbefehl der Gestapo gegen ihn.[47] Thälmann verbrachte diese Schutzhaft in Justizvollzugsanstalten, zunächst in Berlin-Moabit, dann im Gerichtsgefängnis Hannover, schließlich in Bautzen. Von dort wurde er am 18. August 1944 in das KZ Buchenwald verbracht und ermordet.[48]

Funktion und Selbstverständnis der politischen Strafjustiz

Das Schicksal Thälmanns verdeutlicht die politische Flexibilität, zugleich aber auch die Grenzen der politischen Justiz im Dritten Reich. Zur Durchführung eines Schauprozesses nach sowjetischem Muster, in dem die fehlenden Sensationen erfunden und die Angeklagten auf ihre entsprechenden Rollen abgerichtet wurden, war die NS-Justiz nicht in der Lage, auch nicht der VGH. Trotz aller Umformungs- und Erosionsprozesse behaupteten sich hier rechtsstaatliche Rudimente mit herrschaftsbegrenzender Wirkung, die allerdings im Zweifelsfall

---

44 Peter Przybylski: Mordsache Thälmann. Berlin (Ost) 1986, S. 53-56.
45 Anklageschrift 14a/8J 151/28 gegen Ernst Thälmann [Abschrift], Rossiskij Centr Chranenija i Izuèenija Dokumentov Novejšej istorii, f. 526, op. 1, d. 58.
46 Przybylski, Mordsache, S. 78 f.
47 Günther Wieland: Das war der Volksgerichtshof. Ermittlungen, Fakten, Dokumente. Berlin (Ost) 1989, S. 29.
48 Schumacher, M.d.R. S. 515 ff.

durch SS und Polizei überspielt wurden.⁴⁹ Eine völlige Ersetzung der Justiz durch die Polizei kam indes nicht in Frage, da damit die legitimierende Wirkung des Gerichtsverfahrens verlorengegangen wäre. Eine Gerichtsbarkeit indessen, die sich streng an gesetzlichen Maßstäben orientiert hätte, wäre mit dem NS-Regime in ständiger Konfrontation gestanden. Den Ausweg bot eine den Erwartungen des Regimes entsprechende Auslegung der nicht-nationalsozialistischen Rechtsnormen, bei ansonsten strikter Befolgung des als letzte Rechtsquelle zu betrachtenden „Führerwillens", eine Haltung, die Yat-Che Cheng als „Koexistenz von Gesetzespositivismus und Freirechtslehre" gekennzeichnet hat.⁵⁰ Der Einfluß der Freirechtslehre, die als romantische Reaktion auf eine als formalistisch verachtete Begriffsjurisprudenz entstand, wuchs nicht zuletzt aufgrund der Ablehnung der Weimarer Republik durch den konservativ-autoritär formierten Richterstand.⁵¹ Die Selbstzuschreibung einer weitgehenden Auslegungsfreiheit hatte es bereits in der ersten Republik ermöglicht, ein autoritär-machtstaatliches Rechtsverständnis in die Rechtsprechung einfließen zu lassen, das nach 1933 als Brücke zum nationalsozialistischen Regime fungierte. In der Entscheidung zwischen den Grundsätzen „Fiat justitia, et pereat mundus" und „Right or wrong, my country" gab die übergroße Mehrheit der Juristen des Dritten Reichs dem letzteren den Vorrang und bezog ihre Amtswürde doch aus dem ersteren. Diese Fehlhaltung war ausschlaggebend für die tiefgreifende Korrumpierung der Justiz und damit auch für den Untergang der Gerechtigkeit im Dritten Reich.

---

49 Ungewöhnlich und wohl singulär war im Falle Thälmanns allerdings, daß er noch nach der Anklageerhebung der Polizeijustiz überantwortet wurde und seine Schutzhaft dennoch in Justizvollzugsanstalten verbrachte.
50 Yat-Che Cheng: Die Ausnahme bestimmte die Regel. Das antirechtsstaatliche Strafrecht des Nationalsozialismus. Frankfurt a. M. u.a. 1996, S. 107-113.
51 Ralph Angermund: Deutsche Richterschaft 1919-1945. Frankfurt a. M. 1990, S. 19-44.

Bernhard Jahntz

Diener des Unrechts:
Funktionen und Selbstverständnis der NS-Strafjustiz

Vorbemerkung

Die Funktionen der NS-Strafjustiz sollen exemplarisch am Volksgerichtshof, an seiner politisch beabsichtigten und tatsächlich ausgeübten Funktion, aber auch am Blick der NS-Ministerialjustiz auf den Volksgerichtshof, dargestellt werden. Diese exemplarische Darstellung soll nicht vergessen machen, daß zum einen die Strafjustiz nicht nur aus der politischen Strafjustiz, insbesondere den Sondergerichten und hier insbesondere dem Volksgerichtshof, bestand, und daß zum anderen das Wirken des Volksgerichtshofes seinerseits sich nicht auf die Fälle der Wehrkraftzersetzung oder die Verfahren gegen die Männer des 20. Juli 1944 beschränkte. Eine solche Verengung des Blickfeldes ist mit der Beschränkung des Stoffes nicht beabsichtigt; dem werden auch die Entscheidungsbeispiele Rechnung tragen.

Vorgeschichte und Entstehung des Volksgerichtshofs

Bereits im Jahre 1924 hatte Hitler in „Mein Kampf" von der Notwendigkeit der Bildung eines deutschen Nationalgerichtshofs gesprochen, *„der etliche 10.000 Verbrecher des November-Verrats abzuurteilen und hinzurichten hat"*[1]. Am 13. Juni 1929 erklärte der spätere Innenminister Frick vor dem Reichstag:

„Wir Nationalsozialisten werden Herrn Heilmann (nämlich bei der Schaffung von Gerechtigkeit) tatkräftig unterstützen, indem wir im kommenden 3. Reich ... aufgrund eines Gesetzes gegen Volksverrat und Korruption durch einen deutschen Staatsgerichtshof Herrn Heilmann als ersten in völlig legaler Weise aufhängen lassen werden."[2]

Am 25. Juni 1929 erklärte Goebbels vor dem Reichstag:

„Wir Nationalsozialisten lassen hierüber keine Zweifel: Wir sind nicht Anhänger von politischen Mordtaten; wir sind vielmehr der Meinung, daß in Deutsch-

---

1 Zitiert nach: Jahntz/Kähne, Der Volksgerichtshof, Berlin 1992, S. 1.
2 Zitiert nach Band VII Bl. 116 f. der Akten 3 P (K) Ks 1/67 in der Strafsache gegen Rehse.

*land einmal eine Zeit anbrechen wird, wo die, die das deutsche Volk in das tiefste Unglück hineingestürzt haben, legal aufgehängt werden."*³

Hitler selbst erklärte vor dem Reichsgericht:

*„Wenn unsere Bewegung siegt, dann wird ein neuer Staatsgerichtshof zusammentreten und vor diesem würde dann das November-Verbrechen von 1918 seine Sühne finden, dann allerdings werden auch Köpfe in den Sand rollen."*⁴

Gleichwohl wurde nach der Machtergreifung ein solches Instrument nicht schlagartig geschaffen. Auch die wütende Kritik im „Völkischen Beobachter" vom 24. Dezember 1933 am tags zuvor verkündeten Urteil des Reichsgerichts im Reichstagsbrandprozeß, in welchem zwar van der Lubbe wegen Hochverrats und Brandstiftung zum Tode verurteilt worden war, die mitangeklagten Kommunisten Torgler, Dimitroff, Popoff und Taneff aber freigesprochen worden waren, wurde nicht sogleich in die Tat umgesetzt. Vielmehr war noch in der Sitzung des Reichskabinetts am 23. März 1934 Gegenstand der Vorlage des Gesetzes zur Änderung von Vorschriften des Strafrechts und des Strafverfahrens nicht die Schaffung eines Volksgerichtshofes, sondern sogar eine Erweiterung erstinstanzlicher Zuständigkeiten des Reichsgerichts. Erst aufgrund einer Besprechung im kleinen Kreis nach dieser Kabinettssitzung wurde der Volksgerichtshof in das dann am 24. April 1934⁵ verkündete Gesetz aufgenommen und dem Reichsgericht damit die erstinstanzliche Zuständigkeit für Hoch- und Landesverratssachen entzogen.

Belege für die beabsichtigte politische Funktion des Volksgerichtshofs

Äußerungen führender Juristen

Reichtsjustizminister Dr. Gürtner führte in seiner Rede zur Eröffnung des Volksgerichtshofes am 14. Juli 1934⁶ u.a. folgendes aus:

„Kein Volk, wie gesund es auch sei, kein Staat, wie fest er auch sei, darf einen Augenblick die Wachsamkeit außer acht lassen, um nicht solchem Angriff wie am 30. Juni zum Opfer zu fallen ... Staatswohl und Volksinteressen - eine leere Phrase im Munde der Weimarer Republik, ein leerer Begriff für die Gerichte zu Zeiten der Formaljuristerei und des Strafrechtsliberalismus. ... Wer sich heute

---

3 Ebenda.
4 Ebenda.
5 RGBl. I S. 341.
6 Ursprünglich hatte der Volksgerichtshof am 1. Juli 1934 zusammentreten sollen; da aber eine Anzahl von ehrenamtlichen Richtern, insbesondere SA-Leuten, der Mordnacht des „Röhm-Putsches" vom 30. Juni 1934 zum Opfer gefallen war, mußte dieser feierliche Staatsakt verschoben werden.

gegen die politische Einheit des nationalsozialistischen Staates wendet, kommt zur Aburteilung vor die Fachrichter dieses Gerichtshofs. Der Reichstagsbrandstifterprozeß unseligen Gedenkens, dieses monatelange Dahinschleppen einer politisch klaren Strafmaterie vor politisch ungeschulten Richtern, mit den sich deshalb zum Zweck 'der objektiven Beurteilung' immer erneut notwendig erweisenden Sachverständigenaussagen, Glaubwürdigkeitsnachprüfungen, Zeugenvernehmungen und seinem trotzdem ergangenen Fehlurteil hat dies Erfordernis der Beiziehung politisch geschulter Fachrichter besonders deutlich zutage treten lassen. Die Tatsache, daß von den fünf Richtern der Spruchsenate zwei, darunter der Vorsitzende, Berufsrichter sein müssen, läßt 'das Juristische' bestimmt nicht zu kurz kommen.

Der heute erstmals zusammengetretene Volksgerichtshof stellt also geschichtlich gesehen, zumal er als dauernde Einrichtung gedacht ist, in der deutschen Justiz etwas vollkommen Neues dar. Er wird die Zeit der politischen, aber auch kriminalistischen Instinktlosigkeit der deutschen Justizbehörden, die vor Objektivität und Verfassungstreue die Dinge um sie herum weder sehen konnten noch wollten, und die kein Ruhmesblatt in der Geschichte der deutschen Rechtspflege bedeutet, abschließen.

In Zeiten der Gefahr oder in den Augenblicken der Gefährdung wird er ein sachkundiges und schlagkräftiges Mittel sein zur Erhaltung von Volk und Staat."[7]

Auch ein die Unterschiede in der Arbeit des Reichsgerichts und des Volksgerichtshofs erörternder Bericht im „Völkischen Beobachter" vom 19. November 1935 machte die beabsichtigte politische Funktion des Volksgerichtshofes mit folgenden Ausführungen deutlich:

„Aus guten Gründen hat daher der nationalsozialistische Staat nach der Machtübernahme für die Aburteilung der schwersten Straftaten, die es auf politischem Gebiet gibt, einen besonderen Gerichtshof gebildet. Wer die Spruchpraxis der deutschen Gerichte vor der Machtübernahme auf diesem Gebiet kennt, kann am besten die Notwendigkeit des Volksgerichtshofes ermessen...

Die Verfahren, die vor diesem Gericht anhängig waren und durchgeführt wurden, konnten gar nicht zu einem in nationalsozialistischer Hinsicht befriedigenden Ergebnis führen; denn auch das Reichsgericht war in seiner Arbeit und in seiner Tendenz abhängig von der allgemeinen politischen und geistigen Grundhaltung, die in dem demokratischen Staat von Weimar herrschte...

Diese Rechtsunsicherheit, die vor der nationalsozialistischen Machtübernahme allenthalben herrschte, ist im übrigen auch ein Beweis dafür, daß ein Staat durch den toten Buchstaben des Gesetzesparagraphen allein niemals wirksam geschützt werden kann, wenn nicht das Gesetz in Einklang steht mit einer klaren politischen Idee.

---

7   Dokumentiert im „Völkischen Beobachter" vom 15./16. Juli 1934, zitiert nach: Jahntz/Kähne, S. 49 ff.

In diesem Sinne ist der Volksgerichtshof für das Deutsche Reich auch eine organische Schöpfung des nationalsozialistischen Staates. Denn er ist Ausdrucksform nationalsozialistischer Grundauffassungen auf dem Gebiet der Rechtsprechung."[8]

Dementsprechend gelobte anläßlich des 5jährigen Bestehens des Volksgerichtshofs dessen Präsident Dr. Thierack am 14. Juli 1939 feierlich:

„... in der schweren und verantwortungsvollen Tätigkeit für Volk, Führer und Reich aufrecht und stolz weiterzuschreiten, unbeirrbar glaubend an die ewigen Werte, die der Führer seinem Volke wiederschenkte, und den gerechten Spruch suchend nicht als Männer des Rechts, die eine Binde vor den Augen trügen, sondern mit offenen Sinnen für das, was geschehen müsse um des Volkes willen."[9]

In einem Schreiben als Reichsjustizminister an den Präsidenten des Volksgerichtshofes Dr. Freisler vom 9. September 1942 resümierte Dr. Thierack:

„Bei keinem anderen Gericht als beim Volksgerichtshof tritt so klar zutage, daß die Rechtsprechung dieses höchsten politischen Gerichtshofes mit der Staatsführung in Einklang stehen muß... Im allgemeinen muß sich der Richter des Volksgerichtshofes daran gewöhnen, die Ideen und Absichten der Staatsführung als das Primäre zu sehen, das Menschenschicksal, das von ihm abhängt, als das Sekundäre. Denn die Angeklagten vor dem Volksgerichtshof sind nur kleine Erscheinungsformen eines hinter ihnen stehenden größeren Kreises, der gegen das Reich kämpft. Das gilt vor allem im Kriege..."[10]

Was bzw. wer mit diesen „Erscheinungsformen" gemeint war, ergibt sich aus einem Bericht der „Deutschen Allgemeinen Zeitung" vom 29. Januar 1937 über eine Rede Dr. Thieracks, in welchem es u.a. hieß:

„Der im Jahre 1934 gegründete Volksgerichtshof sei im Ausland vielfach als Revolutionstribunal bezeichnet worden. Demgegenüber stünde die Wirklichkeit in stärkstem Gegensatz. Bei dem Volksgerichtshof ... wird nach Recht und Gesetz vorgegangen... Selten würde ein Prozeß vor diesem Gericht verhandelt, bei dem der Angeklagte von sich aus gefehlt habe. In den meisten Fällen führten die Fäden zu anderen Völkern, wo der unsichtbare Gegner des deutschen Volkes die treibende Kraft sei... zeige sich auch bei den Vergehen, die vor dem Volksgerichtshof zur Aburteilung kommen, stets die grinsende Fratze des Bolschewismus... Die Verschwörer gegen das Dritte Reich werden, wie Dr. Thierack

---

8 Zitiert nach: Jahntz/Kähne, S. 3 f.
9 Zitiert nach S. 64 der Anklageschrift vom 6. September 1984 gegen Dr. Reimers - 3 P (K) Js 6/79 -.
10 Ebenda.

Diener des Unrechts: Funktionen und Selbstverständnis der NS-Strafjustiz 43

ausführte, zum großen Teil in der Hauptschule, die sich in der Nähe von Moskau befindet, in ein- bis zweijährigen Kursen geschult. Mit 'echten' Pässen ausgerüstet kommen sie dann nach Deutschland, wo sie ihre verhängnisvolle Tätigkeit zu entfalten suchen. Dr. Thierack hat ausgiebig Gelegenheit gehabt, solche Verschwörer vor sich zu sehen und mit ihnen zu sprechen. Zum Schluß seiner Rede bezeichnete Dr. Thierack den Bolschewismus als eine Prüfung für Europa, wie sie in der Geschichte dem Kontinent immer wieder auferlegt werde."[11]

Wenn Dr. Thierack schließlich im Jahre 1944 die Bedeutung der Aufgaben insbesondere des Volksgerichtshofes in der Aufrechterhaltung „der inneren Front" sah, an der sie eine Entwicklung wie im November 1918 „*nicht nur abwehren, sondern angriffsweise im Keim vernichten*"[12] sollten, so lag er damit ebenso auf der Linie des eingangs aufgeführten Zitats aus Hitlers „Mein Kampf" wie Freisler mit folgenden Äußerungen:

„Mein Dank für die Verantwortung, die Sie mir anvertraut haben, soll darin bestehen, daß ich treu und mit aller Kraft an der Sicherheit des Reiches und der inneren Geschlossenheit des deutschen Volkes durch eigenes Beispiel als Richter und als Führer der Männer des Volksgerichtshofes arbeite...
   Der Volksgerichtshof wird sich stets bemühen, so zu urteilen, wie er glaubt, daß Sie, mein Führer, den Fall selbst beurteilen würden.
   Heil meinem Führer!
   In Treue
   Ihr politischer Soldat Roland Freisler"[13]
und
   „Die Aufgaben des VG-Hofs gehören zu denen der Landesverteidigung."[14]

Organisation des Volksgerichtshofes

Der Volksgerichtshof bestand bei seiner Gründung aus 3 Senaten. Infolge des vermehrten Geschäftsanfalls wurde 1935 ein vierter, 1941 der 5. und 1942 der 6. Senat eingerichtet. Das Primat der Politik kam dadurch zum Ausdruck, daß von den jeweils 5 Richtern eines Senats nur der Vorsitzende und ein Beisitzer die Befähigung zum Richteramt haben mußten, während es sich bei den ehrenamtlichen Richtern nicht um nach dem Zufallsprinzip ausgewählte „Laien", sondern um bewußt parteiisch ausgewählte Persönlichkeiten mit politisch-fach-

---

11 Presseausschnitt in den Generalakten des Reichsjustizministeriums RJM Ip^5 563 Bd. IV Bl. 600.
12 Zitiert nach S. 65 der Anklageschrift gegen Dr. Reimers.
13 Schriftliche Meldung des Dienstantrittes Freislers an Hitler vom 15.10.1942, zitiert nach: Jahntz/Kähne, S. 53 f.
14 Begründung des uk-Antrages für einen Ermittlungsrichter am 21. September 1942, zitiert nach: Anklageschrift gegen Dr. Reimers, a.a.O., S. 65.

lichem Sachverstand handelte, die nämlich „über besondere Erfahrungen tatsächlicher Art auf dem Gebiete der Abwehr staatsfeindlicher Angriffe" verfügten.[15]

Freisler begründete diese Art der Auswahl der ehrenamtlichen Richter zwei Jahre später deutlicher mit folgenden Worten:

„Bis zur nationalsozialistischen Machtergreifung wurde der sog. Laienrichter unter Einschaltung eines möglichst starken Zufälligkeitselementes, unter möglichstem Mitgebrauch des Loses, ausgewählt; die Furcht vor der Macht des Staates führte zur Proklamierung der unsinnigsten Richterauswahl als Palladium der Bürgerfreiheit. Der Nationalsozialismus aber wählt seine Volksrichter nach ihrer persönlichen Geeignetheit und besonderen Sachkenntnis: Auf Vorschlag des Reichsministers der Justiz ernennt der Führer die Volksrichter, die der Wehrmacht und der Polizei, der NSDAP und ihren Gliederungen entnommen und somit wie niemand anders geeignet sind, das Volk selbst zum Träger der Rechtspflege zu machen."[16]

Dementsprechend sollte der Präsident des Volksgerichtshofes „darauf Bedacht nehmen, daß insbesondere die ehrenamtlichen Mitglieder einem Senat zugeteilt werden, in dem sie ihre besonderen Fachkenntnisse verwerten können".[17] Andererseits bestand offenbar Mißtrauen, daß trotz dieser politischen Sachkunde juristisch unzulänglich judiziert wurde, weshalb entgegen früherer und jetziger gesetzlicher Regelung nicht die „Laien"-Richter zuerst abzustimmen hatten, sondern der Berichterstatter.[18]

Die Besetzung der Senate im einzelnen

Bestand demgemäß die Erstausstattung des Volksgerichtshofes mit ehrenamtlichen Beisitzern aus 1 Obersten, 1 Oberstleutnant, 1 Fregattenkapitän, 1 Korvettenkapitän, 1 Ministerialrat im OKW, 5 Fliegerkommodoren, 4 Gruppenführern, 1 Regierungsrat, 1 Landesbauernführer und 1 Kreisleiter, so war die Besetzung mit Berufsrichtern durchaus nicht revolutionär im nationalsozialistischen Sinne:

Zum einen gab es bis 1936 keine planmäßigen Volksrichter, so daß die juristische Erstausstattung aus 3 Senatspräsidenten, 7 Landgerichtsdirektoren, 1 Landgerichtsrat und 1 Amtsgerichtsrat bestand. Zum anderen hatte zwar die „Verreichlichung der Justiz", durch welche die Hoheitsrechte auch im Bereich

---

15 So die amtliche Begründung zum Gesetz vom 24. April 1934.
16 Deutsche Justiz 1936, S. 656.
17 § 4 der VO zur Durchführung des Gesetzes über den Volksgerichtshof ... vom 18. April 1936, RGBl. I S. 398.
18 § 8 a.a.O.

der Rechtspflege von den Ländern auf das Reich übergegangen waren,[19] bereits Anfang 1934 begonnen, wurde aber erst ein Jahr später abgeschlossen.[20] Dementsprechend spiegelte diese Erstausstattung des Volksgerichtshofs noch den landsmannschaftlichen Proporz mit 6 Preußen, 2 Bayern, 1 Sachsen, 1 Württemberger, 1 Badenser und 1 Hamburger wider.

Marxen[21] greift zu kurz, wenn er darauf hinweist, daß die Dominanz des Laienelements etwa schon mit der Besetzung von 6 Laien- und 3 Berufsrichtern im Staatsgerichtshof der Weimarer Republik ausgeprägt, also nicht typisch nationalsozialistisch gewesen sei: Nicht die Quantität, sondern die Qualität der „Laien" war beim Volksgerichtshof ausschlaggebend.

Hinsichtlich der Berufsjuristen ist noch von Bedeutung, daß zwar die Anklagebehörde beim Volksgerichtshof, zunächst als Zweigstelle Berlin der Reichsanwaltschaft in Leipzig, Personalidentität in der Besetzung - allerdings verstärkt ebenfalls durch Hilfsbeamte aus den Ländern - aufwies, daß aber kein einziger Richter des Reichsgerichts zum Volksgerichtshof übernommen worden war: Das sollte nach dem Reichstagsbrandprozeß gerade vermieden werden.

Nachweis der politischen Funktion in den Entscheidungen des Volksgerichtshofes

Entscheidungen wegen Wehrkraftzersetzung und Feindbegünstigung

Aus dem großen Bereich der Entscheidungen des Volksgerichtshofs zu Landesverratssachen (in den Aktenzeichen an einem „L" erkennbar) läßt sich anhand der Verfahren betreffend Wehrkraftzersetzung und Feindbegünstigung die vom Volksgerichtshof auch wahrgenommene politische Funktion belegen.

Die gesetzlichen Grundlagen

Der Tatbestand der Wehrkraftzersetzung wurde durch die Verordnung über das Sonderstrafrecht im Kriege und bei besonderem Einsatz - Kriegssonderstrafrechtsverordnung (KSSVO)[22] - erstmals als eigener Straftatbestand in das deutsche Strafrecht eingeführt. § 5 KSSVO lautete:

---

19 Durch das Gesetz über den Neuaufbau des Reiches vom 30. Januar 1934, RGBl. I S. 75.
20 3. Gesetz zur Überleitung der Rechtspflege auf das Reich vom 24. Januar 1935, RGBl. I S. 68 f.
21 Klaus Marxen, Das Volk und sein Gerichtshof, Frankfurt a. M. 1994, S. 80.
22 Das Gesetz datiert vom 17. August 1938, wurde veröffentlicht im RGBl. vom 26.08.1939, S. 1455 ff. und trat ausweislich seines § 11 „mit der Mobilmachung für die gesamte Wehrmacht in Kraft, wenn der Führer und Reichskanzler nicht etwas anderes befiehlt".

„(1) Wegen Zersetzung der Wehrkraft wird mit dem Tode bestraft:
1. wer öffentlich dazu auffordert oder anreizt, die Erfüllung der Dienstpflicht in der deutschen oder einer verbündeten Wehrmacht zu verweigern, oder sonst öffentlich den Willen des deutschen oder verbündeten Volkes zur wehrhaften Selbstbehauptung zu lähmen oder zu zersetzen sucht;
2. ...
3. ...
(2) In minder schweren Fällen kann auf Zuchthaus oder Gefängnis erkannt werden ..."

Für Verfahren gegen zivile Täter waren zunächst die Sondergerichte zuständig,[23] bis - offenbar als Folge zum einen der nach der Niederlage von Stalingrad sinkenden Siegeszuversicht in der deutschen Bevölkerung, zum anderen infolge der von der NS-Führung nicht mehr als abschreckend genug angesehenen Rechtsprechung selbst der Sondergerichte[24] - im Januar 1943 der Volksgerichtshof für dieses Delikt zuständig wurde.[25]

Zugleich mit der Gründung des Volksgerichtshofes durch das Gesetz vom 24. April 1934 war auch der Tatbestand der Feindbegünstigung in § 91 b StGB wie folgt neu gefaßt worden:

„(1) Wer im Inland oder als Deutscher im Ausland es unternimmt, während eines Krieges gegen das Reich oder in Beziehung auf einen drohenden Krieg der feindlichen Macht Vorschub zu leisten oder der Kriegsmacht des Reiches oder seiner Bundesgenossen einen Nachteil zuzufügen, wird mit dem Tode oder mit lebenslangem Zuchthaus bestraft.

(2) Wenn die Tat nur einen unbedeutenden Nachteil für das Reich und seine Bundesgenossen und nur einen unbedeutenden Vorteil für die feindliche Macht herbeigeführt hat, schwerere Folgen auch nicht herbeiführen konnte, so kann auf Zuchthaus nicht unter 2 Jahren erkannt werden."

Entscheidungsbeispiele

Die Spruchpraxis des Volksgerichtshofes zur öffentlichen Wehrkraftzersetzung nach § 5 Abs. 1 Nr. 1 KSSVO dehnte binnen kurzem das Tatbestandsmerkmal „öffentlich" in unvertretbarem Maße aus, womit die bisherige Rechtsprechung

---

23 Entgegen der gesetzlichen Zuständigkeitsregelung, gemäß AV des RJM vom 27.05.1940, DJ 1940 S. 621, unter Bezugnahme auf § 14 der Zuständigkeitsverordnung vom 21.02.1940, RGBl. I S. 405 ff.
24 Vgl. etwa: Bernd Schimmler, Recht ohne Gerechtigkeit - Zur Tätigkeit der Berliner Sondergerichte im Nationalsozialismus -, Berlin 1984, S. 59 ff., 76 ff.; sowie Jahntz/Kähne, S. 178 ff.
25 VO zur Ergänzung und Änderung der Zuständigkeitsverordnung vom 29.01.1943, RGBl. I S. 76.

Diener des Unrechts: Funktionen und Selbstverständnis der NS-Strafjustiz 47

der Strafgerichte zum Öffentlichkeitsbegriff aufgegeben wurde,[26] wie die nachfolgenden Beispiele exemplarisch belegen:

Anfang 1944 erging gegen einen 48jährigen Diplomlandwirt und Ingenieur, der im Sommer 1943 in einem Brief an seinen im Felde stehenden Bruder abfällige Äußerungen über die politische Führung gemacht hatte, folgender Urteilstenor:

„... hat gegen Ende des vierten Kriegsjahres seinem Bruder, einem deutschen Soldaten, geschrieben, der Führer sei Landesverräter, dies liege heute noch offener zutage als 1933, und ein Volk, das ihn zum Führer wähle, habe sein schweres Los verdient, es solle sich wenigstens ruhig abschlachten lassen und nicht jammern.

Mit diesen, unsere Kraft zu mannhafter Wehr schwer zersetzenden Ausführungen hat er unseren Kriegsfeinden in ihrem Kampf gegen unsere feste Geschlossenheit, die Grundlage unserer Kraft, zu siegen, geholfen.

Er ist für immer ehrlos geworden und wird mit dem Tode bestraft."[27]

Nicht nur dieser Urteilstenor dokumentiert das Bestreben des Volksgerichtshofes, nicht eine bestimmte Handlungsweise unter das Strafgesetz zu subsumieren, sondern eine den damaligen Machthabern mißliebige Gesinnung zu bestrafen, wenn es auf Seite 5 u.a. heißt:

„... weil es eine andere nationale Gesinnung als die nationalsozialistische unter Deutschen nicht gibt. Wer nicht nationalsozialistisch gesonnen ist, ist auch nicht national."[28]

Entsprechend der Einschätzung, die in einem weiteren phrasenhaften Satz dieses Urteils zum Ausdruck kommt: *„Denn der Verrat zermahlt die Ehre und damit die Persönlichkeit"*[29], wurde die Todesstrafe gegen den Angeklagten offensichtlich deshalb verhängt, um neben seiner Ehre und Persönlichkeit auch seine Person zu „zermahlen".

Ebenfalls Anfang 1944 wurde ein 44jähriger Baggerführer wegen Kritik an der politischen Führung, Zweifeln am Siege Deutschlands, geäußert gegenüber einem flüchtigen Bekannten im Herbst 1943, mit folgendem Urteilsspruch bedacht:

„... hat einem ihm bis dahin unbekannten Manne gegenüber unter Beschimpfungen des Führers und der Reichsregierung behauptet, der Krieg sei bereits

---

26 Vgl. dazu im einzelnen Jahntz/Kähne, S. 119 ff.
27 Urteil vom 08.01.1944 - 1 L 218/44 - gegen Hans von R., zitiert nach S. 228 ff. der Anklageschrift gegen Dr. Reimers.
28 Ebenda.
29 Ebenda.

verloren; deshalb sei es an der Zeit, ohne Rücksicht auf die Gefahr wieder kommunistisch zu arbeiten.
Er wird deshalb wegen Wehrkraftzersetzung und Feindbegünstigung zum Tode verurteilt."[30]

Worauf die Feststellung des Urteils, der Angeklagte habe *„den bolschewistischen Feind des Reichs zum Schaden des Vaterlandes begünstigt... (§ 91 b StGB)"*, beruhen soll, ist den Entscheidungsgründen nicht zu entnehmen. Offenbar mußte hierfür herhalten, daß der Angeklagte *„... offenbar zeitweilig mit der KPD sympathisiert"* hatte, da er selber habe zugeben müssen, *„... daß er in 2 Monaten Versammlungen der Roten Hilfe besucht hat."*[31]

Tatsächlich ist dem festgestellten Sachverhalt kein auch nur irgendwie gearteter gegenständlicher Bezug zu einem Feinde des Deutschen Reiches zu entnehmen. Ausschlaggebend für die Entscheidung, das Leben dieses Angeklagten auszulöschen, war vielmehr ersichtlich seine Einschätzung als Sympathisant der KPD, der kein Interesse für den Nationalsozialismus bekundet hatte, da er sich *„... auch nach der Machtübernahme von der Partei und ihren Nebenorganisationen geflissentlich fern gehalten"*[32] habe.

Im Frühjahr 1944 wurde ein 36jähriger Bergmann wegen kritischer Äußerungen über die NS-Führung und die Kriegslage im Sommer 1943, jeweils gegenüber einem Kumpel, in einem Falle tief unter Tage, mit folgender Begründung zum Tode verurteilt:

„Der Angeklagte hat sich gegen Ende des 4. Kriegsjahres gegenüber Arbeitskameraden mehrfach defaitistisch geäußert und unter anderem erklärt, die deutsche Wehrmacht müsse sich mit dem Volke einig sein und der Regierung und Adolf Hitler die Hälse abschneiden; dann brauchten keine Soldaten mehr zu verbluten und der Krieg sei zu Ende; Adolf Hitler habe den Krieg angezettelt.

... Der Angeklagte ist zwar augenscheinlich eine dumpfe Natur und ohne innere Anteilnahme an Dingen, die ihn stärker berühren sollten. Das gilt anscheinend sogar von diesem Gerichtsverfahren. Aber er ist trotzdem einsichtig genug, um zu wissen, daß er sich gegen die deutsche Widerstandskraft in dem gegenwärtigen Kriege wendet, wenn er zu Arbeitskameraden sagt, es mache ihnen als Arbeitern nichts aus, wenn Deutschland bolschewistisch würde. Er verkennt selbstverständlich auch nicht, daß er dem Hochverrat den Weg bereitet, wenn er den Wunsch äußert, daß die deutsche Wehrmacht zusammen mit dem Volk gegen den Führer und die Regierung auftreten möge. Und er empfindet zweifellos ebenso, daß er durch eine solche Propaganda dem äußeren Feind des Reichs in die Hände arbeitet. Sowohl nach dem äußeren als auch nach dem inneren Tatbestand ist der Angeklagte somit gleichzeitig der Wehrkraftzersetzung (... § 5 Abs. 1 Nr. 1 KSSVO), der Vorbereitung zum Hochverrat (... § 83

---

30 Urteil vom 24.02.1944 - 1 L 3/44 - gegen Johann S., zitiert ebenda S. 240 ff.
31 Ebenda S. 247.
32 Ebenda S. 248.

Abs. 2 StGB) und der Feindbegünstigung (... § 91b StGB) schuldig geworden. Seine Tat ist öffentlich begangen, denn er mußte damit rechnen, daß R. und M. seine Worte nicht für sich behalten, sondern weiterverbreiten würden."[33]

Die dem Angeklagten vorgeworfenen Handlungen erfüllten offensichtlich bereits objektiv keinen der Tatbestände der aufgeführten gesetzlichen Bestimmungen. Insbesondere war den Äußerungen eine wehrkraftzersetzende Tendenz oder Absicht nicht zu entnehmen; nichts spricht dafür, daß der Angeklagte wirklich ernsthaft die Absicht hatte, „der Regierung und Adolf Hitler die Hälse abzuschneiden". Im übrigen lassen sich kaum Äußerungen denken, die weniger „öffentlich" erfolgt sind als etwa die gegenüber einem der damaligen Zeugen unter Tage erfolgten Bemerkungen unter vier Augen.

Hinsichtlich der angeblich vorliegenden Tatbestände der Vorbereitung zum Hochverrat und der Feindbegünstigung ist der 3. Senat des Volksgerichtshofs offenbar lediglich blind der in der Anklageschrift getroffenen Würdigung gefolgt, ohne sich der Mühe zu unterziehen, das angebliche Vorliegen dieser Tatbestände auch nur andeutungsweise zu begründen.

Im Sommer 1944 erging gegen einen 57jährigen Jesuitenpater, der, von zwei als Konvertiten getarnten, gezielt auf ihn angesetzten Gestapo-Spitzeln provoziert, im Jahre 1943 Zweifel am deutschen Sieg und an der Richtigkeit der Wehrmachtsberichte geäußert hatte, folgender Urteilstenor:

„*..., ein Jesuitenpater, hat im 4. und am Anfang des 5. Kriegsjahres zu Volksgenossen, darunter einem Soldaten, sich schwer zersetzend, hetzerisch und defaitistisch geäußert. Er hat damit im Dienste der Feindpropaganda unsere Kampfkraft angegriffen. Dadurch hat er sich für immer ehrlos gemacht. Er wird mit dem Tode bestraft.*"[34]

Daß Äußerungen gegenüber Spitzeln, noch dazu jeweils unter vier Augen, objektiv weder zersetzend noch „öffentlich" im Sinne des § 5 KSSVO waren, bedarf keiner weiteren Ausführung. Die beiden Sätze: „*Ihm ist natürlich auch bekannt, daß unsere Kriegsfeinde nichts sehnlicher wünschen, als daß in unserem Innern selbst die Zersetzung sich zu ihrem Helfer machen möge, wie es 1918 war. Der systematische Defaitist ... (§ 5 KSSVO) hat also verräterisch unseren Kriegsfeinden geholfen (§ 91 b StGB).*"[35] ersetzen auch nicht die fehlende Begründung für den angeblich vorliegenden Tatbestand der Feindbegünstigung, belegen aber plastisch den Kampfeswillen des Volksgerichtshofes gegen die „innere Front", zur Vermeidung einer Wiederkehr des „Dolchstoßes" von 1918. Den wahren Verurteilungs- und „Straf"-Zweck belegt drastisch der letzte Absatz der fünfseitigen Urteilsgründe:

---

33 Urteil vom 14.03.1944 - 3 L 79/44 - gegen Ladislaus R., zitiert ebenda S. 249 ff.
34 Urteil vom 12.08.1944 - 1 L 230/44 - gegen Alois G., zitiert ebenda S. 296 ff.
35 Ebenda S. 302.

"Gewiß würde unser Volk auch dadurch gegen ihn hinreichend geschützt werden, wenn er auf lange Zeit eingesperrt würde. Aber wie eine solche Defaitistentat selbst eine unübersehbare Breitenwirkung haben kann, so muß die Bestrafung des Defaitisten durch die Rechtspflege auch auf Breitenwirkung abgestellt sein, d.h. die Strafe muß so lauten, daß sie auch auf andere wirkt, die etwa ähnliche zersetzende Reden führen. Und endlich hat unser Volk das Bedürfnis, sauber da zu stehen, und kann deshalb jemanden wie ... in seiner Mitte nicht brauchen. Deshalb mußte die Strafe für diesen für immer ehrlosen Verräter im Lebenskampf unseres Volkes die Todesstrafe sein."[36]

Die politische Funktion dieses Urteils wird noch belegt durch das ein Jahr nach der Hauptverhandlung abgefaßte Gedächtnisprotokoll des Verteidigers des Angeklagten, aus welchem sich folgender Dialog zwischen diesem und dem Vorsitzenden Dr. Freisler ergibt:

"Angeklagter: 'Herr Vorsitzender, diese Gestapo-Beamten waren ja überhaupt nicht beeinflußbar. Die haben mich ja absichtlich aufs Glatteis geführt und nur darauf gewartet, wie es ihre Spitzelaufgabe war...'

Freisler (mit sich überschlagender Stimme): 'Ich verbiete Ihnen, Angeklagter, diese Zeugen als Spitzel zu bezeichnen. Sie sind unserer höchsten Anerkennung gewiß. Was sie tun, ist eine national bedeutsame Tat. Die inneren Feinde müssen mit der gleichen Schärfe bekämpft werden, wie die äußeren Feinde. Richten Sie Ihre Worte danach ein.'

Angeklagter: 'Die Zeugen sind aber nicht objektiv. Sie haben ja nur auf der Lauer gelegen, um irgendetwas von mir zu hören, was sie gegen mich verwerten können. Sie sind ja deshalb mit vorgefaßter Meinung an unsere Gespräche herangegangen und waren von vornherein bereit, jede Äußerung gegen mich auszulegen. Man kann doch nicht aufgrund der Angaben dieser Männer verurteilen, die mich hereinzulegen versuchten.'

Freisler (mit lächelnder Miene): 'Ich will Ihnen einmal etwas sagen, Angeklagter. Wenn ich Fische angeln gehe, bediene ich mich verschiedenster Geräte. Ein Hecht wird anders gefangen, wie ein Karpfen. Und wenn man eine Forelle angeln will, muß man besonders vorsichtig zu Werke gehen. Und wenn es gilt, einen Jesuiten zu fangen, dann muß man sich ganz besonderer Methoden bedienen. Daß das Angelgerät in diesem Fall das richtige war, haben Sie bewiesen; denn Sie haben diesen Köder verschluckt.'"[37]

Zur Würdigung solcher „Rechtsprechung" zu § 5 Abs. 1 Nr. 1 KSSVO hat der Bundesgerichtshof bereits in seinem Urteil vom 8. Juli 1952[38] festgestellt:

---

36 Ebenda.
37 Ebenda S. 306 f.
38 BGHSt 3, 110 ff.

„Denn die Handhabung des § 5 Abs. 1 Nr. 1 KSSVO verstieß gegen jede noch vertretbare Gesetzesauslegung jedenfalls in den Fällen, in denen das Merkmal der Öffentlichkeit schon bejaht wurde, wenn der Täter keine Gewähr für die Verschwiegenheit des Empfängers seiner Äußerung hatte und mit der Weitergabe der Äußerung hätte rechnen müssen, ohne daß festgestellt war, daß er mit einer solchen Möglichkeit auch gerechnet und sie gebilligt hatte. Diese Auffassung strich im Ergebnis das Merkmal der öffentlichen Begehung aus dem Tatbestand des § 5 Abs. 1 Nr. 1. Sie verletzte damit selbstverständliche Grundsätze jeder noch vertretbaren Gesetzesauslegung. Eine solche Handhabung muß deshalb als rechtswidrig bezeichnet werden..."

Entscheidungen wegen insbesondere kommunistischen Hochverrats

Entsprechend seiner politischen Vorgabe fällte der Volksgerichtshof zahlreiche Urteile in Hochverratssachen, am „H" in den Aktenzeichen erkennbar, in denen ebenfalls nicht erst die Strafaussprüche, sondern bereits die Schuldsprüche als rechtswidrig anzusehen sind.

Die gesetzlichen Grundlagen

Durch das Gesetz vom 24. April 1934[39] waren die Vorschriften über den Hoch- und Landesverrat neugefaßt und der Tatbestand des Hochverrats in § 80 StGB nunmehr wie folgt beschrieben worden:

„(1) Wer es unternimmt, mit Gewalt oder durch Drohung mit Gewalt das Reichsgebiet ganz oder teilweise einem fremden Staat einzuverleiben oder ein zum Reiche gehöriges Gebiet vom Reiche loszureißen, wird mit dem Tode bestraft.

(2) Ebenso wird bestraft, wer es unternimmt, mit Gewalt oder durch Drohung mit Gewalt die Verfassung des Reichs zu ändern."

Von herausragender Bedeutung für die Spruchpraxis des Volksgerichtshofes wurde der mit der Neufassung erheblich verschärfte § 83 StGB, der die Vorbereitung zum Hochverrat unter Strafe stellte und nunmehr wie folgt lautete:

„(1) Wer öffentlich zu einem hochverräterischen Unternehmen auffordert oder anreizt, wird mit Zuchthaus bis zu zehn Jahren bestraft.

(2) Ebenso wird bestraft, wer ein hochverräterisches Unternehmen in anderer Weise vorbereitet.

---

39 Vgl. Anm. 5.

(3) Auf Todesstrafe oder auf lebenslanges Zuchthaus oder auf Zuchthaus nicht unter zwei Jahren ist zu erkennen, wenn die Tat

1. darauf gerichtet war, zur Vorbereitung des Hochverrats einen organisatorischen Zusammenhalt herzustellen oder aufrecht zu erhalten..."

Der neu gefaßte § 84 StGB lautete:

„*In minderschweren Fällen kann ... im Falle des § 83 auf Gefängnis nicht unter einem Jahre erkannt werden.*"

In der amtlichen Begründung zur Neufassung dieser Vorschriften hieß es zu § 83 StGB:

„*... ist für alle, auch entfernteren Vorbereitungshandlungen ein erheblich höherer Strafrahmen als bisher vorgesehen. Gerade die im Gesetz nicht ausdrücklich aufgeführten Vorbereitungshandlungen umfassen, wie die letzten Jahre gezeigt haben, die große Masse der dem Umsturz dienenden Betätigungen. Sie stehen in ihrer Gefährlichkeit der Aufforderung zum Hochverrat nicht nach. Für sie sind auch nach der Neugestaltung des Reichs die Milderungsgründe fortgefallen, die in der Zeit der politischen Verwirrung noch geltend gemacht werden konnten.*

In Abs. 3 werden einige besonders gefährliche Formen der Umsturzvorbereitungen unter erhöhte Strafe gestellt. Es sind das der Aufbau hochverräterischer Organisationen..."[40]

Nach dieser gesetzgeberischen Vorgabe, die Hochverratsbestimmungen weit auszulegen, ging der Volksgerichtshof von Anfang an - anknüpfend an bereits in früherer oberlandesgerichtlicher Rechtsprechung ansatzweise entwickelte Betrachtungsweisen - davon aus, daß die Ziele der KPD gewissermaßen selbstverständlich hochverräterisch seien.[41] Zeigten die Entscheidungen des Volksgerichtshofs anfangs auch dann noch eine gewisse Orientierung am Wortlaut des Strafgesetzes, fielen nach dem Beginn des Krieges mit der Sowjetunion auch die letzten Schranken. Nunmehr wurde jede kommunistische Tätigkeit als hochverräterische Handlung angesehen. Als solche galt nun nicht nur die Bildung kommunistischer Zellen, auch wenn diese den Sturz des Regimes nicht selbst herbeiführen wollten, sondern schon jede, auch nur die entfernteste, Beteiligung an derartigen Aktivitäten. Hinzu kam, daß die zunächst noch festzustellende Differenzierung im Strafmaß unter der Präsidentschaft Freislers nahezu völlig wegfiel: Auch die geringste Auffälligkeit eines Kommunisten galt nunmehr als todeswürdig. Um dafür einen „besseren" Strafrahmen zu haben, wurde von dieser Zeit an jede kommunistische Betätigung, gleichgültig, wel-

---

40 DJ 1934 S. 595.
41 Vgl. näher Jahntz/Kähne, S. 160 ff.

ches Ziel sie hatte, stets auch als Feindbegünstigung angesehen. Damit konnte die Strafe aus der Vorschrift des § 91 b StGB entnommen werden, der neben der Todesstrafe nur lebenslanges Zuchthaus vorsah.

Diese Entscheidungspraxis führte so weit, daß letztlich bereits eine kommunistische Gesinnung zur Todesstrafe führte, gleichgültig, welche Handlungen der Angeklagte im Einzelfall begangen hatte.

Entscheidungsbeispiele

Im Sommer 1943 wurden 3 Juden im Alter zwischen 22 und 30 Jahren wegen Beteiligung an Versammlungen der prokommunistischen Widerstandsgruppe Baum, in denen u.a. marxistische Schriften und Flugblätter gelesen worden waren, sowie wegen einiger Fälle des Kassierens von Beiträgen, in der Zeit von 1937 bis 1942, wegen angeblicher Vorbereitung zum Hochverrat und wegen Feindbegünstigung zum Tode verurteilt.[42] Dem völlig verschwommen formulierten Urteilstenor „*Die Angeklagten haben an jüdisch-kommunistischen Gruppenbildungen teilgenommen, und zwar auch noch nach Ausbruch des deutsch-bolschewistischen Krieges. Damit haben sie gleichzeitig den Feind Deutschlands begünstigt*"[43] entsprachen auch die Urteilsgründe: Wenn die versammelten Angeklagten „*staatsfeindliche Gespräche führten und sich mit marxistischen Büchern und Schriften befaßten*" und „*hofften, daß Deutschland in diesem Kampf unterliegen werde*",[44] so erfüllten die Angeklagten damit nicht einmal den weit gefaßten Unternehmenstatbestand des neugefaßten § 83 Abs. 3 Nr. 1 StGB, zumal - ebenfalls ausweislich der Urteilsgründe - die Angeklagten bei den Treffs darauf hingewiesen worden waren, daß erst „*... für spätere Zeit, nämlich für den Zeitpunkt des erhofften Zusammenbruchs des nationalsozialistischen Regimes, ihr aktiver Einsatz vorgesehen sei.*"[45]

Tatsächlich sollte auch nicht strafbares Tun, sondern vielmehr antinationalsozialistische, nämlich kommunistische Gesinnung, noch dazu von Juden, bestraft werden:

„*... hatte als Jude, der nach seiner Behauptung 'nicht menschlich behandelt wurde', naturgemäß das größte Interesse an dem Sturz der nationalsozialistischen Staatsführung und am Sieg des Bolschewismus... so ist auch bei einem weniger aktiven Mitglied des hochverräterischen Kreises, wie dem Angeklagten ..., ohne weiteres davon auszugehen, daß er sich bewußt war, durch seine Mitwirkung an einem geheimen, bolschewistisch eingestellten Verschwörerzirkel der UdSSR im gegenwärtigen Kriege mit Deutschland einen Verbündeten zu*

---

42 Urteil vom 29.06.1943 - 2 H 99/43 - gegen Martin K. u.a., zitiert nach S. 371 ff. der Anklageschrift gegen Dr. Reimers.
43 Ebenda.
44 Ebenda S. 384.
45 Ebenda S. 388.

schaffen. Eine stärkere Form, der feindlichen Macht Vorschub zu leisten, ist schwer vorstellbar."[46]

Wenn hinsichtlich dieses erklärtermaßen tatbestandsmäßig am geringsten belasteten Angeklagten die Verhängung der Todesstrafe schließlich noch damit begründet wurde, daß *„... auch er letzten Endes zum Reichsfeind übergegangen ist, um Deutschland dem Bolschewismus auszuliefern",*[47] so entlarvt sich das Urteil vollends als Manifestation des Bestrebens, unterschiedslos jeden nicht nationalsozialistisch eingestellten Menschen, noch dazu Juden, auszulöschen.

Im Herbst 1944 wurden 4 Angeklagte, zwischen 26 und 62 Jahre alt, wegen kommunistischer Zellenbildung, Sammlung geringfügiger Geldbeträge, Lesen bzw. Weitergeben eines Flugblattes in der Erwartung des von anderen herbeizuführenden Zusammenbruchs Deutschlands, von Anfang bis Mitte 1944, sämtlich zum Tode verurteilt, da sie *„... im fünften Kriegsjahr als Handlanger der Feinde für den Zusammenbruch unserer inneren Front eingetreten und tätig geworden"*[48] seien.

Ausweislich des Urteilsrubrums fand die Hauptverhandlung bereits 6 Tage nach Eingang der Anklageschrift des Oberreichsanwalts beim Volksgerichtshof statt. Welche Möglichkeiten die Angeklagten damit hatten, ihre Verteidigung vorzubereiten, liegt auf der Hand.

Gegenstand des Urteils war die Tätigkeit der Widerstandsgruppe Jakob/Saefkow/Bästlein, deren Zielsetzung nach den Urteilsgründen es war, *„im Ernstfalle, d.h. im Falle der zu erwartenden deutschen Niederlage, das Heft in die Hand zu bekommen"*[49]. Daß diese Gruppierung oder die Angeklagten die deutsche Niederlage selber, geschweige denn mit eigener Gewalt - wie es der Tatbestand der Vorbereitung zum Hochverrat erfordert hätte - herbeiführen wollte, wurde in den Urteilsgründen nicht einmal behauptet, geschweige denn nachgewiesen. Ebenso wenig ersetzte der phrasenhafte Satz *„denn ihnen waren die Ziele der kommunistischen Partei ebenso bekannt wie die Tatsache, daß die kommunistische Wühlarbeit die deutsche Kriegsmacht schädigen und unseren Kriegsfeinden helfen mußte"*[50], Feststellungen zum Vorliegen des Tatbestandes der Feindbegünstigung.

War das Urteil somit bereits im Schuldspruch rechtswidrig, ließen auch die „Strafzumessungs"-Erwägungen in den letzten Sätzen der Urteilsgründe erkennen, daß auch hier lediglich antinationalsozialistische Gesinnung bestraft und daher die Angeklagten auf jeden Fall physisch vernichtet werden sollten:

„Diese Tätigkeit haben alle Angeklagten im fünften Jahre dieses für die Existenz unseres Volkes so entscheidungsvollen Ringens entfaltet. Sie sind damit zu

---

46 Ebenda S. 389.
47 Ebenda.
48 Urteil vom 10.10.1944 - 1 H 274/44 - gegen Paul R. u.a.; zitiert ebenda S. 440 ff.
49 Ebenda S. 454.
50 Ebenda S. 455.

Diener des Unrechts: Funktionen und Selbstverständnis der NS-Strafjustiz 55

Verrätern an ihrem eigenen Volk geworden und haben es unternommen, der kämpfenden Front den Dolch in den Rücken zu stoßen. Damit haben sie sich selbst aus der Volksgemeinschaft ausgeschlossen. Als gerechte Sühne kam für ihre ehrlose und gefährliche Tat allein die Todesstrafe in Frage, auf die das Gericht erkannt hat. "[51]

Die auch hier bemühte Phrase eines erneuten „Dolchstoßes in den Rücken" läßt wiederum erkennen, daß der Volksgerichtshof getreu seiner politischen Vorgabe klare Verhältnisse an der „Heimatfront" schaffen wollte.

Im Spätherbst 1944 führten politische Treffs mit Ostarbeitern, die u.a. zum langsamen Arbeiten aufgefordert wurden, bzw. die Beherbergung eines Russen für die Dauer von 4 Monaten, zu Todesurteilen gegen zwei 40- bzw. 54jährige Arbeiter.[52] Maßgebend hierfür war wiederum nur vordergründig die angebliche Verwirklichung von Straftatbeständen, tatsächlich aber die Gesinnung der Angeklagten, wie aus den einleitenden Worten der Urteilsgründe erhellt:

„*... hat seine Gesinnung, wie er sie seinerzeit durch seine Mitgliedschaft im Sportverein 'Fichte' dokumentiert hat, beibehalten. Er ist auch heute ein fanatischer Bolschewist.*"[53]

Nachdem ihm anschließend „zur Last" gelegt wurde, vom Jahre 1924 an Russisch gelernt zu haben, wurde ihm hinsichtlich seiner Treffs mit den Ostarbeitern einfach unterstellt: „*Sein Motiv war ganz zweifellos 'die Weltrevolution'.*"[54]

Nach der Erörterung, daß der Mitangeklagte - „*in der Zeit des Weimarer Zwischenstaates eine Zeitlang marxistisch organisiert, erst in der USPD und dann in der KPD*" - einen Russen bei sich beherbergt und beköstigt hatte und mit ihm auch noch „*an merkwürdigen Treffs im Walde*" teilgenommen hatte, war die „Beweiswürdigung" des Volksgerichtshofes beendet, wenn es dann schon hieß: „*Wir sind deshalb fest davon überzeugt, daß ... mitmachte, weil er eben auch 'die Weltrevolution', den kommunistischen Umsturz, wollte.*"[55]

Wenn danach die „Subsumtion" lautete: „*Beide ... haben sich also nicht geschämt, mitten in unserem schwersten Kampfe um unser Leben mit russischen bolschewistischen Arbeitern gemeinsame Sache zu machen, um unser Volk von innen zu zersetzen und uns unsere nationalsozialistische Lebensart zu nehmen (§ 83 StGB); beide haben sich dadurch zu Knechten unserer Kriegsfeinde gemacht (§ 91 b StGB)*"[56], so belegt dies, daß auch hier nicht Rechtsprechung - im übrigen aufgrund einer erst am Vortage bei Gericht eingegangenen Anklage-

---

51 Ebenda S. 456.
52 Urteil vom 16.11.1944 - 1 H 346/44 - gegen Willy H. u.a.; zitiert ebenda S. 466 ff.
53 Ebenda S. 471.
54 Ebenda.
55 Ebenda S. 472.
56 Ebenda.

schrift -, sondern Vernichtung des politischen Gegners aufgrund politischer Vorgabe stattfand. Hierbei setzte sich der Volksgerichtshof insbesondere über die gerichtskundige Tatsache hinweg, daß der von § 83 StGB geforderte organisatorische Zusammenhalt der KPD, also eine feste Gruppenbildung, in den letzten Kriegsjahren überhaupt nicht mehr festgestellt werden konnte. Dies ergab sich z.B. aus dem Lagebericht des Oberreichsanwaltes vom 19. Februar 1944, in dem es hierzu hieß:

"Insbesondere hat sich aus den seither hier eingegangenen Ermittlungssachen wegen Vorbereitung zum Hochverrat auch neuerdings kein Anhalt dafür ergeben, daß die unzweifelhaft nach wie vor in nicht unbeträchtlicher Zahl vorhandenen gesinnungsmäßigen Anhänger der verschiedenen staatsfeindlichen politischen Richtungen über den gelegentlichen gesprächsweisen Austausch ihrer Auffassungen hinaus, allenfalls auch losere Gruppenbildungen, in erheblicherem Umfange zu größeren örtlichen oder gar überörtlichen organisatorischen Zusammenschlüssen gelangt sind."[57]

War dieser feste organisatorische Zusammenhalt aber nicht vorhanden, so stellten insbesondere einfache Unterstützungshandlungen keine Vorbereitung zum Hochverrat dar.

Gleichwohl war bereits im Oktober 1943 ein 40jähriger Verlagsangestellter, der im Dezember 1941 an einer kommunistischen Besprechung unter ausdrücklicher - auch schriftlich niedergelegter - Ablehnung eines Aktivwerdens vor dem Sturz des Nationalsozialismus teilgenommen sowie weitere Kontakte zu Kommunisten gehabt hatte, wegen Vorbereitung zum Hochverrat und wegen Feindbegünstigung zum Tode verurteilt worden.[58]

Auch hier wurde in den Urteilsgründen lediglich festgestellt, daß die in kommunistischem Sinne planenden Personen einen gewaltsamen Sturz des nationalsozialistischen Regimes nicht selber herbeiführen, sondern seine Herbeiführung durch andere, wer auch immer dies sein mochte, abwarten wollten; eine Gewaltanwendung „nach dem Zusammenbruch Deutschlands" war demnach begrifflich weder notwendig oder möglich noch beabsichtigt. Eine Begründung des Tatbestandes der Feindbegünstigung versuchten die Urteilsgründe erst gar nicht; daß schuldangemessenes Strafen im übrigen nicht beabsichtigt war, ergibt sich auch daraus, daß der Mitangeklagte, der - wenn sie denn einen Straftatbestand erfüllt hätten - viel intensivere Tatbeiträge geleistet hätte, lediglich mit 5 Jahren Zuchthaus bestraft wurde.

Willkür im Strafmaß zeichnet auch ein Urteil aus dem Winter 1944 gegen 5 Angeklagte im Alter zwischen 35 und 50 Jahren aus, die wegen Kontakten zu

---

57 Zitiert nach: Jahntz/Kähne, S. 164.
58 Urteil vom 08.10.1943 - 2 H 114/43 - gegen Martin W. u.a., zitiert nach S. 391 ff. der Anklageschrift gegen Dr. Reimers.

derselben Widerstandsgruppe wie in dem vorbesprochenen Urteil teils zum Tode, teils zu zeitigen Freiheitsstrafen verurteilt wurden:[59]

Während ein Angeklagter, der lediglich an einem Treff mit dem Kommunisten Saefkow teilgenommen hatte, zum Tode verurteilt wurde, erhielt ein Mitangeklagter, der mehrfach zu solchen Treffs gegangen war, mit der fadenscheinigen Begründung, er habe Saefkow stets „widersprochen", lediglich 7 Jahre Zuchthaus. Dieses „Widersprechen" hatte indes den Angeklagten des vorbesprochenen Urteils vom 8. Oktober 1943 gleichwohl nicht vor der Todesstrafe bewahrt, während der dortige Mitangeklagte trotz des mehrfachen Beherbergens des von ihm als kommunistischen Funktionär erkannten Bästlein ebenfalls nur wegen Beihilfe lediglich 5 Jahre Zuchthaus erhalten hatte.

Erklärte Gesinnungsjustiz war das Urteil vom 17. November 1943 gegen den Vorsitzenden des „Deutschen Freidenkerverbandes", Max Sievers,[60] der wegen Vorbereitung zum Hochverrat zum Tode verurteilt wurde, wenn es dort hieß:

„Auch das ist ein Verschulden, wenn man diesem Anders-Sein gegen den Nationalsozialismus Ausdruck verleiht. Denn unser Volk hat sich in voller Einheit zum Nationalsozialismus als seiner unser ganzes Leben umfassenden und alleinigen politischen Weltanschauung bekannt."[61]

Hierbei schreckte der Volksgerichtshof auch nicht davor zurück, Sievers, der gegen den *Anschluß* des Saarlandes sowie die *Angliederung* von Böhmen und Mähren als Reichsprotektorat agitiert hatte, wegen Vorbereitung zum Hochverrat zu verurteilen, eines Delikts, das unter Strafe das genaue Gegenteil der Handlungen Sievers' stellte, nämlich die *„Losreißung"* eines zum Reich gehörenden Gebiets zu betreiben. Es kam also dem Volksgerichtshof nicht einmal auf den Wortlaut von Gesetzesbestimmungen an, wenn nur ein bestimmtes Ziel, nämlich die vorgegebene „Ausmerzung" des politischen Gegners, erreicht werden sollte.

Völlig ohne Gesetzestatbestand kam der Volksgerichtshof in einem Urteil gegen 8 norwegische Seeleute bzw. Arbeiter von Anfang 1944 aus.[62]

Hintergrund dieses Verfahrens waren Aktivitäten von Mitgliedern der kommunistisch organisierten Internationalen Hafenarbeitergewerkschaft, die sich spätestens mit Beginn des spanischen Bürgerkrieges im Jahre 1936 unter Leitung des früheren kommunistischen Reichstagsabgeordneten Wollweber - nachmals Staatssekretär bzw. Minister für Staatssicherheit der DDR - mit der Planung und Ausführung von Sprengstoffanschlägen auf Schiffe antikommunistischer Staaten befaßt hatten. Gegen die „rechtliche Würdigung" dreier früherer Urteile in diesem Verfahrenskomplex aus dem November 1942 hatte bereits im

---

59 Urteil vom 18.12.1944 - 1 H 356/44 - gegen Friedrich F. u.a., zitiert ebenda S. 484 ff.
60 1 H 289/43, zitiert nach: Jahntz/Kähne, S. 166.
61 Ebenda.
62 Urteil vom 01.02.1944 - 1 H 309/43 - gegen Martin H. u.a., zitiert nach S. 503 ff. der Anklageschrift gegen Dr. Reimers.

Januar 1943 der Oberreichsanwalt in seinem Gnadenbericht Bedenken erhoben, insbesondere dagegen, daß teilweise ausdrücklich gesetzliche Straftatbestände als nicht erfüllt angesehen, sie gleichwohl aber gemäß § 2 StGB damaliger Fassung[63] aufgrund des „gesunden Volksempfindens" doch angewandt worden waren. Nach einer Stellungnahme des Auswärtigen Amtes in diesem Zusammenhang: *„So wie die Urteile abgefaßt sind, könnten sie der ausländischen Propaganda Anhaltspunkte liefern, um ihre Gesetzmäßigkeit anzuzweifeln und darauf Angriffe gegen die deutsche Rechtspflege zu gründen"*[64] hatte auch das Reichsjustizministerium im Gnadenverfahren erhebliche Bedenken erhoben, gleichwohl aber keine Gnadenerweise ausgesprochen. Schließlich monierte der Reichsjustizminister gegenüber dem Präsidenten des Volksgerichtshofes:

„Nach Zurückstellung schwerster ... Bedenken habe ich bei allen Verurteilten Vollstreckung der Todesstrafe angeordnet, weil ihre Taten unbedingt todeswürdig sind. In der rechtlichen Begründung sind die Urteile ... jedoch zweifelhaft...".[65]

Unter dem Eindruck dieser Rüge verzichtete Freisler im vorliegenden Urteil völlig auf die Heranziehung konkreter Gesetzestatbestände - die auch tatsächlich gar nicht vorgelegen hatten - und stützte die Verhängung der Todesstrafen ausschließlich auf § 2 StGB mit folgender Argumentation:

„Solch internationaler Terrorismus widerspricht - wie den Grundgedanken des Rechtes aller zivilisierten Länder des europäischen Festlandes - so auch denen des deutschen Rechtes. Ihn will unser Recht, wenn es auch eine besondere ausdrückliche Bestimmung gegen den internationalen Terrorismus nicht kennt, schon deshalb strafrechtlich (ahnd)en, weil er die Grundlagen unseres Zusammenlebens, und zwar in diesem Falle mit Beziehung gerade auf Deutschland, mißachtet. Aus der Bekämpfung der Sprengstoffverbrechen, ... des Mordes, ... von Attentaten, ... gemeingefährlicher Verbrechen, ... von Völkerrechtswidrigkeiten der Kriegsführung durch ganze Gruppen ausdrücklicher Bestimmungen unseres Strafrechtes ergibt sich dieser Strafrechtsgrundsatz so deutlich, daß die Verurteilung der vier Angeklagten als internationale Terroristen nach fester Überzeugung des Volksgerichtshofes ein Gebot unseres Rechtes ist (§ 2 StGB)...".[66]

---

63 Durch das Gesetz zur Änderung des Strafgesetzbuches vom 28.06.1935 (RGBl. I S. 839 ff.) wurde das strafrechtliche Analogieverbot als „volksfremder Formalismus" (so: Schaffstein, ZStW 1934, Bd. 53, S. 607) aufgehoben, indem § 2 StGB wie folgt neu gefaßt wurde: „Bestraft wird, wer eine Tat begeht, die das Gesetz für strafbar erklärt oder die nach dem Grundgedanken eines Strafgesetzes und nach gesundem Volksempfinden Bestrafung verdient. Findet auf die Tat kein bestimmtes Strafgesetz unmittelbar Anwendung, so wird die Tat nach dem Gesetz bestraft, dessen Grundgedanke auf sie am besten zutrifft."
64 Ebenda S. 516.
65 Ebenda S. 517.
66 Ebenda S. 519 f.

Diener des Unrechts: Funktionen und Selbstverständnis der NS-Strafjustiz 59

Bereits im Jahre 1942 hatte Freisler sogar ein Urteil verfaßt, welches zu folgender Klage des Reichsministers der Justiz gegenüber dem Leiter der Parteikanzlei geführt hatte:

„Im Nachgang zu den bereits überreichten Urteilen des 1. Senats des Volksgerichtshofs überreiche ich das Urteil gegen Max Prinz zu Hohenlohe-Langenburg vom 12. Dezember 1942.

Aus dem Urteil ist nicht ersichtlich, aus welchen gesetzlichen Bestimmungen die Verurteilung erfolgt ist. Das Urteil erinnert an den früheren gescheiterten russischen Versuch, ohne gesetzliche Bestimmung Recht zu sprechen."[67]

Sonstige Willküraspekte und Propagandafunktion in Entscheidungen des Volksgerichtshofes

Ende 1943 stand ein 54jähriger Betriebsingenieur vor dem Volksgerichtshof,[68] der gegenüber früheren Arbeitskollegen Mitteilungen über seine Arbeit an der Vergeltungswaffe V 2 gemacht hatte, die der Geheimhaltung unterlagen. Die Reichsanwaltschaft hatte im Hinblick auf den nicht nachweisbaren Vorsatz des Landesverrates (§ 89 StGB) nicht diesen, sondern das Delikt der fahrlässigen Gefährdung des Reichswohls durch Geheimnisverrat (§ 90 d StGB) angeklagt und in der Hauptverhandlung dementsprechend eine Gefängnisstrafe von 5 Jahren beantragt. Freisler ließ es sich jedoch angelegen sein, aus propagandistischer Absicht das Delikt des Landesverrats anzunehmen und somit zur Verhängung der Todesstrafe zu kommen:

„Und deswegen mußte er mit dem Tode bestraft werden, damit endlich einmal mit solch unverantwortlichem Geschwätz nicht nur bei ihm Schluß gemacht wird, sondern auch den zuständigen Stellen durch dieses Urteil die Möglichkeit gegeben wird, wenn sie es für richtig halten, dort, wo Gefahr im Verzuge ist, d.h. wo geschwätzt wird, darauf hinzuweisen, wie Deutsche auf solche Schwätzerei antworten. Die Ermöglichung einer solchen Breitenwirkung gehört mit zu den Aufgaben einer den Schutz des Reiches unter allen Umständen sichernden, d.h. einer gerechten deutschen Rechtspflege."[69]

Die „zuständige Stelle", hier: der Reichsjustizminister, veranlaßte demgemäß auch, daß Pressemeldungen, wenn auch erst über 2 Monate nach der Vollstreckung des Todesurteils, erschienen, etwa in der „Neuen Leipziger" vom 31. Mai

---

67 Schreiben vom 19.01.1943, zitiert nach: Jahntz/Kähne, S. 187 f.
68 Urteil vom 17.11.1943 gegen Alois St. - 1 L 194/43 -, zitiert ebenda S. 187.
69 Ebenda.

1944 unter der Überschrift „Todesstrafe für Landesverrat - Eindringliche Warnung an alle, die es angeht".[70]

Ein abschließendes Beispiel für die absolute Willkür in der Rechtsprechung des Volksgerichtshofes ist das Verfahren gegen einen 28jährigen Diplomingenieur, welcher defaitistische Äußerungen gemacht hatte. Unter Hervorhebung der Tatsache, daß dieser Fall zu jener Zeit einer der besonders hervorragend schweren Fälle gewesen sei, hatte der Volksgerichtshof unter Vorsitz von Freisler sich auch durch die Bitte des Angeklagten, ihm Bewährung durch Fronteinsatz zu bewilligen, nicht erweichen lassen und ihn am 23. September 1943 wegen Wehrkraftzersetzung und Feindbegünstigung zum Tode verurteilt.[71]

Der Angeklagte hatte kriegswichtige Erfindungen gemacht, weshalb der Oberreichsanwalt außerordentlichen Einspruch einlegte, so daß es zu einer erneuten Verhandlung vor dem Besonderen Senat des Volksgerichtshofes, wiederum unter Vorsitz Freislers, kam. Bei unveränderter Sachlage fand Freisler nunmehr eine Unmenge Milderungsgründe und tenorierte knapp 5 Monate später wie folgt:

„Er hat wichtige Erfindungen gemacht und war schwer verärgert, daß er weit unter seiner Vorbildung und nicht mehr forschend sondern mechanisch beschäftigt wurde. Deswegen und weil er ehrlich den Wunsch geäußert hat, als Soldat zeigen zu dürfen, daß er ein ordentlicher Kerl sei, kommt er mit sieben Jahren Zuchthaus davon."[72]

Schlußbemerkung

Diese Urteilsauszüge belegen exemplarisch, gerade auch, soweit es den sog. kommunistischen Hochverrat betrifft, daß der Volksgerichtshof, seiner politischen Vorgabe entsprechend, keine juristische, sondern eine politische Funktion erfüllte, nämlich die der Vernichtung des politischen Gegners an der „inneren Front", zur Vermeidung eines erneuten „Dolchstoßes" wie 1918. U.a. daraus folgt zugleich, daß nicht nur diese hier exemplarisch vorgestellten, sondern - so jedenfalls die nach 1979 abschließend durchgeführten Ermittlungen der Staatsanwaltschaft bei dem Landgericht Berlin - sämtliche Urteile zu Wehrkraftzersetzung, Hochverrat und Landesverrat objektiv rechtswidrig waren, weshalb dann auch 1984 gegen einen damals 82jährigen früheren Berufsrichter am Volksgerichtshof Anklage wegen 97 vollendeter und 62 versuchter Fälle des

---

70 So der entsprechende Presseausschnitt, Bl. 27 der Gnadenakten des Reichsjustizministeriums IV g^{10b} 4.44 gRs.
71 1 L 95/43 gegen Willi St., zitiert nach: Jahntz/Kähne, S. 105 f.
72 Ebenda S. 106.

Diener des Unrechts: Funktionen und Selbstverständnis der NS-Strafjustiz 61

Mordes erhoben werden konnte.[73] Allerdings ist diese Rechtsauffassung in der strafrechtlichen Bewertung der Tätigkeit des Volksgerichtshofes durch die Nachkriegsjustiz nicht durchgängig festzustellen. Dies soll, ebenfalls exemplarisch, an dem Urteil des Volksgerichtshofes gegen den Priester Dr. Metzger[74] abschließend dargestellt werden.

Dr. Metzger hatte 1943 versucht, ein von ihm verfaßtes Memorandum mit verschlüsselten Vorschlägen für eine pazifistisch-demokratische und föderalistische Staats- und Regierungsform für Deutschland nach dem von ihm erwarteten Zusammenbruch bei Kriegsende dem schwedischen Erzbischof zu übermitteln. Als Botin hatte er sich einer Frau bedient, die Gestapo-Agentin war und das Schriftstück ablieferte. Dr. Metzger wurde zum Tode verurteilt und hingerichtet.

Das Urteil des Bundesgerichtshofes über diesen Schuldspruch lautet wie folgt:

„Ein Geistlicher, der aus Verantwortungsbewußtsein im Kriege im Jahre 1943 in vertraulicher Denkschrift an einen Bischof eines neutralen Landes für den Fall des deutschen Zusammenbruchs die Forderung nach Rückkehr zu christlichen, demokratischen, sozialen und rechtsstaatlichen Grundsätzen erhob, beging hierdurch keine Feindbegünstigung. Seine Verurteilung zum Tode und Hinrichtung war eine widerrechtliche Tötung.

... Der Mißbrauch des § 91 b StGB durch den Volksgerichtshof gegen Dr. M. hat daher mit Rechtsprechung nichts zu tun. Er ist nur eine Ausnutzung gerichtlicher Formen zur widerrechtlichen Tötung. Folgerichtig weiter gedacht, erfaßt eine derartige Rechtsanwendung alle Menschen, die nicht jede Gelegenheit wahrnehmen, das Gewaltregime zu fördern, sondern die es statt dessen beim Namen nennen. Sie dient dann nur noch der Vernichtung des politischen Gegners und verletzt den unantastbaren rechtlichen Kernbereich. Gerade dadurch enthüllt eine derartige 'Rechtsprechung' ihr wahres Wesen als Terrorinstrument."[75]

Soweit das Verdikt des Bundesgerichtshofs in dem Strafverfahren gegen die denunzierende Gestapo-Agentin.

In dem Verfahren 3 P (K) Ks 1/67 wurde der Berichterstatter jenes VGH-Urteils, Rehse, vom Schwurgericht des Landgerichts Berlin am 3. Juli 1967 wegen Beihilfe zum Mord in 3 Fällen - von denen einer das Urteil gegen Dr.

---

73 Jahntz/Kähne: S. 44 ff., 92 ff. Die Tatsache dieser Anklageerhebung erwähnt Dreßen (vgl. dessen Beitrag „Blinde Justiz - NS-Justizverbrechen vor Gericht" in diesem Bande), offenbar in ähnlich selektiver Wahrnehmung wie diejenige von Ingo Müller in seinen „Furchtbaren Juristen", auf welchen sich Dreßen in seinen Ausführungen bezieht, neben der bei Jahntz/Kähne ebenfalls dokumentierten Tatsache der Verfahrenseinstellung gegen eine Vielzahl von Beschuldigten, nicht.
74 Urteil vom 14.10.1943 - 1 H 253/43 - dokumentiert bei Jahntz/Kähne, S. 60 ff.
75 Leitsatz 2 und Auszug aus den Gründen des Urteils vom 28.06.1956 - 3 StR 366/55 - gegen Dagmar I., BGHSt 9, 302, 307.

Metzger war - und wegen Beihilfe zum versuchten Mord in 4 Fällen zu einer Gesamtfreiheitsstrafe von 5 Jahren Zuchthaus verurteilt.[76] Nachdem der Bundesgerichtshof am 30. April 1968 dieses Urteil wegen rechtsfehlerhaft angenommener bloßer Beihilfe aufgehoben hatte,[77] wurde Rehse nach erneuter Hauptverhandlung von einem anderen Schwurgericht des Landgerichts Berlin am 6. Dezember 1968 vom Vorwurf des Mordes freigesprochen.[78] Zum Mißbrauch des § 91 b StGB durch den Volksgerichtshof in Form eines rechtswidrigen Schuldspruches bemerkte das Schwurgericht:

„Zwar hat der Bundesgerichtshof in dem Urteil vom 28. Juni 1956 (BGHSt 9, 302) gemeint, die Denkschrift Dr. Metzgers sei nicht geeignet gewesen, die alliierte Kriegsführung zu unterstützen, weil den Alliierten ohnehin das Vorhandensein von Widerstandskämpfern bekannt sein mußte. Dieser Auffassung vermag das Schwurgericht nicht zu folgen... Jedenfalls kann dem Angeklagten nicht nachgewiesen werden, daß er sich von anderen als den von ihm angegebenen rechtlichen Gesichtspunkten leiten ließ und den subjektiven Tatbestand des § 91 b StGB bewußt falsch anwandte oder eine falsche Anwendung auch nur billigend in Kauf nahm..."[79]

In die Gedankenwelt eines Volksrichters des Kriegsjahres 1943 sehr einfühlend wurde der Strafausspruch gegen Dr. Metzger, die Verhängung der Todesstrafe, unter folgenden Aspekten als nicht rechtsbeugend angesehen:

„Im Hinblick auf die sich verschlechternde Kriegslage und die überragende Persönlichkeit Dr. Metzgers habe bei der Strafzumessung der Gesichtspunkt der Generalprävention im Vordergrund stehen müssen und die Verhängung der Todesstrafe geboten. Das Schwurgericht kann nicht widerlegen, daß sich der Angeklagte allein von diesen Erwägungen bestimmen ließ, weil sie aus der Sicht des Jahres 1943 einfühlbar und verständlich sind. Denn durch ihre auf der Casablanca-Konferenz erhobene Forderung auf bedingungslose Kapitulation Deutschlands hatten die Alliierten selbst in weiten Kreisen des deutschen Volkes, die nicht dem Nationalsozialismus nahestanden, die Überzeugung erweckt, daß es zur Rettung Deutschlands notwendig sei, trotz der sich häufenden Niederlagen den Kampf bis zum Sieg, zumindest aber bis zu einem ehrenhaften Frieden, durchzustehen. Wenn auch der Angeklagte hiervon überzeugt war und daraus die Notwendigkeit ableitete, durch drakonische Strafen Taten zu ahnden, die aus seiner Sicht den Bestand des Reiches erheblich gefährdeten, handelte es sich um ein Motiv, das sich innerhalb des Gesetzeszwecks hielt...

Damals aber entsprachen die Vorstellungen des Angeklagten der herrschenden Auffassung über den Zweck der Strafe, der seit 1933, besonders jedoch seit

---

76 Vgl. Jahntz/Kähne, S. 16 ff. (24 ff.).
77 Ebenda S. 29 ff.
78 Ebenda S. 32.
79 Bd. VI a Bl. 67, 69 der Akten 3 P (K) Ks 1/67 (= UA S. 44, 46).

Diener des Unrechts: Funktionen und Selbstverständnis der NS-Strafjustiz 63

Kriegsbeginn, vorwiegend in der Abschreckung weiterer möglicher Rechtsbrecher bestand.' Das erforderte naturgemäß höhere Strafen, als wir sie heute vertreten zu können glauben, weil wir jetzt von einem angemessenen Verhältnis zwischen Täter, Schuld und Strafe ausgehen... Man kann (jedoch) den Wechsel rechtlicher Grundanschauungen ... nicht zum Anlaß nehmen, die Entscheidungen der Vergangenheit am Maßstab der Gegenwart zu messen' (Leverenz, DRiZ 1960 S. 169, 172)... Ihm ist deshalb nicht nachzuweisen, daß er durch diese Entscheidung bewußt und gewollt zum Nachteil Dr. Metzgers das Recht beugte".[80]

Die von der Staatsanwaltschaft gegen dieses Urteil eingelegte Revision, mit der erstmals die Auffassung vertreten wurde, daß der Volksgerichtshof nicht als unabhängiges Gericht im Sinne von § 1 GVG anzusehen sei, weshalb zum Tatnachweis nicht der direkte Rechtsbeugungsvorsatz erforderlich, sondern der bedingte Mordvorsatz ausreichend sei, konnte nicht mehr durchgeführt werden, da Rehse am 5. September 1969 verstarb.[81]

Diesem juristischen Ansatz, den Volksgerichtshof nicht als ordentliches Gericht anzusehen, folgend, erhob die Berliner Staatsanwaltschaft fast auf den Tag genau 15 Jahre später, am 6. September 1984 die bereits erwähnte Anklage gegen Dr. Reimers. Auch diese konnte aber den mit dem Rehse-Urteil vom 6. Dezember 1968 erfolgten Freispruch für die NS-Justiz nicht mehr korrigieren, da Dr. Reimers, noch vor Eröffnung des Hauptverfahrens, am 5. November 1984 Selbstmord beging.[82]

---

80 Ebenda Bl. 79 f. (UA S. 56 f.).
81 Jahntz/Kähne, S. 33 f.
82 Ebenda S. 44 f.

Günter Spendel

Freispruch für die NS-Justiz?
Strafrechtliche Ahndung von Justizverbrechen in Deutschland

Zur Einführung

Das mir aufgegebene Thema ist der in Frageform gekleidete und damit zur Diskussion gestellte Buchtitel eines Journalisten.[1] Meine Antwort muß leider ein Ja sein, den Tenor des Buches also bestätigen. Die Frage hätte eigentlich genauer dahin zu lauten: Nichtverfolgung der NS-Justizverbrechen? Denn diese sind nach 1945 meist gar nicht erst angeklagt worden, so daß die Nachkriegsgerichte einer Beurteilung und Verurteilung oder Freisprechung weitgehend enthoben waren. Zwar ist die seit Jahren immer wieder in den Medien, vor allem in der linkslastigen Presse aufgestellte Behauptung, gelegentlich aber auch von juristischer Seite geäußerte Meinung,[2] es sei kein einziger Richter wegen eines NS-Schandurteils nach Kriegsende von einem deutschen Gericht zur Rechenschaft gezogen und bestraft worden, in dieser Ausschließlichkeit unrichtig. Denn es sind einige wenige Verurteilungen erfolgt, allerdings mit z.T. sehr niedrigen Strafen und zudem nur zu Standgerichtsverfahren. Soweit mir bekannt geworden ist, sind es sechs Fälle, die alle, zur Ehre des Landes Bayern sei es gesagt, in der bayerischen Justiz angeklagt und entschieden wurden. In drei Fällen handelte es sich um Juristen, und zwar zwei Berufsrichter und einen SS-Ankläger, in drei Fällen um meist junge Offiziere, die zu Mitgliedern in Standgerichten ernannt worden waren.[3] So bietet in der Tat „per Saldo" die Nachkriegsjudikatur ein Trauerspiel, nicht anders, als es ein Drama wäre, wenn ein Ozeanriese mit 1500 Passagieren und 800 Mann Besatzung bis auf sechs Gerettete untergegangen wäre. Auch hier wäre es aber eine unverantwortliche Falschmeldung, falls Journalisten aus Sensationsgier oder anderen Motiven berichten würden, es hätte kein einziger Mensch die Schiffskatastrophe überlebt.

Für die allgemeine Einstellung der damaligen Justizvertreter war z.B. die Ansicht eines Staatsanwaltes symptomatisch, der sich noch 1960, also 15 Jahre nach dem Zusammenbruch der NS-Despotie und nach dem Bekanntwerden der justitiellen NS-Verbrechen, erkühnte zu behaupten, um keinen schärferen Ausdruck zu gebrauchen, daß die Rechtswidrigkeit der (vielen) NS-Todesurteile

---

1 Jörg Friedrich, Freispruch für die Nazi-Justiz. Die Urteile gegen NS-Richter seit 1948. Eine Dokumentation, 1983, mit zutreffenden, teilweise aber auch schiefen Ausführungen.
2 So z.B. Rasehorn, Der Richter im NS-Staat und die Anpassungstradition der Justiz, in: Frankf. Hefte 1979, S. 34, 37 r.Sp.; Jähnke, Auch Rechtsbeugung kann eine 'Frage des Datums' sein, in: ZRP 1994, S. 443 l. Sp., der letztere wohl unter Ausschluß der Standgerichtsurteile.
3 Vgl. auch Spendel, Rechtsbeugung durch Rechtsprechung, 1984, S. 17 Fn. 58, 89 ff.

„die Ausnahme" gewesen sei.⁴ Als wenn nicht schon vor 1945 z.B. der Volksgerichtshof als ein gefürchtetes Bluttribunal bekannt gewesen wäre! Ein auch in der Fachliteratur hervorgetretener bekannter Senatspräsident vom Bundesgerichtshof meinte sogar, wenn der berüchtigte VolksGH-Präsident Freisler wirklich seine Terrorurteile für rechtmäßig gehalten hätte, wäre er „weder nach der objektiven noch nach der subjektiven Lehre", d.h. nach der jeweiligen Bestimmung des Begriffs „Beugung des Rechts", wegen Rechtsbeugung „strafbar gewesen".⁵ Man könnte derartigen im Grunde doch hanebüchenen Äußerungen noch manche hinzufügen. Sie zeigen, daß unsere damaligen Justizvertreter für die Täter, d.h. die NS-Juristen fast mehr Verständnis und Einfühlungsvermögen aufbrachten als für deren Opfer, d.h. die zu Unrecht Verurteilten.

Wesentlicher als solche Äußerungen sind noch die schriftlichen Gründe der einschlägigen Nachkriegsurteile, die meist davon zeugen, wie wenig unsere Richter, aus welchen Motiven auch immer, fähig und willens waren, üble NS-Justizverbrechen ihrer Berufs- und Standesgenossen angemessen zu ahnden. Ausgangspunkte für die Judikatur nach 1945 waren zwei Voraussetzungen: *einmal* die herrschende, wiewohl nicht ganz unbestrittene Lehrmeinung, daß ein Richter nur wegen Freiheitsberaubung oder eines Tötungsverbrechens zu bestrafen sei, wenn er mit seinem Spruch zugleich eine vorsätzliche Rechtsbeugung nach § 336 bisher. Fass. (seit dem Korruptions Ges. v. 13.8.1997 § 339!) StGB begangen habe,⁶ *sodann* die Auslegung des subjektiven Rechtsbeugungstatbestandes, daß der Vorsatz bei diesem Delikt auf den direkten zu beschränken, der bedingte also auszuschließen sei.⁷ Die *erste* Annahme erscheint naheliegend und kann der nachfolgenden Betrachtung ohne nähere Prüfung und Begründung zugrunde gelegt werden; danach kam eine vorsätzliche rechtswidrige Tötung durch ein widerrechtliches Todesurteil, d.h. ein „Justizmord" nur dann in Betracht, wenn mit der Entscheidung im Strafprozeß vorsätzlich das Recht zum Nachteil des Angeklagten gebeugt worden war. Die *zweite* Annahme war dagegen eine gesetzwidrige Auslegung des § 336 (jetzt § 339) und führte zu einem angemaßten Richterprivileg, das inzwischen auf die Kritik in der Rechts-

---

4   Eberhard Kaiser, Verantwortlichkeit von Richtern und Staatsanwälten wegen ihrer Mitwirkung an rechtswidrigen Todesurteilen, in: NJW 1960, S. 1328, 1330, 1. Sp.
5   Sarstedt, Fragen der Rechtsbeugung, in: Heinitz-Festschrift, 1972 S. 427, 434.
6   Radbruch, Gesetzliches Unrecht und übergesetzliches Recht, in: SJZ 1946, Sp. 105, 108 = GRGA, 3. Bd. 1990, S. 91/92; Eberhard Schmidt, Lehrkomm. zur StPO u. zum GVG, I. Teil, 2. Aufl. 1964, Rdn. 529; Manfred Seebode, Das Verbrechen der Rechtsbeugung, 1969, S. 123 f.; Bemmann, Über die strafrechtliche Verantwortlichkeit des Richters, in: Radbruch-GedSchr., 1968, S. 308; dagegen Bettermann, Die Unabhängigkeit der Gerichte und der gesetzliche Richter, in: Die Grundrechte. Handb. hrsg. v. Bettermann u.a., III. Bd., 2. Hbd., 2. Aufl. 1972, S. 523, 575 ff.
7   OLG Bamberg in: Justiz und NS-Verbrechen, VII. Bd. 1971, S. 176, 179 = (erheblich gekürzt) SJZ 1949, S. 491; BGHSt. *10*, S. 294, 298; BGH in NJW 1968, S. 1339; ebenso z.T. die Rechtslehre. *Anders* noch BGH, in: Just. u. NS-Verbr., X. Bd. 1973, S. 233, 235 (1953); XIII. Bd. 1975, S. 336, 343 (1954); X. Bd. 1973, S. 504, 507 (1952) = MDR 1952, S. 693, 694 1. Sp.

lehre hin vom Gesetzgeber beseitigt worden ist.[8] Denn „das durch § 336 erstrebte Ziel" ist nicht, wie BGHSt. *10*, S. 294, 298 (1956) zur Begründung seines Standpunktes widersinnig behauptet hat, die „Sicherung der richterlichen Unabhängigkeit", d.h. hier: der Verantwortungsfreiheit, sondern gerade umgekehrt die Sicherung und Wahrung der richterlichen Verantwortlichkeit und damit notwendig eine Einschränkung der Entscheidungsfreiheit; denn auch der Richtende hat Grenzen dieser Freiheit und mithin seiner Unabhängigkeit zu beachten. Unabhängigkeit darf nicht in Un-Verantwortlichkeit, Verantwortungs*freiheit* nicht zur Verantwortungs*losigkeit* ausarten, sonst ist sie wie jede strafrechtliche Schuld zu bestrafen. Daß der BGH mit der von ihm angenommenen „verkehrten" Ziel- und Zwecksetzung der Strafvorschrift seine frühere Interpretation des ehemaligen § 336 zu rechtfertigen suchte, zeigt nur, wie groß die Befürchtung der Richterschaft war und ist, für ihre Entscheidungen unter Umständen einstehen zu müssen. Man stelle sich vor, zu welch horrendem Ergebnis die Einschränkung führen konnte: Ein NS-Richter, der es für möglich gehalten hätte, daß nach seiner Auslegung eines Strafgesetzes der Angeklagte zu Unrecht verurteilt würde, dies aber in Kauf genommen hätte, weil der Beschuldigte ein Jude war, wäre trotz dieses bedingten Rechtsbeugungsvorsatzes nicht strafbar gewesen. Wie zäh die Gerichte an der früheren falschen Auslegung des § 336 (jetzt § 339) StGB festzuhalten suchten, zeigt auch die Tatsache, daß nach der 1974 erfolgten gesetzlichen Klarstellung der Vorsatzbestimmung in der Vorschrift der BGH noch vier, das OLG Düsseldorf sogar noch 16 Jahre später es dahingestellt sein ließ, ob ein bedingter Rechtsbeugungsvorsatz als subjektive Strafbarkeitsvoraussetzung ausreiche.[9] Erst fast 20 Jahre nach der Gesetzesneufassung hat sich das höchste Strafgericht dazu durchgerungen, diese ausdrücklich anzuerkennen,[10] nachdem es zu einer noch krasseren Einschränkung der Strafvorschrift, und zwar des objektiven Rechtsbeugungstatbestandes, seine Zuflucht genommen hat und sie nun mit der Nichtahndung so manchen SED-Justizdelikts praktiziert.[11]

---

8   Zur Kritik s. mit weit. Nachw. Spendel, in: Leipziger Kommentar, 10. Aufl., 7. Bd. 1988 (28. Lfg. 1982) § 336 Rdn. 77 ff.; schon vorher dens. in: Heinitz-Festschrift, 1972, S. 445. Ihr folgend EGStGB v. 2.3.1974 Art. 18 Nr. 188; dazu Göhler, Das Einführungsgesetz zum Strafgesetzbuch, in: NJW 1974, S. 825, 826 l. Sp. und Fn. 8.
9   BGH bei Holtz, in: MDR 1978, S. 626; OLG Düsseldorf in: NJW 1990, S. 1374, 1375 l. Sp.
10 BGHSt. *40*, S. 30, 40 = NStZ 1995, S. 31, 32.
11 Dazu näher Spendel, Der Bundesgerichtshof zur Rechtsbeugung unter dem SED-Regime, in: JR 1994, S. 221, 223; ders., Rechtsbeugung und Justiz insbesondere unter dem SED-Regime, in: JZ 1995, S. 375, 378 f.; ders., Rechtsbeugung und BGH - eine Kritik, in: NJW 1996, S. 809, 810 r. Sp.; ders., DDR-Unrechtsurteile in der neueren BGH-Judikatur - eine Bilanz, in: JR 1996, S. 177.

Drei NS-Unrechtsentscheidungen

Betrachten wir nunmehr drei bezeichnende NS-Unrechtsentscheidungen und deren Nichtbestrafung durch die Nachkriegsjustiz, auch wenn ich diese Fälle in der Literatur schon früher angeführt, den einen sogar eingehender behandelt habe. Ich beginne mit einem Sachverhalt, dessen Akten mir als jungem Assessor im Hessischen Justizministerium vorgelegen haben und zu dem ich einige persönliche Beobachtungen beisteuern kann.[12]

1. Der Wetzlarer AG-Fall eines vorweggenommenen Gesetzesunrechts

Etwa drei Monate vor Erlaß des berüchtigten Nürnberger Rassegesetzes vom 15. Sep. 1935 beantragte ein gewisser Gelzenleuchter beim zuständigen Standesamt in Wetzlar das Aufgebot mit seiner jüdischen Verlobten. Der Beamte, ein „Hoheitsträger der Partei", sah das als Provokation an und beantwortete den Hinweis des Antragstellers auf die eindeutige Gesetzeslage und die richterliche Anweisungsmöglichkeit im Wege der freiwilligen Gerichtsbarkeit im Hinblick auf den Amtsrichter mit dem bekannten „Götz-Zitat", was übrigens bezeichnend für die Animosität vieler subalterner NS-Beamten gegenüber der Justiz war. Das Unglück wollte es, daß der Rechtsuchende ein zweites Mal auf einen NS-Anhänger stieß, der, Sohn eines Oberlandesgerichtspräsidenten, anscheinend nicht ganz den NS-Vorstellungen vom überlegenen „arischen" Menschen entsprach und das durch forciertes Auftreten im NS-Sinne wettzumachen suchte (er soll einen Sprachfehler gehabt und leicht gestammelt haben).

Dieser Amtsrichter wies in seinem mit NS-Phrasen „begründeten" Beschluß vom 17. Juni 1935 den Antrag zurück, obwohl er zugeben mußte, daß das (seit Jahrzehnten geltende) Gesetz die Eheschließung nicht verbiete; er bezeichnete aber die Berufung hierauf als „typisch jüdisch-liberalistischem Moral- und Rechtsdenken" entsprungen. „Die Grundlagen der nationalsozialistischen Weltanschauung" und die den neuen NS-Gesetzen zugrundeliegende Zielsetzung der Rassereinhaltung seien maßgeblich; sie standen für den Urteilenden höher als der „formal-gesetzliche Zustand".[13] Dieser amtsrichterliche Beschluß, den sein denn auch später zum Landgerichtspräsidenten ernannter Verfasser an alle möglichen Dienststellen versandt und in einer Fachzeitschrift veröffentlicht hatte (s. JW 1935, S. 2083), wurde selbst von dem NS-Reichsinnenminister Dr. Frick nicht als Rechtsentscheidung begrüßt, sondern zum Anlaß eines Erlasses genommen, die Bescheidung von Anträgen wie dem vorliegenden in Zukunft zurückzustellen, weil eine gesetzliche Regelung der Frage in Aussicht genommen sei. Sie erfolgte ja dann auch mit dem auf dem Reichsparteitag der „Freiheit" verkündeten „Blutschutzgesetze" vom 15. Sept. 1935, das die Heirat von

---

12 Vgl. Spendel, Zur Problematik der Rechtsbeugung, in: Radbruch-GedSchr. 1968, S. 312 = ders., Rechtsbeugung durch Rechtsprechung, 1984, S. 21.
13 Beschluß des AG Wetzlar, abgedr. bei Spendel, Rechtsbeugung... S. 117 f. (s. Fn. 3).

„Ariern" und Juden verboten und außereheliche Beziehungen der Partner am männlichen Teil mit Gefängnis oder Zuchthaus bestraft hat. Die gegen den Beschluß des Amtsgerichts Wetzlar eingelegte Beschwerde des Antragstellers Gelzenleuchter wurde vom Landgericht Limburg mit Beschluß vom 19. August 1935 noch vor der Gesetzesänderung zurückgewiesen, obwohl der Ministerialerlaß als Verwaltungsanordnung objektiv für die Gerichte nicht verbindlich war. Die Zivilkammer sah dennoch in ihm die Kundgabe des „Führerwillens" durch einen „seiner engsten Mitarbeiter" und diesen Willen als „für den Richter schlechthin bindend" an.[14] Nach Einführung des Nürnberger Rassegesetzes wurde der Gesuchsteller, der mit seiner jüdischen Verlobten zusammenlebte, wegen „Rassenschande" in Untersuchungshaft genommen, in der er sich erhängte.

Der Wetzlarer Amtsrichter wurde nach 1945 wegen seines Beschlusses und anderer NS-Handlungen auf Grund des „Entnazifizierungsgesetzes" zu drei Jahren Internierungshaft verurteilt. Von den drei Mitgliedern des Limburger Landgerichts war eines seit Kriegsende verschollen, eines gefallen oder pensioniert, das dritte wieder als Landgerichtsrat beim Landgericht Frankfurt/ Main tätig. Dieser Richter wurde nach Bekanntwerden des Falles in den Ruhestand versetzt.

Bezeichnend ist das Verhalten einiger Nachkriegsjuristen, das ich beobachten konnte. Der Ministerialrat, der die Strafrechtsabteilung des Ministeriums leitete, ein ehemaliger Reichsanwalt und kein NS-Anhänger, gab die Akten an die zuständige Staatsanwaltschaft weiter mit dem Hinweis, das Vorliegen einer Rechtsbeugung der NS-Richter zu prüfen, hatte aber Bedenken, ob ein entsprechender Tatvorsatz bejaht werden könne. Daß es zu einem Strafverfahren oder gar einer Verurteilung der Beteiligten gekommen wäre, ist nicht bekannt geworden. Als ich einige Zeit später am Frankfurter Landgericht Richter war, kam ich im Gespräch mit einem meiner damaligen Strafkammervorsitzenden auf den Fall Gelzenleuchter und erfuhr zu meiner Überraschung, daß der Landgerichtsdirektor in der NS-Zeit mit dem Strafverfahren gegen den unglücklichen Antragsteller wegen „Rassenschande" befaßt war. Auf meine Frage, was er, mein Gesprächspartner, denn gemacht hätte, wenn sich der Inhaftierte nicht durch seinen Freitod der Strafverfolgung entzogen hätte, erklärte er mir mit einem Achselzucken, als wenn ich mir die Antwort selbst geben könne, natürlich den Mann verurteilen; denn das wäre ja damals Gesetz gewesen. Es war die typische Haltung des vom Rechtspositivismus geprägten Juristen, für den eben Gesetz gleich Gesetz war wie für das Militär Befehl gleich Befehl. Auf meinen erstaunten Blick begann dann der Vorsitzende unvermittelt die Judenverfolgungen unter dem NS-Regime zu verurteilen, um die plötzliche Offenbarung seiner Einstellung zu verwischen. So bereitwillig man hier die Befolgung eines NS-Gesetzes für selbstverständlich hielt, so wenig war man merkwürdigerweise bereit, die Berücksichtigung des bisher geltenden „liberalen"

---

14 Beschluß des LG Limburg, abgedr. bei Spendel a.a.O. (Fn. 3), S. 119.

Eherechts für geboten, dessen Nichtbefolgung demgemäß für strafbar zu halten. Eine seltsame Art von „Gesetzestreue"! Bei Gesprächen mit Richterkollegen über den Wetzlarer Fall habe ich auch nie ein Wort des Bedauerns über das Opfer des Justizdelikts gehört, wohl aber über das Mitglied der Beschwerdekammer, das den Dienst hat quittieren und vorzeitig in Pension gehen müssen.

Daß die NS-Richter den objektiven Tatbestand des § 336 (jetzt § 339) StGB rechtswidrig verwirklicht haben, sollte nicht zweifelhaft sein, wie ich schon früher näher dargelegt habe.[15] Aber auch der subjektive Tatbestand lag vor. Wenn ein juristischer Laie z.B. den seine Gartenhecke beschädigenden Rehbock des Nachbarn erschießt, kann er seine strafbare Sachbeschädigung nicht damit leugnen, daß er das Tier nicht für eine „Sache" i.S. des § 303 StGB gehalten habe; sein *Subsumtions*irrtum ist *un*beachtlich.[16] Und wenn er diese Gesetzesauslegung zwar kennt, aber für völlig überholt hält, vermag er sich damit erst recht nicht seiner Strafbarkeit zu entziehen. Er ist dann noch weniger ein straf*loser Irrtums*täter, vielmehr ein straf*barer Überzeugungs*täter.[17] Warum soll dies plötzlich für Richter nicht gelten, die eindeutiges und seit Jahrzehnten angewandtes Gesetzesrecht zugunsten einer verfehlten Ansicht und eines zukünftigen Gesetzesunrechts vorsätzlich nicht mehr befolgen? Was dem Laien recht ist und seinen Irrtum unbeachtlich erscheinen läßt, muß doch dem Juristen und gerade dem Richter billig sein und seinen „Irrtum", d.h. seine gesetzesfeindliche Überzeugung ebenfalls unerheblich erscheinen lassen!

2. Der Kasseler SonderG-Fall eines Todesurteils wegen „Rassenschande"

Ein anderer unglaublicher Fall spielte sich in Hessen in der Strafrechtspflege ab. Am 20. April 1943 stand der 28jährige jüdische Ungar Holländer, der als Diplomingenieur in den Kasseler Henschel-Lokomotivwerken tätig war und erst seit Ende Februar 1941, also von seinem 26. Lebensjahr ab sichere Kenntnis von seiner jüdischen Abstammung erlangt hatte, vor dem Sondergericht Kassel. Er war wegen „Rassenschande" in vier Fällen angeklagt, weil er seit seiner Studienzeit, genau: seit 1936 Geschlechtsbeziehungen mit „arischen" Frauen, in einem Falle kurz mit einer Ehefrau, eingegangen war.[18] Das Sondergericht begnügte sich nicht damit, das „Blutschutzgesetz" anzuwenden, sondern traf als erste zusätzliche Ermessensentscheidung die Feststellung, daß auf Grund der „Gesamtwürdigung der Taten" nach dem früheren § 20 a II StGB der Angeklagte ein „gefährlicher Gewohnheitsverbrecher" sei. Aber damit nicht genug, tat das Gericht einen weiteren Schritt über das „Rassegesetz" hinaus und sprach in einer zweiten Ermessensentscheidung die Todesstrafe wegen „Ras-

---

15 Spendel, Rechtsbeugung ... (s. Fn. 3), S. 21, 24 a. E. ff.
16 Spendel in Leipziger Kommentar, 10. Aufl., 28. Lfg. 1982, § 336 StGB Rdn. 87.
17 Vgl. auch Spendel a.a.O. (s. Fn. 16) § 336 StGB Rdn. 99.
18 Dazu schon kurz Spendel, Unrechtsurteile der NS-Zeit, in: Jescheck-Festschrift, 1985, 1. HBd., S. 179, 186.

senschande" aus. Dies war erst auf Grund eines dritten Strafgesetzes möglich, und zwar der Strafgesetznovelle vom 4. September 1941, nach deren § 1 der gefährliche Gewohnheitsverbrecher und der Sittlichkeitsverbrecher mit dem Tode zu bestrafen waren, „wenn der Schutz der Volksgemeinschaft oder das Bedürfnis nach gerechter Sühne" dies erforderte.

Mußte einem Richter unter dem NS-Regime schon die Anwendung des „Blutschutzgesetzes" nur mit größtem Widerstreben möglich sein, so durften die beiden Ermessensentscheidungen für ihn gar nicht in Frage kommen. Den Mitgliedern des Kasseler Sondergerichts wäre selbst unter der NS-Despotie nichts geschehen, wenn sie den Beschuldigten zu einer Freiheitsstrafe verurteilt hätten. Ein Beisitzer hat denn auch gegen das Todesurteil gestimmt und ist nach 1945 nicht angeklagt, sondern wieder im Justizdienst, allerdings in der Sozialgerichtsbarkeit, beschäftigt worden. Die Unsachlichkeit und das Unrecht der Entscheidung ergibt sich auch aus ihren Gründen, in denen von „jüdischer Frechheit", „innerer Verkommenheit", charakterlicher „Niedrigkeit" und „Gefährlichkeit" des „hemmungslosen Trieblebens" des Angeklagten die Rede ist, obgleich er selbst auf die Sonderrichter nach ihrem späteren Eingeständnis einen guten und sympathischen Eindruck machte. Die völlig unverhältnismäßige Todesstrafe wurde mit folgenden unsinnigen NS-Phrasen „begründet": „Daß der Angeklagte, der in Deutschland Gastrecht genoß, trotz der Kriegszeiten und trotz dieser Auseinandersetzung" (scil. „mit dem Weltjudentum") „die Stirn hatte, derartige Verbrechen zu begehen, läßt die Taten nach gesundem deutschem Volksempfinden todeswürdig erscheinen. Es ist nach deutschem Rechtsempfinden ein Gebot gerechter Sühne, daß der Angeklagte, der während eines Krieges Deutschlands mit den Anhängern des Weltjudentums die deutsche Rassenehre in den Schmutz zu treten wagte, vernichtet wird".[19] Also nicht Findung eines angemessenen Strafausspruchs, sondern „Vernichtung" des als „rassischer Feind" angesehenen Beschuldigten war das erklärte Ziel des vorliegenden Urteils!

Kaum weniger empörend als dieser „Justizmord durch Rechtsbeugung" war der Freispruch des wegen Totschlages (nicht Mordes?) in Tateinheit mit Rechtsbeugung angeklagten Sondergerichts-Vorsitzenden und eines Beisitzers (des Berichterstatters) durch das Schwurgericht Kassel. In seinem ersten Urteil vom 28. Juni 1950 ging es davon aus, daß die damaligen NS-Gesetze, also auch das berüchtigte „Blutschutzgesetz", für die nun angeklagten Richter verbindlich gewesen wären und ihre Anwendung noch keine Rechtsbeugung dargestellt hätte. Obwohl nach dem SchwG das SondG Kassel seine prozessuale Aufklärungspflicht hinsichtlich des Sachverhalts „nicht" (hinreichend) „erfüllt" hatte und die Annahme der Eigenschaft eines „gefährlichen Gewohnheitsverbrechers" abwegig war, sollen die NS-Richter diese Feststellung nur „sehr leichtfertig" (also nicht vorsätzlich?) getroffen haben. Die Todesstrafe ist nach der zurückhaltenden Wortwahl des Nachkriegsgerichts „als gerechte Sühne nicht

---

19 Nach Noam/Kropat, Justiz und Judenverfolgung, I. Bd.: Juden vor Gericht 1933-1945, 2. Aufl. 1986, S. 168, 173.

notwendig", der Strafspruch daher „zu hart" gewesen[20]. Ein bedingter Rechtsbeugungsvorsatz wurde vom SchwG zu Unrecht ohne Begründung für nicht ausreichend gehalten. Dieser mußte vorliegend angenommen werden. Denn daß die Todesstrafe zumindest möglicherweise völlig unangemessen war, war den sie befürwortenden Mitgliedern des SondG durch den Widerspruch des zweiten Beisitzers und durch dessen Versuch, die Kollegen umzustimmen, zu Bewußtsein gebracht worden. Wenn sie trotzdem an einem solchen Strafausspruch festhielten, ist das insbesondere angesichts des Tons der schriftlichen Urteilsgründe dahin zu deuten, daß sie um jeden Preis, d.h. auch auf die Gefahr eines Fehlurteils hin den Angeklagten als Juden nur „vernichten" wollten, somit auch eine möglicherweise unangemessene Strafe in Kauf nahmen. Nicht viel will besagen, daß die mündliche Urteilsberatung im Gegensatz zur schriftlichen Urteilsbegründung „sachlich" gewesen sei, wie das SchwG nach der Schilderung des zweiten Beisitzers angenommen hat.[21] Denn einmal war dieser Zeuge an dem Schandspruch beteiligt und insofern nicht ganz unbefangen; er konnte sich angeblich noch nicht einmal daran erinnern, ob er für die Anwendung des Gewohnheitsverbrecherparagraphen gestimmt habe oder nicht (!); zum anderen sind die mündlichen und schriftlichen Entscheidungsgründe als Einheit zu sehen, wie später das Revisionsgericht mit Recht betont hat.[22] Und daß ein Rechtsbeugungsvorsatz nicht festgestellt werden könne, weil die beiden angeklagten Sonderrichter „fanatische Nationalsozialisten" und als solche „verblendet" gewesen seien, ist die verfehlte Schlußfolgerung, die bereits beim ersten Fall gerügt wurde.

Das OLG Frankfurt/Main hat mit Revisionsurteil vom 7. Februar 1951 den Freispruch des SchwG Kassel aufgehoben, weil dieses nicht näher untersucht habe, inwieweit das Sondergericht seiner richterlichen Aufklärungspflicht nachgekommen sei, und damit möglicherweise schon bei der *Leitung* einer Rechtssache, des Strafverfahrens, vorsätzlich durch unsachliche Anwendung des Prozeßrechts das Recht gebeugt habe. Hinsichtlich einer Rechtsbeugung bei der *Entscheidung* dieser Rechtssache hat das Oberlandesgericht aus der Tatsache, daß die angeklagten Sonderrichter „fanatische Nationalsozialisten" waren, offenbar - leider nicht dezidiert und unmißverständlich - den gegenteiligen Schluß wie das SchwG gezogen, nämlich darin keinen Grund für die Verneinung, sondern ein Indiz für die Bejahung eines Rechtsbeugungsvorsatzes erblickt.[23]

Mit seinem zweiten Urteil vom 28. März 1952 kam das SchwG Kassel wieder zu einem Freispruch. Es hat zwar Rechtsverletzungen bei der prozessualen Sachverhaltsaufklärung, bei der materiell-rechtlichen Würdigung der Taten und bei der Strafzumessung festgestellt und die Entscheidung des Sondergerichts als

---

20 Vgl. das Urteil bei Moritz/Noam, Justiz und Judenverfolgung, II. Bd.: NS-Verbrechen vor Gericht 1945-1955, 1978, S. 308, 312.
21 Moritz/Noam. a.a.O. (s. Fn. 20) S. 313.
22 Moritz/Noam a.a.O. S. 317.
23 Moritz/Noam a.a.O. S. 316, 318.

"unmenschlich" bezeichnet,[24] hat aber schließlich "die Möglichkeit der Rechtsblindheit, basierend auf politischer Verblendung", nicht ausschließen und das Vorliegen eines "unbedingten Rechtsbeugungsvorsatzes" nicht sicher bejahen können.[25] Das widersinnige Ergebnis ist: je verbohrter und fanatischer ein in der NS-Ideologie befangener Richter war und je schlimmer seine Terrorurteile ausfielen, desto sicherer war ihm ein Freispruch durch die Nachkriegsjudikatur! Daß auch hier keine straflosen Irrtums-, sondern strafbare Überzeugungstäter vor Gericht standen, hat die Nachkriegsjudikatur völlig verkannt.

3. Der VolksGH-Fall eines „Justizmordes durch Rechtsbeugung"

Aufschlußreich für die Geisteshaltung der Justizvertreter nach 1945 ist ebenfalls folgender dritter Fall:[26] Der katholische Priester Dr. Metzger, Gründer der „Christkönigsgesellschaft" und Vertreter der Una-sancta-Bewegung, hatte 1942 eine Denkschrift für den evangelischen Bischof Eidem in Uppsala/Schweden verfaßt, in der er Überlegungen zur politischen Gestaltung Deutschlands nach dem von ihm für verloren gehaltenen Krieg anstellte. Der schwedische Geistliche sollte das Memorandum an englische Bischöfe und über diese, wenn möglich, an die englische Regierung weiterleiten und bei den Kriegsgegnern um einen für Deutschland erträglichen Frieden bitten. Diese Schrift hatte der Priester zur Weiterbeförderung einer Schwedin übergeben, die sich unter dem Vorwand, konvertieren zu wollen, in sein Vertrauen eingeschlichen hatte, aber ein weiblicher Gestapospitzel war.

Der erste Senat des VolksGH unter Vorsitz seines Präsidenten Roland Freisler mit dem Kammergerichtsrat Rehse als juristischem Beisitzer verurteilte Dr. Metzger am 14. Oktober 1943 „als für alle Zeit ehrlosen Volksverräter" zum Tode. Die insgesamt nur 70 Minuten dauernde Hauptverhandlung war durch gehässige und kirchenfeindliche Ausfälle, hysterische Wutausbrüche und üble Schimpftiraden des Vorsitzenden gekennzeichnet; die Urteilsberatung währte nur wenige Minuten, die schriftliche Urteilsbegründung war völlig ungenügend und ließ jede „rechtlichen Erwägungen", d.h. eine klare Tatbestandsprüfung und Sachverhaltssubsumtion zu dem zu Unrecht angenommenen Delikt der landesverräterischen „Feindbegünstigung" gemäß § 91 b) StGB ehem. Fass. vermissen.[27] Erst unlängst hat auf Antrag des Erzbistums Berlin das dortige Landgericht nach dem Berliner Gesetz zur Wiedergutmachung nationalsozialistischen Unrechts vom 5. Januar 1951 das im April 1944 vollstreckte Todesurteil aufgehoben.[28]

---

24 Moritz/Noam a.a.O. S. 320/321, 320.
25 Moritz/Noam a.a.O. S. 326.
26 Dazu bereits kurz Spendel, Rechtsbeugung durch Rechtsprechung, 1984, S. 13/14; ders. (s. Fn. 18) S. 179, 188 f.
27 Zum Fall und Urteil s. Benedicta Maria Kempner, Priester vor Hitlers Tribunalen, 1966, S. 273 ff., 282 ff.; BGHSt. 9, S. 302/303, 307.
28 Vgl. die Meldung in FAZ, Mo., 5. Mai 1997, Nr. 103, S. 6.

Nach dem Kriege ist die schwedische Denunziantin nur für die *Inhaftierung* des Priesters, für dessen Hinrichtung wie für die Festnahme und den Tod weiterer Personen sie ebenfalls ursächlich war, wegen Beihilfe zur schweren Freiheitsberaubung vom SchwG Kassel mit einem Jahr und drei Monaten Zuchthaus bestraft worden; diese Entscheidung hat der BGH (3. Sen.) mit Urteil vom 28. Juni 1956 bestätigt. In seinen Gründen hat der Senat klar und deutlich ausgesprochen, daß hier der VolksGH als „Terrorinstrument" eingesetzt worden ist, und festgehalten: „Die Verurteilung Dr. Metzgers und die Vollstreckung des Todesurteils gegen ihn waren daher eine *vorsätzliche* rechtswidrige Tötung unter dem Deckmantel der Strafrechtspflege"[29]. Eine Beihilfe der Denunziantin zum (Justiz)Mord der Mitglieder des VolksGH haben die Nachkriegsrichter mangels eines entsprechenden Vorsatzes der Frau jedoch nicht angenommen.

Befremdlicherweise hat der BGH die vorstehend zitierte Qualifizierung des Todesurteils und einen dazu gehörigen Absatz bei dem Abdruck seiner Gründe in der amtlichen Entscheidungssammlung nach der ersten Veröffentlichung in der Fachzeitschrift (NJW) ganz weggelassen.[30] Und noch mehr zu beanstanden ist, daß der BGH im Widerspruch zu seiner früheren Würdigung in dem Jahre später stattfindenden Strafverfahren gegen den Berufsrichter Rehse, der an dem Freislerschen Terrorurteil gegen den Priester mitgewirkt hatte, plötzlich bei dem NS-Richter keinen Rechtsbeugungsvorsatz mehr sicher feststellen zu können meinte.[31] Daß hier mit zweierlei Maß gemessen wird, habe ich schon an anderer Stelle gerügt:[32] Wurde einem *Laien* wegen seiner Teilnahme (Anstiftung oder Beihilfe) an einem Terrorurteil der Prozeß gemacht, so konnte die Nachkriegsjustiz feststellen, daß die Mitglieder des VolksGH eine *vorsätzlich* rechtswidrige Tötung begangen haben; wurde ein *NS-Richter* wegen seiner Mitwirkung an dieser Unrechtsentscheidung nach 1945 angeklagt, so vermochte das Gericht die Feststellung *nicht* zu treffen.

Zusammenfassung

Die Betrachtung der vorstehend angeführten drei Fälle, die sich um viele vermehren lassen, muß angesichts der dem Vortragenden eingeräumten Zeit genügen. Sie dürfte zeigen, daß durch die mangelhafte oder sogar falsche Bestimmung der inneren Tatseite, d.h. in erster Linie des Rechtsbeugungsvorsatzes eine Verfolgung der NS-Justizverbrechen unterblieben ist, „obwohl die Korrumpierung von Justizangehörigen durch die Machthaber des NS-Regimes offenkundig war", wie der BGH jetzt eingeräumt hat.[33] Meine früher mehrfach geübte Kritik am Versagen der Nachkriegsjudikatur hat nunmehr ausdrückliche

---

29 BGH in: NJW 1956, S. 1485, 1486 r. Sp., Hervorheb. vom zitier. Verf.
30 BGHSt. *9*, S. 302/303, 308/309, s. dagegen BGH in Fn. 29.
31 BGH in: NJW 1968, S. 1339, 1340 unt. Nr. 2.
32 Spendel, Rechtsbeugung durch Rechtsprechung, 1984, S. 14.
33 BGHSt. *41*, S. 317, 339 = NJW 1996, S. 857, 863 l. Sp.

Zustimmung von ihm gefunden, wenn der 5. Senat dankenswerterweise anerkannt hat: „Einen wesentlichen Anteil an dieser Entwicklung hatte nicht zuletzt die Rechtsprechung des BGH (vgl. BGHSt. *10*, S. 294; BGH NJW 1968, S. 1339, 1340; vgl. dazu LG Berlin DRiZ 1967, S. 390, 393 r. Sp.). Diese Rechtsprechung ist auf erhebliche Kritik gestoßen, die der Senat als berechtigt erachtet. Insgesamt neigt der Senat zu dem Befund, daß das Scheitern der Verfolgung von NS-Richtern vornehmlich durch eine zu weitgehende Einschränkung bei der Auslegung der subjektiven Voraussetzungen des Rechtsbeugungstatbestandes bedingt war (vgl. Spendel [scil. Rechtsbeugung durch Rechtsprechung, 1984] S. 13 [69 f.])"[34].

So sehr eine solche Feststellung zu begrüßen ist, so sehr ist zu bedauern, daß der BGH nicht daraus die Folgerung zieht, ähnliche Fehler bei den Strafverfahren wegen der SED-Justizdelikte zu vermeiden, sondern nunmehr durch eine noch bedenklichere gesetzwidrige Einschränkung des *objektiven* Rechtsbeugungstatbestandes neue Mißgriffe begeht.[35]

---

34 BGH a.a.O. (s. Fn. 33), S. 339/340 = NJW 1996, S. 863 l. Sp.
35 Vgl. auch die in Fn. 11 angeführten Arbeiten.

Willi Dreßen

Blinde Justiz - NS-Justizverbrechen vor Gericht

Das Ende der deutschen Justiz als dritte Gewalt

Vor 1933 hatten die deutsche Justiz und insbesondere die deutschen Richter sich eine gewisse Selbständigkeit und Neutralität bewahren können, die von Hitler, in dessen Konzept eine solche Stellung der dritten Gewalt nicht paßte, argwöhnisch beobachtet und scharf kritisiert wurde. Nach der Machtübernahme gingen die Nationalsozialisten deswegen umgehend daran, ihr den Status als unabhängige dritte Gewalt zu nehmen und sie zu einem Instrument der nationalsozialistischen Politik und des nationalsozialistischen Herrschaftssystems umzugestalten.

Das wirksamste Mittel, um diesen Zweck zu erreichen, war natürlich die Personalpolitik. Bereits ab Januar 1933 wurden dem neuen Staat kritisch gegenüberstehende Richter und Staatsanwälte und vor allen Dingen jüdische Richter und Staatsanwälte entlassen. Später bestätigte ein Reichstagsbeschluß vom April 1942 das Recht der Politik und des Staates, jeden unzuverlässigen Richter - und das waren alle, die dem neuen Staat „lästig" waren - aus dem Amt zu entfernen. Das hatte zur Folge, daß die noch in ihren Ämtern befindlichen Richter und Staatsanwälte schon aus Angst vor Entlassung zumindest ihre kritische Haltung zum Nationalsozialismus, wenn sie denn vorhanden war, nicht nach außen erkennen ließen.

1935 wurden alle Gerichte dem Reichsjustizminister unterstellt und 1937 die Selbstverwaltung der Gerichte vollends abgeschafft. Das Justizministerium entschied jetzt nicht nur über Ernennungen, sondern auch über die Geschäftsverteilung. Zudem war ab 1935 für Anstellungen und Beförderungen eine positive Stellungnahme der zuständigen NSDAP-Gauleitung erforderlich.

Allmählich gerieten Richter, Staatsanwälte und später auch die Rechtsanwälte immer mehr unter die Kontrolle des Staates. In den sogenannten Richterbriefen, die ab 1942 auf dem Dienstweg vom Reichsjustizminister allen Richtern zugingen, stellte das Ministerium immer wieder seine Auffassung dar, machte ins Einzelne gehende Ausführungen über die Auslegung von Gesetzen, über das Strafmaß bei bestimmten Straftaten und kritisierte oder lobte richterliche Entscheidungen. Darüber hinaus wurden in den sogenannten Vor- und Nachschaubesprechungen der Oberlandesgerichts- oder Landgerichtspräsidenten wichtige Prozesse auf dem Gebiet der Politik erörtert und verbindliche Anweisungen über Einleitung, Fortgang und Ausgang der Verfahren erteilt.

Bereits im März 1933 waren durch Reichsverordnung in jedem Oberlandesgerichtsbezirk Sondergerichte gebildet worden, die vor allen Dingen für Verstöße gegen die Heimtückeverordnung vom März 1933 zuständig waren. Diese Heimtückeverordnung verbot die Meinungs- oder sogar Betätigungsfreiheit oppositioneller politischer Gruppen und Parteien, und die mit ihr gleichrangige Reichstagsbrandverordnung machte organisierte politische Opposition praktisch unmöglich. So waren bereits regimekritische Äußerungen von Privatpersonen strafbar, auch wenn sie nur im privaten Kreis geäußert wurden, aber geeignet waren, das Ansehen der Regierung oder der hinter ihr stehenden Parteien zu schädigen.

Nach einer erhalten gebliebenen Statistik wurden 1933 bereits 3.744 Verstöße gegen die Heimtückeverordnung bestraft. Die Statistik wurde jedoch später nicht mehr fortgeführt.

1934 entstand neben den Sondergerichten der Volksgerichtshof, dem die Zuständigkeiten des Reichsgerichts in politischen Sachen übertragen wurden, nachdem der Reichstagsbrandprozeß nicht zur Zufriedenheit der Nationalsozialisten ausgegangen war. Die Sondergerichte und der Volksgerichtshof wurden meist mit parteiangehörigen „zuverlässigen Richtern" besetzt. Gegen ihre Urteile gab es für die Angeklagten keinerlei Rechtsmittel.

Noch mehr eingeschränkt wurde die Selbständigkeit der Gerichte dadurch, daß auch anderen Stellen die Macht gegeben wurde, von sich aus und ohne richterliche Kontrolle Strafen auszusprechen und zu vollstrecken. Insbesondere die Gestapo und die SS konnten die Einleitung von Gerichtsverfahren verhindern, in schwebende Verfahren eingreifen und selbst bei rechtskräftig abgeschlossenen Verfahren z.B. den soeben freigesprochenen Angeklagten noch im Gerichtssaal verhaften und in ein Konzentrationslager einweisen.

Urteilskorrekturen und „vorauseilender Gehorsam"

Obwohl die Todesstrafe, die vor 1933 nur bei drei Tatbeständen verhängt werden konnte, auf immer neue Tatbestände ausgedehnt wurde und 1943/44 bei mehr als 40 Delikten vorgesehen war, von denen manche dazu noch diffuse Generalklauseln enthielten, die ihre Verhängung bei allen möglichen Tatumständen erlaubte, griff Hitler immer wieder persönlich in Verfahren ein und ordnete nicht selten die Todesstrafe an.

Auf der anderen Seite korrigierte er Strafurteile gegen Parteigenossen, die sich zum Teil schwerer Verbrechen schuldig gemacht hatten. Selbst bei Mordverbrechen hatte er keine Bedenken, zu Recht verhängte Straften durch Gnadenerweise zunichte zu machen. So ordnete er z.B. die Freilassung des Majors Alfred Blume, Kommandeur des 1. Bataillons des Infanterie-Regiments 8, an, der 1942 in der UdSSR sowjetische Kriegsgefangene, unter ihnen eine weibliche Angehörige der Roten Armee und ein Verwundeter, die sich bereits ergeben hatten, u.a. mit Gewehrkolbenhieben und Spatenhieben tötete. Mit Gewehrkolbenhieben - so seine wörtliche Einlassung -, um auszuprobieren, wie viele Kolbenschläge zur Zertrümmerung eines Menschenschädels nötig sind. Im Prozeß vor dem Feldkriegsgericht hatte der Offizier sich sinngemäß damit verteidigt, daß es ihm als deutschem Mann ein inneres Bedürfnis sei, den bolschewistischen Feind zu vernichten, wo er ihn treffe. Hitler schenkte dem Mann, der vom Gericht zu einer maßvollen Freiheitsstrafe (2 Jahre) verurteilt worden war, durch einen Gnadenerlaß die Freiheit, „weil man es vitalen Naturen nicht zum Vorwurf machen könne, wenn sie dem bolschewistischen Weltfeind gegenüber alle Gebote der Menschlichkeit ablehnen."

Leider muß man sagen, daß auch Richter und Staatsanwälte in vorauseilendem Gehorsam als „Soldaten des Rechts", wie der Präsident des Volksgerichtshofes Roland Freisler sich ausdrückte, beträchtliche Eigeninitiative und Phantasie entwickelten, um z.B. die gegen die Juden gerichtete Gesetzgebung noch über den Wortlaut der Paragraphen hinaus auszuweiten. So wurde z.B. in Rasseschandefällen von den Sondergerichten der in dem Gesetz zum Schutze der deutschen Ehre und des deutschen Blutes vom September 1935 enthaltene Begriff des „Geschlechtsverkehrs" für die jüdischen Täter auch auf Küsse und Umarmungen ausgeweitet. Obwohl in dem „Blutschutzgesetz" die Todesstrafe gar nicht vorgesehen war, wurden in solchen Blutschandefällen in Verbindung mit dem „Heimtückegesetz" sogar Todesurteile erlassen, z.B., wenn der „Geschlechtsverkehr" unter Ausnutzung der damals vorgeschriebenen Verdunkelung begangen worden war.

Das Kasseler Sondergericht verurteilte im April 1943 einen jüdischen Angeklagten wegen Rassenschande in vier Fällen als gefährlichen Gewohnheitsverbrecher, dessen Taten nur mit dem Tode eine gerechte Sühne finden könnten, zum Tode. (Auch in anderen Fällen wurde der Rechtsbegriff „Gewohnheitstäter" zuungunsten der Angeklagten in unzulässiger Weise ausgedehnt).

NS-Justizverbrechen in der Nachkriegsrechtsprechung (Beispiele)

Im Juli 1950 mußten sich die Richter wegen dieses Urteils vor dem Schwurgericht in Kassel verantworten. Obwohl das Schwurgericht das NS-Todesurteil für ein Fehlurteil erklärte, sprach es dennoch beide Angeklagten frei, weil ihnen der Tatbestand der Rechtsbeugung nicht nachzuweisen sei.

Das Oberlandesgericht Frankfurt hob dieses Urteil auf. Doch auch in der erneuten Verhandlung einer Kammer des Schwurgerichts Kassel änderte sich nichts. Das Schwurgericht glaubte trotz der Unmenschlichkeit und Grausamkeit der verhängten Todesstrafe und der juristisch vollkommen abwegigen Begründung, den Angeklagten nicht nachweisen zu können, daß sie bewußt das Recht gebeugt hätten.

Unter diesen Umständen erscheint es nicht verwunderlich, daß die Staatsanwaltschaften in ähnlichen Fällen es meist nicht einmal zur Anklage kommen ließen. Sie stellten die Verfahren ein. Die Begründungen dafür laufen alle in die gleiche Richtung. Die Richter hätten nur das damals geltende Recht angewandt. Das sei ihnen trotz der grausamen und unmenschlichen Strafen, die sie verhängt hätten, nicht vorzuwerfen, da es der damals herrschenden Strafpraxis entsprochen hätte. Den Beschuldigten sei eben eine Rechtsbeugung nicht nachzuweisen, weil sie die Verhängung der Strafe nach dem NS-Recht für richtig gehalten hätten.

Eine Wende dieser Rechtsprechung schien sich anzudeuten, als 1967 die Berliner Staatsanwaltschaft, nachdem sie Material des Volksgerichtshofes ausgewertet hatte, gegen einen der Richter dieser Spruchkammer namens Rehse in neun besonders ausgesuchten Fällen Anklage wegen Mordes erhob. Rehse, der im Senat des Volksgerichtshofspräsidenten Freisler Beisitzer gewesen war, verteidigte sich damit, daß in diesem Senat allein Freisler die Entscheidungen getroffen habe. Das Schwurgericht verurteilte ihn im Juli 1967 wegen Beihilfe zu den Morden Freisler's zu fünf Jahren Zuchthaus.

Rehse und die Staatsanwaltschaft gingen in Revision. Die Staatsanwaltschaft, weil sie sich mit der Verurteilung als Beihilfe nicht zufrieden geben wollte und argumentierte, bei den Taten habe es sich um Morde des Angeklagten gehandelt; der Angeklagte wollte freigesprochen werden, weil er der Meinung war, im Gegensatz zu Freisler bei der Urteilsfindung keine niedrigen Beweggründe gehabt zu haben.

Der Bundesgerichtshof hob im April 1968 das Urteil auf und verwies die Sache zurück. Er wies dabei darauf hin, der Angeklagte könne nur dann verurteilt werden, wenn ihm sowohl niedrige Beweggründe bei der Abstimmung über die Todesurteile als auch direkte vorsätzliche Rechtsbeugung nachgewiesen werden könnten. Die vom Schwurgericht angenommene Rechtsblindheit des Angeklagten könne keine Rechtsbeugung sein, weil diese nur bewußt begangen werden könne.

Besonders fragwürdig wirkt diese Begründung, wenn man bedenkt, daß in einem Urteil gegen die Denunziantin eines der zum Tode Verurteilten, nämlich des katholischen Priesters Dr. Metzger, der Bundesgerichtshof die Tätigkeit von Freisler und seinen Beisitzern, also auch Rehse, wie folgt charakterisiert hatte: „Dies ist nicht die Denkweise und auch nicht die Sprache von Richtern, die sich um Recht und Gerechtigkeit bemühen, sondern der eifernde Ausdruck politischer Fanatiker, die keine Meinung außer der eigenen kennen und den Gegner zu vernichten trachten. Irgendwelche rechtlichen Erwägungen weist das Todesurteil nicht auf". Diesmal zog der Bundesgerichtshof jedoch einen sachverständigen Zeugen zu Rate. Sein „Sachverstand" reichte weit in die NS-Zeit hinein. Es handelte sich nämlich um den ehemaligen Oberreichsanwalt Lauz, der im Nürnberger Juristenprozeß zu 10 Jahren Zuchthaus verurteilt worden, aber im Januar 1951 auf freien Fuß gesetzt worden war. Dieser ehemalige Oberreichsanwalt erklärte das besagte Todesurteil in der Sache für berechtigt und meinte, nur die Form der Urteilsbegründung sei zu beanstanden. Ein für die Bundesrichter wohl kaum besonders überraschendes Ergebnis.

Rehse mußte sich trotz der Zurückverweisung nicht nochmals vor Gericht verantworten, weil er im September 1969 starb.

Bemerkenswert ist auch der Prozeß gegen die Beisitzer des Vorsitzenden Rothaug des Nürnberger Sondergerichts, die mit Rothaug zusammen den Juden Katzenberger wegen sogenannter Rassenschande zum Tode verurteilt hatten, obwohl seine arische Bekannte ihn nur als väterlichen Freund bezeichnet hatte, der sie nicht einmal geküßt hätte. Zeugen hatten aber gesehen, daß er ihr einmal einen Blumenstrauß geschenkt hatte und mit ihr in ein Café gegangen war. Das Todesurteil beruhte eindeutig auf einer fadenscheinigen Begründung.

Im Nürnberger Juristenprozeß waren die Beisitzer nicht angeklagt worden, weil sie sich gegen Rothaug als Zeugen zur Verfügung stellten. Damals sagten sie, sie hätten bei der Abstimmung lediglich den Drohungen Rothaug's nachgegeben. Damit hatten sie gleichzeitig eine bewußte Rechtsbeugung zugegeben, weil sie wider besseren Wissens ein rechtswidriges Urteil gefällt hatten, ob unter Drohung oder nicht.

In dem Schwurgerichtsprozeß gegen sie führten sie nunmehr sozusagen ein Zauberkunststück vor. Sie erklärten nämlich, sie hätten damals im Nürnberger Juristenprozeß ihre für die jetzige Rechtslage verhängnisvollen Aussagen nur aus Angst gemacht. Jetzt aber bekannten sie sich freimütig zu ihrer Tat und erklärten, sie hätten das Unrechtsurteil gegen Katzenberger damals natürlich für richtig gehalten. Das Schwurgericht glaubte 1968, ihnen keine niedrigen Beweggründe nachweisen zu können, so daß nur Totschlag übrigbleibe, der jedoch verjährt sei.

Der Bundesgerichtshof hob dieses Urteil 1970 auf und verwies an das Schwurgericht zurück. Doch das Gericht erklärte die Angeklagten 1976 für verhandlungsunfähig, auch wenn einer von ihnen offenbar ohne Schwierigkeiten seine Anwaltspraxis weiter betreiben konnte.

Sonderstrafrechtsverordnungen und Todesstrafen

Eine Sonderverordnung, nämlich die von Hitler Weihnachten 1941 erlassene „Verordnung zum Schutz der Sammlung von Wintersachen für die Front", wird einer einfachen Hausgehilfin in Düsseldorf mit zwei Kindern im Alter von 13 und sieben Jahren, die bei ihrer Mutter und dem Stiefvater in bescheidenen Verhältnissen lebt, zum Verhängnis. Beim Abliefern von Wollsachen ihrer Herrschaft sieht sie auf der Sammelstelle eine Damenwollweste der Art, die sie schon lange für ihre kranke Mutter aufzutreiben versuchte. Da sie mit Recht meint, mit einer Damenwollweste könne ein Soldat an der Front wohl wenig anfangen, nimmt sie die Weste mit und versteckt sie zuhause. Als Ersatzstück bringt sie einen abgetragenen Pullover ihres Stiefvaters zur Sammelstelle. Die Sache kommt heraus, möglicherweise, weil ihr Stiefvater sie anzeigt. Sie kommt in Düsseldorf vor Gericht. Der Staatsanwalt beantragt die nur für schwere Fälle vorgesehene Todesstrafe und das Gericht entspricht diesem Antrag. In diesem Fall reichte der Staatsanwalt jedoch in Berlin ein Gnadengesuch ein, und nach mehreren Monaten wird die Verurteilte vom Reichsjustizminister Schlegelberger zu fünf Jahren Zuchthaus begnadigt. Zwei Jahre nach ihrer Verhaftung wird die Frau dann wegen guter Führung zu ihren Kindern entlassen. Ihre Reststrafe wird bis zum Dezember 1948 zur Bewährung ausgesetzt.

Nach dem Krieg hob die Düsseldorfer Strafkammer dieses Urteil auf, womit die Frau rehabilitiert war.

Weniger Glück hatte der 74jährige jüdische Geschäftsmann Luftglass, der durch das Sondergericht in Bielietz zu 2 ½ Jahren Gefängnis verurteilt worden war, weil er große Mengen Eier gehamstert hatte, von denen ein Teil verdorben war. Er hatte damit ein Verbrechen gegen die Kriegswirtschaftsverordnung begangen. Hitler las in der Presse von diesem Urteil und veranlaßte den Reichsminister und Chef der Reichskanzlei Dr. Lammers, an den kommissarischen Justizminister Schlegelberger am 29. Oktober 1941 folgendes Schreiben zu richten:

„Sehr verehrter Herr Schlegelberger!
Dem Führer ist die anliegende Pressenotiz über die Verurteilung des Juden Markus Luftglass zu 2 ½ Jahren Gefängnis durch das Sondergericht Bielitz vorgelegt worden. Der Führer wünscht, daß gegen Luftglass auf Todesstrafe erkannt wird. Ich darf Sie bitten, das Erforderliche beschleunigt zu veranlassen und dem Führer zu meinen Händen über die getroffenen Maßnahmen zu berichten.
Heil Hitler
Ihr sehr Ergebener...".

Schlegelberger beeilt sich, den zuständigen Oberstaatsanwalt in Kattowitz zu benachrichtigen, der den Häftling an die Gestapo ausliefert. Luftglass wird anschließend erschossen.

Besonders hart werden die Fremdarbeiter aus dem Osten von den Sondergerichten angefaßt. So z.B. die junge Polin Genowefa Sieradcka, die mit ihrer Arbeit bei einem Bauern nicht zufrieden war und im November 1942 in der Tenne ihres Dienstherrn ein Streichholz anzündete und es an etwas dürres Reisig hielt, das auch Feuer fing. Das Mädchen löschte die Flammen jedoch sofort, weil ihr, nach ihrer Einlassung, der Gedanke kam, das nicht tun zu dürfen. Also Rücktritt vom Versuch und Freispruch. Das Gericht sieht das anders. Es befindet, Genowefa habe die Flammen nur gelöscht, weil der Bauer vom Haus durch die Milchküche in die Scheune gekommen sei. Obwohl nach der Polensonderstrafrechtsverordnung in „minderschweren Fällen" bei solchen Straftaten auch Haft statt Todesstrafe verhängt werden kann, verurteilt das Sondergericht München in einer Verhandlung in Kempten im Allgäu das heimwehkranke

17jährige Mädchen zum Tode. Ein Freund Genowefas, ihr polnischer Landsmann Stefan Gura, sagt in der Verhandlung als Zeuge aus. Obschon eigentlich Beweise dafür nicht vorliegen, gerät er in den Verdacht, beim Zündeln dabeigewesen zu sein. Noch im Gerichtssaal läßt Staatsanwalt Heinlin den jungen Mann verhaften. Auch er wird, wie Genowefa, von dem Gerichtspräsidenten, Oberlandesgerichtsrat Michael Schwingenschlögl, und seinen Beisitzern zum Tode verurteilt.

Die inzwischen 18jährige Genowefa wird durch den Scharfrichter Johann Reichart in München und seinen Gehilfen auf das Gerüst der Guillotine gezerrt und geköpft. Kopf und Rumpf werden in einem „Leihsarg" zum städtischen Friedhofsamt gebracht. Etwa zwei Minuten später ergeht es ihrem Freund Stefan Gura genauso. Das alles wegen eines „Feuers", das keinerlei Schaden angerichtet hatte und bei dem nicht einmal ein Hälmchen Heu oder Stroh verbrannt war.

Der Sondergerichtsvorsitzende in diesem Verfahren, Oberlandesgerichtsrat Michael Schwingenschlögl, wird 1951 - allerdings nur als Landgerichtsrat - wieder in den bayerischen Justizdienst eingestellt und im Mai 1963 pensioniert. Sein Beisitzer Steinhauser avanciert nach dem Krieg zum Amtsgerichtsdirektor von Kempten, wo ja auch das Urteil gefällt worden war. Der zweite Beisitzer Max Zeller machte ebenfalls Karriere. Er wird nach dem Krieg zum Oberlandesgerichtsrat befördert und 1968 pensioniert.

Auch andere Angehörige des Sondergerichts München machten Karriere. So etwa der Leiter der Anklagebehörde, Oberstaatsanwalt Alfred Recht. Er wurde 1948 zum Oberlandesgerichtsrat beim Bayerischen Obersten Landesgericht befördert und stieg 1954 zum Präsidenten des Oberlandesgerichts München auf.

Noch jünger als Genowefa Sieradcka, nämlich erst 16 Jahre, ist der polnische Landarbeiter Walerian Wrobel, der auf einem Hof in Bremen-Lesum arbeitet. Als er von der Arbeit wegläuft, weil er Heimweh hat und zu „Mami und Papi nach Polen will", fängt ein Polizist ihn ein und bringt ihn zum Hof zurück. Walerian, der klein und schmächtig und in seiner geistigen Entwicklung etwas zurückgeblieben ist, hat den verhängnisvollen Gedanken, den Hof anzuzünden, weil es dann keine Arbeit mehr geben und man ihn nach Polen zurückbringen würde. Also legt er Feuer, das jedoch sofort gelöscht wird. Außer einigen Büscheln Stroh verbrennt nichts. Das Sondergericht taxiert den Schaden für die verbrannten Halme wohl zu hoch auf etwa 100 Reichsmark. Dennoch kommt Staatsanwalt Seidel auf einem Geheimtreffen der Sonderjuristen des Hamburger OLG-Bezirks mit Richter Warnecken überein, vorab die Todesstrafe für Walerian festzulegen. Landgerichtsdirektor Dr. Warnecken und seine Beisitzer, der Landgerichtsdirektor Dr. Heumann sowie der Landgerichtsrat Landwehr, verurteilen Walerian daraufhin am 8. Juli 1942 wegen Verbrechens nach § 3 der Volksschädlingsverordnung zum Tode. Als Staatsanwalt in dem Verfahren hat allerdings nicht Seidel, sondern Staatsanwalt Dr. Zorn auf die Todesstrafe plädiert.

Nach dem Urteil hat sein Kollege Seidel versucht, einen Gnadenerlaß für Walerian zu erwirken. Er wies zur Begründung darauf hin, daß Wrobel mit Kleidern nur 100 Pfund wiege, von zartem Körperbau sei und bei der Vernehmung geweint habe, so daß er auch seiner geistigen Reife nach noch als durchaus jungenhaft anzusprechen sei. Das Gnadengesuch wird jedoch 1942 von Freisler, der damals Staatssekretär im Justizministerium ist, abschlägig beschieden.

Das wurde dem Verurteilten im August 1942 mitgeteilt. Walerian nahm die Entscheidung ruhig entgegen, fragte aber, ob er seine Tat nicht auf andere Weise büßen könne, sonst käme er ja nie wieder zu seinen Eltern zurück. Auch bat er, den Pfarrer sprechen zu dürfen. Der Anstaltsgeistliche schenkte ihm mehrere Heiligenbilder, die Wrobel unterschrieb und dem Pfarrer zurückgab mit der Bitte, sie seinen Eltern zu senden. Festen Schrittes legte der Junge dann den Weg zur Richtstätte zurück und wurde von dem Scharfrichter Friedrich Hehr enthauptet.

Über 40 Jahre später beantragt Walerians Schwester Alfreda beim Landgericht Bremen die Aufhebung des Urteils. 1987 hebt das Landgericht das Urteil gegen Wrobel auf und spricht ihn auch vom Vorwurf der Brandstiftung frei, weil er zum Zeitpunkt der Tat nach seiner geistig seelischen und körperlichen Entwicklung das Verbotene seines Tuns nicht erkennen konnte und daher im Sinne des § 3 des Jugendgerichtsgesetzes überhaupt nicht strafrechtlich verantwortlich war. Die an den Verfahren beteiligten Richter und Staatsanwälte wurden nicht bestraft.

Der Nürnberger Juristenprozeß und die Tätigkeit der Sonder- und Kriegsgerichte im Spiegel der Nachkriegsrechtsprechung

Lediglich in dem sogenannten Juristenprozeß (Fall 3 der Nürnberger Prozesse) haben die Alliierten das gesamte Rechtssystem des Dritten Reiches an den Pranger gestellt und den schon erwähnten Schlegelberger sowie einige Sonderrichter und Staatsanwälte zu lebenslanger Haft verurteilt. Vier wurden jedoch freigesprochen und einige andere erhielten Freiheitsstrafen zwischen fünf und 10 Jahren. Allerdings muß hier hinzugefügt werden, daß in der Folge die zu lebenslangen Freiheitsstrafen verurteilten Juristen begnadigt und vorzeitig entlassen wurden. 1951 waren drei Viertel der im Juristenprozeß Verurteilten wieder auf freiem Fuß.

Übrigens waren während des Krieges mehr und mehr Sondergerichte gegründet worden, so daß dementsprechend auch mehrere Tausend Richter und Staatsanwälte an diesen Gerichten arbeiteten. Da die Geschäftsverteilung von Berlin aus erfolgte, gab es keinen „gesetzlichen Richter" mehr. Die Gerichte bestanden willkürlich aus Richtern der Oberlandes- oder Landgerichte, Amtsrichtern oder jungen Assessoren. Personell gab es auch keine Grenzen mehr zwischen den formell unabhängigen Gerichten und den Anklagebehörden. Manchmal saß ein Assessor oder Landgerichtsrat auf der Richterbank, in einem anderen Prozeß trat er dann wiederum als Vertreter der Anklagebehörde auf. Selbst die Beaufsichtigung der Vollstreckung von Todesurteilen, traditionell allein den Staatsanwälten vorbehalten, wird nun auch von Richtern durchgeführt, die als „Hinrichtungsleiter" auftreten.

Selbst Juristen, die an sich nicht als Sonderrichter fungieren und unmittelbar an den Sondergerichtsverfahren nicht beteiligt sind, nehmen auf die Sondergerichte Einfluß. So z.B. der Kölner Landgerichtspräsident Walter Müller, ein mäßig qualifizierter Jurist, aber ein fanatischer NS-Ideologe. Immer wieder kritisiert er in Richterbesprechungen zu milde Urteile der Sondergerichte, die nach seiner Ansicht wie Landesverrat zu werten sind. Als eine Angeklagte einem französischen Kriegsgefangenen aus Dank für Reparaturarbeiten an ihrem Haus ein Butterbrot und ein Glas Schnaps gibt und dafür zu einer geringen Geldstrafe verurteilt wird, verlangt er für dieses Vergehen ein Jahr Gefängnis. In einem anderen Fall, eine Frau hatte einige Damenstrümpfe und andere Kleinigkeiten entwendet, erklärte er: „Meine Herren, hier gibt es nur eine Parole, ein Standardurteil, Kopf ab!" Häufig besucht er Verhandlungen, um „zu schwache Vorsitzende" zu Todesurteilen zu bewegen. Als in einer solchen Verhandlung eines Tages ein Beisitzer sagte, der Angeklagte habe einen Schlaganfall erlitten und sei daher wohl nicht zurechnungsfähig, rief er aus, „wenn er nicht zurechnungsfähig ist, muß er erst recht weg." Als der Beisitzer widersprach, schrie er, „und ich sage Ihnen, die Rübe muß herunter, der Gauleiter erwartet es." Daraufhin wendete er sich mit den Worten zum Richtertisch: „Ich hoffe, daß doch hier wenigstens ein viertel Dutzend Rüben heruntergehen."

1948 stand Landgerichtspräsident Müller in Bonn wegen Verbrechens gegen die Menschlichkeit vor dem Schwurgericht. Er wurde jedoch freigesprochen.

Der Fall kam anschließend vor den Obersten Gerichtshof der britischen Zone, der die Meinung vertrat, Müller habe sich auch nach deutschem Recht wegen Verleitung zur Rechtsbeugung strafbar gemacht. Er verwies deswegen den Fall zur erneuten Entscheidung an das Landgericht Bonn zurück.

In Bonn wurde Müller nunmehr zu einem Jahr Gefängnis verurteilt. Es gab jedoch reichlich Strafmilderungsgründe. Das Schwurgericht meinte, bei einigen seiner Äußerungen handele es sich um schlagwortartige Übersteigerungen, die sich u.a. auch aus der persönlichen Eigenart seiner Temperamentsausbrüche erklären ließen. Wenn er auch bei seinen Ausführungen gelegentlich auf die Gauleitung Bezug genommen habe, so doch nicht nachgewiesenermaßen mit dem Ziel, Richter einzuschüchtern und sie aus Furcht vor politischen Einflüssen gegen ihr Gewissen entscheiden zu lassen. Angeklagter und Staatsanwaltschaft legten jedoch gegen dieses milde Urteil, das wegen fortgesetzten Unternehmens der Verleitung zur Rechtsbeugung ergangen war, Revision beim Bundesgerichtshof ein.

Der Bundesgerichtshof verwies erneut zurück. Diesmal ging es in erster Linie um den Ausspruch: „Die Rübe muß herunter, der Gauleiter will es." Kronzeuge war der Beisitzer, der, wenn er die Einflußnahme bestätigt hätte, sich damit selbst der Rechtsbeugung bezichtigt hätte.

Das Schwurgericht führt in seinem Urteil vom Juni 1953 aus, dem Angeklagten sei der Vorsatz der Verleitung zur Rechtsbeugung nicht nachzuweisen. Auch sei der Ausdruck „Rübe" für Kopf und die Angabe der Zahl „ein viertel Dutzend" unpassend und weise auf die verblendete Auffassung des Angeklagten hin, Rechtsbrecher hätten keinen Anspruch auf menschliche Würde. Daraus könne jedoch nicht auf den Vorsatz des Angeklagten geschlossen werden, die Richter zur Entscheidung gegen ihr Gewissen zu verleiten. Im übrigen erscheine der Angeklagte nach seinem Persönlichkeitsbild als gerade, aufrechte, soldatische und kameradschaftliche Natur und sei nach Auffassung der Kammer trotz seiner Kritiklosigkeit kein Nationalsozialist gewesen, dem jedes Mittel zur Erreichung des Zwecks recht gewesen sei. Eine Entscheidung der ihm unterstellten Richter gegen ihr Gewissen hätte er nicht in Kauf genommen, wenn er auch in schwerwiegender Weise in die richterliche Unabhängigkeit eingegriffen habe. Sein Einfluß sei eben nicht so weit gegangen, daß er eine Entscheidung gegen die richterliche Überzeugung gewollt habe. Der Angeklagte wurde daher mangels Beweises freigesprochen.

Die Nachkriegsrechtsprechung gegen NS-Richter ist deshalb so unbefriedigend, weil verlangt wird, daß dem Angeklagten nachgewiesen werden muß, er habe mit direktem Vorsatz gehandelt, d.h. er muß dann nicht nur alle Tatumstände gekannt haben, sondern es mußte ihm bewußt gewesen sein, daß er durch sein Urteil Unrecht tat. In einem Kollegialgericht kann jedes einzelne Mitglied, also auch der Beisitzer, nur selbst Täter aber nicht Gehilfe sein, weil er als Richter selbst verantwortlich handelt. Wenn nun ein Richter aus Überzeugung Nazi-Gesetze angewendet hat, dann folgt daraus, daß er keine Rechtsbeugung begangen haben kann, weil er sich - wenn auch aus Verblendung - des Unrechts seines Tuns gar nicht bewußt war. Infolgedessen ist die Verteidigungsstrategie in solchen Prozessen immer die, daß Vorsitzender und Beisitzer angeblich aus Überzeugung nach den damaligen Gesetzen geurteilt haben. Während anderen NS-Tätern, etwa den Mordschützen der Einsatzgruppen oder Angehörigen von SS-Wachmannschaften in Konzentrationslagern, ihre Überzeugung von der Nazi-Ideologie oft als strafverschärfend angerechnet wurde, haben Richter derartiges nicht zu befürchten. Nicht zu Unrecht spricht man daher von dem „Richterprivileg", das es letzten Endes verursacht hat, Nazirichter nicht zur Verantwortung ziehen zu können.

Urteile gegen Anklagevertreter an den Sondergerichten - ob sie nun Staatsanwälte, Assessoren oder Gerichtsräte waren - scheinen überhaupt nicht ausgesprochen worden zu sein, jedenfalls sind sie in der bekannten Urteilssammlung von Rüter unter dem Stichwort „Justizverbrechen" nicht zu finden. Ich glaube auch nicht, daß sich in den Beständen der Zentralen Stelle solche Urteile befinden. Auszuschließen ist das bei ca. 100.000 Aktenbänken aber nicht ganz.

Militärrichter und -staatsanwälte waren am juristischen Unrecht der NS-Zeit gleichfalls in großem Umfang beteiligt und haben schätzungsweise 20.000 Angeklagte zum Tode verurteilt. Darin eingeschlossen sind die von SS-Gerichten und Standgerichten ausgesprochenen Urteile.

Das „Justiz-Offizierskorps" stieg - wie Ingo Müller in seinem Buch „Furchtbare Juristen" ausführt - von 463 Richtern im Jahre 1939 bis zu 4.118 in den Jahren 1943/44. Diese Zahl verdoppelte sich danach 1944/45 im „Kampf um den Endsieg" nochmals. Die Straftatbestände wuchsen im gleichen Rhythmus. Auf Diebstahl von Feldpostpäckchen folgte fast routinemäßig die Todesstrafe. Das galt auch für andere Delikte, z.B. Fahnenflucht.

Spurten die Militärrichter einmal nicht und verhängten niedrigere Strafen, wurden die Strafen aufgrund von „Rechtsgutachten" meist verschärft.

So verurteilte ein Wehrmachtsgericht in Wien Anfang 1944 den Marine-Gefreiten Anton Melzheimer, der als „jüdischer Mischling" wohl nur irrtümlich eingezogen worden war, wegen Fahnenflucht zu 10 Jahren Zuchthaus u.a., weil seine Truppe nicht im Feindeinsatz stand. Das Urteil wurde aufgehoben und Melzheimer nunmehr zu 15 Jahren Zuchthaus verurteilt. Diesmal kassierte Admiral Dönitz das Urteil, weil er die Todesstrafe „für unbedingt notwendig" hielt. Melzheimer kam in Berlin ein drittes Mal vor Gericht. Wiederum lautete das Urteil auf 15 Jahre. Zum dritten Mal wurde es aufgehoben. Endlich am 20. Juli 1944 verurteilte das Kriegsmarinegericht in Berlin ihn in der vierten Verhandlung zum Tode. Bereits am nächsten Tag wurde er hingerichtet.

Mehr Chancen hatten Offiziere, die gnadenlos durchgriffen. So Oberleutnant L., der im Dezember 1942 in Smolensk zum Tode verurteilt wurde, weil er drei Soldaten seiner Kompanie, die Verpflegung und Zigaretten gestohlen hatten, hinterrücks erschießen ließ und seinen Vorgesetzten vorlog, sie seien durch Feindeinwirkung gefallen. Der Führer persönlich wandelte die Todesstrafe gnadenhalber in Festungshaft auf Bewährung um. L. „bewährte" sich am Monte Cassino. Daraufhin wurde er als ausgesprochene Führerpersönlichkeit und Nationalsozialist befördert. Der dreifache rechtskräftig verurteilte Mörder wurde auch noch mit dem Ritterkreuz dekoriert.

Einen eigentlich ziemlich skurrilen Fall, der aber für den Betroffenen tragisch endete, berichtet der Berliner Strafverteidiger Dietrich Güstrow in seinen Memoiren. Der Betroffene war Gefreiter, im Zivilberuf ein kleiner Buchhalter, Junggeselle, Anfang 50 und schon etwas schrullig. Er hieß Eugen Wasner und war als kleiner Junge ein Mitschüler Adolf Hitlers in Leonding bei Linz gewesen. Damit prahlte er gern bei seinen Kameraden an der Ostfront. Eines Tages im Herbst 1943 erzählte er von einem Jugendstreich Hitlers. Der habe als 8jähriger Knabe gewettet, er würde seinen „Zippedäus" ins Maul eines Ziegenbocks stecken und hineinpinkeln. Sie seien alle auf eine Wiese gegangen, er habe einen Bock festgehalten, ein anderer Freund dem Tier mit einem Stock das

Maul aufgehalten und Adolf hätte tatsächlich hineingepinkelt. Der Freund habe den Stock aber weggezogen und der Bock hätte Adolf in den „Zippedäus" gebissen, woraufhin er heulend davongelaufen sei.

Eugen Wasner wurde denunziert und kam in Berlin vor das Kriegsgericht. Güstrow versuchte, ihn mit Engelszungen aber vergeblich zum Widerruf seiner Aussage zu bewegen.

Nach kaum fünfminütiger Beratung verkündete das Gericht folgendes Urteil: „Im Namen des Volkes. Der Angeklagte Eugen Wasner hat Deutschlands Führer und Reichskanzler in übelster Weise heimtückisch beleidigt und verleumdet. Er hat hierdurch und durch weitere defätistische Äußerungen die Wehrkraft des deutschen Volkes zersetzt. Er wird deshalb mit dem Tode bestraft." Alle Gnadengesuche bleiben erfolglos. Wasner wurde hingerichtet.

„An dem Wahrheitsgehalt von Wasners Bericht, der ein naiver, aber tief gottesfürchtiger Mensch war", schreibt Güstrow, „habe ich nie einen Zweifel gehabt."

Die Männer von Brettheim, „Verbrechen der Endphase" und der Komplex Volksgerichtshof

Als ein Fall zum Tatkomplex „Verbrechen der Endphase" soll schließlich noch ein Fall beschrieben werden, der sich im April 1944 in dem Dorf Brettheim, 13 km südwestlich Rothenburg ob der Tauber, ereignet hat. Zwei Bewohner des Ortes, ein Bauer namens Hanselmann und der Totengräber Josef Uhl, hatten vier Hitlerjungen entwaffnet und geohrfeigt, die mit Panzerfäusten und mehreren Handgranaten bewaffnet waren. Sie wollten ihr Dorf vor der Vernichtung durch die Amerikaner retten. Die Waffen hatten sie in den Dorfteich geworfen. Ein SS-Standgericht erschien. Der Ortsgruppenleiter Wolfseder, der von dem Vorsitzenden des Standgerichts, SS-Sturmbannführer Friedrich Gottschalk, als Beisitzer hinzugezogen worden war, stimmte gegen die Todesstrafe ebenso wie anschließend der Bürgermeister des Ortes namens Gackstetter. Beide weigerten sich, das Urteil zu unterschreiben. Das Todesurteil wurde dann ein paar Tage später in einem Ort in der Nähe erneut gefällt, wobei Gottschalk das fertige Urteil gleich mitbrachte. Der Ortsgruppenleiter und der Bürgermeister wurden, weil sie gegen die Todesstrafe gestimmt hatten und das Urteil gegen die Dorfbewohner nicht unterschrieben hatten, ihrerseits von einem anderen Standgericht zum Tode verurteilt und zusammen mit dem bereits verurteilten Hanselmann mit Kabeln an der Linde am Eingang des Ortsfriedhofes erhängt, wobei die Hilterjungen mithelfen und die Schemel unter den Füßen der Opfer wegziehen durften.

Der Gerichtsherr des 13. SS-Armee-Kommandos, Generalleutnant und kommandierender General, Max Simon, sowie die beiden Vorsitzenden des Standgerichts, ebenfalls Angehörige dieser Einheit, und zwei Mitglieder eines der

Standgerichte wurden 1955 vor dem Schwurgericht in Ansbach/Bayern angeklagt, jedoch freigesprochen. Die Handlungen der Brettheimer wurden von dem bayerischen Gericht als Wehrkraftzersetzung eingestuft und die Standgerichtsurteile damit bestätigt.

Bei Simon wurde zudem darauf hingewiesen, daß er als überzeugter Soldat in der Kriegsführung noch einen Sinn, nämlich die Erhaltung einer Verhandlungsbasis gesehen habe. Inwieweit der Einsatz von Kindern allerdings zu einer besseren Verhandlungsbasis mit den amerikanischen Truppen hätte beitragen können, hat das Gericht nicht überzeugend deutlich machen können. Ebensowenig überzeugend ist die Urteilsbegründung, Simon habe eine gewissenhafte Untersuchung der Vorgänge und die Durchführung von Standgerichten mit gründlich eingewiesenen Standrichtern veranlaßt. Daß bei den Standgerichten weder Verteidiger noch Ankläger hinzugezogen wurden, hat das Gericht nach den damaligen Vorschriften als rechtens angesehen. Zudem sei der Vollzug der Todesstrafe durch Erhängen nach einer Anordnung vom 4.3.1943 rechtlich zulässig gewesen.

Bei Gottschalk konnte das Gericht nicht erkennen, daß er unzulässigen Druck oder Einfluß auf die Richter des Standgerichts ausgeübt und diese dadurch zu strafbaren Handlungen angestiftet habe.

Auf die Revision der Staatsanwaltschaft hob der Bundesgerichtshof dieses Urteil mit der Begründung auf, daß der Vorwurf der Wehrkraftzersetzung nicht genügend geprüft worden sei. Anschließend wurden die Angeklagten vom Schwurgericht in Nürnberg 1958 wiederum freigesprochen. Auch die Nürnberger Richter hatten die Frage, ob die drei Brettheimer einen Monat vor der Kapitulation die deutsche Wehrbereitschaft gefährdet hätten, bejaht. In der Presse wurde im Zusammenhang mit diesem Fall darauf hingewiesen, daß einige Richter und ein großer Teil der herangezogenen Sachverständigen selbst überzeugte Anhänger des nationalsozialistischen Regimes gewesen seien.

Auch gegen das zweite Urteil legte die Staatsanwaltschaft Revision ein, und 1960 kam es zu einem neuen Urteil des Schwurgerichts in Ansbach, in dem Gottschalk schließlich zu drei Jahren und sechs Monaten Gefängnis unter Freisprechung im übrigen verurteilt und die anderen Angeklagten wiederum freigesprochen wurden.

Simon hielt man bei dem Freispruch erneut zugute, daß ihm das Bewußtsein der Rechtswidrigkeit seines Verhaltens in entschuldbarer Weise gefehlt habe. Das Gericht wörtlich: „Ihm ist aber nicht nachzuweisen, daß er sich bewußt zum Komplizen der von den Machthabern angestrebten Praxis der Rechtsbeugung machte, wobei der Nachdruck auf 'bewußt' zu legen ist." Bei den Strafmilderungsgründen für Gottschalk hat das Gericht wiederum darauf hingewiesen, daß der von ihm verurteilte Dorfbewohner Hanselmann den Tatbestand der Wehrkraftzersetzung nach § 5 Abs. 1 Nr. 1 KSSVO erfüllt habe. Rehabilitiert wurde von den Opfern meines Wissens keines.

Auf die Frage, ob die damaligen Standgerichtsurteile nicht bereits nach dem bayerischen Gesetz Nr. 21 vom Mai 1946 (Wiedergutmachungsgesetz), das bis heute gilt, generell als typisch nationalsozialistisches Unrecht aufgehoben worden waren, ist keines der Gerichte eingegangen.

Ein gutes Beispiel für den Umgang der deutschen Justiz mit den von den „Kollegen" in der NS-Zeit begangenen Verbrechen sind die Ermittlungen in Sachen Volksgerichtshof (VGH).

Nach dem schon erwähnten Rehse-Urteil des BGH, in welchem dem VGH die - wenn auch schlechte - Qualität eines Kollegialgerichts zugebilligt worden war, gab es einen gewissen Einschnitt in den Ermittlungen, die nun eigentlich sinnlos erschienen.

Erst zwei Jahre später, nämlich 1971, als die kritischen Stimmen nicht aufhören wollten, gab es weitere Ermittlungen in Sachen VGH. Von den 577 Anklägern und Richtern konnte man aber 87 nicht mehr ermitteln. Von den anderen waren schon 380 verstorben. Sie waren damals als Richter ja schon keine Jünglinge mehr gewesen. Von den restlichen 110 Personen starben im Lauf der Ermittlungen nochmals 27. Schließlich blieben 29 übrig, die nachweislich an Todesurteilen mitgewirkt hatten. 28 von ihnen wurden nach und nach verhandlungsunfähig. Einer, ein Staatsanwalt, war noch verhandlungsfähig, doch 1986 bescheinigten die Gutachter auch ihm, daß er nicht mehr verhandlungsfähig sei. Das Kapitel der Ahndung der Verbrechen der Angehörigen des VGH war damit abgeschlossen.

Wie die Staatsanwälte und Richter wurden natürlich auch die Rechtsanwälte im NS-Staat auf den Dienst an der Volksgemeinschaft verpflichtet.

Rechtsanwälte im NS-Staat

So durch das Gesetz über die Zulassung zur Rechtsanwaltschaft vom 7. April 1933 und seiner Ausführungsverordnung. Danach mußte jeder Bewerber erklären, ob er arischer oder nichtarischer Abstammung sei oder sich kommunistisch, marxistisch betätigt habe.

Die Auslese der Zugelassenen sollte nach der Ausführungsverordnung des Preußischen Justizministers vom 24.4.1933 nicht nur unter dem Gesichtspunkt intellektueller Befähigung und Schulung, sondern in erster Linie nach ihrem Verständnis für völkische Entwicklung und Volksverbundenheit - was alles in einem besonderen Termin nachzuweisen war -, vorgenommen werden. In den Terminen kam es dabei immer wieder zu schlimmen Demütigungen der Bewerber, insbesondere jüdischer Frontkämpfer, obwohl diese nach dem Gesetz von den Zulassungsbeschränkungen für Nichtarier ausgenommen waren.

Weitere Zulassungsverschärfungen folgten durch das „Gesetz zur Änderung der Rechtsanwaltsordnung" vom 20. Dezember 1934, das die Zulassung zur Rechtsanwaltschaft versagte. „... wenn die Persönlichkeit des Antragstellers keine Gewähr für die zuverlässige Berufsausübung und gewissenhafte Erfüllung der anwaltschaftlichen Standespflichten bietet..." Eine quasi gummiartige Generalklausel, die den Justizverwaltungen alle ihnen geeignet erscheinenden Möglichkeiten zur Auswahl linientreuer Kandidaten bot.

Mit der 5. Verordnung zum Reichsbürgergesetz vom 27.9.1939 wurde schließlich den Juden die Ausübung jeder rechtsanwaltlichen Tätigkeit untersagt. Das diente natürlich auch den wirtschaftlichen Interessen der übrigen Rechtsanwälte, deren Haltung deswegen insgesamt wenig solidarisch war.

So berichtet die Juristische Wochenschrift 1935:

„Grundlegende Neugestaltung der Rechtsanwaltsordnung.

Tagung des Reichsfachgruppenrates und der Gaufachberater Rechtsanwälte des Bundes National-Sozialistischer Deutscher Juristen im Hause der Deutschen Rechtsfront am 22. November 1935...

Anschließend erwähnte der Reichjuristenführer auch die bei jeder nur erdenklichen Gelegenheit an ihn herangetragene Auffassung und den Willen der deutschen Anwälte, abzurücken von jenen 'Kollegen', die als echte Juden in deutschen Gerichtssälen die Dekadenzjuristerei einer vergangenen Epoche fortführten und die deutschen Rechtsstätten zu Börsenplätzen ihres händlerischen Geistes zu erniedrigen versuchten. Die Beseitigung dieser und aller unwürdigen Elemente aus der Anwaltschaft ist ein Gebot des Nationalsozialismus."

Der neue Rechtsanwalt sollte kein „jüdischer Advokat" mehr sein, sondern „deutscher Rechtswahrer" und damit Amtsträger mit einem besonderen Treueverhältnis zum Staat und dessen Interessen. Das galt besonders für den Strafverteidiger. So bezeichnete der Präsident der Reichs-Rechtsanwaltskammer Neubert die freie Advokatur als „anwaltliches Zerrbild aus der liberalistischen Epoche." Andere sahen sie „begrenzt durch Pflichten gegenüber der Volksgemeinschaft." Richter, Staatsanwalt und Verteidiger sollten gemeinsame Kämpfer um die Erhaltung des Rechts sein.

Die Strafverteidiger am Volksgerichtshof wurden nach solchen Gesichtspunkten zugelassen und funktionierten dementsprechend im Sinne des NS-Staates, d.h., sie hielten nicht selten Plädoyers gegen die Angeklagten, Plädoyers, die sich von den Ausführungen der Anklage oft nur in Nuancen unterschieden.

Kameradschaftliche Zusammenarbeit eben! Das war besonders bei dem Prozeß gegen die Attentäter des 20. Juli 1944 der Fall, bei dem z.B. der „Verteidiger" des Generals Hoeppner seine Mißachtung und seine tiefste Abscheu für die Handlungen seines Mandanten zum Ausdruck brachte und die Todesstrafe für ihn forderte.

Wagten Anwälte es, Ausländer, insbesondere Polen oder Juden, zu vertreten, dann wurde ihnen bedeutet, daß es eines deutschen Anwalts und Rechtswahrers unwürdig sei, angebliche Interessen von Untermenschen und Staatsfeinden zu vertreten. Der Reichsjustizminister ordnete an, daß für solche Vertretungen die Genehmigung des zuständigen Gaurechtsamtes der NSDAP und der örtlich zuständigen Rechtsanwaltskammer einzuholen sei.

Eigentlich brachte jede engagierte Vertretung eines mißliebigen Mandanten, so Ingo Müller, einen Anwalt in Gefahr, seinen Beruf zu verlieren.

Da jeder neuzugelassene Anwalt nach § 19 der Rechtsanwaltsordnung schwören mußte, dem Führer des Deutschen Reiches und Volkes, Adolf Hitler, „die Treue zu halten und die Pflichten eines deutschen Rechtsanwaltes gewissenhaft zu erfüllen", werteten die Ehrengerichte der Rechtsanwälte bereits z.B. das Unterlassen des deutschen Grußes als strafwürdige Verfehlung und Kontakte zu jüdischen Bekannten mußten meist mit Ausschluß aus der Anwaltschaft bezahlt werden.

Schließlich wurden im März 1943 die Ehrengerichte abgeschafft und die Anwälte den Dienstrechtsgerichten der Richter unterstellt, die nach dem Beamtenrecht urteilten.

Widerstand aus den Reihen der Justiz

Es hat auch Widerstand bzw. Verweigerungen von Richtern, Staatsanwälten und Rechtsanwälten gegeben. Hubert Schorn, ein ehemaliger Landgerichtsdirektor, hat sie nach dem Krieg in seinem Buch aufgezählt, oder sagen wir besser die angeblichen Fälle. Seine „richterlichen Blutzeugen" waren nämlich entweder Rechtsanwälte oder ermordete jüdische Richter. Andere nichtgenehme deutsche Richter wurden meist zwangsversetzt oder in den vorzeitigen Ruhestand geschickt.

Der Brandenburger Vormundschaftsrichter Dr. Lothar Kreyßig verbot den Heil- und Krankenanstalten seines Bezirks - als er von der „Euthanasie"-Aktion „T4" erfuhr, der alle Oberlandesgerichtspräsidenten und Generalstaatsanwälte bei einer Tagung im April 1941 in Berlin zugestimmt hatten - schriftlich, seine Mündel aus den Anstalten zu verlegen und erstattete bei der Staatsanwaltschaft Potsdam Strafanzeige wegen Mordes gegen den Reichsleiter Bouhler, den man ihm als Verantwortlichen für die „Aktion" genannt hatte.

Er wurde daraufhin zu Reichsjustizminister Gürtner nach Berlin zitiert, der ihn unter Drohungen vergeblich zur Rücknahme seiner Anordnung zu bewegen versuchte. Kreyßig blieb bei seiner Entscheidung, bat aber um seine vorzeitige Pensionierung, die ihm am 4. März 1942 unter Wahrung seiner Gehaltsansprüche gewährt wurde. Einen Monat später stellte man ein gegen ihn gerichtetes Verfahren ein.

Vorzeitig in den Ruhestand versetzt wurde auch der Landgerichtspräsident Dr. Hermann, als er 1943 einen 130-seitigen Bericht über die in seinem Bezirk

vorgekommenen Rechtsbrüche von Staats- und Parteistellen an das Reichsjustizministerium übersandt hatte.

Schlimmer erging es dem Rechtsanwalt und ersten Stadtoberhaupt der von den Amerikanern 1944 eroberten Stadt Aachen, Oppenhoff. Er hatte in vielen Verfahren katholische Geistliche in sogenannten Priesterverfahren engagiert verteidigt und sich dadurch bei den Nazis unbeliebt gemacht. Er wurde deswegen nach der Besetzung der Stadt durch die Amerikaner von einem „Wehrwolfkommando" ermordet.

Vereinzelt halfen zwar Richter Opfern des NS-Staates mit viel persönlichem Mut, doch nachhaltige und größere Wirkungen konnten sie wegen der Korrektur von mißliebigen Urteilen nicht erzielen. Innerhalb der Justiz insgesamt gab es aber keine aktiv arbeitenden Oppositionsgruppen. Die meisten Richter, Staatsanwälte und in etwas geringerem Maße auch Rechtsanwälte haben das NS-Unrecht mitgetragen.

Ein spätes Geständnis

Daß sie nach dem Krieg nicht bestraft wurden, ist nicht zuletzt der schon erwähnten Rechtsprechung des BGH zum Merkmal der Rechtsbeugung zu verdanken. In einer Entscheidung über einen ehemaligen DDR-Richter hat der BGH das in seinem Urteil vom 16.11.1995 auch ausgeführt. In dem Urteil heißt es dazu:

„Der Senat (des BGH) verkennt nicht, daß Maßstäbe, wie sie in der Bundesrepublik von NS-Justizunrecht angewandt worden sind, weit weniger streng waren (als in der DDR). Die Erkenntnis, daß eine Todesstrafe nur dann als nicht rechtsbeugerisch anzusehen ist, wenn sie der Bestrafung schwersten Unrechts dienen sollte, hätte in einer Vielzahl von Fällen zu Verurteilung von Richtern und Staatsanwälten des nationalsozialistischen Gewaltregimes führen müssen. Derartige Verurteilungen gibt es trotz des tausendfachen Mißbrauchs der Todesstrafe, namentlich in den Jahren 1939 bis 1945, nur in sehr geringer Zahl.
...
(Die) Einordnung in ein Unrechtssytem (durch einen Richter) mag dabei unter Umständen so weit gehen, daß der gesetzeswidrig Entscheidende ungeachtet seiner Kenntnis von allen Umständen ..., welche die Gesetzwidrigkeit ausmachen, sich gleichwohl von rechtsfremden Vorstellungen hat leiten lassen, die er in fehlsamer Subsumtion für 'Recht' hält. Dies vermag den (auch direkten) Rechtsbeugungsvorsatz gleichwohl nicht in Frage stellen. Beispiele (dafür) bietet namentlich auch die (insgesamt fehlgeschlagene) Auseinandersetzung mit der NS-Justiz. Die nationalsozialistische Gewaltherrschaft hatte eine 'Perversion der Rechtsordnung' bewirkt, wie sie schlimmer kaum vorstellbar war, und

die damalige Rechtsprechung ist angesichts exzessiver Verhängung von Todesstrafen nicht zu Unrecht oft als 'Blutjustiz' bezeichnet worden. Obwohl die Korrumpierung von Jusitzangehörigen durch die Machthaber des NS-Regimes offenkundig war, haben sich bei der strafrechtlichen Verfolgung des NS-Unrechts auf diesem Gebiet erhebliche Schwierigkeiten ergeben. Die vom Volksgerichtshof gefällten Todesurteile sind ungesühnt geblieben, keiner der am Volksgerichtshof tätigen Berufsrichter und Staatsanwälte wurde wegen Rechtsbeugung verurteilt; ebensowenig Richter der Sondergerichte und der Kriegsgerichte. Einen wesentlichen Teil an dieser Entwicklung hatte nicht zuletzt die Rechtsprechung des BGH. Diese Rechtsprechung ist auf erhebliche Kritik gestoßen, die der Senat als berechtigt erachtet. Insgesamt neigt der Senat zu dem Befund, daß das Scheitern der Verfolgung von NS-Richtern vornehmlich durch eine zu weit gehende Einschränkung bei der Auslegung der subjektiven Voraussetzungen der Rechtsbeugung ... bedingt war. ... Durch Willfährigkeit gegenüber den politischen Machthabern 'abgestumpfte' Täter einer Rechtsbeugung sind hiernach nicht aus objektiven Gründen straflos. Damit wird zugleich eine schwer erträgliche Besserstellung des Überzeugungstäters gegenüber denjenigen vermieden, die sich ... letztlich bewußte Skrupel und ein Gefühl für Menschlichkeit erhalten haben.

Hätte sich die Rechtsprechung schon damals bei der Prüfung richterlicher ... Todesurteile an Kriterien orientiert, wie sie der Senat in seiner heutigen Entscheidung für Recht erkennt, hätte eine Vielzahl ehemaliger NS-Richter strafrechtlich wegen Rechtsbeugung in Tateinheit mit Kapitalverbrechen zur Verantwortung gezogen werden müssen... Darin, daß dies nicht geschehen ist, liegt ein folgenschweres Versagen bundesdeutscher Strafjustiz."

Ein spätes Geständnis, aber ein offenes und eindeutiges und damit eine positive Maßnahme. Nach soviel Kritik an seiner NS-Rechtsprechung über all die Jahre hat der BGH sich nun offenbar selbst von der Last seiner Vergangenheit distanziert und dabei den bedenkenswerten Satz des Philosophen Theodor Litt: „Nicht das Wegsehen, das Hinsehen befreit die Seele", beherzigt.

Literatur

Walter Wagner, Der Volksgerichtshof im nationalsozialistischen Staat, in: „Die deutsche Justiz und der Nationalsozialismus", Band 16/III, Stuttgart 1974.
Falko Kruse, Zweierlei Maß für NS-Täter, in: Kritische Justiz, Heft 3/1978.
Adalbert Rückerl, NS-Verbrechen vor Gericht, Heidelberg 1982.
Jörg Friedrich, Freispruch für die Nazi-Justiz, Hamburg 1983.
Ingo Müller, Furchtbare Juristen - Die unbewältigte Vergangenheit unserer Justiz, München 1987.
Bernd Rüthers, Entartetes Recht - Rechtslehren und Kronjuristen im Dritten Reich, München 1988.
Klaus Marxen, Der Volksgerichtshof. Rechtshistorische Einordnung und rechtliche Bewertung, Bielefeld 1989/1990.

II. Faschistische Regime

Hans Woller

Die gesellschaftliche Überwindung des Faschismus in Italien nach 1943[1]

Zaghafter Beginn

Italien war das erste Land, in dem der Faschismus an die Macht gelangte, und Italien war das einzige Land, in dem der Faschismus nicht nur einige Jahre, sondern in seiner gesamten, mehr als zwanzigjährigen Epoche zu herrschen vermochte; nirgends sonst, von Hitler-Deutschland abgesehen, war der Grad der faschistischen Erfassung und Infizierung höher als im Mutterland des Faschismus. Italien war aber andererseits auch das erste Land, das die Herrschaft des Faschismus abschüttelte, und es war auch das einzige Land, wo dies aus eigener Kraft vor der militärischen Besetzung und Unterwerfung durch die Streitkräfte der Anti-Hitler-Koalition gelang.

Es muß nicht umständlich erklärt werden, daß der hohe Grad langjähriger Kontamination einer ganzen Gesellschaft die Entfaschisierung erschwerte. Paradoxerweise vermochte aber auch die Entmachtung Mussolinis im Juli 1943 der Säuberung keinen Schwung zu verleihen. Im Gegenteil: Die Selbstbefreiung vom Diktator hat die Selbstreinigung vom Faschismus zunächst sogar behindert. Denn Mussolini war ja nicht von der antifaschistischen Opposition gestürzt worden; der Staatsstreich war vielmehr das Werk von konservativ-faschistischen Kräften gewesen, denen es damit gelang, die Kontinuität des monarchischen Staates zu wahren und ihre eigenen herausgehobenen Stellungen zu behaupten. Die erste Säuberungsinitiative lag in Italien also - anders als in Deutschland, Frankreich oder in Südosteuropa - nicht bei den Besatzungsmächten oder nationalen Befreiungsbewegungen, sondern monatelang ausgerechnet bei denen, die das geringste Interesse an einer durchgreifenden Säuberung hatten, weil sie zu deren Opfern hätten zählen müssen. Diesen Beharrungskräften mit Pietro Badoglio an der Spitze lag nicht an einer Überwindung des alten Regimes, sondern lediglich an einer Art Faschismus ohne Mussolini.

Diese Vorstellung war aber reichlich illusionär. Denn jeder konnte sehen, daß sich der Faschismus durch stupende Erfolglosigkeit und klägliches Scheitern längst selbst entzaubert hatte, daß die Ideologie und die Mythen des Faschismus 1943 restlos aufgebraucht waren. Und niemand konnte die Augen davor verschließen, daß sich schon vor 1943 eine Absetzbewegung vom Faschismus formiert hatte, die ganz andere Ziele verfolgte als die konservativ-

---

[1] Der Aufsatz ist zuerst in den Annali dell' Istituto storico italo-germanico in Trento XIX (1993) erschienen. Das gesamte Thema ist entfaltet in: Hans Woller, Die Abrechnung mit dem Faschismus in Italien 1943 bis 1948, München 1996.

faschistische Allianz um Badoglio. Erst Resistenzkräfte, dann schlagkräftige Resistenza, wollte sich die bald breiter und breiter werdende Oppositionsbewegung nicht mit der Bewahrung des *status quo* ohne Mussolini zufrieden geben; ihr ging es um einen grundlegenden Neuaufbau, um ein zweites Risorgimento, wie man bald sagte. Dazu gehörte selbstverständlich auch eine radikale Selbstreinigung, und die Konzepte, die insbesondere die politische Linke dafür entwarf, ließen die Entschlossenheit erkennen, auf den „Stato totalitario" mit einer „epurazione totalitaria" zu antworten.

Der Dualismus dieser beiden antagonistischen Kräfte, also der Resistenza und der konservativ-faschistischen Allianz um Badoglio, stellte bis zur Befreiung von Rom im Juni 1944 alle Bereiche der italienischen Politik in das Zeichen eines schwer entwirrbaren Neben- und Gegeneinander von Altem und Neuem. Dieser eigenartige Dualismus gab auch der Säuberung ihre besondere Prägung: Der Allparteienpakt der Resistenza vermochte zwar die Tendenz zur Bewahrung des *status quo* ohne Mussolini zunächst nicht aufzuheben. Badoglio konnte sich aber andererseits den Forderungen der Opposition auf die Dauer auch nicht ganz entziehen. Er mußte Zugeständnisse an die antifaschistische Erneuerungsbewegung machen; nur so konnte er hoffen, die ungeheure Kluft zwischen Staat und Gesellschaft zu überbrücken, die sich in der Endphase des Faschismus aufgetan hatte. Badoglio war weitgehend frei von säuberungspolitischen Ambitionen, in der behutsamen Demontage der faschistischen Herrschaft und dem vorsichtigen Beginn einer politischen Säuberung sah er jedoch eine Chance, dem Verfall seines eigenen Prestiges und der Sklerose des monarchischen Staates entgegenzuwirken.

Italien rückte so noch im Sommer 1943 fast unmerklich, aber doch stetig von der Vergangenheit ab. Konkret hieß das: Verbot der faschistischen Organisationen, Einberufung der Parteifunktionäre zum Militär, Zähmung der Miliz, erste Entlassungen im öffentlichen Dienst, in den Universitäten, im Pressewesen, Erlaß einer ersten Säuberungsdirektive und Schaffung eines Hochkommissariats für die „epurazione", das die Ahndung faschistischer Verbrechen vorantreiben sollte.[2] Einschneidenden Charakter hatte keine der Maßnahmen, die Badoglio auf Druck der antifaschistischen Opposition ergriff. Alles war auf Augenblickswirkung bedacht und den Erfordernissen propagandistischer Verwertbarkeit untergeordnet: In vielen führenden Positionen saß noch immer die alte Kaste. Nichts war unternommen worden gegen faschistische Verbrecher, selbst die Schikaneure und Peiniger der Straflager und Verbannungsinseln liefen noch frei herum. Und doch: In den opportunistischen Zugeständnissen Ba-

---

2 Vgl. Protokoll der Kabinettssitzung vom 27.7.1945, in: Archivio Centrale dello Stato (ACS), Verbali del Consiglio dei Ministri; „Gazzetta Ufficiale del Regno d'Italia", Nr. 180, 5.8.1943 und Nr. 6/B, 29.12.1943; C. Senise, Quando ero Capo della Polizia 1940-1943, Roma 1946. Vgl. auch OSS-Studie vom 17.3.1945: Treatment of former Fascists by the Italian Government. An Analysis of the Process of Defascistization in Italy from July 1943 to March 1945, in: National Archives (NA), Washington, D.C., Record Group (RG) 226, R+A No. 2688.

doglios lag ein Element des Wandels und der Distanzierung vom Faschismus. Von der Regierung ging eine latente Zugriffsdrohung aus. Dauerhaften Schutz durften sich die belasteten Parteigenossen von ihr jedenfalls nicht erwarten.

Daß dies so war, lag aber nicht allein am Druck der Resistenza, sondern auch an den Alliierten, die sich zu einer durchgreifenden Reinigung Italiens verpflichtet hatten.[3] Die alliierte Militärregierung ließ keine Gelegenheit verstreichen, die Versäumnisse der italienischen Regierung zu kritisieren und sie zu entschlossenerem Handeln aufzufordern. Auch die strenge Säuberung, die die Militärregierung in den schon befreiten Gebieten selbst ins Werk setzte, wirkte wie eine ständige Mahnung an die italienische Regierung, endlich ernst zu machen. Ich kann hier leider nicht im einzelnen auf die alliierte Säuberungspolitik in Italien eingehen, und ich muß es mir auch verkneifen, das Vorgehen der Alliierten in Italien mit deren Vorgehen im besetzten Deutschland zu vergleichen. Betonen möchte ich aber, daß die Grenzen der alliierten Säuberungsbereitschaft erreicht waren, wenn alliierte Interessen berührt wurden oder die Funktionstüchtigkeit der italienischen Verwaltung ernstlich gefährdet zu werden drohte. In solchen Fällen zögerten die Alliierten tatsächlich nicht, sich über ihre eigenen Vorsätze hinwegzusetzen, und sie scheuten sich nicht, wichtigen Garanten der staatlichen Kontinuität wie den Mitgliedern des Königshauses oder des Generalstabs ein Verfahren zu ersparen, weil davon nur der deutsche Feind profitiert hätte. Die Alliierten schufen damit gleichsam einen den Italienern unzugänglichen Tabubezirk, dessen bloße Existenz die Glaubwürdigkeit des ganzen Säuberungsverfahrens etwas beeinträchtigte. Denn was war davon zu halten, wenn die italienischen Hochkommissare aus Gründen der Staatsraison die diskreditierten Spitzen des Staates unangetastet lassen mußten, zugleich aber die Entlassung untergeordneter Funktionäre und Beamter betreiben sollten?

Tendenzwende

Nach der Befreiung von Rom im Juni 1944 ging der lähmende Dualismus zwischen Resistenza und konservativ-faschistischer Allianz zu Ende. Den Kurs der Regierung bestimmten nun nicht mehr die Beharrungskräfte um Badoglio, Tempo und Richtung der Politik gaben jetzt die im Allparteienpakt der Resistenza vertretenen Parteien an, die trotz gravierender Meinungsverschiedenheiten auch die Regierung bildeten. Nichts zeigte deutlicher, daß die Behar-

---

3 Vgl. die Drei-Mächte-Erklärung vom 1.11.1943 und die „Deklaration über Italien", die zu den wichtigsten Ergebnissen der Moskauer Konferenz der Außenminister der UdSSR, der USA und Großbritanniens gehörte, in: Foreign Relations of the United States, 1943, I, S. 759 f., und Die Sowjetunion auf internationalen Konferenzen während des Großen Vaterländischen Krieges 1941 bis 1945, 1: Die Moskauer Konferenz der Außenminister der UdSSR, der USA und Großbritanniens (19.-30.10.1943), Moskau-Berlin 1988, S. 305 f.

rungskräfte in das Hintertreffen geraten waren, als der Erlaß eines neuen Abrechnungsgesetzes, das der großen Masse der Parteigenossen nichts Gutes verhieß.[4]

Dieses Gesetz, die Magna Charta der Säuberung, wie man auch sagen könnte, sah härteste Strafen für die Mitglieder der faschistischen Regierung und andere führende Parteifunktionäre vor, in besonders schweren Fällen sogar die Todesstrafe. Zur Aburteilung der Regimeprominenz wurde mit Genehmigung der Alliierten eigens eine „Alta Corte di Giustizia" eingerichtet, die eine ähnliche Funktion erfüllte wie der Internationale Militärgerichtshof in Nürnberg. Zur Verantwortung zu ziehen waren darüber hinaus Rädelsführer von gewalttätigen Squadristenkommandos, die Urheber des Marsches auf Rom, die Drahtzieher des Staatsstreiches vom 3. Januar 1925 und alle, die durch „relevante Taten" dazu beigetragen hatten, das Regime am Leben zu erhalten. Diese Gruppen sollten sich vor Schwurgerichten mit einem beträchtlichen Anteil von politisch einwandfreien Laienrichtern verantworten.

Die neue Direktive zog außerdem in den Bestimmungen über die Personalsäuberung im öffentlichen Dienst den Kreis der Betroffenen ungleich weiter als das von Badoglio inspirierte erste Gesetz. Nun sollten nicht mehr nur alle Squadristen, Alten Kämpfer und hohen Funktionäre überprüft werden; unter das neue Gesetz fiel auch das riesige Heer der staatlichen Beamten, die mit der neofaschistischen Regierung von Salò kollaboriert hatte, und die Gruppe derer, die sich durch ihr Verhalten im Faschismus diskreditiert hatten und somit „unwürdig" erschienen, dem Vaterland weiter zu dienen - also auch der kleine Amtsdiener, der sein Amt der Fürsprache der Partei verdankte, der Hausmeister, der den Faschisten herausgekehrt hatte, und der Sekretär, der bei Umzügen in der ersten Reihe marschiert war. Sie alle, Schwerbelastete und harmlose Mitläufer gleichermaßen, hatten sich einem halb-juristischen Säuberungsverfahren zu stellen.

Schließlich regelte das Gesetz auch die Kompetenzen des Hochkommissariats neu. Die Machtfülle des Hochkommissars war nun ungleich größer als zuvor, und zwar nicht zuletzt deshalb, weil ihm das neue Gesetz auch das Recht einräumte, direkt auf die Arbeit der Säuberungskommissionen in den Zentralverwaltungen und in den Provinzen einzuwirken. Erstmals war damit die Säuberung nicht mehr die alleinige Sache der Behörden, die gesäubert werden sollten; die Mitwirkung des Hochkommissariats gewährleistete wenigstens ein gewisses Maß an öffentlich-politischer Kontrolle und brachte das gesamte Verfahren aus dem Netzwerk bürokratischer Klientelsbindungen heraus, das es bis dahin umgeben hatte. Ein Jahr nach dem Sturz des Duce fiel mit dem neuen Gesetz auch der offiziell-staatliche Trennungsstrich gegenüber der faschistischen Vergangenheit so dick aus wie der, den die überwiegende Mehrheit der Gesellschaft für sich längst gezogen hatte.

---

4 Vgl. Decreto Legislativo Luogotenenziale, 27.7.1944, Nr. 159: Sanzioni contro il fascismo, in: „Gazzetta Ufficiale del Regno d'Italia" Nr. 41, 29.7.1944.

Ich will damit nicht sagen, daß nun, im Sommer 1944, mit der Säuberung alles zum besten gestanden wäre. Nein, es gab noch immer so viele merkwürdige Versäumnisse und Obstruktionsversuche, daß sich daraus ohne Mühe eine „chronique scandaleuse" zusammenstellen ließe, die unsere deutschen Vorurteile über den ewigen italienischen Schlendrian wieder einmal aufs trefflichste bestätigen würde. Im Unterschied zur Ära Badoglio erschöpfte sich die politische Säuberung nun aber nicht in Obstruktion, Untätigkeit oder in halbherzigen Zugeständnissen an antifaschistische Zeitbedürfnisse. Die führenden Männer der „epurazione", alles bewährte Antifaschisten, setzten ihren ganzen Ehrgeiz daran, zu sichten und zu sondern: In der zweiten Jahreshälfte 1944 bauten sie trotz aller Schwierigkeiten zahlreiche funktionsfähige Säuberungs-Kommissionen auf, die Zehntausende von Fällen prüften und Hunderte von Entlassungen insbesondere in der Ministerialbürokratie erwirkten; in Tausenden von Fällen kam es gar nicht erst zu einem Verfahren, weil die Betroffenen von sich aus die Konsequenzen zogen oder aus anderen Gründen ausschieden. Auch die Bilanz bei der Strafverfolgung von belasteten Faschisten konnte sich sehen lassen. Das Hochkommissariat untersuchte bis Ende 1944 über 3000 Fälle und übergab mehr als ein Drittel davon den zuständigen Gerichten.[5]

Hinzu kam, daß auch die Alta Corte di Giustizia langsam Tritt zu fassen begann. Dieser Gerichtshof zur Aburteilung der Regimeprominenz nahm im September 1944 seine Tätigkeit auf und verurteilte bis zu seiner Auflösung im Oktober 1945 in 16 großen Verfahren zahlreiche hochrangige Faschisten zu empfindlichen Haftstrafen (sechs von ihnen zu lebenslänglich), vier sogar zum Tode.[6] Die Hoffnungen und Erwartungen großer Teile der antifaschistischen Öffentlichkeit, die Alta Corte könne zur wichtigsten Instanz der Abrechnung mit dem Faschismus werden, erfüllten sich dennoch nicht. Die alliierte Sicherheitsreserve, die die Spitzen des monarchischen Staates schützte, hemmte natürlich auch den obersten Gerichtshof. Außerdem mußte keiner derjenigen, die über Jahre hin das Gesicht des Faschismus bestimmt hatten, vor seine Schranken treten: Giuseppe Bottai diente mittlerweile in der französischen Fremdenlegion, Dino Grandi saß im sicheren portugiesischen Exil, Galeazzo Ciano war von den Faschisten selbst hingerichtet worden, Roberto Farinacci gab eine Zeitschrift heraus, und der von seinen deutschen Verbündeten reinthronisierte Duce höhnte nur über die Anklagen, die ihm der Gerichtshof in Rom entgegenschleuderte. Vor Gericht stand nur die zweite und dritte Garnitur, und das hat noch keiner Abrechnung gutgetan.

---

5 Vgl. Hochkommissar Sforza an Ministerpräsident Bonomi, 5.1.1945, in: ACS, Presidenza del Consiglio dei Ministri (PCM), Gab. 1944-1947, 1/7 10124, sottofasc. 0-4.6, und Abschlußbericht von Mauro Scoccimarro als stellvertretender Hochkommissar, 3.1.1945, in: NA, RG 331, Civil Affairs, box 19, 10000/105/889.

6 Vgl. den Abschlußbericht der Alta Corte vom 22.10.1945, in: ACS, PCM, Gab. 1944-1947, 1/710124, sottofasc. 11.16.

Solche und zahlreiche weitere Schwierigkeiten vergleichbarer Art hätten sich vielleicht überwinden lassen, wären die Regierungsparteien weiter bereit gewesen, ihre partikularen Interessen den Geboten antifaschistischer Eintracht unterzuordnen. Im Herbst 1944 aber war der Vorrat an Gemeinsamkeiten, dem die Resistenza ihre Kraft verdankte, schon weitgehend aufgezehrt. An die Stelle der antifaschistischen Solidarität traten heftige Auseinandersetzungen zwischen den einzelnen Parteien - insbesondere auch über die Frage nach dem angemessenen Umgang mit der personellen Hinterlassenschaft des Faschismus. Der daraus resultierende Dauerstreit hat den Allparteienpakt der Resistenza vor eine schwere Zerreißprobe gestellt. Die Liberalen und große Teile der Democrazia Cristiana widersetzten sich immer entschiedener einem harten Vorgehen gegen die Millionen belasteter Parteifunktionäre, die natürlich als Wähler und Funktionäre unentbehrlich waren, wenn die Sache der bürgerlichen Parteien vorankommen sollte. Man müsse sich vor der „Verführung zur Rache" hüten, so meinte etwa Benedetto Croce, der Wortführer der liberalen Partei. „Denn die Rache ist notwendigerweise gleichermaßen böse und dumm und schädigt den, der sich dazu hinreißen läßt, mehr als den, der sie erleidet"[7].

War schon nach den ersten Säuberungsmaßnahmen von 1943/44 ein schwaches Zittern durch das bürgerliche Lager gelaufen, so verstärkte sich dieses zu einem kräftigen Beben, als die „epurazione" im Herbst 1944 an Tempo und Stetigkeit zu gewinnen begann. Würde sie nicht immer weitere Kreise ziehen und von den Linkskräften nicht schließlich als Instrument revolutionärer Umgestaltung von Staat und Gesellschaft mißbraucht werden? Solche Befürchtungen fanden in der Realität tatsächlich manche Stützen - und zwar nicht nur in der hohen Quote der legalen Entlassungen in der Ministerialbürokratie und der ständigen Entlassungsdrohung, die den gesamten öffentlichen Dienst verunsicherte. Anlaß zur Besorgnis bot auch die Dominanz der Linksparteien im Säuberungsapparat, und Bestürzung lösten die Meldungen über ungesetzliche Säuberungen und spontane Abrechnungen aus, denen schon 1944 Tausende von belasteten Faschisten und harmlosen Mitläufern zum Opfer fielen. Alcide De Gasperi, der führende Mann der Democrazia Cristiana, brachte die düstere Stimmung, die im Lager der Gemäßigten herrschte, auf die Formel: Er habe Angst vor einer „dittatura social-comunista".[8]

Die kommunistische Partei, die wichtigste Kraft des Antifaschismus, hatte den Radikalismus der Resistenza zunächst nach Kräften angeheizt. Im Herbst 1944 aber rückte die Partei von dieser Linie ab, und gerade in der Führung bestanden bald nur noch die wenigsten auf umfassenden Säuberungsmaßnahmen. Für diese überraschende Volte der kommunistischen Partei gab es triftige Gründe: Die Forderung nach Säuberung war in den eigenen Reihen auf zunehmend heftigere Widerstände gestoßen, zumal bei denen, die selbst auf eine

---

7 B. Croce, Scritti e discorsi politici (1943-1947), 1, Bari 1973, S. 47.
8 Zitiert nach P. Spriano, Storia del partito comunista italiano, V: La Resistenza. Togliatti e il partito nuovo, Torino 1975, S. 431.

Die gesellschaftliche Überwindung des Faschismus in Italien nach 1943 103

faschistische Vergangenheit zurückblickten. Das waren nicht wenige, in manchen Regionen war jeder zweite Kommunist bis 1943 Faschist gewesen. Die kommunistische Partei gehörte damit, ich erwähne das nur am Rande, zu den wichtigsten „Kontinuitätsschleusen" zwischen dem Faschismus und der neu heraufziehenden Zeit.

Die Fortsetzung der politischen Säuberung verbot sich aber nicht nur aus Rücksicht auf die kommunistischen Antifaschisten mit Vergangenheit. Ähnlich lagen die Dinge im Hinblick auf die politisch am meisten belasteten Mittelschichten, die in Parteichef Togliattis Konzept der Schaffung einer großen linken Volkspartei eine besondere Rolle spielten. Ausschlaggebend für den Rückzug der kommunistischen Partei aus der Säuberung aber war, daß die bürgerlichen Parteien damit drohten, den aus der Resistenza hervorgegangenen Allparteienpakt gegen den Faschismus definitiv scheitern zu lassen, wenn die Linksparteien ihre säuberungspolitischen Radikalforderungen nicht merklich herabstimmten. Der Bruch des Allparteienpaktes hätte die kommunistische Partei aber weit mehr gekostet als nur ein paar Ministersessel, nämlich die dreifache Chance, ihr Image eines sektiererischen Außenseiters abzustreifen, sich als vertrauenswürdige Regierungspartei zu profilieren und als führende Kraft in Staat und Gesellschaft zu etablieren. Letztlich stand die gerade erst erworbene politisch-gesellschaftliche Akkreditierung der Partei auf dem Spiel.[9]

Das war es aber nicht allein. In den Augen Togliattis ging es um mehr: nämlich um die „innere" Staatsgründung, die seit der äußeren Staatsgründung im 19. Jahrhundert auf sich warten ließ. Innere Staatsgründung, das hieß: Etablierung einer Republik anstelle der eng mit dem Faschismus verbundenen Monarchie, Erarbeitung einer neuen Verfassung, mit der sich alle gesellschaftlichen „Lager" identifizieren konnten, gewerkschaftliche Mitbestimmung, Bodenreform und damit Integration der Industrie- und Landarbeiterschaft in den Staat. Das alles war nach Lage der Dinge, insbesondere unter den Bedingungen alliierter Besatzungsherrschaft, nur unter demokratisch-bürgerlichen Vorzeichen und nur im Zusammenwirken mit der stärksten bürgerlichen Kraft, der Democrazia Cristiana, möglich. Jede andere Strategie, etwa die von vielen Linken so heftig geforderte revolutionäre Umwälzung, wäre zum Scheitern verurteilt gewesen und hätte das Land im schlimmsten Fall in einen zweiten Bürgerkrieg neben der blutigen Auseinandersetzung zwischen Faschisten und Antifaschisten gestürzt.

Stehen in Fragen von solcher Bedeutung politisch Opportunes und moralisch Gebotenes gegeneinander, dann bleibt in der Regel die Moral auf der Strecke. So war es auch hier. Mauro Scoccimarro, ein Mann mit untadeligen antifaschistischen Referenzen und der einzige führende Kommunist, der nicht

---

9 Vgl. dazu etwa Monatsbericht des Innenministeriums, Direzione Generale Pubblica Sicurezza, für Oktober 1944, in: ACS, Ministero dell'Interno, Gab. 1944-1946, busta 49, fasc. 3978, und Finanzminister Soleri an Bonomi, 12.11.1944, in: ACS, PCM, Gab. 1944-1947, 1/7 10124, sottofasc. 30-50.6.

nur wohlklingende Reden über die Notwendigkeit einer unnachsichtigen Selbstreinigung gehalten, sondern sich in der zermürbenden Kleinroutine des Hochkommissariats aufgerieben und dabei Beachtliches geleistet hatte - Scoccimarro stand in der „direzione" des Partito comunista plötzlich ganz allein. Alle fielen über ihn her, und der eine oder andere verstieg sich sogar schon zu der Forderung, so bald wie möglich eine Amnestie für die Faschisten ins Auge zu fassen. Togliatti selbst hatte das Scherbengericht über Scoccimarro eröffnet, und er beendete es mit den Worten: Wir müssen auf dem Gebiet der Säuberung „einer Revision unterziehen, was notwendig ist, und uns dabei vergewissern, daß wir unter allen Umständen die Mittelschichten erreichen müssen". Das alles war, ich betone das noch einmal, im Herbst 1944. Togliatti zwang damit seiner Partei *de facto* den Verzicht auf eine revolutionäre Säuberung und die Preisgabe eines der kardinalen Anliegen des Antifaschismus auf. Er zwang sie, so könnte man anders formulieren, sich weniger um die Bewältigung der Vergangenheit, als vielmehr um die Bewältigung der Gegenwart und um die Gewinnung der Zukunft zu kümmern.[10]

Abrechnungsfuror

Man kann trefflich darüber streiten, ob diese Entscheidung Togliattis richtig und angemessen gewesen war. Sicher ist jedenfalls, daß Togliatti im Herbst 1944 eine Art Paradigmawechsel einleitete, in dessen Verlauf die Stoßrichtung der „epurazione" radikal geändert wurde. Bis dahin hatten die Säuberungsbemühungen jeglicher Form des Verbrechens und der Verstrickung in das faschistische Regime seit 1922 gegolten, den umstürzlerischen Gründervätern ebenso wie den Schergen der Geheimpolizei, dem Universitätslehrer, der seinen Lehrstuhl der Partei verdankte, nicht weniger als dem Regime ergebenen Reporter oder dem cleveren Industriellen, dem faschistische Protektion zu immensem Reichtum verholfen hatte. Einen wirklichen politischen Willen zur Generalabrechnung mit 20 Jahren Faschismus gab es seit dem Herbst 1944, seit dem von Togliatti eingeleiteten Kurswechsel der kommunistischen Partei, nicht mehr. Was danach noch folgte, war vor allem die Explosion elementarer Abrechnungsenergien, die sich freilich fast nur noch auf die zweijährige Agoniephase des Regimes, genauer auf den verbrecherischen Kollaborationsfaschismus von Salò richteten.

Tendenziell lief dieser Paradigmawechsel auf eine Generalächtung der Kollaborateure und eine Kollektivabsolution für Millionen von Mitläufern, Steigbügelhaltern, Nutznießern und Aktivisten des faschistischen Systems seit dem Marsch auf Rom hinaus. Diese Millionen verfügten damit gleichsam über ein staatlich beglaubigtes Alibi, das sie vor weiterer Verfolgung schützte. Sie wa-

---

10 Vgl. dazu vor allem das Protokoll der Sitzung der „direzione" des PCI vom 16.-18.12.1944, in: Istituto Gramsci, Roma, Fondo PCI 1943-1946, Verbali della Direzione 1944-1946.

ren zwar vielleicht noch nicht von dem Verdacht der Mitwirkung und der Verstrickung befreit, aber doch soweit rehabilitiert, daß sie sich guten Gewissens sowohl mit ihrer eigenen Vergangenheit als auch mit der neuen postfaschistischen Gesellschaft identifizieren konnten.

Das Drama der „epurazione" in Italien bestand so im Grunde nur aus zwei Abschnitten - einem langen halbherzigen Prolog, der mit dem Kurswechsel der kommunistischen Partei im Herbst 1944 zu Ende ging, und einem kurzen blutigen Epilog, der mit der Befreiung Norditaliens begann und an Radikalität alles bisher im modernen Italien Dagewesene weit übertraf. Diese unerhörte Radikalität war die Antwort auf den unbeschreiblichen Untergangsterror des Kollaborationsfaschismus, sie hatte aber auch andere Gründe. Spontane klassenkämpferische Unbedingtheit spielte ebenso eine Rolle wie die Auseinandersetzung um die Machtverteilung in der Zeit nach Mussolini; und wer wollte leugnen, daß sich in dem brutalen Rache- und Vergeltungstaumel der Endphase des Krieges auch viel an anarchischer Zerstörungswut und antifaschistisch kaschierter Kriminalität Luft verschaffte? Einer ernsthaften Überlegung ist schließlich auch die Frage wert, ob die Radikalität des Epilogs nicht auch durch die Eigentümlichkeit der faktischen Beendigung der Säuberung vor dem Ende des Faschismus mitbewirkt worden ist, ob sich in der Radikalität nicht auch eine zuvor politisch nicht recht zum Zuge kommende, gleichsam vagabundierende Abrechnungsbereitschaft äußerte. Wo das Vertrauen in den Säuberungswillen von Staat und Parteien fehlte, nahm man die Sache selbst in die Hand, und wo die justitielle und bürokratische Abrechnung weit hinter den Erwartungen zurückblieb, fühlte sich mancher berechtigt, selbst zu richten.

Die Zahl der Opfer dieser spontanen Racheaktion ist nicht genau zu ermitteln. Je nach politischem Standort des Autors schwanken die Angaben in der Literatur zwischen 7.000 und 300.000 Opfern. Ein einigermaßen exaktes Bild läßt sich aus der allgemeinen Mordstatistik gewinnen: Danach spricht manches für die These, daß in der spontanen, ungesetzlichen Abrechnung zwischen 1943 und 1946 ca. 12.000 Menschen ihr Leben ließen.[11]

Keine noch so geschickte Partei- und Kabinettspolitik hätte die in der Befreiung Norditaliens Tag für Tag neu freigesetzten Energien für diese Art von Generalbereinigung zu ersticken vermocht. Der Regierung in Rom, der Militärregierung und insbesondere den Befreiungskomitees gelang es aber immerhin, einen Teil dieser Energien etwas zu dämpfen und in rechtsstaatliche Bahnen zu lenken. In den ersten Maitagen von 1945 trat nämlich ein Gesetz in Kraft, das „Sonderschwurgerichte" schuf und diesen die Strafverfolgung von Kollabora-

---

11 Vgl. Le cause di morte in Italia nel decennio 1939-1948, a cura dell'Istituto Centrale di Statistica, Roma 1950, S. 6 f. und Cause di morte negli anni 1943-1948, a cura dell'Istituto Centrale di Statistica, Roma 1952, Serie III, 1, S. 38-41, 58-61, 68-71, 78-81, 98-101, 190-193, 210-213. Vgl. auch Statistiche Giudiziarie, Reati denunciati negli anni dal 1940 al 1946, in: „Gazzetta Ufficiale della Repubblica Italiana", Supplemento straordinario, Nr. 211 vom 15.9.1947, S. 60-63 und 67.

teuren übertrug.¹² Diese Gerichte, die sowohl von antifaschistischen Volkstribunalen als auch von Organen der traditionellen Justiz etwas hatten, funktionierten allem Anschein nach überraschend gut: In ganz Italien dürfte es 1945 zu 20.000 bis 30.000 Prozessen gekommen sein, in denen wohl zwischen 500 und 1.000 Todesurteile und Tausende von langjährigen Haftstrafen verhängt wurden; 40 bis 50 Todesurteile wurden bis Ende 1945 vollstreckt, danach noch 20 bis 30.¹³

Rehabilitierung und Amnestie

Nimmt man alles zusammen, so kann man sagen, daß sich der Trennungsstrich gegenüber der faschistischen Vergangenheit in den Wirren der Befreiung in eine breite blutige Verbrechensspur verwandelt hatte. Atemloser Schrecken und Abscheu erfüllten viele, als sich das ganze Ausmaß der Abrechnungsopfer erahnen ließ. An eine systematische Säuberung war danach nicht mehr zu denken. Wer so häufig kurzen Prozeß gemacht hatte, konnte sich lange Prozesse nicht mehr leisten. Auch die Linke, deren Anhängerschaft das Blutbad angerichtet hatte, hatte kein Interesse mehr an einer Fortsetzung der Säuberung und auch nicht mehr die innere Legitimation dazu. Es ist deshalb auch kein Zufall, daß die Beendigung der „epurazione" mit dem Namen der Führer der Parteien verbunden ist, die anfangs am nachdrücklichsten für eine radikale Austilgung des Faschismus eingetreten waren: mit dem Namen des Sozialisten Pietro Nenni, der im Herbst 1945 als Hochkommissar für die Entfaschisierung die Auflösung des Säuberungsapparates einleitete,¹⁴ und mit dem Namen des Kommunisten Palmiro Togliatti, der im Sommer 1946 als Justizminister ein großzügiges Amnestiegesetz initiierte, das zahlreichen Faschisten die Rückkehr in ein bürgerliches Leben erlaubte.¹⁵

So naheliegend und vernünftig diese Entscheidungen einerseits gewesen sind, so sehr sie als Akte der inneren Befriedung auch der Stabilisierung des noch kaum gefestigten demokratischen Staates dienten, so fragwürdig und anstößig mußten diese Entscheidungen andererseits dem eigenen kämpferischen

---

12 Vgl. Decreto Legislativo Luogotenenziale, 22.4.1945, Nr. 142: Istituzione di Corti straordinarie di Assise per i reati di collaborazione con i tedeschi, in: „Supplemento ordinario alla Gazzetta Ufficiale", Nr. 49, 24.4.1945.
13 Vgl. die Stellungnahme von Palmiro Togliatti vor der Consulta vom 7.11.1945, in: Consulta Nazionale, Commissioni Riunite Affari Politici e Amministrativi Giustizia, Resoconto Sommario della seduta di Mercoledì 7 novembre 1945, S. 35, und State Department, Incoming Telegram aus Rom, 16.11.1945, in: NA, RG 58, 865.00/11-16.45.
14 Vgl. G. Rossini, L'Epurazione e la 'continuitá dello Stato, in: G. Rossini (ed), Democrazia Cristiana e Costituente nella società del Dopoguerra. Il progetto Democratico-cristiano e le altre proposte, Roma 1980. S. 857 f.
15 Begründung des Amnestiegesetzes und Text des Gesetzes vom 22.6.1946 finden sich in: „Gazzetta Ufficiale della Repubblica Italiana", Edizione Straordinaria, Nr. 137, 23.6.1946.

Die gesellschaftliche Überwindung des Faschismus in Italien nach 1943 107

Anhang erscheinen. Was tat die Linke in dieser Situation? Anstatt sich auf die Vernünftigkeit ihrer Entscheidungen zu berufen, anstatt zu betonen, daß sie dem Land eine weitere Zerreißprobe erspart hatte - anstatt das zu tun, was nahelag, wurde sie laut. Mit dröhnender Polemik versuchte sie von eigenen Säuberungsversäumnissen abzulenken und die Verantwortung für die tausend Gebrechen und Unzulänglichkeiten der „epurazione" allein den bürgerlichen Parteien aufzubürden.

Der Ablenkungsversuch ist gelungen, und zwar rundum. Die forcierte Polemik hat nicht nur viele Zeitgenossen beeindruckt. Die damals unter die Leute gebrachten Schlagworte vom kompletten Fehlschlag der Säuberung gehören noch heute zum Repertoire der öffentlichen Auseinandersetzung, und sie haben sich auch im wissenschaftlichen Schrifttum glänzend behauptet. Ein ernsthafter Versuch zur Rückgewinnung historischer Authentizität ist angesichts der übermächtigen Schlagwortkulisse unterblieben.[16] So sind auch die durchaus respektablen Erfolge und Errungenschaften nicht angemessen gewürdigt worden, die im Rahmen der so unglücklich gelaufenen „epurazione" doch auch erzielt wurden und die insbesondere die politische Linke auf der Haben-Seite hätte verbuchen können. Zu diesen Erfolgen gehörte die weitgehende Ausschaltung der Spitzengarnitur der faschistischen Partei in den Wirren der Befreiung und in den Wochen nach der Amnestie, in denen wohl noch einmal Dutzende von Faschisten getötet wurden; an eine Wiederbelebung des Faschismus war allein schon aufgrund dieses personellen Aderlasses kaum mehr zu denken. Zu den Erfolgen gehörte auch die Entlassung von einigen zehntausend Angehörigen des öffentlichen Dienstes; diese verloren ihre Posten meist nur vorübergehend, in vielen Fällen aber auch dauerhaft. Denn Amnestie hieß nicht Amnesie, und der „juristischen" Rehabilitierung durch die Säuberungskommissionen und Gerichte folgte nicht automatisch die gesellschaftliche Resozialisierung in den Ministerien und Stadtverwaltungen. Viele Faschisten blieben dort auch nach Beendigung ihrer politischen Säuberung geächtet, und für manche war diese Form der dauerhaften sozialen Ausgrenzung die eigentliche Sühne für ihre Verstrickung in den Faschismus. Vor allem im administrativen System dürfte es zu einem tiefgreifenden Elitenwechsel gekommen sein. Präfekten, Quästoren und Bürgermeister wurden systematisch entlassen und oft durch entschiedene Antifaschisten ersetzt. Aber auch die Ministerialbürokratie blieb nicht unangetastet; hier mußten wohl mehr als fünfzig Prozent, gelegentlich sogar zwei Drittel der Amtsinhaber aus der faschistischen Zeit ihre Posten räumen.[17]

---

16 Ausnahmen bilden L. Mercuri, L'Epurazione in Italia 1943-1948, Cuneo 1988; M. Flores, L'epurazione, in: L'Italia dalla liberazione alla repubblica. Atti del Convegno internazionale organizzato a Firenze il 26-28 marzo 1976 con il concorso della Regione Toscana, Milano 1977; R. Palmer Domenico, Italian Fascists on Trial, 1943-1948, Chapel Hill - London 1991.

17 Vgl. Civil Affairs Section, Monatsbericht für März 1945, in: NA, RG 331, Civil Affairs, box 5 und die periodische Berichterstattung der italienischen Stellen an die alliierte Militärregierung, in: NA, RG 331, Civil Affairs, box 19, 10000/105/900. Vgl. auch die Rede von Col.

Erfolg oder Mißerfolg von politischer Säuberung bemißt sich freilich nie allein an der Quote der Entlassungen und an der Zahl der strafrechtlich Verurteilten. Noch bedeutsamer als die verhängten Sanktionen war vielleicht, daß die Säuberungskommissionen, Schwurgerichte und Volkstribunale überhaupt den Versuch machten, die Verbrechen des Faschismus, die Korruption der Bonzen und die Schäbigkeit der Denunzianten ans Licht zu bringen und damit eine Art von gesellschaftlicher Gewissenserforschung mittels Aufklärung einzuleiten - und zwar nicht nur in der Regierungszentrale, sondern in jeder Region und noch im kleinsten Provinznest und lange bevor eine engagierte Öffentlichkeit ein brennendes Bedürfnis nach Bewältigung der Vergangenheit entdeckte. Hunderttausende waren in Italien als Richter und Schöffen, Zeugen und Angeklagte, Ermittler und Beobachter in diesen großangelegten Prozeß der Ermittlung einer Gesellschaft gegen sich selbst involviert. Sie gewannen dabei immerhin eine so deutliche Vorstellung vom Wesen und den Untaten des faschistischen Regimes, daß keinem ernstzunehmenden Menschen der Sinn nach einer Apologie oder gar einer Renaissance des dahingegangenen Regimes stehen konnte.

In einer Bilanz der politischen Säuberung sind neben solchen unmittelbaren Auswirkungen schließlich auch die nicht minder bedeutsamen Langzeitwirkungen in Anschlag zu bringen, die sich aus der massenhaften Erfahrung von Lynchjustiz, Volkstribunalen und Entlassungen ergaben. Wer den blutigen Terror, die meist mit Verhaftung und Entlassung verbundene Demütigung und die oft Jahre währende Unsicherheit über das berufliche Schicksal miterlebt hatte, der blieb wohl kaum der Alte, selbst wenn er dann schließlich wieder in das bürgerliche Leben zurückfand. Die Prägekraft solcher individueller Erfahrung ist schwer zu bestimmen, die Frage nach der Diskontinuität innerhalb einer äußerlich ungebrochen scheinenden Kontinuität ist leicht gestellt, aber schwer zu beantworten. Anzunehmen ist aber doch, daß diese Erfahrungen zusammen mit der Aufzehrung nationalistischer Leidenschaften im Krieg, der Selbstentzauberung des Faschismus durch klägliches Scheitern, der öffentlichen Ächtung der faschistischen Ideologie und der festen Verankerung demokratischer Normen in der Verfassung wie im öffentlichen Leben am meisten dazu beigetragen haben, daß die Geschichte Italiens 1945 nach einer mehr als dreißigjährigen Kriegs- und Krisenzeit eine alles in allem glückliche Wendung nahm.

Die so oft geschmähten Protagonisten der politischen Säuberung haben letztlich doch Beachtliches erreicht. Es ist deshalb auch höchste Zeit, das gängige Schlagwort von der „epurazione mancata", der ausgebliebenen Säuberung, fallenzulassen und sich an das zu erinnern, was der Kommunist Ruggero Grieco, einer der führenden Männer der Säuberung, 1945 in einem internen Papier mit Stolz und Pathos schrieb:

Upjohn am 6.4.1945 vor dem Advisory Council für Italien, in: NA, RG 331, Chief Commissioner, box 23.

„In einer Zeit der Niederlage, der Besatzungsherrschaft, der Not, der politischen Umwälzung, der allgemeinen Unordnung, nach zwanzig Jahren reaktionärer Diktatur und fünf Jahren verheerenden Krieges, in einer solchen Zeit Kraft und Geduld zur Säuberung des Staatsdienstes und anderer Organe von ausschlaggebender Bedeutung gefunden zu haben, und zwar nach Kriterien der Gerechtigkeit, in streng rechtsstaatlichen Formen, das wird dem italienischen Volk zur Ehre gereichen und den Menschen als Verdienst angerechnet werden, die an diesem einzigartigen, großen Prozeß teilgenommen haben."[18]

---

18 Relazione sull'attività svolta dall'Alto Commissariato aggiunto per la epurazione nel periodo 1 gennaio - 15 luglio 1945, in: Istituto Gramsci, Roma, Carte Grieco.

Walther L. Bernecker

Zum Umgang mit ungeliebter Vergangenheit - Die spanische Gesellschaft und die Erinnerung an den Bürgerkrieg von 1936

Kaum ein zweites Ereignis des 20. Jahrhunderts - allenfalls in den 60er Jahren der Vietnamkrieg - hat Staatsmänner und Dichter, Politiker und Intellektuelle ebenso wie die breite Öffentlichkeit und die Nachwelt emotional derart bewegt wie der Spanische Bürgerkrieg. Zwischen 1936 und 1939 wurde Spanien zur Propagandaplattform der Ideologien und zum Truppenübungsplatz ausländischer, vor allem faschistischer Waffensysteme. Von Anfang an erregte der Bürgerkrieg in der europäischen und amerikanischen Öffentlichkeit heftige Anteilnahme, die von literarisch-publizistischer Parteinahme bis zu persönlichem Kriegsdienst, zumeist für die Republik, reichte. Für das heutige Spanien war dieser Bürgerkrieg von nicht zu überschätzender Bedeutung: Am Ende des Krieges war das Land in jeder Hinsicht verwüstet, die Menschenverluste gingen in die Hunderttausende, wirtschaftlich wurde durch den Bürgerkrieg der größte Teil der Produktionsanlagen zerstört.

Zur Ausschaltung der historischen Erinnerung im Franquismus

Im spanischen 20. Jahrhundert gehörte die *Damnatio historiae* zu den systematischsten Versuchen des Franco-Regimes, jegliche historische Erinnerung, die sich nicht in die Tradition des *alzamiento nacional* vom 18. Juli 1936 einreihen ließ, auszuschalten: physisch durch Ermordung aller exponierten Kräfte der republikanischen Seite, politisch durch kompromißlose Machtaufteilung unter den Siegern, intellektuell durch Zensur und Verbote, propagandistisch durch einseitige Indoktrinierungen, kulturell durch Eliminierung der Symbole jenes angeblichen „Anti-Spanien", das in zermürbender Langsamkeit drei Jahre lang bis zur bedingungslosen Kapitulation bekämpft worden war. Zur Zerstörung der Erinnerung an jenes unterlegene Spanien „des Hammers und des Meißels" (Antonio Machado) kam bald die Notwendigkeit, die Spur der eigenen Verbrechen aus dem Gedächtnis der Menschen tilgen zu müssen. Das Franco-Regime mag somit zwar traditionalistisch gewesen sein; es handelte sich aber um einen höchst einseitig-selektiv wahrgenommenen Traditionalismus, der ebensoviel der Vergessenheit anheim gab wie er bewahrte. Die Auswahl des aus dem kollektiven Gedächtnis zu Streichenden war ein Prozeß negativer Selektion, der vom Zentrum der Macht aus gesteuert wurde. Die Konsolidierung der Siegermacht lief für die Besiegten parallel mit dem Erfordernis zu vergessen.

Das Franco-Regime war nie demokratisch legitimiert; die Erinnerung an den Kampf um die Freiheit, der zwischen 1936 und 1939 mit beispielloser Leidenschaft geführt worden war, hätte - gerade in Krisenzeiten - destabilisierende Wirkungen haben können. Für die politisch geknebelte Geschichtswissenschaft bedeutete dies das Erfordernis, Historiographie nicht als kritische Wissenschaft, sondern als Legitimation des Siegerregimes zu betreiben. Der Bürgerkrieg hatte als nationaler und antibolschewistischer „Kreuzzug" (*cruzada*) sowie als „nationaler Befreiungskrieg" (*guerra de liberación nacional*) dargestellt zu werden. Regimekritische Darstellungen konnten jahrzehntelang nur im Ausland publiziert werden.

Historiker und Publizisten waren sich stets darin einig, daß erst in einem demokratischen Staat, ohne intellektuelle Gängelung oder politische Zensur, die vollständige Aufarbeitung der Bürgerkriegsgeschichte oder der besonders dunklen Jahre des frühen Franquismus erfolgen würde. Im Übergang von der Diktatur zur Demokratie in den Jahren nach 1975 wurden denn auch die Archive geöffnet, die wissenschaftliche Beschäftigung mit dem Bürgerkrieg erlebte einen gewaltigen Aufschwung. Unter spanischen Historikern institutionalisierte sich die Formel der „Wiedergewinnung unserer Geschichte" (*recuperación de nuestra historia*). Verstanden wurde darunter sowohl die Aufarbeitung der (vor allem unmittelbaren) Vergangenheit und ihre Bewältigung im Sinne der historischen Identitätsfindung wie der Wiederanschluß an frühere (historiographische und politische) Traditionen, die durch die lange Zeitspanne der franquistischen Diktatur unterbrochen worden waren. Zugleich war die Formel „Wiedergewinnung unserer Geschichte" Ausdruck der erneut erlangten Wissenschaftsfreiheit, die gewissermaßen ein politisches Programm darstellte.

Das verstärkte wissenschaftliche Interesse am Bürgerkrieg und die Zunahme an Publikationen in den Jahren unmittelbar nach 1975 dürften einem verbreiteten Bedürfnis in weiten Bevölkerungskreisen nach Information und Aufklärung entsprochen haben. Es stand zu erwarten, daß zum 50. Jahrestag des Kriegsbeginns (1986) sowie des Kriegsendes (1989) oder zum 60. Jahrestag des Kriegsbeginns (1996) verstärkte Aktivitäten stattfinden würden, um dem Informationsbedürfnis der Bürger nachzukommen.

Die nachfranquistischen Jahrestage

Betrachtet man jedoch die Zahl der offiziellen Gedenkveranstaltungen, so könnte man auf den ersten Blick erstaunt sein: In der Bundesrepublik Deutschland etwa wurde 1986 des spanischen Kriegsausbruches viel ausführlicher gedacht als in Spanien selbst. An vielen westdeutschen Universitäten und anderen Bildungseinrichtungen fanden Vortrags- und Diskussionsabende, Tagungen und Symposien, Seminare und Ausstellungen statt. Presse, Rundfunk und Fernsehen berichteten ausführlich - insgesamt weit mehr, als die entsprechenden spanischen Pendants.¹ Und 1996 gab es im Bereich der Historiographie zwar eine Reihe lesenswerter Neuerscheinungen;² politisch-gesellschaftlich fand der Jahrestag aber so gut wie keinen Niederschlag.

In dem Rückblick, der in der spanischen Zeitschrift *Arbor* auf die verschiedenen Veranstaltungen geworfen wurde, die 1986 aus Anlaß der 50. Wiederkehr des Bürgerkriegsbeginns in Spanien selbst stattgefunden hatten, hieß es, der Termin sei dazu geeignet, mit „Mythen, frechen Fälschungen, manichäistischen Interpretationen, einseitigen Apologien, hinterhältigen Propagandamaßnahmen und Pseudostudien auf wackliger oder inexistenter Quellenbasis" aufzuräumen. In Spanien sei ein „Kurswechsel" feststellbar, da auf der Grundlage zahlreicher Studien der Zeitpunkt gekommen sei, zu dem der Krieg „aus einer ernsten und würdigen Perspektive, mit strengen Bewertungskriterien und angemessenen akademischen und wissenschaftlichen Instrumenten" beurteilt werden könne.³

Diese „neue" Historiographie zum Bürgerkrieg und das Bestreben, die Ergebnisse der wissenschaftlichen Forschung zu popularisieren, waren auch der bemerkenswerteste Beitrag, der von spanischer Seite zum Gedenken an den Bürgerkrieg „50 Jahre danach" geleistet wurde. 1986 erschienen nicht nur einige solide Monographien zu Spezialaspekten, sondern auch etliche Sammelbände, die ein weitgehend ausgewogenes Bild des Bürgerkriegs präsentieren; weitverbreitete historische Zeitschriften (*Historia 16*) und Tageszeitungen mit hohen Auflagen (*El País* u.a.) brachten vielfältige Bürgerkriegsbeiträge;⁴ das unter staatlicher Kontrolle stehende Fernsehen schwieg sich allerdings aus.

Zweifellos gab es 1986 auch in Spanien öffentliche Veranstaltungen, die an den Bürgerkriegsbeginn erinnerten.⁵ Und trotzdem: Gemessen an der über-

---

1 Diese Aussage bezieht sich vor allem auf die „nationale" Ebene. Im regionalen Bereich der einzelnen Autonomen Gemeinschaften wurde in zwar unterschiedlichem Grad an die Gedenktage erinnert, insgesamt aber ausführlicher als auf „nationaler" Ebene. Dies gilt sowohl für Presse und Rundfunk als auch für das Regionalfernsehen.
2 Als Überblick vgl. Julio Aróstegui: La guerra de Don Ricardo y otras guerras. In: Hispania LVII/2, Nr. 196, 1997, S. 777-787; sowie die ausgezeichnete Bibliographie BIHES, Bibliografía de Historia de España, Nr. 7: La guerra civil (1936-1939). 2 Bde. Madrid (Consejo Superior de Investigaciones Científicas) 1996.
3 Arbor Nr. 491/492, Bd. 125, 1986, S. 183-215.
4 Vgl. etwa die monographischen Sondernummern zum Spanischen Bürgerkrieg folgender Zeitschriften: Cuenta y Razón Nr. 21, Sept.-Dez. 1985; Arbor Nr. 491/492, 1986; Studia Historica Nr. 4, Bd. III, 1985; Letras de Deusto Bd. 16, Nr. 35, Mai-Aug. 1986; Aportes Nr. 8, Juni 1988; als Tagungsbände vgl. Universitat de València, Facultat de Geografia i Història: Estudis d'Història Contemporània del País Valencià. Valencia o.J.; Julio Aróstegui (Hg.): Historia y memoria de la guerra civil. Encuentro en Castilla y León. Salamanca, 24-27 de septiembre de 1986. 3 Bde., Valladolid 1988; als Sammelbände vgl. Manuel Tuñón de Lara (u.a.): La guerra civil española. 50 años después. Barcelona 1985; Ramón Tamames (u.a.): La guerra civil española. Una reflexión moral 50 años después. Barcelona 1986.
5 Vier Kongresse überragten alle anderen: der von April 1986 in Valencia unter dem Titel „Valencia, Hauptstadt der Republik"; der von September in Salamanca unter der Bezeichnung „Geschichte des und Erinnerung an den Bürgerkrieg"; schließlich die von Oktober in

ragenden Bedeutung, die dieser Krieg für das Spanien der Gegenwart hat, hielten sich die Rückblicke eher in Grenzen. Die meisten Veranstaltungen waren ohnehin in die eher „entschärfte" Domäne der Historiker übergegangen. Denn darin waren sich nahezu alle politisch und wissenschaftlich Verantwortlichen einig: Die Gedenkveranstaltungen sollten der früheren folkloristisch-propagandistischen Funktionen entkleidet werden und „streng" wissenschaftlichen Charakter erhalten; keine erneuten Rechtfertigungen, sondern Erklärungen waren gefragt; nicht die Opas, die den Krieg geführt hatten, sondern die jungen Akademiker, die ihn nur über Quellen und Literatur kennen, waren die Protagonisten der Veranstaltungen. Und auf diesen selbst wurde immer wieder mahnend dazu aufgefordert, „objektiv" und „historisch distanziert" zu argumentieren, da man doch über ein längst vergangenes Ereignis spreche, das seit langem schon Teil der „Geschichte" sei. Wer eine allzu deutliche Sprache wählte (etwa bei der Einschätzung der ungeheuerlichen Repression der Bürgerkriegssieger), fühlte sich fast bemüßigt, quasi um Entschuldigung dafür zu bitten.[6]

Im Gegensatz zu den verschiedenen Historikerkongressen ließ sich das „offizielle" Spanien so gut wie nicht vernehmen. Im Juni 1986, wenige Wochen vor dem eigentlichen Jahrestag des Bürgerkriegsbeginns, standen Parlamentswahlen auf der politischen Tagesordnung, bei denen es für die regierende Sozialistische Partei um den Erhalt ihrer absoluten Mehrheit ging, und in dieser politisch heiklen Situation durften Wähler der Mitte und der gemäßigten Rechten nicht verunsichert oder gar verschreckt werden, indem öffentlich und über Massenmedien auf die Spaltung der spanischen Gesellschaft in den 30er Jahren hingewiesen wurde. Damals war ja die Sozialistische Partei eindeutig auf dem linken Spektrum des politischen Lebens angesiedelt gewesen. Außerdem wäre wohl eine öffentliche Debatte nicht zu verhindern gewesen, in der auch die Mitverantwortung der stärksten Arbeiterpartei am Scheitern der spanischen Demokratie diskutiert worden wäre. (Übrigens galt das offizielle Schweigen auch für die konservativen Politiker der oppositionellen Volksallianz.) In Barcelona, der früheren Hochburg des Anarchosyndikalismus, versuchte der sozialistische Bürgermeister gar, die zentrale Gedenkveranstaltung der eher unbedeutenden *Confederación Nacional del Trabajo* (CNT) zu verbieten. Geradezu lächerlich-

---

Granada, der von der dortigen Universität organisiert wurde, und in Barcelona, der sich mit dem Rahmenthema „Krieg und Revolution in Katalonien" beschäftigte. Zählt man noch die verschiedenen Seminare, Tagungen oder Sommerkurse hinzu, so läßt sich sagen, daß nahezu alle in- und ausländischen Bürgerkriegsspezialisten auf irgendeinem der Kongresse anwesend waren.

6 Es ist bemerkenswert, daß es sich hierbei (soweit dies ohne quantifizierende Untersuchungen gesagt werden kann) um eine Zurückhaltung handelt, die neueren Datums ist und die Argumentation aus der zeitlichen Perspektive der *transición* stützt. In den Schlußjahren des Franquismus - als die Opposition gegen das Regime in Akademikerkreisen weit verbreitet war - wurde in der akademischen Lehre viel deutlicher und ausführlicher auf die Repressionsbilanz des Franquismus verwiesen.

grotesk wirkte es, daß die sozialistische Regionalregierung von Valencia ein von Rafael Alberti entworfenes Plakat zur Erinnerung an die Monate, in denen Valencia während des Bürgerkrieges Hauptstadt der Republik war, zurückwies - weil auf dem Plakat die Fahne der Republik zu sehen war und die inzwischen königstreuen Sozialisten in vorwegnehmender Gefälligkeit dem bourbonischen Königshaus kein republikanisches Symbol zumuten wollten.

Die einzige Verlautbarung aus dem Moncloa-Palast - Ministerpräsident Felipe González verkündete sie als Regierungschef aller Spanier, nicht als Generalsekretär der Sozialistischen Partei - besagte, der Bürgerkrieg sei „kein Ereignis, dessen man gedenken sollte, auch wenn er für die, die ihn erlebten und erlitten, eine entscheidende Episode in ihrem Leben darstellte". Inzwischen sei der Krieg jedoch „endgültig Geschichte, Teil der Erinnerung und der kollektiven Erfahrung der Spanier"; er sei „nicht mehr lebendig und präsent in der Realität eines Landes, dessen moralisches Gewissen letztlich auf den Prinzipien der Freiheit und der Toleranz basiert".[7]

Sicherlich sind derartige Äußerungen in Zusammenhang mit dem demokratischen Neuaufbau nach 1975 und dem Schlüsselwort beim Abbau der Diktatur zu sehen: *consenso*, Zusammenwirken aller. Die traumatische Erfahrung von Bürgerkrieg, brutalster Gewaltausübung und gesellschaftlicher Spaltung dürfte unausgesprochen den Hintergrund vieler Haltungen und Maßnahmen in der Übergangsphase zur Demokratie gebildet haben: Für die Akzeptierung der Monarchie durch die republikanischen Sozialisten, für die gemäßigten Positionen der Kommunisten, für das Zusammenwirken aller politischen Kräfte bei der Ausarbeitung der neuen Verfassung. Die neue Demokratie sollte nicht von einem Teil gegen den Willen des anderen, sondern möglichst unter Mitwirkung aller politischen Lager aufgebaut werden. Voraussetzung hierfür aber war die Wiederversöhnung aller ehemals verfeindeten Lager. Nicht alte, noch ausstehende Rechnungen sollten beglichen, sondern ein endgültiger Schlußstrich unter die Kämpfe und Feindschaften der Vergangenheit gezogen werden. Dieser Wunsch nach Aussöhnung und die Angst davor, alt-neue nicht verheilte Wunden wieder aufzureißen, mögen die damals regierenden Sozialisten - die zu den Hauptverlierern des Bürgerkrieges gehörten! - mitbewogen haben, den Jahrestag 1986 offiziell nicht zur Kenntnis zu nehmen, ja: zu verdrängen, und außerdem politisches Verständnis für die ehemals „andere" Seite zu zeigen. Weiter heißt es nämlich in der Moncloa-Erklärung, die Regierung wolle „die Erinnerung an all jene ehren und hochhalten, die jederzeit mit ihrer Anstrengung - und viele mit ihrem Leben - zur Verteidigung der Freiheit und der Demokratie in Spanien beigetragen haben"; zugleich gedenke sie „respektvoll jener, die - von anderen Positionen aus als denen des demokratischen Spanien - für eine andere Gesellschaft kämpften, für die viele auch ihr Leben opferten". Die Regierung hoffe, daß „aus keinem Grund und keinem Anlaß das Gespenst

---

7 „Una guerra civil no es un acontecimiento conmemorable", afirma el Gobierno, in: El País vom 18.7.1986, S. 17.

des Krieges und des Hasses jemals wieder unser Land heimsuche, unser Bewußtsein verdunkle und unsere Freiheit zerstöre. Deshalb äußert die Regierung auch ihren Wunsch, daß der 50. Jahrestag des Bürgerkrieges endgültig die Wiederversöhnung der Spanier besiegle."

Während der Moncloa-Palast diese Erklärung verbreiten ließ, fand gleichzeitig in der Stierkampfarena von San Lorenzo de El Escorial vor ungefähr 2000 Menschen eine Gedenkveranstaltung statt, die ehemalige Anführer der aufgelösten rechtsradikalen *Fuerza Nueva* organisiert hatten. Blas Piñar rechtfertigte hier den „bewaffneten Aufstand" von 1936, andere Sprecher betonten die Pflicht der Armee, sich mit Waffengewalt zu erheben, wenn Spanien in Gefahr sei, oder wiesen darauf hin, daß viele Spanier bereit seien, „Spanien zu retten, da die Verräter und die Eidbrüchigen das Land zerstört haben"[8]. (Zu letzteren zählten sie übrigens auch Manuel Fraga Iribarne.) Viele Anwesende trugen Flaggen mit dem franquistischen (längst illegalen) Wappen. Die Polizei schritt nicht ein.

Die Folgen des Bürgerkrieges

Auch Behörden drücken alle Augen zu, wenn in vielen Ortschaften nach wie vor Symbole der franquistischen Diktatur anzutreffen sind.[9] Mit dieser stillschweigenden Duldung legen die demokratischen Regierungen eine grundsätzlich andere Haltung als das aus dem Bürgerkrieg hervorgegangene Sieger-Regime an den Tag. Es lohnt sich, einige Maßnahmen aus der Zeit nach 1939 in Erinnerung zu rufen: Die Menschenverluste beliefen sich insgesamt auf 500.000-600.000, wovon im Zuge der Kampfhandlungen allerdings „nur" 100.000-150.000 gefallen sein dürften. Der weitaus größte Teil fiel zwischen 1936 und 1944 in Franco-Spanien politischem und Justizmord zum Opfer: circa 300.000-400.000. Zu diesen Zahlen sind noch mindestens weitere 400.000 aus politischen Gründen Exilierte hinzuzuzählen, die nach 1939 das Land verlassen mußten.[10]

Wirtschaftlich betrachtet wurde durch den Bürgerkrieg der größte Teil der Produktionsanlagen zerstört. 1940 war das Volkseinkommen auf den Stand von 1914 zurückgefallen, die erwerbstätige Bevölkerung durch den Krieg um weit über eine halbe Million gesunken. Rund 8 % aller Wohnungen waren im Krieg beschädigt oder zerstört, über 40 % aller Lokomotiven und Waggons unbrauch-

---

8 Ebenda.
9 Es gibt zahlreiche Beispiele für sehr unterschiedliche Verhaltensweisen von Behörden. Der Stadtrat von Santander diskutierte in den Jahren der *transición* wiederholt die Frage, ob das Reiterstandbild Francos aus der kantabrischen Stadt entfernt werden sollte oder nicht. Schließlich blieb es (bis heute) stehen.
10 Zu diesen sowie zu den folgenden Zahlen vgl. Walther L. Bernecker: Spaniens Geschichte seit dem Bürgerkrieg. München 1997.

bar geworden. Die Handelsmarine büßte über 30 % ihres Gesamtbestandes ein. Die Industrieproduktion sank von 1935 bis 1939 um 31 %, die Agrarproduktion um etwas über 21 %, das Volksvermögen um 25,7 %, das durchschnittliche Pro-Kopf-Einkommen um 28,3 %.

Wichtiger als die materiellen waren die ideologischen und psychologischen Folgen des Krieges. Die Niederlage von 1939 markierte im Handeln und im politischen Bewußtsein der Arbeiterbevölkerung, vor allem in den ländlichen Gegenden, einen tiefen historischen Bruch und hinterließ ein geschichtliches Trauma, das die Arbeiteröffentlichkeit vieler Gemeinden bis zum Ende des Franquismus prägte. Die entpolitisierenden Folgen dieses Traumas konnten erst im Verlauf der 70er Jahre allmählich überwunden werden. Das wichtigste Vermächtnis des Krieges von 1936 war die auf ihn folgende Spaltung der spanischen Gesellschaft in zwei Lager: das der Sieger und das der Besiegten. Für das Lager der „Nationalen" stand von Anfang an fest, daß die Sieger regieren und die Früchte der Macht genießen würden. Die Besiegten, die in den Augen Francos das absolut Böse verkörpert hatten, sollten zahlen und büßen.[11]

Die Vergeltung der Sieger war ungeheuerlich, die blutige Repressionsbilanz erreichte im ersten Jahrzehnt nach 1939 einen in der spanischen Geschichte einmaligen Höhepunkt. Erst allmählich ging das Regime, nachdem es sich definitiv konsolidiert hatte, zu differenzierteren, weniger brutal-terroristischen Methoden über. Über Hungertote und „Verschwundene" liegen keine verläßlichen Zahlen vor, doch belegen inzwischen viele erschütternde Berichte die unvorstellbaren Lebensbedingungen politischer Gefangener und ihrer Angehörigen, ihre systematische Benachteiligung und ständige Demütigung, ihre andauernde Angst vor Verfolgung und Inhaftierung.[12]

Auch das Exil, das Hunderttausende erleiden mußten, gehört zur sozialen Realität Franco-Spaniens und ist als besonderer Aspekt der Repressionspolitik zu werten. Die größte Welle der Flüchtlinge ergoß sich nach Frankreich, wo die Exilierten in schnell errichteten Auffanglagern eher das kümmerliche Schicksal von Gefangenen denn von politischen Asylanten fristeten. Offizielle Angaben des französischen Innenministeriums sprachen von über 500.000 Personen; hastig organisierte Hilfsdienste konnten zwar eine beträchtliche Anzahl von Republikanern noch vor dem deutschen Überfall auf Frankreich nach Lateinamerika evakuieren, litten jedoch unter Eifersüchteleien und gegenseitigen Vorbehalten, die eine optimale Hilfsaktion verhinderten.

---

11 Hierzu ausführlich Paloma Aguilar Fernández: Memoria y olvido de la Guerra Civil española. Madrid 1996.
12 Gabriel Jackson: Annäherung an Spanien 1898-1975. Frankfurt am Main 1982.

Die franquistischen Gnadenerlasse

Die angebliche Versöhnungspolitik Francos hat sich in all den bombastisch hochstilisierten „Friedensjahren" nie dazu überwinden können, den Verlierern des Bürgerkrieges eine umfassende Generalamnestie zu gewähren; nur spektakulär aufgemachte Gnadenerlasse ermöglichten sorgfältig Ausgewählten den Weg in die Freiheit. Die fürchterliche Repression der 40er Jahre vertiefte die vorhandenen Gräben weiter, als diejenigen, die (bewußt oder weil ihnen keine andere Möglichkeit blieb) die Republik der Volksfront unterstützt hatten, verfolgt, gefoltert, erschossen oder verbannt wurden. Die Inhaber der Macht dachten nach 1939 nicht an eine Wiederversöhnung; ihnen ging es vor allem um Rache. Der 1. April - der Tag, an dem der Bürgerkrieg für beendet erklärt wurde - war nicht etwa ein „Tag des Friedens"; er wurde in der Franco-Ära vielmehr als „Tag des Sieges" begangen und erinnerte damit Spanien Jahr für Jahr an die Zweiteilung des Landes in Sieger und Besiegte.[13]

Das Franco-Regime verabschiedete sofort nach seiner Installierung umfassende Gesetze zur „politischen Verantwortlichkeit" der Unterlegenen. Damit war den Siegern eine juristische Handhabe zur Verdrängung vieler Funktionäre aus staatlichen oder kommunalen Ämtern gegeben, die mit eigenen Anhängern neu besetzt werden sollten. Auf untergeordnete Verwaltungsstellen kamen zumeist Kriegsversehrte der „nationalen" Seite, während die Kriegsversehrten des republikanischen Lagers keinerlei Anspruch auf irgendeine Art von Rente hatten, daher am Existenzminimum dahinvegetierten.[14] Die franquistischen Kriegsversehrten - und nur diese - vertraten demgegenüber ihre Interessen in der *Hermandad de Caballeros Mutilados* („Bruderschaft der Kriegsversehrten").

Nach dem Zweiten Weltkrieg gab es eine ganze Reihe von Gnadenerlassen, die in ihrem jeweiligen zeitlich-politischen Kontext gedeutet werden müssen. Der erste Gnadenerlaß wurde am 2. Oktober 1945 - in einer für das Regime wirtschaftlich wie politisch besonders schwierigen Situation - verkündet; er betraf „Vergehen der Militärrebellion, gegen die Staatssicherheit oder die öffentliche Ordnung". Auffällig an der offiziellen Terminologie ist vor allem die verbale Umkehrung der realhistorischen Situation: Den Personen, die der verfassungsmäßigen Ordnung der Republik treu geblieben waren, wurde „Militärrebellion" vorgeworfen; vom Gnadenerlaß ausgeschlossen blieben all jene Verurteilten, „die sich an Akten von Grausamkeit, an Tötungen, Vergewaltigungen, Schändungen, Diebstählen oder anderen Taten beteiligt haben, die wegen ihres

---

13 Zum Gesamtzusammenhang vgl. Walther L. Bernecker: Spaniens Geschichte seit dem Bürgerkrieg. München 1997.
14 Vgl. A. Bravo-Tellado: Los mutilados del Ejército de la República. Madrid 1976.

Charakters den Abscheu aller ehrenwerten Menschen hervorrufen" - eine Bestimmung, die einer willkürlichen Interpretation Tür und Tor öffnete.[15]

In den Folgejahren kam es, bei speziellen Anlässen, zu weiteren Gnadenerlassen: 1947 aus Anlaß der Verabschiedung des „Gesetzes zur Regelung der Nachfolge in der Staatsführung", 1952 anläßlich des Eucharistischen Kongresses, 1954 in Zusammenhang mit dem Marianischen Jahr, 1961 zum 25. Jahrestag der Amtsführung Francos, und zu mehreren anderen Anlässen. Der 1966 ausgesprochene Gnadenerlaß, demzufolge der Tatbestand der „politischen Verantwortlichkeiten" der Kriegsverlierer abgeschafft wurde, weckte bei vielen politischen Beobachtern falsche Hoffnungen. Als nämlich im Jahr 1968 ein Repräsentant der Ständekammer, Juan Manuel Fanjul, den Gesetzesantrag stellte, den aus dem Dienst entfernten republikanischen Staatsangestellten die Chance zum Wiedereintritt einzuräumen, lehnte die Regierung diesen Antrag unter Hinweis auf Haushaltsprobleme ab.[16] Die bis dahin bestehende diskriminatorische Praxis wurde beibehalten.

Natürlich schwächte sich jene manichäistische Spaltung im Laufe der Zeit ab, stetig aufgeweicht durch vielfältige persönliche Beziehungen. Sie konnte aber jahrzehntelang vor allem deshalb fortbestehen, weil Franco entschlossen war zu erreichen, daß niemand den Bürgerkrieg vergaß, da ja sein Sieg über das „Anti-Spanien" die eigentliche Legitimation seiner Herrschaft darstellte. Für Franco verlor jene Schwarz-Weiß-Sicht auch im Laufe der Jahre kein Körnchen Kraft. Aber nicht nur Franco allein war entschlossen, in der spanischen Gesellschaft die Trennungen des Bürgerkrieges aufrechtzuerhalten, sondern ganz allgemein die Rechte. Für diese war der Sieg von 1939 der Zugang zu Macht und Einfluß. Ihr durch den Sieg hervorgerufener Enthusiasmus war sozusagen das Wesenszentrum ihrer Gefühle, und die allgegenwärtige Kriegsmystik des nationalen Spanien setzte sich die 40er Jahre hindurch fort und wurde von den Organisationen ehemaliger Frontkämpfer des Bürgerkrieges aufrechterhalten.

Die Ideologie des neuen Regimes kam in einer Symbiose verschiedener Bestandteile zum Ausdruck; religiöse, militärische, konservative Elemente vermengten und überlagerten sich; sie prägten alle Äußerungen der Macht. Das ideologische Universum war mit Assoziationen angefüllt, die zugleich schematische Analyse-Strukturen der Ereignisse darstellten: Der Krieg war ein „Kreuzzug", womit ein Amalgam des militärischen und des religiösen Elements erfolgte; „das Spanische" wurde mit „dem Katholischen" identifiziert, was zur Geburtsstunde des Nationalkatholizismus der Nachkriegszeit wurde; die Macht übte ein Militär aus, dessen *caudillaje* „von Gottes Gnaden" (*Caudillo de España por la gracia de Dios*) herrührte; die Antinomien bildeten das Anti-Spanische, die Atheisten, Marxisten, Freimaurer, kurzum: „die Roten". Eine

---

15 Vgl. Paloma Aguilar Fernández: Memoria y olvido de la Guerra Civil española. Madrid 1996, S. 144-147.
16 Vgl. Juan Manuel Fanjul: Dos años de procurador en Cortes por las familias de Madrid. Madrid 1970.

rationale Analyse von Vergangenheit und Gegenwart wurde unmöglich gemacht, irrationale Elemente dominierten lange Zeit in historischen und politischen Betrachtungen.

Die Folgen der Sieger-Mentalität waren die gesamte Franco-Ära über zu spüren.[17] Erst nach dem Tode des Diktators durfte in Dörfern und Städten an Massengräber gerührt werden, in die im April 1939 und danach Tausende hingerichteter Republikaner geworfen worden waren. Viele der Toten duldete Francos Racheregime nur als „Verschwundene" oder „Vermißte", um die Schreckensbilanz der Abrechnung zu verschleiern. Hinrichtungen und „Säuberungen" haben bis ans Ende der Franco-Ära im Volk die Erinnerung an die Spaltung in „zwei Spanien" aufrechterhalten, trotz aller bombastischen Propaganda des Regimes über den „Frieden Francos" oder die „Einigkeit unter Franco". Für viele Spanier dauerte der 1939 offiziell für „beendet" erklärte Bürgerkrieg bis 1975, bis zum Todesjahr des Diktators.

Die Amnestien der Demokratie

Vergleicht man die juristische Aufarbeitung der jeweiligen Vergangenheit, so könnte der Unterschied zwischen dem franquistischen und dem demokratischen Spanien nicht eklatanter sein. Besonders deutlich läßt sich dies an den Gnadenerweisen bzw. Amnestien erkennen. Während das Franco-Regime niemals eine umfassende Amnestie verkündete, geschah dies im demokratischen Spanien schon bald nach der ersten freien Parlamentswahl 1977. Der erste Gnadenerlaß war bereits am 25. November 1975 verkündet worden, drei Tage nach der Krönung von König Juan Carlos. Es war ein in seiner Reichweite noch beschränkter Gnadenerlaß, an dem vor allem die Präambel von Interesse ist; in ihr wurde nämlich die Idee der Monarchie mit der Wiederversöhnung der Spanier in Verbindung gebracht. Der König formulierte: „Die Instaurierung der spanischen Monarchie in meiner Person soll eine Bestätigung der Absichten solidarischen und friedlichen Zusammenlebens zwischen allen Spaniern darstellen."[18]

Am 30. Juli 1976 wurde sodann das inzwischen vielfach geforderte Amnestiegesetz verabschiedet, das erstmalig Personen betraf, die mit der Ideologie der Bürgerkriegsverlierer sympathisiert hatten. Strafverfügungen, die aufgrund von Taten verhängt worden waren, die vor dem 1. April 1939 stattgefunden

---

17 In einem der inzwischen klassischen Filme von Carlos Saura, *La prima Angélica*, ruft ein provinzlerischer Franquist aus: „Aber wer wird sich denn an den Bürgerkrieg erinnern!" Aus seiner privilegierten (wenn auch beschränkten) Machtposition heraus duldet im Film der franquistische Sieger nicht, daß der Bürgerkrieg evoziert und damit die Möglichkeit eingeräumt wird, die Ergebnisse des Krieges in Frage zu stellen. Eine derartige Haltung, wie sie der Franquist an den Tag legt, ist nicht neu: Die Zerstörung der Erinnerung reicht historisch so weit zurück wie die Erfindung von Traditionen.

18 Zit. nach Paloma Aguilar Fernández: Memoria y olvido de la Guerra Civil española. Madrid 1996, S. 264.

hatten, wurden aufgehoben. Im übrigen sollte der Bürgerkrieg möglichst vergessen werden: „Da sich Spanien auf dem Weg zu voller demokratischer Normalität befindet, ist der Augenblick gekommen, in dem dieser Prozeß durch Vergessen jeglichen diskriminatorischen Erbes der Vergangenheit im brüderlichen Zusammenleben der Spanier zu Ende geführt werden soll."[19] Erstmalig wurde in einer staatlichen Verfügung von „diskriminatorischem Erbe" gesprochen, das es zu beenden, zugleich aber auch zu vergessen galt. In Kommentaren zu diesem Gesetzesdekret wurde als seine eigentliche Absicht die Überwindung des Bürgerkrieges genannt.

Das bedeutendste Amnestiegesetz der *transición* wurde am 14. Oktober 1977 von dem bereits demokratisch zusammengesetzten Parlament verabschiedet. Zu der vorhergehenden Verfügung gab es einen klaren qualitativen Unterschied. Während nämlich das Gesetzesdekret von 1976 alle Vergehen ausnahm, welche „Leben oder Integrität von Menschen gefährdet oder verletzt" hatten, umfaßte das Gesetz von 1977 alle „Akte mit politischer Absicht, unabhängig von ihrem Ergebnis"; es ging somit weit über alle vorhergehenden Bestimmungen hinaus und stellte eine Art Generalpardon für alle politischen Vergehen der Vergangenheit dar - für die früheren Anhänger der Republik, die antifranquistischen Untergrundkämpfer sowie sämtliche franquistischen Würden- und Funktionsträger, die unter Mißachtung rechtsstaatlicher Prinzipien jahrzehntelang Siegerjustiz hatten walten lassen. Die Diskussion dieses Amnestiegesetzes war darüber hinaus in vielfältiger Weise mit der Erinnerung an den Bürgerkrieg verknüpft, ging es doch auch um die Rehabilitation jener, die eine Strafe absaßen, weil sie ein nicht-demokratisches Regime bekämpft hatten, das sich nach dem Sieg im Bürgerkrieg installiert hatte.

1939 hatte das Siegerregime innerhalb kürzester Zeit alle öffentlichen Symbole entfernen lassen, die an die unterlegene Republik erinnerten; das demokratische Spanien hat demgegenüber bis heute keine radikale „Reinigung" franquistischer Symbole vorgenommen. Die meisten mögen zwar inzwischen verschwunden sein; in mehreren Fällen aber sind nach wie vor Straßennamen nach siegreichen Bürgerkriegsgenerälen benannt, in gar nicht so wenigen Amtszimmern sind Fotos von Francisco Franco und José Antonio Primo de Rivera zu sehen, Monumente Francos „zieren" immer noch Plätze und Parks, in Staatsarchiven wird zum Teil bis heute die franquistische Bezeichnung *guerra de liberación* für den Bürgerkrieg oder *zona roja* für das republikanische Herrschaftsgebiet verwendet. Ein Beispiel für die verspätete oder bisher nicht erfolgte Eliminierung der Symbolik aus der Diktatur:

Erst im April 1989 erfuhr in der Militärakademie von Zaragoza die franquistische Symbologie eine Teilrevision.[20] Die *Avenida del Generalísimo* wurde zur *Avenida del Ejército*, die Straße Mola zur *Avenida de los Reyes*, die *Plaza del Caudillo* zur *Plaza de España*. Das überdimensionale Reiterstandbild

---

19 Ebenda.
20 Vgl. El País vom 27.4.1989, S. 16.

Francos am Eingang der Akademie blieb stehen; nur das *Víctor*-Anagramm wurde durch die Inschrift ersetzt: „General Franco, erster Leiter dieser Anstalt (1928-1931)". Eine weitere Textänderung wurde an dem Monolith vorgenommen, vor dem die Feierlichkeiten zu Ehren der für Spanien Gefallenen stattzufinden pflegen. Der alte Text lautete: „1936-1939. Spanier, lies und gib bekannt, daß der Beitrag des Heeres zu unserem nationalen Kreuzzug in 70.561 Toten, 353.352 Verletzten und 50.000 Kriegsversehrten bestand. Deshalb bittet Dich Spanien um ein Gebet für die Gefallenen, um Respekt für die Versehrten, um Zuneigung für Dein Heer." Der neue Text weist dieselben Zahlen auf (die allerdings nur die auf franquistischer Seite Gefallenen betreffen) und setzt hinzu: „Tribut des Landheeres im letzten Bürgerkrieg. Unsere beste Ehrung für sie: daß Spanier sich nie mehr gegenüberstehen." Die auf Veranlassung der Regierung vorgenommenen Änderungen erfolgten ohne Absprache mit der Leitung der Militärakademie; keiner der Offiziere brachte seine Zustimmung zu den Änderungen zum Ausdruck, mehrere von ihnen kritisierten die Umbenennungen jedoch. Im privaten Kreis äußerten einige Offiziere, die sich selbst als „verfassungstreu" bezeichneten, die Meinung, die Änderungen seien unzureichend und lediglich kosmetischer Natur.

Sieger und Besiegte bewahrten gewissermaßen ihre Rollen; die bis 1996 regierenden Sozialisten griffen auf die Erblast der Angst als Folge des Krieges zurück, um ihre politische Vorsicht abzusichern, um keine radikalen Veränderungen vorzunehmen, die möglicherweise die Stabilität des Systems hätten gefährden können. Welcher Richter, welcher Staatsanwalt, welcher Polizist, welcher General ist nach 1975 oder nach der Machtübernahme durch die Sozialisten für Vergehen während der Franco-Diktatur seines Amtes enthoben oder gar bestraft worden?

Dieses spanische „Amnesie"-Verhalten kontrastiert übrigens deutlich mit der Aufarbeitung der Menschenrechtsverbrechen, die während der jüngsten Militärdiktaturen in Lateinamerika begangen wurden. Selbst in Ländern, die nach der Rückkehr zur Demokratie versucht hatten, einen politischen und juristischen Schlußstrich unter die Vergangenheit zu ziehen, wurde die Diskussion über die politisch belastete Vergangenheit auf gesellschaftlichen Druck hin immer wieder aufgenommen, in etlichen Fällen kam und kommt es auch zu Verurteilungen früherer Machthaber und Funktionsträger. Obwohl es erhebliche Unterschiede von einem Land zum anderen gibt, lassen sich in Lateinamerika grundsätzlich zwei Phasen der Aufarbeitung diktatorischer Vergangenheiten unterscheiden: Die erste Phase waren die Jahre unmittelbar nach dem Übergang zur Demokratie, als es um eine strafrechtliche Bewältigung der Menschenrechtsverletzungen während der vorausgegangenen Diktatur ging; in der zweiten Phase stand die geistige Bewältigung der diktatorischen Vergangenheit und ihre politische Aufarbeitung an. Und obwohl auch in Lateinamerika die Amnestie die Regel und die Verurteilung die Ausnahme war - ähnlich wie in Spanien war auch dort ein Verzicht auf die Bestrafung der Mörder und Folterer der Preis für die friedliche Rückkehr zur Demokratie -, gab es in den jeweiligen Gesellschaften zumindest lang anhaltende und erregte Auseinandersetzungen um die Aufarbeitung der Menschenrechtsverletzungen während der Militärdiktaturen. Als Ausweg aus dem Dilemma zwischen der gesellschaftlichen Forderung nach Aufklärung der Verbrechen gegen die Menschenrechte und den machtpolitischen Hindernissen, die (angesichts der anhaltenden Schlüsselpositionen vieler Militärs) einer juristischen Aufarbeitung der Vergangenheit entgegenstanden, griffen viele lateinamerikanische Regierungen auf das Instrument der „Wahrheitskommissionen" zurück.[21]

Von alledem hat es in Spanien nie etwas gegeben. Weder kam es zu einer juristischen Aufarbeitung der franquistischen Diktatur noch zu einer breiten gesellschaftlichen Diskussion über Verantwortlichkeiten in der Diktatur. Die heute erreichte Stabilität hatte somit ihren politischen und moralischen Preis, der soziopolitische Friede wollte erkauft sein. Ein Großteil der älteren Militärs dürfte sich bis in die achtziger Jahre mehr oder weniger mit seiner franquistischen Vergangenheit identifiziert haben. In manchen offiziellen Heerespublikationen nahmen Francos Bilder und seine Titel in den Übergangsjahren eine wichtigere Stelle als die demokratisch gewählten staatlichen Würdenträger ein. In Militärkreisen und Kasernen wird bisweilen noch heute vom „Kreuzzug" gesprochen; allerdings dürfte es sich inzwischen um das Vokabular einer kleinen Minderheit unter den Militärs handeln. Das Überleben des franquistischen Symbolsystems erinnert daran, daß die politische Reform aus einem Pakt hervorging, der innerhalb der autoritären Institutionen ausgearbeitet worden ist und schließlich zum „Übergang in die Demokratie" führte. Diesem Übergangscharakter entsprechend gingen die Streitkräfte sowie alle anderen staatlichen Instanzen ohne jegliche Art von Säuberung von der Diktatur in den Postfranquismus über.

Die Verdrängung des Bürgerkrieges

Die Tatsache, daß es keinen klaren demokratischen Bruch mit der franquistischen Diktatur gab, hat einen Schatten auf jene Bereiche der Vergangenheit geworfen, die in der französischen Historiographie die „Orte des Gedächtnisses" genannt werden. Die *transición* stellte eine Art Ehrenabkommen dar, durch das die Kompensation der Franquisten für die Übergabe der Macht in der Praktizierung einer kollektiven Amnesie erfolgte. Dies gilt nicht nur für die konservativen Übergangsregierungen der Jahre 1977-1982; dies ist nicht weniger gültig für den *Partido Socialista Obrero Español*: Mit ihrer Geschichtslosigkeit setzte die spanische Sozialdemokratie den in der Franco-Zeit erzwungenen Gedächtnisverlust des Volkes fort. In beiden Fällen diente die Margina-

---

21 Zu diesem Problemkomplex vgl. Detlef Nolte (Hg.): Vergangenheitsbewältigung in Lateinamerika. Frankfurt am Main 1996.

lisierung und Verdrängung von Geschichte der Stabilisierung bestehender Machtverhältnisse.

Über die bisherigen Überlegungen hinaus dürfte ein weiterer wichtiger Grund für die offizielle Verdrängung des Bürgerkriegs in dem ideologischen Konsens liegen, der in den Übergangsjahren die spanische Gesellschaft bestimmte und der auf die Begriffe Modernisierung und Europäisierung gebracht werden kann.[22] Hintergrund der Fortschrittsgläubigkeit, des extrovertierten Konsumrausches und der ungezügelten Europa-Euphorie der 80er Jahre war ein tiefsitzender Minderwertigkeitskomplex gerade in bezug auf diesen Fortschritt und dieses Europa, von dem das Franco-Regime sich zuerst bewußt abgekoppelt hatte (*España es diferente*) und von dem es zuletzt aus politischen und ökonomischen Gründen ferngehalten worden war.[23] Philosophen, Schriftsteller und Politiker haben sich bis in die unmittelbare Gegenwart immer wieder die Frage nach den Gründen für Spaniens „Rückständigkeit" gestellt, und bis heute ist der Entwicklungsvorsprung Europas gegenüber Spanien ein in Publizistik, Literatur und Philosophie häufig anzutreffendes Thema. Der Bürgerkrieg gilt in dieser Debatte als das historische Ereignis, durch das die Rückständigkeit der Spanier am klarsten zum Ausdruck kam, der Schlußpunkt in einer ganzen Reihe fehlgeschlagener Modernisierungsversuche.

Die Folge des Bürgerkrieges, die Installierung des Franco-Regimes, führte nach 1945 zum Ausschluß Spaniens aus der internationalen Staatengemeinschaft, zur Ächtung und zum wirtschaftlichen Boykott. Das Land wurde auf sich selbst zurückgeworfen; die Außenbeziehungen konzentrierten sich lange auf die arabischen Länder und Lateinamerika, was auf der Pyrenäischen Halbinsel das Gefühl des Unterentwickeltseins weiter verstärkte. Minderwertigkeit, Isolierung[24] und Spaltung in Sieger und Besiegte - Phänomene, die (bei gewissen Anpassungen an veränderte Bedingungen) bis 1975 anhielten - werden in Spanien mit dem Bürgerkrieg und seinen Folgen assoziiert. Die Öffnung des Landes zur Demokratie, zum Fortschritt und zu Europa war eine bewußte Abkoppelung von dieser unerwünschten Vergangenheit.

In nahezu allen Kommentaren über das Bewußtsein der spanischen Bevölkerung in bezug auf den Bürgerkrieg wird auf die Indifferenz der Jugend gegenüber dieser Vergangenheit hingewiesen. Amtliche Stellen zeigen ein auffälliges Desinteresse, diesen Zustand zu ändern: König und Regierung sprachen in den letzten Jahren nur von Wiederversöhnung, staatliche Instanzen predigen

---

22 Hierzu Holm-Detlev Köhler: Der traumatische Bürgerkrieg, in: Kommune 11, 1986, S. 26-29.
23 In den letzten Jahren - seit Spaniens Vollmitgliedschaft in der EG/EU - sind in der Öffentlichkeit ein deutlicher Abbau dieses Minderwertigkeitskomplexes und zunehmendes Selbstbewußtsein gegenüber „Europa" festzustellen.
24 Unter „Isolierung" soll nicht verstanden werden, daß das Regime nicht diplomatisch anerkannt war. Trotz internationaler Beziehungen wurde das Franco-Regime aber von den meisten westlichen Diplomatien nicht als vollwertig akzeptiert. Ein deutliches Symptom hierfür war die geringe und protokollarisch „nachgeordnete" diplomatische Vertretung bei Francos Beerdigung im November 1975.

unaufhörlich das Thema Europa, eine dauernde Werbeberieselung intensiviert die Konsumneigung, das ganze Land ist mental auf Modernisierung und Fortschritt eingestellt. „Die neue politische Klasse war - im Gegensatz zu derjenigen der Zweiten Republik - so versöhnlich, daß die Jugend Politik nicht mehr für spannend hält und wie anderswo in Europa einfach 'gut leben' will. Der Bürgerkrieg gleitet an ihnen ab."[25] Im Jahr 1986 beging Spanien nicht nur den 50. Jahrestag des Bürgerkriegsbeginns; es war auch das Jahr, in dem das Land Vollmitglied der Europäischen Gemeinschaften wurde und sich endgültig für den Verbleib in der NATO entschied. Hatte der Bürgerkrieg den Beginn eines historischen „Sonderwegs" markiert, so stellte spätestens das Jahr 1986 die Rückkehr Spaniens zur europäischen „Normalität" dar.

Jüngeren Zeitgenossen, die das Land südlich der Pyrenäen weder in der Franco-Ära noch in den ersten Jahren des Übergangs in die Demokratie kennengelernt haben, fällt es heute bereits schwer, sich ein anderes als das „westlich-europäische" Spanien vorzustellen. Vergessen sind die Befürchtungen eines Rechtsputsches, die Angst vor einem erneuten Rückfall in die Diktatur. Wie rapide sich Spanien im gesellschaftlichen Bereich westeuropäischen „Standards" angenähert hat, läßt eine Umfrage von Ende 1987 erkennen. Aus ihr geht der Grad an politisch-gesellschaftlicher „Normalität" hervor, den Spanien inzwischen erreicht hatte. Dieser Umfrage zufolge waren die meisten Spanier politisch als Skeptiker und Pessimisten einzuschätzen, die vom Staat wenig erwarteten und ihren Interessenschwerpunkt im individuellen und privaten Bereich hatten. Die politische Aufbruchstimmung war verblaßt, gesamtgesellschaftlich herrschte eher Passivität vor, für die großen Probleme - Arbeitslosigkeit, Terrorismus, Delinquenz - wurden keine überzeugenden Lösungen mehr erwartet. Glück und Zufriedenheit wurden mit Familie, Kindern und Arbeitsplatz identifiziert, Sicherheit wurde dem Risiko vorgezogen, Beamtenmentalität war häufiger anzutreffen als Neigung zu unternehmerischem Risiko, Freizeit war als Wert höher eingeschätzt als guter Verdienst.[26]

Nach den Ergebnissen der Umfrage war Spanien schon Ende der achtziger Jahre ein Land, das den anderen Ländern Westeuropas immer ähnlicher sah, dessen Bewohner in ihren Attitüden eher vorsichtig und konservativ (aber nicht rechtslastig, sondern eher zur linken Mitte orientiert) waren, die den angestrebten Reformen durchaus offen begegneten, aber keine radikalen Änderungen wünschten; im Hinblick auf ihr eigenes Leben waren (und sind) die Spanier optimistisch und zufrieden, im Hinblick auf die Politik illusionslos, dem Staat und seinen Institutionen gegenüber verhalten sie sich skeptisch; ihre größere Sorge bezieht sich auf die persönliche Sicherheit, die sie für gefährdet halten,

---

25 Werner Herzog: Blutige Warnung aus weiter Ferne, in: Frankfurter Rundschau vom 17.7.1989.
26 Diese Werteskala dürfte rapiden Veränderungen unterworfen sein. Es erscheint fraglich, ob die Bevorzugung von Sicherheit vor Risiko oder das Vorherrschen von Beamtenmentalität vor Unternehmertum für die folgenden Jahre noch zutraf.

weniger auf die allgemeine Freiheit, die sie als gesichert betrachten. Der Einschätzung seiner Bewohner zufolge war Spanien somit nicht mehr „anders", sondern längst ein ganz „normales" Land Westeuropas.

Geschichtsphilosophische und ideologiekritische Erklärungen

Sicher hängt die Geschichtslosigkeit der jüngeren Generationen auch mit der jahrzehntelangen Instrumentalisierung von Geschichte im Franquismus zusammen, die im Nach-Franquismus in Gleichgültigkeit oder sogar in Ablehnung umgeschlagen hat. Umso wichtiger erscheint die Betrachtung Manuel Tuñón de Laras in einem Beitrag zum Bürgerkrieg aus der Sicht eines halben Jahrhunderts danach: „Die Vergangenheit des Bürgerkriegs liegt noch gar nicht so lange zurück, auch wenn wir ihr bereits ihren Ort in der Geschichte zugeordnet haben: Sie hat Haß erzeugt, Tränen fließen lassen und viele Familien mit Trauer erfüllt. Das pluralistische Spanien unserer Tage, das bereits seinen Platz beim Aufbau Europas hat, muß in dieses Europa auch seine eigene historische Erfahrung einbringen - jenseits aller Leidenschaften und Ideologien und auf der Grundlage von Erforschung, Kenntnis und kritischer Beurteilung einer Vergangenheit, die nicht vergessen werden darf, damit sie sich nicht wiederholt."[27]

In diesem Zusammenhang verdienen die Überlegungen des Philosophen José Luis L. Aranguren referiert zu werden, der davon spricht,[28] daß die spanische Gesellschaft in ihrer jetzigen Generation eine neue Beziehung zu ihrer Geschichte eingegangen sei, daß sie keine Dogmen mehr übernehme, sich von der Vergangenheit distanziere (im Gegensatz zur früheren Identifizierung) und in ihrer kollektiven Erinnerung eine Wende vollzogen habe. Diese „historische Mutation" hänge damit zusammen, daß die Spanier bisher vom Gewicht eines „Volkes mit Universalgeschichte" erdrückt worden seien; stets sei ihnen die Orthodoxie einer Kontinuität mit der spanischen Weltgeschichte gepredigt worden, von der sich nur einige wenige heterodoxe Kräfte distanzieren konnten, die sich gegen die dominierenden Nostalgiebestrebungen wandten.

Die vorherrschende spanische Kultur war zu Beginn der Neuzeit, im literarisch glänzenden *Siglo de Oro*, eine Kultur der Gegenreformation, später dann eine Kultur der Anti-Modernität. Da die weltgeschichtliche Größe Spaniens mit dem kulturellen Aufschwung des gegenreformatorischen Katholizismus zusammenfiel, wurde lange Zeit ein unauflöslicher Zusammenhang zwischen spanischer Kultur und Widerstand gegen die Kräfte der Moderne gesehen. Der nostalgische Rückblick auf ein imperial-katholisches Spanien dominierte, das

---

27 Manuel Tuñón de Lara: Versuch einer Gesamteinschätzung - ein halbes Jahrhundert danach, in: ders. (u.a.): Der Spanische Bürgerkrieg. Eine Bestandsaufnahme. Frankfurt 1987, S. 649 f.
28 José Luis L. Aranguren: Por qué nunca más, in: Ramón Tamames (u.a.): La guerra civil española. Una reflexión moral 50 años después. Barcelona 1986, S. 171-184.

wiederum als „ewiges Spanien" und „geistliche Reserve des Abendlandes" betrachtet wurde.

Der Franquismus kann als letzter Versuch betrachtet werden, zumindest in seiner Frühphase sich in diese Tradition der Anti-Modernität einzureihen. Die „revolutionären" Erneuerungsmomente der ursprünglich faschistischen Falange waren für das Regime stets weit weniger bedeutend als die Kontinuitätelemente traditionalistischer, national-katholischer und militärischer Provenienz. Diese „prä-modernen" Kulturelemente gingen in der Spätphase des Franquismus, seit dem Wirtschaftsboom der 60er Jahre, rapide verloren. Der Verlust erzeugte nicht so sehr einen expliziten Anti-Franquismus als vielmehr einen Nicht-Franquismus, eine Skepsis gegenüber der Politik, die zwar in den ersten Jahren nach 1975 einem bewußten Engagement wich, sehr schnell jedoch wieder zur distanzierten Skepsis wurde, als die Hauptziele des friedlichen Wandlungsprozesses - die Sicherung der Demokratie und eine Übertragung der Macht an die linke Mitte - erreicht zu sein schienen. Eine klare politische Alternative war in den 80er Jahren weder auf der Linken noch auf der Rechten in Sicht; das dadurch erzeugte Gefühl der Paralyse schlug sich nicht nur auf das politische, sondern auch auf das historische Bewußtsein nieder und förderte jene Einstellung, die längst nicht mehr auf „Differenz" als vielmehr auf „Indifferenz" und Entpolitisierung abzielt.

Die Zweite Republik erlebte Zeiten höchster Politisierung und sozialer Mobilisierung, die schließlich in den Bürgerkrieg mündeten. Es war zugleich jene (kurze) Zeitspanne, in der ansatzweise eine neue Sicht der spanischen Geschichte (in der Tradition der radikalliberalen *Institución Libre de Enseñanza*) präsentiert wurde. Die heute feststellbare Entpolitisierung findet ihre Entsprechung in einer Enthistorisierung, die dem früheren Interpretationsmodell des imperialen Spanien bisher kein interpretatives Gegenmodell gegenüber gestellt hat.

Auf der Grundlage derartiger Überlegungen könnte es für das offizielle Verdrängen des Bürgerkrieges und das äußerst laxe Umgehen mit den franquistischen Symbolen im Übergangsprozeß in die Demokratie somit auch eine weit einfachere als die politisch-ideologische Erklärung geben: Es stellt sich die Frage, ob die vom Franquismus propagierten Werte in der spanischen Gesellschaft überhaupt je Fuß gefaßt haben, ob die Symbole und Ästhetik des Regimes mehr als resigniert-unbeachtet hingenommene Oberflächensymptome waren. Oder ob nicht jene Worte Miguel de Unamunos, die er am 12. Oktober 1936 in der Aula der Universität von Salamanca zu den dort versammelten Machthabern des „nationalen" Lagers sprach: „Ihr werdet siegen, aber nicht überzeugen" (*venceréis, pero no convenceréis*) sich als prophetisch erwiesen haben. Die Ideologie des Regimes - wenn es sie denn je gegeben hat - war spätestens seit dem Ende der 50er Jahre einem steten Auflösungsprozeß unterworfen gewesen; in den Schlußjahren der Diktatur war sie praktisch inexistent. Eine gewaltsame Auseinandersetzung mit dieser Ideologie, mit den Symbolen und den äußeren

Merkmalen des franquistischen Regimes war nach 1975 deshalb nicht nötig; es handelte sich ohnehin nur noch um inhaltsleere Hüllen, die kaum jemand mehr ernst nahm. Auch das erklärt die Art, wie die spanische Gesellschaft mit ihrer diktatorischen Vergangenheit umging und umgeht. Sie betrachtet sie als überlebt und gibt sie dem Vergessen anheim.

Über den Bürgerkrieg, noch mehr sogar über die ersten Jahre der Franco-Ära, scheint sich eine Decke des Schweigens gelegt zu haben, möglicherweise da die heutigen Generationen es nicht für ratsam erachten, auf eine derart konfliktgeladene Epoche zurückzublicken; die seit Jahren von staatlicher Seite auf den „Fortschritt" gelegte Betonung läßt es dysfunktional erscheinen, die als „negativ" bewerteten Epochen in Erinnerung zu rufen. Auf dem Altar der Ausgleichsmentalität sind auch jene Gedenkveranstaltungen geopfert worden, die viele von der Regierung 1986 bzw. 1989 oder 1996 erwartet hatten. Statt dessen lautete die offizielle, nach beiden Seiten hin gleichermaßen abgesicherte Parole: „Nie wieder!" Der Bürgerkrieg wurde als „Tragödie" bewertet, als Krise, die den Zusammenbruch aller Werte des Zusammenlebens heraufbeschwor; nicht von den Gründen und Verantwortlichkeiten für diese Tragödie war die Rede - also vom Bestreben der Aufständischen und ihrer Helfershelfer, die demokratischen Errungenschaften wieder abzuschaffen -, sondern von den Folgen der „tragischen Krise". Das offizielle Spanien hat sich nicht die Frage gestellt, ob das demokratische Bewußtsein eines Volkes nicht am besten dadurch gestärkt werden könnte, daß die kollektive historische Erinnerung an einen Volkswiderstand gegen Militärs wachgehalten wird, die den ersten Versuch demokratischen Zusammenlebens in Spanien erstickten.

Die Konsens- und Wiederversöhnungsmentalität sehen kritische spanische Historiker, die aus einer kultursoziologischen und kommunikationswissenschaftlichen Perspektive argumentieren, auch in einer Bürgerkriegsserie am Werk, die zwischen März und Juli 1986 in der Wochenendbeilage von *El País* erschienen ist; sie diene - so ihr Fazit - als Legitimation des heute in Spanien bestehenden politischen und Herrschaftssystems der bürgerlichen Demokratie - als Strategie, die von den Eliten bewußt betrieben wird.[29] Der ideologische Kontext der Artikelserie sei in der Mystifizierung der „interklassistischen Solidarität (zu allererst: Spanien)" zugunsten der „Reproduktion der bestehenden Sozialordnung" zu suchen: Juan Luis Cebrián und Edward Malefakis stellten das Serienprojekt als Überwindung der „Parteilichkeit" der bisherigen Historiographie vor, das zugleich zur Herausbildung einer „neuen politischen Kultur" beitragen könne, die mit dem demokratischen System in Spanien eher übereinstimme, als die auf der „ideologischen Propaganda und der politischen Parteinahme vieler Bürgerkriegsgeschichten" beruhende. Die Kritik an der Artikelserie gipfelte in dem Vorwurf: „Statt - wie beansprucht - Ausgangspunkt einer neuen Interpretation zu sein, liefert *La Guerra de España* in *El País* mit

---

29 Arbor Nr. 491/492, Bd. 125, 1986, S. 183-215.

all ihrem Anachronismus die alte konservative Deutung der sog. Historiographie des 'neuen Konsenses'" - ganz zu schweigen vom Positivismus und politikhistorischen Reduktionismus der Serie. Durch Unterstreichung der Wirksamkeit politisch-parlamentarischer Aktivität werde die bürgerliche Demokratie konsolidiert, da die illusorische Ideologie genährt werde, soziale Probleme ließen sich in der Arena des Parlamentarismus lösen. Und durch Insistieren auf dem historischen Protagonismus politischer und gewerkschaftlicher Führer erweise sich diese Art von Geschichtsschreibung als eine „Technologie zur Verbergung der Klassenkonfliktivität"; auch die Hervorhebung der Rolle des Militärs führe dazu, die hinter den Aufständischen stehenden sozialen Kräfte zu verschleiern.

Der Konzentration auf die politisch-parlamentarische Argumentationsebene diene auch die Wortwahl: Durch die Verwendung von Begriffen wie Revolution, Terror, Konflikt, Unordnung, Gewalt und anderen, die vornehmlich negative Konnotationen haben, werde die „ethische" Verurteilung sozialer Konfliktivität als Instrument politischer Veränderungen provoziert. Die Möglichkeit sozialen Wandels bestehe somit - nur diese Schlußfolgerung bleibt übrig - ausschließlich in der Beteiligung der Bürger an den institutionellen Prozessen politisch-parlamentarischer Kontroll- und Vermittlungstätigkeiten. Der Verwendung der „Alltagssprache" liege eine Theorie zur „Harmonisierung" der Gesellschaft zugrunde; dies aber sei nichts anderes als eine „Historiographie der Wiederversöhnung" und Ignorierung der Gegensätze.

Auch wenn man der harten Ideologiekritik an der Artikelserie in *El País* nicht vorbehaltlos folgen mag, so fällt doch auf, daß sowohl die regierungsamtliche „Verdrängung" der Jahrestage als auch die Darstellung des Bürgerkrieges in den Massenmedien - andere Beispiele bestätigen im wesentlichen obige Überlegungen - auf eine Konsensstrategie hinauslaufen, die im historiographischen Bereich keine methodisch innovatorischen Impulse aufgenommen hat und im politischen Sektor stabilisierend, d.h. soziopolitisch konservierend wirken sollte.

Wenn denn hinter dem offiziellen Verhalten der sozialistischen Regierung an den Bürgerkriegs-Jahrestagen eine überlegte und präventive Strategie der Machtkonsolidierung steckte, muß danach gefragt werden, wie in der spanischen Öffentlichkeit zu diesem Zeitpunkt der Bürgerkrieg gesehen wurde. Im Sommer 1983 ließ die Zeitschrift *Cambio 16* eine repräsentative Umfrage über den Bürgerkrieg durchführen.[30] Danach bezeichneten 59 % der Befragten den Bürgerkrieg als ein Thema von Interesse, und 57 % hielten den Krieg für das wichtigste Ereignis zum Verständnis des gegenwärtigen Spanien; zugleich hielten sich aber 76 % für schlecht informiert. Fast drei Viertel aller Befragten (73 %) sahen im Bürgerkrieg eine beschämende Epoche in der Geschichte Spaniens, die besser vergessen werden sollte; genau die Hälfte der Befragten war

---

30 Cambio 16 Nr. 616-619 v. 26.9.-10.10.1983.

der Meinung, daß auf beiden Seiten für die Freiheit und den Fortschritt Spaniens gekämpft worden war, und ganze 48 % stimmten der Auffassung zu, daß alle Handlungen Francos ihren Beweggrund in seiner großen Liebe zu Spanien hatten. Auf die Frage: „Wenn Sie heute Partei ergreifen müßten: Für welche von beiden Seiten wären Sie zu kämpfen bereit?", antwortete fast die Hälfte (48 %): für keine von beiden.

Die Antworten dieser Umfrage lassen das Ausmaß deutlich werden, in dem der Krieg das Bewußtsein der Nachfolgegenerationen geprägt hat, die ihn längst nicht mehr erlebt hatten. Zum Zeitpunkt der Umfrage bestand die große Mehrheit des spanischen Volkes aus jenen, die den Krieg nur in seinen Folgen erlitten hatten. Und jene überwältigenden 73 %, die den Krieg für eine beschämende Epoche hielten, die besser vergessen werden sollte, drückten mit dieser Meinung ihr Interesse daran aus, nicht auf die alten Kriegsgeschichten zurück-, sondern von der versöhnten Gegenwart aus in die europäische Zukunft vorauszublicken.

Fernando Rosas

Politische Justiz in Portugal unter dem Regime Salazar*

Einleitung

Die Erste Portugiesische Republik, die 1910 gegründet wurde, war ein parlamentarisches System der „liberal-oligarchischen" Art. Sie trat am Rande der liberal-monarchistischen Krise um die Jahrhundertwende in Erscheinung und wurde durch einen Militärputsch am 28. Mai 1926 zu Fall gebracht.

Portugiesische Historiker sind sich darin einig, daß der „28. Mai" und die darauf folgende Militärdiktatur - Teil einer weitreichenden anti-liberalen Bewegung in ganz Europa zwischen den Weltkriegen - weit davon entfernt waren, eine klare politische und rechtliche Situation zu schaffen. Zwischen 1926 und 1933 - einer langen siebenjährigen Übergangszeit - war die Militärdiktatur gezwungen, einen Zwei-Fronten-Krieg zu führen. Einerseits waren sich die verschiedenen Fraktionen des rechten Flügels in Portugal, die den Militärputsch unterstützt hatten, nicht über die Definition des politisch-institutionellen Modells einig, das die „alte Republik" ersetzen sollte. Andererseits und in direktem Zusammenhang mit der letztgenannten Kontroverse mußte die Diktatur den republikanischen linken Flügel und die organisierte Arbeiterbewegung bekämpfen, deren Ziel es war, die demokratische Republik mit Hilfe des bewaffneten Widerstands wiederherzustellen und zu „reinigen".

In diesem Umfeld[1] entwickelte sich langsam die salazaristisch katholischkonservative, korporative und autoritäre Fraktion und gewann an Einfluß. Sie tat dies durch einen ausgeklügelten Mechanismus des Ausgrenzens oder Einbindens und schuf damit die Grundlage für einen politischen Konsens unter den verschiedenen rechten Fraktionen, die die Diktatur unterstützten. Dies waren der integralistische rechte Flügel[2], der faschistische rechte Flügel[3], der liberale

---

*Übersetzt aus dem Englischen von Sandra Petretto.
1 Über diesen historischen Zeitraum vgl. Fernando Rosas „O Estado Novo (1926-1974)", in: J. Mattoso, *História de Portugal*, Bd. VII, Lissabon 1994.
2 Anhänger des Lusitanischen Integralismus, einer konservativen rechten monarchistischen Bewegung, die 1913 entstand und die erfüllt war vom konterrevolutionären portugiesischen Denken des 19. Jahrhunderts und von der Ideologie der *Action Française*. Sie verschwand 1933 und die meisten ihrer Vertreter traten dem Neuen Staat bei.
3 In Portugal gewinnt die typisch faschistische Bewegung erst nach dem „28. Mai" 1926 an politischer Bedeutung, als sie schließlich ihre Kräfte in Rolão Pretos 1932 gegründeter Nationalistisch-Syndikalistischer Bewegung (*Movimento Nacional-Sindicalista* de Rolão Preto - MNS) vereint. Die Mehrheit ihrer Anhänger traten dem Regime 1934 bei und die MNS wurde illegal. Diejenigen, die dem Regime nicht beitraten, wurden politisch verfolgt.

rechte Flügel (der wichtige Ämter in den obersten Rängen der Streitkräfte innehatte), und der technokratische rechte Flügel, der aus einer Elite von Ingenieuren und Technokraten bestand, die vor allem wirtschaftliche Interessen vertraten. Diese dem rechten Flügel angehörende politische Front, die durch Salazar und seine Befürworter geeint wurde, sollte den Übergang von der Militärdiktatur zum *Estado Novo* (Neuer Staat) und letztendlich die Institutionalisierung und Stabilisierung des neuen Regimes ermöglichen. 1932 wurde Salazar zum Regierungschef ernannt. Im folgenden Jahr verkündete er die Verfassung von 1933, deren wichtigste Artikel 1934 in Kraft traten.

Obwohl sie für sich die Prinzipien einer organischen und korporativen Nation beanspruchte und ein autoritäres Regierungssystem sowie die Dominanz der Exekutive befürwortete, basierte die Verfassung von 1933 ursprünglich auf einem klaren Kompromiß mit einigen grundlegenden liberalen politischen Prinzipien, die einflußreichen hochrangigen Militärkreisen sehr am Herzen lagen. Dieser „Verfassungskompromiß" resultierte hauptsächlich aus dem Bedürfnis, die Truppen hinter sich zu bringen und den Weg für den politischen „Zivilismus" von Salazars rechtem Flügel zu ebnen.

Dieser Kompromiß wurde jedoch angesichts der schrittweisen Integration der verschiedenen rechten Flügel in das Regime und Salazars unbestrittener Führung ab 1934 bedeutungslos. Daher wurde jedes liberale Gesetz, das den Aufbau oder die Funktion von Institutionen festlegte und auch die Erklärung von Grundrechten zur reinen Formalität. Außerdem wurde die Exekutivgewalt dem Ministerpräsidenten übertragen.

Obwohl es nie zu einer entscheidenden Verfassungsänderung kam, wurden die noch direkt gewählten Organe bald entmachtet (die Nationalversammlung und der Präsident der Republik) und die durch die Verfassung garantierten Grundrechte und -freiheiten rigoros abgeschafft. Der *Neue Staat* war gekennzeichnet durch eine politische und administrative Vorgehensweise, bei der jede relevante politische Entscheidung in Salazars Händen lag und das „System der politischen Justiz" von der allgegenwärtigen politischen Polizei durchgesetzt wurde.

Die vermutlich aus dem Kompromiß entstandene „Elastizität" der Verfassung von 1933 sollte dem Regime immer von Nutzen sein: sie war gemäßigt autoritär bis zum Zweiten Weltkrieg, als faschistische und autoritäre Regierungen Europa dominierten, und gemäßigt „demokratisch" ab 1945, als die Demokratie ihren Siegeszug begann.

Dieser Beitrag beschäftigt sich mit dem Charakter des Regimes Salazar unter besonderer Berücksichtigung der politischen Justiz.

Die Diktatur des Regierungschefs

Die Nationalversammlung und der Präsident der Republik hatten ihre tatsächliche Macht verloren. Obwohl die Verfassung von 1933 noch in Kraft war, setzte sich eine kontrollierte Diktatur durch. Diese Kontrolle wurde durch die Regierungsbehörde als auch durch „den Ministerpräsidenten selbst"[4] in seiner Eigenschaft als Chef der Regierung ausgeübt.

In Wahrheit verwandelte die Regierung Salazar das Kabinett in etwas, das sich vollkommen von der parlamentarischen Exekutive der Ersten Republik unterschied. Es wurde zu einem Organ, innerhalb dessen es keine Zusammenarbeit der Regierungsmitglieder gab (wie es sie während der militärisch-diktatorischen Regierungen noch gegeben hatte) und die Minister nur gegenüber dem Ministerpräsidenten verantwortlich waren. Anders gesagt wurde die Regierung völlig durch ihren Führer kontrolliert,[5] der für alle politischen Entscheidungen verantwortlich war. Administrative, „technische" und exekutive Aufgaben wurden den Ministern überlassen.

Das Kabinett trat immer seltener zusammen. Salazar *hörte* die Minister zwar bei speziellen wichtigen Fragen *an*, sie waren aber nicht in der Lage, abzustimmen oder irgendwelche Entscheidungen als politisches Kollektivorgan zu treffen. Nach Afonso Queiró verwandelt diese Art Führungsstil einer Regierung, die an sich ein souveränes, vom Staatsoberhaupt deutlich unterschiedenes Staatsorgan ist, den Ministerpräsidenten in ein „unabhängiges Verfassungsorgan", dessen Rolle über die eines Repräsentanten der Regierung hinausgeht.[6]

Es ist bemerkenswert, daß die Diktatur des Ministerpräsidenten sich auf politisch natürliche Art und Weise etablierte, ohne Brüche oder Verfassungsverrat. Sie entwickelte sich innerhalb eines konstitutionellen Rahmens, bedingt durch verschiedene historische Gegebenheiten. Wie Marcelo Caetano betonte: wenn „die Bedingungen günstig waren", erlaubte es das verfassungsmäßige System dem Ministerpräsidenten, „der wahre und tatsächliche Machthaber zu sein"[7]. In der Tat begünstigten historische Verhältnisse diese konstitutionelle Personifizierung der Macht, das heißt eine „konstitutionalisierte Diktatur", die schon seit dem Beginn der neuen Ordnung absehbar war.

---

4   M. Braga da Cruz, *O Partido e o Estado no Salazarismo*, Lissabon 1980, S. 103.
5   Ebd., S. 103.
6   Afonso Queiró, *Teoria dos Actos do Governo*, bei M. Braga da Cruz, *op. cit.*, S. 103.
7   Marcelo Caetano, *Manual...*, S. 529.

Die Unterdrückung der grundlegenden Freiheitsrechte

Auch bei der Festschreibung der „individuellen Rechte und Garantien des portugiesischen Bürgers" hatten Kritiker in bezug auf das neue konstitutionelle Vorhaben von 1932 Grund zum Mißtrauen. Der achte Artikel des künftigen Grundgesetzes definierte vage Grundrechtspositionen: der zweite Paragraph bezog sich auf Regelungen, die von „Sondergesetzen" abhingen, deren Grundsätze nicht festgelegt waren und die im Ermessen des Gesetzgebers, also der Regierung, lagen. Darüber hinaus betonte der Verfassungstext im Zusammenhang mit der „Gedanken- und Redefreiheit" die Tatsache, daß diese Regelungen die „Korruption der öffentlichen Meinung" sowohl verhindern als auch bestrafen sollten. Daher liegt die Vermutung nahe, daß die Verfassung den Fortbestand der bisherigen Zensur, die seit dem 28. Mai 1926 in Kraft war, sicherte.

Tatsächlich beweist der Ablauf der Ereignisse, daß die Festschreibung der Grundrechte in Wirklichkeit bedeutete, die Vereinigungs-, Rede-, und Versammlungsfreiheit zu unterdrücken und ihre nach dem Militärputsch von 1926 noch verbliebenen Manifestationen zu unterbinden.

Was die Vereinigungsfreiheit betraf, so unterlag laut gültiger Rechtslage die Gründung jeder Art von Vereinigung[8] - ob politisch, kulturell, der Erholung dienend, sportlich oder gesellschaftlich - der vorherigen Genehmigung durch die Regierung (die gewöhnlich vom Innenminister oder den Distriktgouverneuren abhing). Die Regierung konnte willkürlich die Auflösung aller existierenden Vereinigungen verlangen, weil sie entweder „von ihren satzungsgemäßen Zielen abgewichen waren" oder ihre Aktivitäten einen verderblichen Einfluß auf die „etablierte Ordnung" hatten.

Einheitsdenken, Antiparlamentarismus und Antiparteienaffekt - von Salazar in einer seiner berühmtesten Reden vom Juli 1932 zum Ausdruck gebracht, führte dazu, daß politische Parteien verboten wurden. Dieses Verbot basierte weder auf der Verfassung (die ihre Existenz erlaubte), noch auf einem besonderen Gesetz, sondern auf Verordnungen, die das Vereinigungsrecht betrafen. Sie lehnten jeden Gruppenpluralismus parteipolitischer Natur ab, selbst wenn dieser sich im ideologischen Rahmen des Regimes bewegte. 1930 gründete das Regime eine Einheitspartei - die União Nacional (Nationale Union). Auch die UN war nicht als politische Partei anerkannt, sondern eher als „zivile Vereinigung", die „alle portugiesischen Bürger guten Willens", die die neue politische Situation begrüßten, vereinte, ohne Berücksichtigung ihrer politisch-ideologischen Zugehörigkeit.

Die äußeren und inneren Verhältnisse der Nachkriegszeit nötigten das Regime, ab 1945 die Existenz von Kandidaten der Opposition zusammen mit deren provisorischen Wahlstrukturen zu tolerieren. Solche Organisationen versuchten dann nach der Wahl einen legalen Status zu erlangen, um dann als

---

8 Katholische Organisationen waren die einzigen, die automatisch, ohne vorherige Autorisierung durch die Regierung, einen legalen Status erhielten.

"halb-legale" Oppositionsparteien aufzutreten. Dies war der Fall bei dem *Movimento de Unidade Democrática* - MUD - (Bewegung der Demokratischen Einheit) in der Nachkriegszeit, dem *Movimento Nacional Democrático* - MND - (Demokratisch Nationale Bewegung) in den Fünfzigern und dem *Comissão Democrática Eleitoral* - CDE - (Demokratisches Wahlkomitee) ab Ende der Sechziger. Die Toleranz der Regierung, diese halblegalen Organisationen bestehen zu lassen, schwankte je nach dem, wie sich das Gleichgewicht der Kräfte änderte. Tatsächlich akzeptierte die Regierung weder ihre Parteiprogramme noch ihre dauerhafte Existenz: sie wurden ständig eingeschüchtert und standen während der kurzen Perioden "vorsichtiger Freiheit" unter strenger Beobachtung, in deren Folge eine Reihe von Maßnahmen ergriffen wurden, die sie zur Auflösung zwangen. So wurden Staatsbeamte, die den Widerstand unterstützten, entlassen[9], eingesperrt oder mußten sich häufig vor Gericht verantworten. Der sogenannte Pluralismus war stark eingeschränkt und kontrolliert. In bestimmten Zeiten wurden andere Parteien zugelassen (dies konnte eine Methode sein, um die Akten der politischen Polizei auf den neuesten Stand zu bringen). So wurde das Einparteiensystem des Regimes zwar gemildert, aber nicht wirklich verändert.

Die Kontrolle der Vereinigungsaktivitäten wurden schärfer, wenn es um Syndikalismus oder um Jugendvereinigungen ging. Was ersteren betrifft, so schuf die Gesetzgebung von 1933 die *Sindicatos Nacionais* (korporative Gewerkschaften), die den Weg für ein System der korporativen Einheitsgewerkschaft bereiteten. Um zu überleben, mußten sich alte wie neue Gewerkschaften dem korporativen Gewerkschaftsmodell der neuen Syndikatsordnung unterwerfen. Die korporativen nationalen Gewerkschaften waren jedoch die einzigen, die im Zusammenhang mit jeder wirtschaftlichen Aktivität akzeptiert wurden. Gewerkschaftlicher Pluralismus war streng verboten (abgesehen von einigen alten und einflußreichen Standesvereinigungen[10] galt dies auch für den Ständepluralismus). Überflüssig zu erwähnen, daß man Gewerkschaften nach strengen polititschen und organisatorischen Prinzipien verwaltete. So wurden zum Beispiel die Führer vorab genehmigt und konnten willkürlich (ganz oder teilweise) durch den Unterstaatssekretär (später Minister) der *Corporações*

---

9 Dies geschah im Juli 1947, als die Regierung beschloß, mehrere der anerkanntesten Professoren der kulturellen Elite Portugals zu entlassen, die sich während und nach den Nachkriegswahlen gegen das Regime stellten. Die folgenden Männer waren einige der Opfer dieser Politik: Bento de Jesus Caraça (1946), Mário Silva, Celestino da Costa, Francisco Pulido Valente, Zaluar Nunes, Fernando Fonseca und Remy Freire (1947).
10 In der Tat genehmigte das Dekret Nr. 29 232 vom 08.12.1938 per Ausnahmeregelung den Fortbestand von Lissabons Handelsverband und OPortos Handelsverband, des Portugiesischen Industrieverbands und OPortos Industrieverband sowie des Portugiesischen Landwirtschaftlichen Zentralverbands, weil deren Ansehen, Tradition und ihr praktischer Nutzen für die korporative Arbeit berücksichtigt worden waren. Nichtsdestoweniger blieb diese Situation bis zu Beginn der vierziger Jahre problematisch. Erst in der Kriegszeit verschwand die Angst vor einem korporativen Einstandessystem (vgl. Fernando Rosas, *Portugal entre a Paz e a Guerra*, Editorial Estampa, Lissabon 1990, S. 424 ff.)

(korporative Organisationen) ersetzt werden. Darüber hinaus konnte dieser Gewerkschaften auflösen, bei denen man annahm, daß sie von korporativen Grundsätzen abgewichen waren. Andere Ministerien wendeten dieselbe Methode für die *grémios* (korporative Ständeorganisationen) unter ihrer Zuständigkeit an.[11] Streiks und Aussperrungen waren durch die Verfassung strikt untersagt.

Was Schüler und Studenten anbetraf, verbot die Regierung ab 1942 jede Form der Vereinigung innerhalb von Grund- und weiterführenden Schulen, öffentlichen oder privaten weiterführenden Schulen (pädagogische, soziale, der Erholung dienende oder sportliche Organisationen). Die *Mocidade Portuguesa* (Portugiesischer Jugendverband) sowie katholische Jugendorganisationen waren die einzig offiziell anerkannten Vereinigungen.

Das Versammlungsrecht war natürlich extrem eingeschränkt und so gut wie nicht existent.[12] Treffen „politischer und gesellschaftlicher" Art mußten vorab von Staatssekretären genehmigt werden. Auch wenn die Versammlungen im Rahmen ihrer rechtmäßigen Satzung stattfanden, mußten sie die Anwesenheit von Agenten dulden, die die Macht hatten, Redner zu unterbrechen oder sogar zu suspendieren, wann immer sie scheinbar von etablierten Zielen abwichen oder das Gesetz brachen. Die gesamte Ära des *Neuen Staates* zeichnet sich in der Tat durch gewalttätige Polizeiangriffe gegen Versammlungen, Demonstrationen oder verbotene Proteste aus.

Die „Rede- und Gedankenfreiheit", deren Einschränkung durch die Verfassung wir bereits aufgezeigt haben, war für das Regime von besonderem Interesse. Die Regierung war besonders bemüht, die „Korruption" der öffentlichen Meinung zu verhindern und auf ihre Steuerung zu achten. Der *Neue Staat* ergriff drei Maßnahmen, um einerseits „Perversionen" und „Exzessen", die durch die Redefreiheit verursacht wurden, Einhalt zu gebieten und andererseits zur Verinnerlichung der „hohen Prinzipien" zu „erziehen". Diese Maßnahmen waren präventiver, repressiver und erzieherischer Natur.

Die Vorzensur - dauerhaftester Bestandteil der II. Republik, da sie ununterbrochen zwischen Juni 1926 und April 1974 ausgeübt wurde - war das Herzstück des Systems, deren wichtigster Stützpfeiler die präventive Repression war. Durch die Militärdiktatur im Juni 1926 eingeführt und gesetzlich durch Salazar im April 1933 verankert[13] - bezeichnenderweise zur selben Zeit, als neue Institutionen gegründet und die politische Polizei reorganisiert wurde - war die Vorzensur ab diesem Zeitpunkt Sache des Innenministeriums und ab

---

11 Vgl. Dekret Nr. 23 049 vom 23.09.19933, das die Basis für die Schaffung von korporativen Ständeorganisationen definiert und Dekret Nr. 23 050 vom 23.09.1933, das nationale Gewerkschaften ins Leben ruft.
12 Vgl. Dekret Nr. 22 468 vom 11.04.1933, das die neuen Grundregeln des „Versammlungsrechts" definiert. Letzteres wurde zunehmend durch eine Reihe von Verordnungen eingeschränkt.
13 Vgl. Dekret Nr. 22 469 vom 11.04.1933.

1944 des *Secretarado da Propaganda Nacional* - SPN (Nationale Propagandabehörde),[14] das heißt also des Ministerpräsidenten.

Präventive Verfahrensweisen machten weitgehend repressive Maßnahmen überflüssig. Beides sollte dazu dienen, die zahlreichen Fehler und Schwächen der Zensoren zu korrigieren und den Betrug und den Ungehorsam gefährlicher „Übeltäter" zu bestrafen. Wegen der Veröffentlichung von Publikationen konnten Bußgelder verhängt oder die Verantwortlichen bestraft werden. Sie konnten zeitweilig oder ganz eingestellt werden, ganz zu schweigen von anderen politischen oder polizeilichen Strafen. Dieselben Maßnahmen wurden auch gegenüber Kinos und Theatern sowie deren Betreibern und Schauspielern angewandt.

Neben der Prävention und Strafe machte man sich Gedanken um die „Erziehung". Bei regelmäßig erscheinenden Publikationen sollte schließlich aufgezeigt werden, daß der Staat nicht nur als Unterdrücker und Zensor, sondern auch als Autor eingriff: Zeitungen und Zeitschriften waren gezwungen, Artikel von SPN-Autoren abzudrucken, obwohl diese Texte nie als Regierungspropaganda kenntlich gemacht wurden.[15]

Ein Polizeistaat

Abgesehen von der Zensur und der Regelung der „Grundrechte" war eines von Salazars Hauptanliegen, als er die Verfassung von 1933 verabschiedete, die politische und soziale Polizei, die nach der Militärdiktatur und der Ersten Republik noch existierte, zu reorganisieren. Ähnlich wie es bei anderen autoritären und faschistischen Regimen jener Zeit der Fall war, wollte auch er eine zentralisierte und spezialisierte Einheit zur politischen Information und Unterdrückung schaffen, die sogenannte *Polìcia da Vigilância e de Defesa do Estado* - PVDE (Polizei zur Wachsamkeit und Verteidigung des Staates). Sie wurde 1945 aufgrund der demokratischen Nachkriegsideale, die das Regime zu vorsichtigerem Umgang mit Worten und Handlungsweisen zwangen, in *Polìcia Internacional e de Defesa do Estado* - PIDE (Internationale Polizei zur Verteidigung des Staates) umbenannt.

Die PVDE war das wichtigste Element für die allgegenwärtige Organisation der Angst, Denunzierung und Verfolgung, die schwer und ständig den Alltag überschattete.[16] Sie unterstand zwar dem Innenminister, mit den wichtigsten Fragen beschäftigte sich jedoch der Ministerpräsident persönlich. Sie stützte ein repressives System, das M. Brage da Cruz als eines der „politischen Justiz"

---

14 Vgl. Dekret Nr. 33 545 vom 23.02.1944.
15 Diese Vorgehensweise war besonders - wenn auch nicht ausschließlich - in den Jahren des Zweiten Weltkriegs verbreitet und betraf vor allem die Regionalpresse.
16 Fernando Rosas, „Salazar e o salazarismo - Um caso de longevidade política", in: *Salazar e o Salazarismo*. Lissabon 1989, S. 29.

einstufte.[17] Gemeinsam mit der politischen Polizei war sie verantwortlich für spezielle Gefängnisse und Gerichte, Sicherheitsvorkehrungen und politische „Säuberungen". Sie besaß einen großen Apparat für repressive Interventionen, deren ausführende Kräfte und Methoden es uns ermöglichen, den *Neuen Staat* als Polizeistaat zu klassifizieren.

Die politische Polizei bildete das Fundament des Systems: sie besaß ein weites Netzwerk bezahlter Informanten (am Arbeitsplatz, in Schulen, gesellschaftlichen Treffpunkten usw.) und Gelder, die ohne öffentliche Kontrolle verwendet wurden. Die PVDE/PIDE konnte jeden ohne formelle Anklage oder juristische Kontrolle verhaften und bis zu einer immer länger werdenden, schließlich sechs Monate dauernden Frist einsperren.[18] In dieser Zeit konnten die Gefangenen in Isolierhaft gehalten werden, ohne Besuche oder die Hilfe ihrer Anwälte. Dies war die Phase der „Untersuchungen" und „Befragungen" - die sogenannte einleitende Phase des Verfahrens, falls der Gefangene sich vor Gericht verantworten mußte. Zu Beginn war sie geheim und Sache der politischen Polizei. Während sie andauerte, unterzog die PVDE/PIDE die Gefangenen einer Reihe brutaler physischer und psychologischer Foltern, um „Geständnisse" zu erhalten oder einfach um die Häftlinge einzuschüchtern. Diese Aussagen unter Eid wurden als rechtmäßige Beweise anerkannt, obwohl Gefangene vor Gericht häufig die brutalen Polizeimethoden öffentlich anprangerten. Bemerkenswerterweise hatte die PIDE ab 1954 das Recht aus angeblichen „Sicherheitsgründen" Gefangene 180 Tage länger festzuhalten (über die sechs Monate hinaus, die sie bereits ungehindert inhaftiert werden konnten)[19]. In Wahrheit bedeutete dies, daß die politische Polizei jeden Gefangenen willkürlich und ohne jede juristische Kontrolle bis zu einem Jahr in ihren eigenen Gefängnissen inhaftieren konnte.

Tatsächlich erlaubte es dieses System der politischen Polizei, jeden Bürger so lange sie wollte festzuhalten. Sie brauchte nur jemanden zu verhaften, der bereits ein Jahr in Schutzhaft gewesen war, um ihn im Gefängnis schmachten zu lassen.

Genau so geschah es bis zum Ende des Zweiten Weltkriegs, häufig ohne Rechtsbeistand: dutzende politischer Gefangener blieben in den Gefängnissen der PVDE (nämlich in Tarrafals Konzentrationslager in Kap Verde), ohne überhaupt je vor Gericht gestanden zu haben. Als Folge der neuen politischen Verhältnisse und neuer Gesetze, die zu der Zeit verabschiedet wurden, kamen diese Gefangenen nach Kriegsende vor Gericht. In der Regel wurden sie zu weit weniger verurteilt als dem, was sie bereits durchgemacht hatten. Erst nachdem das

---

17 M. Braga da Cruz, op. cit., S. 85.
18 Vgl. Dekret Nr. 35 007 vom 13.10.1945 und 35 046 vom 22.10.1945. Beziehungsweise führten sie Änderungen im Strafprozeß ein und schufen die *Policia Internacional e de Defesa do Estado* (Internationale Polizei zur Verteidigung des Staates).
19 Vgl. Dekret Nr. 39 739 vom 09.08.1954.

Gerichtsverfahren in der Nachkriegszeit reformiert worden war,[20] war die politische Polizei nicht länger dafür zuständig, den Vollzug des Urteils bei politischen Gefangenen zu überwachen. Dies war von da an Sache des Justizministers, obwohl die PIDE in dieser Angelegenheit weiterhin eine entscheidende Rolle spielte.

Dennoch waren die Veränderungen in der Organisation der PVDE (die nun PIDE hieß und sich von einer „Geheimpolizei" zu einem „autonomen Organ der Kriminalpolizei"[21] gewandelt hatte) im Grundsatz formeller und oberflächlicher Natur. Die eigentliche Verantwortung für die Maßnahmen der „politischen Justiz" lag weiterhin bei der politischen Polizei, von den Vorverfahren bis hin zur Verhandlung und dem Strafvollzug. Ihre Befugnisse bezüglich Schutzhaft oder Mitsprache bei Sicherheitsvorkehrungen wurden sogar ausgeweitet.

Die politische Polizei besaß ein Netzwerk von berühmt berüchtigten Privatgefängnissen (in Portugal, auf den Inseln und in den Kolonien) für Schutzhäftlinge oder jene, die ihren Prozeß erwarteten. Sie wurden auch häufig für bereits verurteilte Gefangene verwendet.

Gefangene, die wegen „Verbrechen gegen die Staatssicherheit" angeklagt waren, wurden von *speziellen Gerichten* verurteilt: bis 1945 von Militärgerichten und im Schnellverfahren und danach von ähnlichen Sondergerichten - den Plenarstrafgerichten[22] - und gemäß den Regeln des Strafgesetzbuchs, das ebenfalls reformiert worden war.

In der Tat dienten diese neuen Sondergerichte - deren Richter und Staatsanwälte nach strengen politischen Kriterien zugelassen wurden - weiterhin der juristischen Unterstützung der politischen Polizei. Sie vertuschten die brutale und illegale Einmischung der PIDE in ordentliche Gerichtsverfahren, sie akzeptieren die unter Folter und Einschüchterung abgelegten formellen Geständnisse als gültige Beweise und verurteilten die Angeklagten gemäß den Ratschlägen der Polizeiberichte.

Während der fünfziger und sechziger Jahre ließen es Richter der „Plenarversammlung" wiederholt zu, daß PIDE-Agenten Häftlinge zusammenschlugen und sie zum Schweigen brachten. Dies geschah im Gerichtssaal immer dann, wenn die Angeklagten versuchten, die brutale Behandlung, der man sie unterzogen hatte, öffentlich anzuprangern oder für ihre politische Haltung und Überzeugung einzutreten.

Ein weiterer wichtiger Bestandteil dieses „Systems der politischen Justiz" waren Sicherheitsvorkehrungen. Diese bestanden aus präventiven Verfahren, die von der Verfassung zum Schutz der Gesellschaft und zur Rehabilitation Straffälliger bestimmt worden waren. Nach 1947 konnten sie zum politischen Schutz des Staates angewandt werden, das heißt bei Straftätern, denen man „Verbrechen gegen die Staatssicherheit" vorwarf. Demgemäß konnte die Re-

---

20 Vgl. Dekret Nr. 35 007 vom 13.10.1945 und 35 015 vom 15.10.1945.
21 Vgl. Dekret Nr. 35 046 vom 22.10.1945.
22 Vgl. Dekret Nr. 35 044 vom 20.10.1945.

gierung deren Wohnort bestimmen oder sie ausbürgern.[23] 1949 verwandelte die Regierung diese Sicherheitsvorkehrungen in Gefängnisstrafen zwischen einem und drei Jahren.[24] Die PIDE war verantwortlich für die Empfehlung solcher Sicherheitsvorkehrungen gegenüber politischen Häftlingen, die man für „gefährlich" hielt und die bei der politischen Polizei in Haft bleiben sollten. Wie bereits erwähnt, war diese ab 1954 in der Lage, solche Sicherheitsvorkehrungen bis zu sechs Monate lang anzuwenden. Zwei Jahre später wurden diese Sicherheitsmaßnahmen jedoch so umgewandelt, daß sie realiter zu einer lebenslänglichen Freiheitsstrafe ausgedehnt werden konnten. Von da an konnten sie auch bei Angeklagten, die frei von Anschuldigungen waren, angewandt werden. Nun war es möglich, diese Sicherheitsvorkehrungen auf eine *unbestimmte Zeit* von sechs Monaten bis zu drei Jahren zu verlängern, und zwar bei Personen, die, nachdem sie ihre Strafe verbüßt hatten, der politischen Polizei immer noch „gefährlich" erschienen oder wenn es - in Fällen der Verbrechen gegen die Staatssicherheit - zu Freisprüchen kam[25], begann man die ganze Prozedur von Neuem.

Wie M. Braga da Cruz betont, war der besondere Anspruch des *Habeas Corpus*, den man sich mit der 1945 geschaffenen Verfassung erhoffte, wertlos: die politische Polizei konnte jeden auf unbestimmte Zeit verhaften und sogar die Entscheidungen des Obersten Gerichts mißachten.[26]

Was die Zahl politischer Häftlinge, die durchgeführten Verfahren, sowie das Strafmaß betrifft, kann sich die portugiesische Geschichtsschreibung nur auf Zahlen für den Zeitraum von 1932 bis 1960 stützen.[27]

Im Laufe dieser 29 Jahre registrierte die politische Polizei insgesamt 19.401 politische Gefangene. Wir müssen jedoch zweierlei bedenken:

Zwischen 1927 und 1932, während der Militärdiktatur und vor der Gründung der PVDE, führten die Repressionen gegen den republikanischen Widerstand und die Arbeiterbewegung zu mindestens 2.000 politischen Häftlingen.[28] Die meisten von ihnen wurden in afrikanische Kolonien geschickt, des Landes verwiesen oder ohne Gerichtsverfahren im Gefängnis festgehalten.

---

23 Vgl. Dekret Nr. 36 387 vom 01.07.1947.
24 Vgl. Dekret Nr. 37 447 vom 13.06.1949.
25 Vgl. Dekret Nr. 40 550 vom 12.03.1956.
26 M. Braga da Cruz, *op. cit.*, S. 93.
27 Diese Forschung wurde von dem *Commisão do Livro Negro Sobre o Regime Fascista* - CLNSRF (Kommission des Schwarzen Buches über das Faschistische Regime) des Ministerpräsidenten, der 1979 von der konstitutionellen Regierung ernannt worden war, betrieben. Ihre Ergebnisse wurden in sechs Bänden veröffentlicht (*Presos Políticos no Regime Fascista*, Bde. I bis VI), die den Zeitraum von 1932 (mit sehr lückenhaften und unvollständigen Angaben) bis 1960 abdecken. Aufgrund der Auflösung des CLNSRF im Jahr 1991 wurde diese Arbeit nicht offiziell beendet. Sie wurde vor kurzem vom *Instituto de História Contemporânea* der *Universidade Nova de Lisboa* wieder aufgenommen, ist aber noch weit davon entfernt, abgeschlossen zu sein.
28 Vgl. Fernando Rosas, *O Estado Novo* (1926-1974), Bd. VII, *História de Portugal* (Dir. José Mattoso), S. 206-210.

Politische Justiz in Portugal unter dem Regime Salazar 141

Sogar in der Zeit, die vom CLNSRF (1933-1960) untersucht wurde, gab es eine bedeutende Anzahl von politisch begründeten Festnahmen (gewöhnlich während Straßendemonstrationen, Universitätsbesetzungen oder der Niederschlagung von Streiks). Diese Häftlinge wurden üblicherweise nicht in die Polizeiakten aufgenommen, weil sie auf den Revieren der Polizei für Öffentliche Sicherheit vorab „selektiert" worden waren und entweder gar nicht erst zur PVDE/PIDE geschickt oder von letzterer als weniger wichtige „Verdächtige" eingestuft und somit nicht für spätere Ermittlungen registriert wurden.

Eine allgemeine Schätzung der Anzahl politischer Gefangener, die in den Archiven der PIDE zwischen 1961 und 1974 registriert waren - eine Aufgabe, die noch nicht vollendet ist - beläuft sich auf etwa 4.000 Menschen. So ergäbe sich eine Summe von 24.000 bis 25.000 politischer Häftlinge, die zwischen 1932 und 1974 in den Polizeiarchiven registriert wurden.

Nichtsdestoweniger können wir, soweit es die Urteile der Sondergerichte betrifft, bisher nur mit Daten für die Jahre zwischen 1932 und 1960 arbeiten. In diesem Zeitraum wurde gegen 5.119 Personen Anklage erhoben, das heißt 26 % der insgesamt 19.400 politischen Gefangenen, die von der PVDE und PIDE registriert waren. 1.174 wurden freigesprochen oder begnadigt und bei 210 wurde schließlich die Anklage fallengelassen. So wurden 3.734 politische Gefangene verurteilt (72 % aller Angeklagten). Bis 1945 fanden politische Prozesse vor Militärgerichten statt und später vor Sondergerichten, den sogenannten Plenargerichten, die wir bereits erwähnt haben.

Die Tabelle auf der folgenden Seite zeigt die Schuldsprüche, die von diesen Gerichten ausgesprochen wurden, aufgeteilt nach Zeitraum (zwischen 1932 und 1960) und der Zahl der betroffenen Häftlinge.

Es muß betont werden, daß von den verurteilten Gefangenen 1.307 (35 %) längere Gefängnisstrafen verbüßten als in den Urteilen festgelegt war. Die politische Polizei war für diese Situation verantwortlich. Sie verlängerte entweder illegalerweise die Schutzhaft und kontrollierte willkürlich die Verbüßung der Strafen in ihren Privatgefängnissen oder machte - in der Nachkriegszeit - Gebrauch von den „Sicherheitsvorkehrungen", auf die wir uns vorher bezogen haben.

Betrachtet man die Zahl der Festnahmen, die Anzahl der angestrengten Verfahren und die Schwere der verhängten Strafen, dann ist der Zweite Weltkrieg ein klarer Wendepunkt. Mit Beginn des Krieges nahmen Repression und Bestrafung zu. Faschistische Regime triumphierten in Europa, und der Spanische Bürgerkrieg fand in dieser Zeit statt. Damals gab es fast 200 Verurteilungen pro Jahr, von denen 20 % mehr als zwei Jahre Haft vorsahen, davon wiederum verbüßten 28 % mehr als 10 Jahre. In der Nachkriegszeit, als oppositionelle Gruppierungen auftauchten und die politische Unterdrückung nachließ, gab es zwischen 70 und 80 Verurteilungen pro Jahr und einen Rückgang der Höchststrafen, obwohl die Gesamtprozentzahl der Verurteilungen zu mehr als zwei Jahren gleich blieb. In den Sechzigern, zu Zeiten des Kolonialkriegs, der Studentenrevolten etc. verstärkte sich die politische und gerichtliche Verfolgung der Regimegegner nochmals.

Tabelle: Schuldsprüche (1932-1960) und der Zahl der betroffenen Häftlinge

Strafmaß	Sondermilitärgericht				Plenargericht				gesamt
	1932/ 1935	1936/ 1939	1940/ 1945	gesamt (1933/ 1945)	1946/ 1948	1949/ 1951	1952/ 1960	gesamt (1946/ 1960)	(1933/ 1960)
bis zu 1 Jahr	77	464	437	978	270	83	176	529	1.507
1-2 Jahre	143	598	138	879	93	135	100	328	1.207
2-5 Jahre	95	129	43	267	27	48	108	183	450
5-10 Jahre	51	36	6	93	4	4	8	16	109
10-15 Jahre	55	21	4	80	2	1	-	3	83
15-20 Jahre	7	31	-	38	-	-	-	-	38
mehr als 20 Jahre	-	10	9	19	-	1	1	2	21
nicht genannt	7	39	-	46	-	-	-	-	46
Geldstrafen	2	78	157	237	13	6	17	36	273
Gesamt	437	1.406	794	2.637	409	278	410	1.097	3.734

Schließlich hatte die Militärdiktatur seit Anfang der dreißiger Jahre eine Reihe von Maßnahmen mit dem Ziel einer staatspolitischen „Säuberung" proklamiert,[29] die durch den Neuen Staat weiterentwickelt wurden. Von da an begann man, diese Methoden zur systematischen Bestrafung der Opposition zu verwenden.[30] Das geschah 1935, 1946 und 1947.[31] Darüber hinaus führte das Regime Salazar eine präventive politische Kontrolle im Öffentlichen Dienst ein, indem er selbst das geeignete Personal auswählte. Alle Bewerber für öffentliche oder administrative Ämter mußten förmlich den Kommunismus ablehnen und die gesellschaftliche Ordnung, definiert durch die Politische Verfassung von 1933, anerkennen.[32] Darüber hinaus wurde jeder neue Verwaltungsapparat zuvor staatspolizeilichen Ermittlungen unterzogen.

Daher können wir davon ausgehen, daß die politische Polizei des Regimes systematisch mit willkürlichen Verhaftungen, Folter, Haft ohne Prozeß oder konstruierter Schuld (manchmal über Jahre hinweg), Mord und Konzentra-

---

29 Vgl. Dekret Nr. 20 314 vom 16.09.1931.
30 M. Braga da Cruz, op. cit., S. 90.
31 Im Mai 1935 entließ die Regierung 33 prominente Oppositionelle aus dem Staatsdienst (u.a. General Norton de Matos, Kommandant Mendes Cabeçadas, Aurélio Quintanilha, Rodrigues Lapa, Abel Salazar, Dias Pereira, Adelino da Palma Carlos). Als Vergeltung für die Aktivitäten der MUD und militärische Verschwörungen, entließ sie 1946 und 1947 mehrere hohe Offiziere (Vize-Admiral Mendes Cabeçadas, General Marques Godinho, Brigadekommandeure Sousa Maia und Vasco de Carvalho) und Professoren (Vgl. Anm. 9).
32 Vgl. Dekret Nr. 27 003 vom 14.09.1936.

tionslagern arbeitete. Diese und andere Aktivitäten des Regimes wurden jedoch durch spezifische gesellschaftliche, ideologische und psychologische Umstände gemildert, die ihnen einen besonderen Charakter verliehen: Gewalt und Verbrechen erreichten nicht denselben Umfang wie es in anderen Diktaturen der Fall war. Man war bestrebt (vor allem nach dem Zweiten Weltkrieg und nach öffentlichen Kundgebungen gegen die brutale Vorgehensweise der Polizei), sie durch einen moralischen und rechtlichen Kodex einzugrenzen, das heißt sie unter einem Deckmantel der Legitimität zu halten. Man nannte das einen „behördlichen Faschismus".

Die Gewalt und die Verbrechen durch die Polizei waren, obwohl ein wichtiger Bestandteil zur Sicherung des Regimes, hauptsächlich eine Ergänzung einer weniger augenfälligen - aber dennoch wirksameren - Art der Unterdrückung. Angesichts eines vergleichsweise rückständigen Landes, mit einem hohen Grad an Analphabetismus, das von religiösem Obskurantismus beherrscht wurde, förderten diese repressiven Mechanismen Untertanengeist, Angst und Unterwürfigkeit. In diesem Zusammenhang sind die Handlungen der Polizei nicht zu trennen von anderen Formen der Unterdrückung und Einschüchterung, für die die politische Polizei ebenfalls Verantwortung trug.

Ein tendenziell totalitärer Staat

Der *Neue Staat* war ein Regime, das aus einem klassischen Militärputsch hervorgegangen war und nicht aus der Machtergreifung einer Partei, die durch das Militär unterstützt wurde. Die *Nationale Union* - die neu gegründete Einheitspartei, die voll und ganz dem Staatsapparat und dessen Politik unterstellt war - war nie eine kämpferische „revolutionäre" Partei. Sie tendierte nicht dazu, den Staat zu vernichten oder zu stürzen. Auch führte sie keine Machtmechanismen ein, die auf einer Parteiideologie beruhten und mit massivem Terror ihre exklusive Weltanschauung aufrecht erhielten. Im Gegenteil, der *Neue Staat* betrachtete sich selbst als verschieden von anderen Erscheinungsformen der staatlichen grenzenlosen Machtfülle, des „Heidentums" oder Absolutismus. Er gab vor, sich der Selbstbeschränkung, den Grenzen moralischer Werte und dem Gesetz zu unterwerfen. So gesehen konnte man ihn nicht als „totalitäre Herrschaft" bezeichnen, laut Hannah Arendts Definition der „Diktaturen der Bewegungen", die revolutionär und subversiv waren, Grenzen zwischen Staat und Gesellschaft zerstörten und das politische Denken und Handeln letzterer mit Hilfe einer einheitlichen und monopolistischen Partei kontrollierten.

Es scheint unmöglich das Regime Salazar von den in Europa zwischen den Kriegen neu aufstrebenden autoritären Systemen abzugrenzen. Statt dessen sollten wir den Salazarismus im Licht des spezifisch portugiesisch sozialen Umfelds jener Zeit analysieren, das dem weitverbreiteten „allgemeinen Faschismus" einen speziellen nationalen Charakter verlieh.

In Portugal - wie auch bei den meisten anderen modernen autoritären Regimen in Europa - war der *Neue Staat* die konterrevolutionäre Überwindung des Liberalismus. Er erzeugte eine pragmatische Synthese verschiedener vorherrschender Interessen, verschiedener wirtschaftlicher und politischer Strategien im Rahmen eines Antiliberalismus, Antiparlamentarismus, Antisozialismus, Korporativismus und eines autoritären Regierungssystems. Er war darauf angelegt, diese Ziele weiterzuentwickeln, soweit es seine komplexe gesellschaftliche und politische Basis erlaubte.

Daher war die politisch-ideologische Sprache des Regimes stark abhängig von den herrschenden traditionellen Eliten, das heißt vom sozialen katholischen Gedankengut und den konservativen Gruppierungen des rechten Flügels. Diese Eliten bekämpften das liberale System bevorzugt mit traditionellen glaubwürdigen Institutionen - wie die Armee und die katholische Kirche - und mit neuen legalen Mechanismen auf einer geregelten, im Gegensatz zu einer revolutionären und unsicheren Basis. Der *Neue Staat* verkörperte jedoch gleichzeitig die Reformziele eines modernen und fortschrittlich gesinnten rechten Flügels, der sich mehr um die Unterstützung eines starken, kühnen und aufgeklärten Staates kümmerte als um ideologische Orthodoxie. Wenn auch kontrolliert, so unterstützte er doch den „revolutionären" faschistischen Radikalismus der Nachkriegszeit, der in Portugal am besten durch Rolão Pretos national-syndikalistische Organisation repräsentiert wurde. Genau wie andere faschistische und profaschistische Mächte in Europa, war auch der Salazarismus eine Synthese dieser Bestandteile. Nur ist seine Geschichte in Verbindung mit der politischen Stärke der traditionell vorherrschenden Gruppierungen zu sehen, die sie sich im Laufe des Prozesses der Aufhebung des Liberalismus und dem Auftauchen eines neuen Regimes erhalten konnten. Ihre Stärke hemmte das Wachstum und die Überhandnahme von kriegsbedingten „innovativen" Elementen - die reinste Form der Diktatur. Nichtsdestoweniger lag in besonders stürmischen Zeiten - wie dem Spanischen Bürgerkrieg - die Betonung auf den spezifisch faschistisch politischen und ideologischen, ikonographischen und organisatorischen Elementen und bestimmten die Wirklichkeit des *Neuen Staates*.

Trotz der Vorherrschaft dieses „behördlichen Faschismus", der überwiegend konservativ war und eine starke Abneigung gegenüber Instabilität und Unordnung zeigte (auch wenn diese nationalistischer Natur waren), trotz des Kompromißcharakters der Verfassung von 1933, trotz offizieller Ablehnung des Totalitarismus und der untergeordneten Rolle der *União Nacional*, versuchte der *Neue Staat* ein umfassendes Lernprojekt für die portugiesische Gesellschaft einzuführen. Mit seiner eigenen „Betrachtungsweise der Welt", des „Menschen" und des sozialen Wesens versuchte das Regime Salazar alle Bereiche der Gesellschaft gemäß den „neuen Werten" zu formen. Anders ausgedrückt zielte es darauf ab, sie innerhalb eines nationalistischen, korporativen und christlichen Sittenkodex, der die Bereiche Politik, Arbeitswelt, Freizeitaktivitäten, Familienleben, Ausbildung der Jugend und Kultur im allgemeinen bestimmte, zu erziehen und aufzubauen.

Das Regime monopolisierte das politische Leben durch die Einheitspartei und selektierte und kontrollierte in politischer Hinsicht die Verwaltung. Es schuf eine tendenziell totalitäre korporative Organisation innerhalb aller wirtschaftlichen, gesellschaftlichen und kulturellen Aktivitäten und übte staatliche Kontrolle über Freizeitaktivitäten durch die FNAT - *Federação Nacional para a Alegria no Trabalho* (Nationaler Verband für Freude bei der Arbeit) - aus. Es kontrollierte streng die ideologisch erzieherische Orientierung mit staatlichen Büchern und ausgewählten Lehrern, auch bei Jugendlichen durch die *Mocidade Portuguesa* und Familien für deren „Orientierung" sie Organisationen wie die der *Organização das Mães para a Educação Nacional* - O.M.E.N (Organisation der Mütter für Nationale Erziehung) bestimmte. Es führte auch die „Politik des Geistes" sowie die „Erziehung des guten Geschmacks des portugiesischen Volkes" in bezug auf ästhetische, künstlerische und ideologische Wertvorstellungen, die durch die offizielle Propaganda der Regierung definiert wurden, ein.

Jedoch überwog in Portugal ein tendenziell und nicht fest etabliert totalitäres System. Mehrere Bereiche lagen außerhalb seiner Reichweite. Manchmal, abhängig von wirtschaftlichen Sektoren, gesellschaftlichen Gruppen oder sogar Zeitspannen, ließ das Regime das Auftauchen eines „limitierten Pluralismus" zu, der, obwohl der Regierung unterstellt, die offizielle Einheit spalten konnte. Gründe für diese Situation finden sich in der besonderen Natur der strukturierenden uneinigen gesellschaftlichen und politischen Mächte und in der Entwicklung ihrer entsprechenden Einfluß- und Gleichgewichtsmechanismen, die das Ergebnis verschiedener äußerer und innerer Einflüsse waren. Diese Aspekte trugen zum einzigartigen Charakter des *Neuen Staates* in Portugal bei: die gesellschaftliche, politische und ideologische Randexistenz des spezifisch faschistischen Radikalismus; eine Ständegemeinschaft, die angemessen von einer korporativen Organisation profitieren und gemäß ihren eigenen Interessen über den Rhythmus und das Ausmaß ihrer Ausdehnung entscheiden konnte; eine katholische Kirche, die, gegen entsprechende Unterstützung des Regimes, ihre eigenen unabhängigen Jugend- und Arbeiterorganisationen erhalten und ausbauen konnte; eine Opposition, die nach dem Zweiten Weltkrieg von der Regierung geduldet wurde und die in bestimmten Zeitabständen zu den Scheinwahlen antrat; eine tiefverwurzelte liberale Literaturkultur, die sich erfolgreich gegen die „Politik des Geistes" behauptete.

Zusammengefaßt läßt sich sagen, daß der Eifer des *Neuen Staates* zur vollkommenen Durchsetzung des „neuen Gedankens", deren Träger zu sein er für sich beanspruchte, nach und nach zusammen mit dem ideologischen Grundpfeiler des Regimes schwand. Indem er sich immer mehr in eine von der Bürokratie beherrschte Diktatur verwandelte, hatte der *Neue Staat* keine Seele mehr, die in der Lage gewesen wäre, die Seele irgendeines Menschen zu „erziehen".

Strafrechtliche Ahndung der Justizverbrechen durch die Revolution?

Eine der ersten Entscheidungen der *Junta de Salvação Nacional* (Junta der Nationalen Errettung) - ins Leben gerufen von der Miltärbewegung des 25. April 1974, die die Diktatur stürzte - war die Abschaffung der politischen Polizei (*Direcção Geral de Segurança* - Sicherheitsrat - unter der Regierung von Marcello Caetano).[33] Der Grund war, daß Demonstrationen vor den Hauptquartieren der PIDE/DGS und Angriffe der Bevölkerung gegen ihre Mitarbeiter schließlich die *Junta* dazu zwangen, die Auflösung der politischen Polizei und die Verhaftung ihrer Mitarbeiter anzuordnen.[34] Am 26. April wurden alle politischen Gefangenen begnadigt und freigelassen, hauptsächlich auf Druck der Anwälte, die die Befreiung der Gefangenen aushandelten, und auf Druck der Menschenmenge, die sich vor den Gefängnissen versammelten.

Zur gleichen Zeit wurde die *Comissão de Extincção da PIDE/DGS* (Kommission für die Abschaffung der PIDE/DGS und anderer Organisationen des früheren Regimes)[35] geschaffen. Sie war verantwortlich für die Auflösung der Polizei, für die Erhaltung der Polizeiarchive und die Vorbereitung von Anklagen im Zusammenhang mit den Verbrechen und Vergehen des Regimes.

Nachdem die meisten Mitarbeiter der politischen Polizei verhaftet worden waren, erließ der Revolutionsrat im Juli 1975 das Gesetz 8/75, das Regeln für die Bestrafung der Polizeioffiziere und ihrer Untergebenen festlegte. Die Zugehörigkeit zur politischen Polizei wurde rückwirkend bestraft und das Strafmaß variierte je nach der innerhalb der Polizeihierarchie ausgeübten Funktion. Die Ex-Agenten der PIDE/DGS blieben unter militärischer Gerichtsbarkeit. Die Polizeiangehörigen, die wegen Mordes angeklagt waren, wurden gemäß dem Strafgesetzbuch verurteilt. Die Tatsache, daß sie vor ein Militärgericht kamen - eine Entscheidung, die von den revolutionären Militärorganen getroffen wurde - verdeutlichte, daß die Streitkräfte die Ex-Agenten der PIDE/DGS (mit denen sie im afrikanischen Kolonialkrieg eng zusammengearbeitet hatten) protegierten und mit ihnen in gewisser Weise sympathisierten. Daraus resultierten in aller Regel geringe Strafen, die meistens kürzer waren, als die seit der Revolution in Untersuchungshaft verbrachte Zeit. Die Militärrichter waren nicht

---

33 Vgl. Dekret Nr. 171/74 vom 25. April. Zusammen mit der PIDE/DGS wurde die *Legião Portuguesa* (Portugiesische Legion) und der *Mocidade Portuguesa* ebenfalls abgeschafft (diese waren die Miliz des Regimes: erstere war bereits in Auflösung begriffen, letztere wurde in den letzten Jahren des *Neuen Staates* in eine Art offizieller Sport- und Freizeitverband für die Jugend umgewandelt).

34 Wie es scheint, zielte die Bewegung der Streitkräfte anfangs nicht auf eine Neutralisierung der politischen Polizei ab. Einige Bereiche der Bewegung wollten sie „umstrukturieren" (was in den Kolonien geschah, wo sie in *Polícia de Informação Militar* (PIM), Polizei für Militärische Informationen, umbenannt wurde).

35 Vgl. Dekret Nr. 284/74 vom 25. Juni.

streng, nicht einmal bei Mordanklagen.³⁶ Abgesehen von höheren Offizieren, die nicht fliehen konnten, wurde die Mehrzahl der Ex-Polizeiangehörigen nach einem - höchstens zwei - Jahren Gefängnis freigelassen.

Was die Richter und Staatsanwälte der Plenargerichte - dem gerichtlichen Instrument der politischen Polizei für Scheinprozesse - betrifft, so wurden diese noch weniger bestraft. Obwohl die Verteidiger ehemaliger politischer Gefangener daran Kritik übten und einen Gesetzesentwurf vorlegten, der auf die ehemaligen Richter und Ankläger der Ex-Plenargerichte und Mitglieder der Zensurbehörde abzielte, entschied der *Governo Provisório* (Provisorische Regierung), keine Maßnahmen zu ergreifen, um sie vor Gericht zu bringen. Mit einer offiziellen Erklärung entließ sie im Juli 1975 12 Richter und Beamte, die mit diesen Organisationen kollaboriert hatten. Die meisten von ihnen setzten bald ihre Karriere wieder fort, die jüngsten sogar als Mitglieder des Obersten Gerichtshofs.

Die alte oligarchische und autoritäre Tradition, die den Mißbrauch durch Polizei und Justiz ungestraft ließ, behielt die Oberhand, sogar in den „wilden" Zeiten der Revolution. So gewährte die portugiesische Demokratie Vergebung, ohne vorher Gerechtigkeit walten zu lassen.

---

36 Abgesehen vom früheren Chef der PIDE (der bereits tot war) und dem einzigen offiziell ernannten Henker (der geflohen war) wurden alle Polizeiangehörigen, die der Ermordung von General Humberto Delgado angeklagt waren, vom Militärgericht zu lächerlichen Strafen und für geringe Vergehen verurteilt. General Delargo war ein berühmter, im Exil lebender Führer der Opposition, der von der PIDE im Februar 1964 in Spanien ermordet worden war.

III. Kommunistische Diktaturen: Sowjetunion, Polen

Friedrich-Christian Schroeder

„Verräter und räudige Hunde" - Die Justiz im Stalinismus

Eigenständigkeit des Stalinismus?

Die vorliegende Publikation hat sich zum Ziel gesetzt, den Blick auf den Mißbrauch der Justiz über die DDR hinaus zu erweitern und damit die Nabelschau, die gelegentlich in Deutschland drohte, zu überwinden. Zu dieser vergleichenden Betrachtung des Justizmißbrauchs gehört sicher auch und in erster Linie der Stalinismus.

Der Stalinismus gilt - neben dem Nationalsozialismus - als eines der größten Terrorregime der Weltgeschichte. Es stellt sich allerdings die Frage, wieweit hierbei auch der Gedanke mitspielt, die Entartungen unter Stalin als bloße Folgen einer persönlichen Mißwirtschaft und einer persönlichen Marotte hinzustellen. Denn wenn wir einen Blick in die Geschichte der Sowjetunion werfen, dann sehen wir, daß der Justizmißbrauch unter Stalin bereits auf eine solide Basis zurückblicken konnte, die unter Lenin gelegt wurde.[1]

Nach einem Attentatsversuch rief Lenin im September 1918 zum „Roten Terror" auf, in dessen Verlauf in Rußland in wenigen Jahren ungefähr 1,7 Millionen sog. „Klassenfeinde" erschossen wurden. In einer Verordnung wurde die Gründung von „konzentrazjonnyje lageri" angeordnet - ein Begriff, der sechzehn Jahre später in Deutschland als „Konzentrationslager" übernommen wurde. Nun mag man sagen, das seien Auswüchse der Revolution; „wo gehobelt wird, da fallen Späne". 1922, als Lenin merkte, daß er mit diesem Terrorregime das Land in ein totales Chaos gestürzt hatte, verkündete er eine „revolutionäre Gesetzlichkeit"; sie müsse nun das neue Ziel sein. Aber nur kurze Zeit nach dem Ausruf dieser „revolutionären Gesetzlichkeit", die vor allen Dingen auch der Industrie und dem Handel wieder eine gewisse Rechtssicherheit geben sollte, schrieb Lenin in einem geheimen Rundschreiben an die Mitarbeiter des Volkskommissariats für Justiz, des Ministeriums für Justiz sozusagen: „Man sollte jeden Mitarbeiter des Volkskommissariats nach seinen Leistungen einschätzen, nachdem die Fragen beantwortet sind: ... Für wie viele Kaufleute hast du wegen Mißbrauchs der Neuen Ökonomischen Politik die Erschießung oder eine andere nicht geringe Strafe durchgesetzt? Kannst du diese Frage nicht beantworten, so bist du ein Taugenichts, den man aus der Partei hinausjagen

---

[1] Eingehend Schroeder, 74 Jahre Sowjetrecht, 1992.

muß".[2] Im Mai 1922 schrieb Lenin in einem Brief an den Volkskommissar, also Minister, für Justiz: „Das Gericht soll den Terror nicht beschönigen, sondern ihm Gesetzeskraft verleihen"[3]. Wir haben hier also einen direkten Aufruf zum Einsatz der Justiz zu terroristischen Zwecken.

Fortgesetzt forderte Lenin die Erschießung von angeblichen politischen Gegnern, von „Klassenfeinden", von Müßiggängern, von Kriminellen - fast psychopathisch. 1922 leitete Lenin die ersten großen Schauprozesse ein gegen Kleriker und gegen politische Gegner aus der Revolutionszeit, und zwar schäbigerweise solche, mit denen er zuerst eine Koalition eingegangen war, nämlich die Sozialrevolutionäre. Auf den Solowetzki-Inseln im eisigen Weißen Meer wurden Straflager mit kaum erträglichen Lebensbedingungen und besonders grausamen Regime eingerichtet. Schon unter Lenin wurde also der Staatsterror und eine Terrorjustiz institutionalisiert. Bei Stalin kann es eigentlich nur um die Frage gehen, ob die Pervertierung der Justiz quantitativ noch weiter ging als die unter Lenin.

Der „Aufbau des Sozialismus in einem Land"

Nach der russischen Revolution von 1917 warteten die Kommunisten in Rußland auf den Eintritt der Weltrevolution, nach der Marxschen Devise: „Proletarier aller Länder, vereinigt euch!" Die Weltrevolution war ja von Marx und Engels zur Voraussetzung des Eintritts des Sozialismus und Kommunismus erklärt worden. Die außerhalb Rußlands entstehenden Räterepubliken, z.B. in Bayern und in Ungarn, erwiesen sich aber als kurzlebig und brachen schnell zusammen. Nachdem 1923 auch der Thälmannaufstand in Hamburg zusammengebrochen war, entwickelte Stalin eine radikal neue These. Man müsse nunmehr versuchen, den Sozialismus in einem Land aufzubauen, und dürfe nicht mehr auf den Eintritt der Weltrevolution in den anderen Ländern warten.[4]

Diese These war nicht nur ein radikaler Widerspruch zu der Lehre von Marx und Engels, sondern führte zu einschneidenden Umwälzungen, nämlich der Kollektivierung der Landwirtschaft und einem gigantischen Industrialisierungsprogramm mittels Fünfjahresplänen. Beide Maßnahmen wurden auf dem XV. Parteitag der Kommunistischen Partei der Sowjetunion Ende 1927 beschlossen.

Diese beiden Maßnahmen hatten auf dem Gebiet der Strafjustiz verheerende Auswirkungen. Zum einen wurde der Widerstand der Bauern, die sich ver-

---

2 Diese Aufforderung zur Terrorjustiz ist bemerkenswerterweise in einem Buch mit dem Titel „W. I. Lenin und die KPdSU über die sozialistische Gesetzlichkeit und Rechtsordnung" abgedruckt, das 1981 in Moskau und 1987 in deutscher Übersetzung in der DDR erschien (S. 267ff.).
3 Ebenda (russ. Ausgabe), S. 290f. - Diese Äußerung wurde immerhin in der deutschen Ausgabe weggelassen.
4 Die Oktoberrevolution und die Taktik der russischen Kommunisten, dtsch. Übersetzung, in: J.W. Stalin, Fragen des Leninismus, 1947, S. 100 ff.

ständlicherweise gegen die Kollektivierung des Landes, das sie einige Jahre vorher erhalten hatten, zur Wehr setzten, brutal mit den Mitteln des Strafrechts bekämpft. Auf der anderen Seite kam Stalin auf den Gedanken, seine ehrgeizigen und überzogenen Industrialisierungspläne mit der billigen Arbeitskraft von Strafgefangenen zu verwirklichen. Diese beiden Vorstellungen ergänzten sich in perfider Weise: Widerstand von den Bauern war nicht etwa unerwünscht, sondern war geradezu erwünscht, um die Industrialisierungspläne mit Hilfe von Strafgefangenen durchzusetzen. So wurde der Weißmeer-Ostsee-Kanal in den Jahren 1931-1933 fast allein mit Strafgefangenen gebaut. Zum Zweck der Förderung des Holzexports wurden vor allen Dingen in abgelegenen Gegenden Sibiriens riesige Straflager errichtet. Solschenizyn berichtet in seinem Buch „Archipel Gulag" von festen Ablieferungsquoten der einzelnen Polizeireviere, so daß diese Polizeireviere dann auf Menschenjagd gingen und unter jedem beliebigen Vorwand Menschen verhafteten, um die Ablieferungsquote an Verdächtigen zu erfüllen.[5] Jeder Vorwand für eine Beschuldigung war hier gerade recht. Im August 1932 erging die Verordnung des Zentralen Exekutivkomitees und des Rats der Volkskommissare über den Schutz des sozialistischen Eigentums, wonach für den Diebstahl von Kolchoseigentum die Todesstrafe und selbst bei mildernden Umständen mindestens zehn Jahre Freiheitsstrafe, für die Nötigung zum Austritt aus der Kolchose fünf bis zehn Jahre Konzentrationslager - wieder dieser Ausdruck, jetzt im Jahr 1932 - angedroht wurden. Schon vier Monate später waren nach dieser Verordnung 56.000 Personen verurteilt, davon 2.100 zum Tode. Es entstand nun jenes riesige Straflagersystem namens „Gulag", ein unermeßliches Wirtschaftsunternehmen, das in dem Volkswirtschaftsplan der Sowjetunion mit gigantischen Ablieferungszahlen fest eingeplant war und laufend Nachschub an Menschenmaterial verlangte. Von Stalin wurden diese Terrormaßnahmen in raffinierter Weise ideologisch in seine Lehre eingebunden. Er erklärte, nach der Beseitigung der Klassenunterschiede in der Sowjetunion falle die ursprüngliche Funktion des Staates, nämlich die Unterdrückung der Klassenfeinde, nunmehr weg. An ihre Stelle trete die Bekämpfung der Feinde des sozialistischen Eigentums.[6] So hatte er zugleich in radikaler Abkehr von Marx und Engels die Fortexistenz des Staates im Sozialismus gerechtfertigt und auch noch die massiven Verfolgungsmaßnahmen gewissermaßen auf eine höhere, ideologische Ebene gehoben. Außerdem verkündete er die Lehre von der Verschärfung des Klassenkampfes. Entgegen jeder normalen Auffassung, die davon ausgeht, daß mit der zunehmenden fast völligen Vernichtung aller oppositionellen Kräfte der Klassenkampf zum Erliegen kommen würde, gebrauchte Stalin die Metapher, daß wie bei einem Sterbenden, der sich im Todeskampf noch einmal aufrichtet und seine

---

5   A. Solschenizyn, Der Archipel Gulag, 1974, S. 78.
6   J.W. Stalin, Rechenschaftsbericht an den XVII. Parteitag über die Arbeit des ZK der KPdSU (B) am 10.3.1939, dtsch. Übersetzung bei Schroeder, Wandlungen der sowjetischen Staatstheorie, 1979, S. 90 ff.

letzten Kräfte mobilisiert, auch der Klassenkampf sich kurz vor dem Ende der Vernichtung der feindlichen Klasse noch einmal verschärfen würde.[7]

Ab Ende der zwanziger Jahre erfolgten erste große Schauprozesse gegen angebliche bourgeoise Verschwörungen in der Industrie: 1928 der „Schachty-Prozeß" gegen 58 Angeklagte, 1930 der Prozeß gegen die sog. „Industriepartei" und 1931 der Prozeß gegen das „Menschewistische Zentrum", die mit zahlreichen Todesurteilen endeten. Für diese Prozesse wurde ein Sondergericht geschaffen, zu dessen Vorsitzendem der Rektor der Moskauer Staatsuniversität Andrej Wyschinski berufen wurde.[8] Aufgrund seiner Verdienste in diesen Prozessen, insbesondere der zahlreichen Todesurteile, wurde Wyschinski 1931 zum Generalstaatsanwalt der Russischen Sowjetrepublik, 1933 zum stellvertretenden Generalstaatsanwalt der Sowjetunion und 1935 schließlich zum Generalstaatsanwalt der UdSSR ernannt.

Die zweite Hälfte der dreißiger Jahre

Mitte 1934 floh ein sowjetischer Flieger mit einer Kampfmaschine nach Deutschland. Daraufhin erging das sog. Gesetz über den Vaterlandsverrat, das nicht nur den „Vaterlandsverrat" selbst mit dem Tode, sondern auch die Familienmitglieder, die das Vorhaben nicht angezeigt hatten, mit fünf bis zehn Jahren Freiheitsstrafe bedrohte. Darüber hinaus wurden aber selbst solche Familienmitglieder, die von dem Vorhaben überhaupt nichts gewußt hatten und die der Fluchtwillige vielleicht gar nicht informiert hatte, um sie nicht in Gefahr zu bringen, mit fünfjähriger Verbannung nach Sibirien bestraft. Wir haben hier die Sippenhaft in Gesetzesform.

Am 1. Dezember 1934 wurde unter bis jetzt nicht restlos geklärten Umständen der ehrgeizige und angesehene Leningrader Parteisekretär Kirow ermordet. Es bestehen Vermutungen, daß hinter diesem Mord möglicherweise Stalin selbst gestanden habe, weil er Kirow als Konkurrenten scheute. Daraufhin erging wenige Tage später ein Gesetz, wonach in Strafsachen wegen Terrorakten Schnellverfahren in Abwesenheit des Angeklagten durchzuführen waren.[9] Die Ermittlung hatte nur zehn Tage zu dauern. Die Hauptverhandlung brauchte meistens nicht länger als 15 oder 20 Minuten. Rechtsmittel, ja sogar Gnadengesuche waren verboten. Im Anschluß an diese fünfzehnminütige Verhandlung erfolgte die sofortige Erschießung. Mit Hilfe dieses Instruments wurden zahllose politische Gegner in Schnellstmanier vernichtet.

---

7 Über die rechte Abweichung in der KPdSU (B), dtsch. Übersetzung, in: J.W. Stalin, Fragen des Leninismus, 1947, S. 248ff., 280ff.
8 Näher A. Waksberg, Gnadenlos. Andrei Wyschinski - Mörder im Dienste Stalins, dtsch. Ausgabe, 1990, S. 59ff.
9 Dtsch. Übersetzung, in: Der Strafrechtliche Staatsschutz in der Sowjetunion, der Tschechoslowakei, Ungarn und Polen (Studien des Instituts für Ostrecht/München, Bd. 15), 1963, S. 95 f.

Mitte der dreißiger Jahre kam es dann zu großen Schauprozessen gegen frühere Mitstreiter und Konkurrenten Stalins, gegen Sinowjew, Kamenjew, Bucharin, Rykow - Gegner, die sich zum Teil gegen Stalins These vom Aufbau des Sozialismus in einem Land gewehrt hatten, die warten wollten auf die Weltrevolution, wurden nun, nachdem die Sache durchgezogen war, solchen Schauprozessen unterzogen. Diese Schauprozesse haben in der westlichen Literatur viel Aufmerksamkeit und Verwunderung erregt, weil die Angeklagten vor Gericht in völliger Ruhe kaum glaubliche Selbstbezichtigungen aussprachen, ihren Verrat an der sozialistischen Sache bekundeten und um die verdiente Strafe baten. Es wurden im Westen psychologische, philosophische Artikel darüber geschrieben, worauf das zurückzuführen sei. Man deutete, daß die Ergebenheit an den Kommunismus, die Umerziehung bei diesen Personen so stark gewesen sei, daß sie sich selbst angesichts falscher Beschuldigungen durch Stalin nicht von der guten Sache lösen wollten und die gute Sache des Kommunismus durch ihre Aussage retten wollten. Inzwischen ist bekannt, daß diese unglücklichen Angeklagten in den Untersuchungshaftanstalten teuflischen Foltermethoden unterworfen und für die Verhandlung gerade eben wieder hergerichtet wurden, um sie zu überstehen. Für den Fall einer Obstruktion in dem Prozeß wurden sadistische Hinrichtungsarten angedroht, außerdem ähnliche Verfolgungsmaßnahmen gegen Familienmitglieder, so daß sich die ganze psychologische Deuterei erledigt hat und sich die Geständnisse durch bestialische Mißhandlungen und Drohungen erklären lassen.[10] Der Chefankläger Wyschinski, der als Generalstaatsanwalt der UdSSR die Anklage in diesen Prozessen übernommen hatte, beschimpfte die Angeklagten in übelster Weise. Er redete von „Banditen", „Halunken", „Lügnern und Hanswursten", „nichtswürdigen Pygmäen", „räudigen Hunden, die wie Elefanten toben", „tollwütigen Hunden".[11] Wyschinski war sich nicht zu schade, bei dem Angeklagten Arkadi Rosenholz, dem früheren Volkskommissar für Außenhandel, einen Talisman mit dem 68. und 91. Psalm, der bei ihm gefunden war, in der Verhandlung mit jüdischem Akzent vorzulesen, obwohl dieser Talisman mit der Tat nicht das geringste zu tun hatte.

Ein weiteres Charakteristikum der Justiz unter Stalin war die Übertragung von Justizbefugnissen an Verwaltungsorgane. Allerdings finden wir auch hier Vorläufer bereits bei Lenin. Ich hatte schon die „Konzentrationslager" erwähnt. Die Befugnis zur Einweisung in diese Konzentrationslager hatte die Tscheka, eine Polizeibehörde, eine Verwaltungsbehörde, bekommen. Allerdings war diese Behörde 1922 in die „GPU" ohne Justizfunktionen umgewandelt worden. Anfang der dreißiger Jahre operierten jedoch sog. „Gerichtskollegen" der GPU im Bestand von drei Personen („Trojkas"), die sogar Todesurteile verhängten. 1934 wurde im Rahmen des Volkskommissariats für Inneres (NKWD) ein

---

10 Siehe hierzu vor allem das Buch von Waksberg (Anm. 8).
11 Die Anklagereden Wyschinskis wurden als Musterbeispiele sozialistischer Rechtskultur 1948 als Sammelband veröffentlicht; 1951 erschien in der DDR eine deutsche Ausgabe in der Auflage von 15.000 Stück!

Nachfolger der Tscheka errichtet, die sog. Besondere Konferenz, „Osso", die „sozialgefährliche" Personen für bis zu fünf Jahre in Arbeitslager einweisen konnte.¹² Es kam ohne jede Verhandlung ein Brief aus Moskau. Für diese Methode der Verurteilung hat sich im Volksmund der Ausdruck „Fernurteil Moskau" herausgebildet, weil man eines Tages an den Briefkasten ging und die Mitteilung erfuhr, man werde demnächst nach Sibirien verschafft. 1937 wurde diese Möglichkeit der Verbannung auf zehn Jahre ausgedehnt, 1949 auf 25 Jahre - ohne jede Verhandlung, ohne jeden Tatvorwurf, nur aufgrund der „sozialen Gefährlichkeit". 1937 wurden erneut „Trojkas" gebildet, und zwar zusammengesetzt aus NKWD-Beamten, Parteisekretären und Staatsanwälten, die Hunderttausende von Todesurteilen verhängten.

Die Nachkriegszeit

Der Zweite Weltkrieg war, was die politische Justiz anbetrifft, geradezu eine friedliche Zeit für Rußland. Infolge der ungeheuren Anstrengung zur Abwehr des äußeren Gegners wurde von weiteren allzu auffälligen und drastischen Gewaltaktionen Abstand genommen. Aber alsbald mit dem Ende des Krieges erhob sich eine neue Terrorwelle. Diese Terrorwelle betraf zunächst die eroberten Gebiete, besonders im Baltikum. Im Baltikum wurde fast die ganze Intelligenz in sowjetische Arbeitslager abtransportiert. Alsbald zeigten sich entsprechende Terrormaßnahmen auch in der sowjetischen Besatzungszone Deutschlands und gegen deutsche Kriegsgefangene. Aus der sowjetischen Besatzungszone liegen zahlreiche Berichte über die Art und Weise vor, wie in diesen Fällen das Urteil gesprochen wurde. Junge Schüler, die sich - wie es unter Schülern üblich ist - ein Geheimalphabet geschaffen hatten, um sich jugendliche Briefe zu schreiben, wurden festgenommen unter dem Vorwand, daß sie Vorbereitungen für Spionagemaßnahmen getroffen hätten. Jemand, der für eine Silvesterfeier Knallerbsen und Feuerwerkskörper besorgen wollte und sich dies in sein Notizbuch eingetragen hatte, wurde wegen Vorbereitung von Bombenattentaten verurteilt, weil die Formulierung „Knallerbsen, Feuerwerk" bei der Verurteilung entsprechend ausgelegt wurde. Offensichtlich ging es auch hier darum, bestimmte Quoten an Verurteilten zu erfüllen und auf Biegen und Brechen irgendeinen Vorwand für eine Verurteilung zu finden. Deutsche Kriegsgefangene wurden wegen kriegsüblicher Handlungen strafrechtlich belangt, z.B. wegen Spionage und Sprengstoffverbrechen. Die einzige Abmilderung bestand darin, daß im Mai 1947 in einer großen internationalen Propagandaaktion die Todesstrafe abgeschafft wurde; sie wurde allerdings schon Anfang 1950 wieder eingeführt.

---

12 Dtsch. Übersetzung in Staatsschutz (Anm. 9), S. 96 f.

Später wurde allgemein darüber geklagt, daß es in der sowjetischen Justiz unter Stalin zu einer „anklägerischen Haltung" gekommen sei. Man hat untersucht, wie es zu dieser grundsätzlichen Korrumpierung der Justiz kommen konnte. Zunächst spielte dabei das Verfahren der Rekrutierung der Richter eine Rolle. Die Richter wurden in der Sowjetunion gewählt und dabei vom örtlichen Parteikomitee zur Wahl vorgeschlagen. Den Vorsitz in den örtlichen Parteikomitees hatte aber meistens der örtliche Staatsanwalt, so daß sich der Staatsanwalt gewissermaßen seinen Richter auswählen konnte. Ferner ist im sowjetischen Strafprozeß keine Anwesenheit des Staatsanwalts erforderlich. Das mag einem auf den ersten Blick als Wohltat erscheinen, weil man sich nicht gegen den Staatsanwalt zur Wehr setzen muß. In Wahrheit steht aber etwas ganz anderes dahinter: Der Staatsanwalt wird hier nicht als eine Partei im Strafprozeß angesehen, sondern gewissermaßen als objektive Instanz, der man zu folgen hat, die ihre Auffassung im Prozeß nicht weiter darzulegen braucht. Im Jahre 1948 wurde dann, um die Arbeitsintensität der Staatsanwälte zu beschleunigen und zu verbessern, eingeführt, daß als ein Indikator für den Erfolg der staatsanwaltlichen Tätigkeit der weitere Verlauf der Sache angesehen wurde: ob der Angeklagte verhaftet wurde und ob es zu einer Verurteilung kam. Dies war ein schrecklicher Automatismus, weil damit die Inhaftnahme des Angeklagten als Erfolgsindikator galt und erst recht die Verurteilung. Nunmehr wurde jeder Freispruch zu einer außerordentlichen Angelegenheit, über die die Staatsanwälte ihren Vorgesetzten Bericht erstatten mußten. Die Freispruchquote ging dadurch auf eine extrem niedrige Zahl zurück. Die Staatsanwälte bearbeiteten die von ihnen zur Wahl vorgeschlagenen Richter, um es nicht zu für sie so peinlichen Vorkommnissen kommen zu lassen.

Nach dem Ende des Zweiten Weltkrieges wurden ferner die heimkehrenden sowjetischen Soldaten, nachdem sie die extrem harten Bedingungen in deutschen Kriegsgefangenenlagern überstanden hatten, als Verräter angesehen, weil es entsprechende Befehle Stalins gab, daß derjenige, der sich gegenüber dem deutschen Gegner ergab, als Vaterlandsverräter anzusehen sei. Es kam hier zu einer großen Verurteilungswelle, und die meisten, die die Lebensbedingungen in den deutschen Kriegsgefangenenlagern überstanden hatten, wurden in der Sowjetunion einer neuen Lagerhaft unterzogen. Aber auch in der Sowjetunion selbst breitete sich eine Atmosphäre von Denunziantentum und einer völligen Rechtlosigkeit der Verteidigung aus. Vor zwei Jahren erzählte mir ein Moskauer Kollege, in einem dortigen rechtswissenschaftlichen Institut habe Anfang der fünfziger Jahre ein Spitzel gesessen, der den Auftrag gehabt habe, einen Kollegen zu erledigen. Dieser Spitzel sei mit dem Kollegen in ein Café gegangen und habe unter dem Tisch ein Tonband versteckt und den Kollegen gefragt: „Was hältst du eigentlich von Berija, diesem Schwein?" Der Kollege sagte: „Also weißt du was, den Berija, den müßte man mal so richtig in den Arsch treten!" Das führte zu der Anklage wegen Vorbereitung eines Terroraktes gegen einen hohen Sowjetfunktionär und anschließend zu der Hinrichtung dieses Kollegen. Anfang 1953 wurde unter dem Vorwand einer Verschwörung von jüdischen Ärzten gegen hohe Sowjetfunktionäre eine große Wachsamkeits- und Denunziationskampagne eingeleitet; die damit geplanten Verfolgungen wurden nur durch Stalins Tod am 5. März 1953 verhindert.

Die „Aufarbeitung" der Stalinschen Unrechtsjustiz in der Sowjetunion

Erst 1956 erfolgte durch Chruschtschow in seiner berühmten sog. Geheimrede vor dem XX. Parteitag der Kommunistischen Partei der Sowjetunion eine Aufdeckung dieser Vorkommnisse und eine Umkehr. Es wurde damals in der Sowjetunion der Begriff der „Rehabilitierung" geschaffen; von 1954 bis Anfang 1956 wurden 7.679 Personen „rehabilitiert", meist posthum.[13] Dieser Begriff „Rehabilitierung" ist dann groteskerweise über die Volkskammer der DDR in den Sprachgebrauch der Bundesrepublik eingedrungen. Meines Erachtens ein völlig verfehlter Ausdruck, denn was heißt Rehabilitierung? - Wiederherstellung des guten Rufes. Wir haben nach dem Zusammenbruch des Nationalsozialismus nicht diesen Ausdruck gebraucht, sondern wir haben von der Wiedergutmachung von nationalsozialistischem Unrecht gesprochen, weil wir es für nicht erforderlich hielten, daß etwa die Geschwister Scholl „rehabilitiert" werden müßten, daß deren guter Ruf wiederhergestellt werden müßte. Es ist hier also ein Sprachgebrauch übernommen worden, der von einer Kontinuität der Rechtmäßigkeit ausgeht und der es für nötig hält, daß bei Menschen, die von einem Terrorregime verurteilt worden sind, der „gute Ruf" nachträglich wiederhergestellt werden muß. 1991 - nach dem Zusammenbruch des Sowjetkommunismus - ergingen in Rußland zwei Gesetze über die „Rehabilitierung".[14]

Von einer Verfolgung der verantwortlichen sowjetischen Richter ist nichts bekannt geworden. Nun war es allerdings in der Sowjetunion so - man kann das in dem Buch von Arkadi Waksberg über Andrej Wyschinski nachlesen, das Buch trägt den Titel „Gnadenlos" -, daß jeweils die Folterknechte, die gerade noch die einen politischen Gegner gequält und sadistisch zugerichtet hatten, wenige Jahre später ihrerseits von den Nachfolgern mit den entsprechenden Methoden überzogen wurden. Hier fraß nicht die Revolution ihre Kinder, sondern der Terror fraß seine Kinder, so daß buchstäblich von allen diesen Folterknechten nur wenige übriggeblieben waren, nur die letzten, und Berija wurde vermutlich in einer Sitzung des Politbüros von Chruschtschow erschossen, so daß also wirklich sehr wenig Leute übriggeblieben waren, die abzuurteilen gewesen wären. Es ist nichts darüber bekannt geworden, daß Richter oder Untersuchungsbeamte verurteilt worden wären. Nach dem Zusammenbruch des Kommunismus in der Sowjetunion 1990 liegen die Dinge so weit zurück, daß man glaubt, die Vorgänge nicht mehr aufklären zu können.

---

13 Schroeder, Das Oberste Gericht der UdSSR, 1983, S. 26.
14 Hierzu O. Baller, Die juristische Bewältigung des kommunistischen Unrechts in der Russischen Föderation, in: G. Brunner (Hrsg.), Juristische Bewältigung des kommunistischen Unrechts in Osteuropa und Deutschland, 1995, S. 136 ff., 151 ff.

Parallelen in der Justiz des Stalinismus und des Nationalsozialismus

Betrachtet man die totalitären Justizsysteme des Stalinismus und des Nationalsozialismus, so fallen einige verblüffende Ähnlichkeiten auf. Da ist nicht nur der Begriff der Konzentrationslager, der später in Deutschland übernommen worden ist, da ist nicht nur die Verwaltungsjustiz, die Einweisung in Arbeitslager durch Verwaltungsbehörden; auch die Einweisung in Konzentrationslager in Deutschland erfolgte ja weitgehend durch die Polizei. In beiden Rechtssystemen wurde die strafbegründende Analogie eingeführt. Rechtsmittel und sogar Gnadengesuche wurden ausgeschlossen. Andererseits wurde in beiden Rechtssystemen die Rechtskraft von Strafurteilen durch außerordentliche Rechtsmittel ausgehöhlt. Und bei den Zitaten von Wyschinski fällt jedem sofort ein Name ein - Roland Freisler. Nun sind derartige Analogien spätestens seit dem „Historikerstreit" ein heißes Eisen. Ich möchte diesen Vergleich hier nicht weiter ausführen. Ich möchte nur auf diese wenigen augenfälligen Ähnlichkeiten hinweisen.

Adam Krzemiński

Zwischen Amnestie und Aufarbeitung - Das polnische Beispiel

Auf den ersten Blick sind sie sich alle gleich, die Brüder aus dem sowjetischen Lager, die aus der angeblich lustigsten Baracke wie die Ungarn und die aus der rebellischsten, die Polen, die deutschen Bewohner der DDR-Nischengesellschaft und die tschechischen Schwejks... Sie alle haben an ihrer jüngsten Vergangenheit zu knabbern, und sie stellen sich ihr. Allerdings auf verschiedene Art und Weise. Als 1993 in Polen die Postkommunisten die Parlamentswahlen gewannen, und dann 1995 sogar ihr smarter Sprecher Präsident wurde, zog man sowohl in Polen als auch in Deutschland gerne Analogien: Protestwähler hier und Protestwähler da, ist die SLD dasselbe wie die PDS? Schließlich haben die beiden in ihren Ländern vergleichbaren Zuspruch von etwa 20 % der Wähler. Man machte in beiden Ländern dieselbe Sehnsucht nach der „stickigen Wärme" des Realsozialismus, als die Arbeitsplätze noch sicher und das Leben überschaubar waren, aus. Und man rief nach einer polnischen Gauck-Behörde.

Die Unterschiede erschienen naheliegend. Während die DDR-Deutschen - recht vorsichtig und autoritätshörig - mit ihrer Vergangenheit radikal abrechneten, verwischten die Polen - jahrzehntelang „die" Widerstandskämpfer gegen den Sowjetkommunismus - mit Mazowieckis Politik des „dicken Strichs" bewußt die Grenzen zwischen den Fronten und zeigten ihre „Angst vor der Wahrheit". Sie hatten weder den Mut, in die „Büchse der Pandora" zu schauen, wie der polnische Präsident Lech Walesa die IM-Listen des volkspolnischen Sicherheitsdienstes nannte, noch erklärten sie sich bereit, den Mythos des hehren Massenwiderstandes durch die Decouvrierung der in die „Solidarność"-Führung eingeschleusten Agenten des Sicherheitsdienstes zu demontieren.

Die Fakten stimmen. Die These selbst ist falsch, weil es keine allgemeingültige, geradezu „hydraulische Mechanik" der Dekommunisierung gibt, auch wenn sich in Polen nicht wenige nach dem deutschen Modell der institutionellen Abrechnung mit der Vergangenheit sehnten und sehnen. Mehr noch: Solange die heute regierenden Parteien - die durch ihren Wahlsieg verängstigten Postkommunisten und ihre robusten und eigensinnigen Bauern-Blockflöten - kein juristisch schlüssiges Modell für eine „Entkommunisierung" einbringen, wird das politische Leben in Polen an einer Eiterbeule kranken. Und dennoch: das DDR-Modell - auch wenn die brisanten Erkenntnisse aus der Gauck-Behörde über polnische Stasi-IMs einige Male in der polnischen Innenpolitik von Bedeutung waren - ist für Polen nur bedingt brauchbar. Und noch weniger taugte es für eine „Dekommunisierung" Rußlands, die zu fordern aber keinem deutschen Russenexperten in den Sinn käme. Der Ex-Kommunist Gorbatschow und sein Nachfolger, der Ex-Kommunist Jelzin, bleiben moralisch unangetastet, trotz des Sturms auf den Fernsehturm in Wilna und trotz der Niederwerfung Georgiens durch die nachfolgende russische Unterstützung aller am georgischen Drama beteiligten Parteien. Eine Gauck-Behörde für Rußland zu fordern, käme niemandem in den Sinn, sie den Polen als ein Modell vorzusetzen, ist selbstverständlich. Dies ist nicht das einzige Beispiel dafür, daß Polen mit anderen Maßstäben gemessen wird als Rußland. Vielleicht auch zu Recht.

Ein polnischer Kommentator stellte weitgehende Analogien zwischen Polen und der Ex-DDR fest. Laut „Spiegel" bewertet die Mehrheit der Ex-DDR-Deutschen die Ideen des Sozialismus als positiv, während in Polen - laut „Polityka" - sich die Mehrheit der Polen gegen die juristische Aufarbeitung des Kriegsrechts 1981 ausspricht und in Jaruselski keinen sowjetischen Satrapen sieht, sondern einen ehrenwerten Politiker, der Polen vor einem Blutbad bewahrt hatte. Basil Kerski sieht sogar weitere Ähnlichkeiten. In beiden Ländern gäbe es einen grundsätzlichen Widerspruch: einerseits ein mangelnder Wille zur Vergangenheitsbewältigung, andererseits eine Zustimmung zur Öffnung der Stasi-Akten. In seinem Vergleich des deutschen und des polnischen Umgangs mit der Dekommunisierung stellt er bestimmte Parallelen fest, obwohl immer wieder grundsätzliche Gegensätze betont werden. Während die DDR-Volkskammer eine rigorose Offenlegung der Akten beschloß, und die „Gauck-Behörde" ins Leben rief, plädierte der erste nichtkommunistische Ministerpräsident in Polen für einen „dicken Schlußstrich", der die beiden verfeindeten Lager versöhnen sollte. Und trotzdem stellt Kerski fest, daß sowohl der deutsche als auch der polnische Weg nach 1989 ähnlich war. Die alten politischen Eliten wurden in beiden Ländern weitgehend in die neue Politik integriert. Das heißt, trotz der spektakulären Entlarvungen der Stasi-Mitarbeiter, und einiger Rücktritte namhafter Politiker, kam es in der Ex-DDR keineswegs zu einer radikalen Dekommunisierung. Im Gegenteil: Manfred Stolpe wurde sogar für das Amt des Bundespräsidenten vorgeschlagen. Ähnlich war es in Polen. Ein Teil der Solidarność-Anhänger sah in der Politik des „dicken Schlußstriches" ein geheimes Komplott Mazowieckis mit den Kommunisten, und die Forderung nach einer „Lustration" wurde immer wieder im politischen Kampf erhoben, doch im Grunde genommen ist sie weitgehend folgenlos geblieben.

Schlußstrich - eine Lösung?

Polnische Politiker und Publizisten betonen, daß Mazowiecki mit seiner Parole des „dicken Schlußstriches" keineswegs eine kollektive Vergebung aller kommunistischen Verbrechen beabsichtigte. Doch angesichts der Notwendigkeit, große Teile der alten Eliten in den Aufbau der neuen Demokratie einbinden zu müssen, konnte er nicht eine pauschale Entfernung von Kommunisten aus dem Verwaltungsapparat betreiben. Er löste die politische Polizei auf und führte eine Neuorganisation der Staatsanwaltschaft durch. Mazowiecki wollte die Vergangenheit nicht so sehr durch spektakuläre Prozesse als vielmehr durch die Demokratisierung bestehender Strukturen „bewältigen", was freilich nicht immer gelang. 1990 schrieb seine Regierung Neuwahlen in den Agrar-Genossenschaften aus. Das hat aber wenig geändert. 85 Prozent der ehemaligen Kader wurden von den Bauern wiedergewählt.

Der „dicke Schlußstrich" bedeutete keineswegs eine Generalabsolution. Schon im August 1989 wurde vom Parlament eine Untersuchungskommission einberufen, die sich mit den Verbrechen während des Kriegszustandes beschäftigen sollte. Bis zum Oktober 1991 hat sie Belastungsmaterial gegen 200 Personen der Staatsanwaltschaft übergeben. Die meisten wurden jedoch freigesprochen. Auch die „Hauptkommission zur Erforschung von Verbrechen gegen das polnische Volk", die sich mit den Verbrechen der Nazi- und Stalinzeit beschäftigt, hat enorme Schwierigkeiten bei ihren Ermittlungen. Nur gegen einige Schergen der stalinistischen Staatssicherheit der 50er Jahre konnte brauchbares Beweismaterial zusammengestellt werden. Der Grund ist nicht nur das hohe Alter der Zeugen, sondern auch der Zustand der Archive des früheren Sicherheitsministeriums. Allerdings, argumentieren polnische Beobachter, sah es auch in der Ex-DDR - trotz der viel besseren technischen Ausstattung des deutschen Justizwesens und der gut erhaltenen Stasi-Archive - nicht viel besser aus. Der Großteil der Verfahren wegen Rechtsbeugung, Todesschüssen an der deutsch-deutschen Grenze oder Wahlfälschung wurde eingestellt, Anklage nur in wenigen Fällen erhoben, die Zahl der Verurteilungen ist extrem gering und fast immer wurden sie zur Bewährung ausgesprochen.

Polen - DDR: Unterschiedliche Voraussetzungen

Und dennoch läßt sich das Problem mit der kollektiven Erinnerung im heutigen Polen schwerlich mit dem entsprechenden deutschen Problem gleichsetzen. Die Gründe für diesen deutsch-polnischen Unterschied im Umgang mit der jüngsten Vergangenheit sind historischer, struktureller und auch moralisch-psychologischer Art. Aber bei aller Akzentuierung der deutsch-polnischen Unterschiede darf man auch nicht manche Parallelitäten aus dem Auge verlieren.

Zunächst die historischen Unterschiede zwischen der deutschen und der polnischen Vergangenheitsbewältigung. Während in Deutschland sowohl im Jahre 1945 für alle vier Besatzungszonen durch den „Zusammenbruch" oder die „Befreiung", als auch 1989 für die DDR durch den Fall der Mauer und die Vereinigung mittels Beitritt der ehemaligen SBZ zur Bundesrepublik zwei Mal die „Stunde Null" schlug, das heißt politisch eine absolut neue Zeitrechnung begann, hatte Polen in beiden Fällen „weiche Übergänge" von einer Regierungsform zur anderen. Polen ging 1945 - anders als Deutschland - als formeller Sieger und faktischer Verlierer aus dem Krieg hervor. Seit 1939 hatte es auf der „richtigen Seite" gestanden, hatte seine staatliche Kontinuität durch die Exilregierung und den Untergrundstaat bewahrt. Die Vorkriegsverfassung galt bis 1952, und der Bürgerkrieg, der 1944 wegen der vom Westen gebilligten Unterwerfung Polens durch Stalin ins Land hineingetragen wurde, spielte sich in Polen selbst im Rahmen zweier innenpolitischer Optionen ab.

Es gab keine polnische Zweistaatlichkeit, keine Konkurrenz zweier polnischer Systeme. Die 1948 siegreichen Kommunisten konnten - zumindest seit dem „polnischen Oktober" 1956 - sich als die Vertreter einer „Phase in der polnischen Geschichte" betrachten, um so mehr, als sie immer wieder mit einer realen Opposition im Lande konfrontiert wurden, angefangen von der politischen Emigration, über die Kirche und die freien Bauern bis hin zum Unmut der Arbeiter und Intellektuellen. Volkspolen besaß eine im Vergleich zur DDR unvergleichlich stärkere Legitimität, auch juristisch, schließlich saß es in den internationalen Gremien nie am Katzentisch und wurde nicht mit dem Brandmal der Verantwortung für einen völkermordenden Krieg stigmatisiert. Und dennoch gab es auch 1945 so etwas wie die „polnische Schuldfrage", die in Polen selbst und in der Emigration heftig diskutiert wurde.

Dabei ging es nicht darum, daß die Polen etwa ein „Tätervolk" wären, sondern um die Fragen, wer die Katastrophe des Septembers 1939 verschuldet hatte, und ob die Katastrophe des Warschauer Aufstandes 1944 vermeidbar gewesen war. Die Erinnerungen an die Grausamkeiten des Bürgerkriegs der kommunistischen „Lubliner" gegen die bürgerlichen „Londoner" und an die Unterwerfung Polens durch Stalin traten angesichts der Hoffnung, nun würden die vor dem Krieg unterlassenen sozialen Reformen durchgesetzt, in den Hintergrund. Auch war die Bereitschaft vorhanden, aus dieser halbfreien polnischen Volksrepublik doch noch im Rahmen des Möglichen das Beste zu machen. Daß die Demoralisierung durch den de facto verlorenen Krieg, den Terror des Bürgerkrieges, die Erniedrigung durch die sowjetische Willkür und Bevormundung gelegentlich in Eruption von Gewalt, Barbarei, bis hin zu - vermutlich vom Geheimdienst geschürten - Pogromen wie in Krakau oder Kielce führte, kann nicht darüber hinwegtäuschen, daß die Volksrepublik - ungeliebt zwar und mit den Jahren in ihrer inneren Verfassung immer weniger geschätzt - doch von den meisten Polen als ihr Staat betrachtet wurde; einen anderen gab es nicht.

Der zweite Punkt betrifft die strukturellen Unterschiede zwischen der DDR und Volkspolen. Beide Staaten gehörten zum gleichen Lager, hatten die gleichen Institutionen und eine vergleichbare Machtstruktur - eine „auf Ewigkeit" an die Macht „angeschweißte" Partei und ihre „Blockflöten". Und dennoch unterschieden sie sich entscheidend. Die DDR war von A bis Z ein Produkt der deutschen Kommunisten, die als Antifaschisten in der Anfangsphase tatsächliche moralische Autorität besaßen. Zugleich war - wegen der Existenz des anderen deutschen Staates - die Legitimität der DDR für die meisten Deutschen fragwürdig, sie war eine sowjetische Kolonie und wenig mehr. Das hatte gravierende strukturelle Folgen. Während Volkspolen sich nach Stalins Tod unentwegt veränderte, immer wieder demokratisierende Reformen in Gang setzte und eine innere staatspolitische Organik entwickelte, war die DDR institutionell und gesellschaftlich eine unbewegliche Hülse, eine einzige Nische, die 1956 genauso strukturiert war wie etwa 1985. Daß es dort mutige Menschen gab, die vieles erlitten und für ihre kleine Umwelt einiges an Lebensqualität und stillem Widerstand erreichten, ändert nichts daran, daß die regierende Partei wie eine Schildkröte erschien, bepanzert und unbeweglich. Keine Strukturreform von oben wurde eingeführt, kein Ombudsman, kein Verfassungsgericht, keine unabhängigen Gerichte, keine Selbstdemokratisierung. Wer weiß, ob das nicht eine gravierendere Schuld der DDR-Machteliten ist als diese Stasi-Krake, von der seit fünf Jahren so viel geredet wird. Das SED-Regime hat sich nie selbst auf die Anklagebank gesetzt wie die PVAP im Prozeß gegen die Stasi-Mörder von Pfarrer Popieluszko.

Und damit kommen wir zum dritten und wichtigsten Punkt, dem moralisch-psychologischen Unterschied. Das Gefühl, zu den Opfern zu gehören, ist in Polen schwächer als in der DDR. Die Publizistik in beiden Ländern zieht zwar gern ostdeutsch-polnische Parallelen, etwa zwischen der Stärke der PDS in den neuen Bundesländern und der der SLD in Polen oder der angeblich gemeinsamen Sehnsucht nach der „stickigen Wärme des Realsozialismus", wofür in Polen z.B. eine nachhaltige Sympathie für Wojciech Jaruzelski, in der Ex-DDR dagegen das Votum der Wähler für Manfred Stolpe trotz der massiven IM-Anschuldigungen als Beleg dienen soll. Trotzdem sind diese Analogien wenig stichhaltig. Der polnische Zeithistoriker Prof. Wlodzimierz Borodziej, der die Stasi-Akten nach der „polnischen Spur" durchsehen durfte und ein Buch darüber veröffentlicht hat, betont auch viel stärker die Unterschiede als Ähnlichkeiten zwischen dem polnischen und dem ostdeutschen „Stasisyndrom". Es beginnt damit, daß das Ministerium für Staatssicherheit der DDR nur ein einziges Mal wegen mangelnder Wachsamkeit bestraft und „gesäubert" wurde - im Jahre 1953. Danach blieb es fast 40 Jahre lang unbeanstandet und in seiner personellen Besetzung unerschüttert. Die Person des greisen Ministers Erich Mielke ist ein Symbol für diese stalinistische Kontinuität und Reformunfähigkeit. Das „Stasi"-Personal nahm immer mehr zu, bis es 1989 die Zahl von 89.000 hauptamtlichen Mitarbeitern (für eine Bevölkerung von 17 Millionen Menschen) erreichte. In Volkspolen dagegen wurde die Staatssicherheit nach Stalins Tod mehrmals reorganisiert, die schlimmsten Schergen wurden vor Gericht gestellt und auch wenn die Strafen eher symbolisch waren, gab es keine relevante personelle Kontinuität von der Stalinzeit bis 1989; außerdem wurde die polnische Gesellschaft - immerhin 39 Millionen Menschen - von nicht einmal einem Drittel so vielen Mitarbeitern der Staatssicherheit wie in der DDR bewacht, nämlich 24.000. Die Angst vor Beschnüffelung war daher in Polen weitaus geringer als in der DDR. Es gab natürlich auch in Polen Zeiten, in denen die Warschauer Rakowiecka-Straße Furcht und Zittern erregte, da sie symbolisch die Knechtung des Landes wiedergab: Sie begann am Kinotheater „Moskwa", dann kam eine Militärkaserne, weiter das Innenministerium und das Gefängnis - und zum Schluß die Endstation der Straßenbahn, auf polnisch „die Schlinge" genannt. Dennoch war sie - anders als die Normannenstraße in Ostberlin - 1989 kein Ziel einer „Als-ob-Revolution". Die polnische „Bastille" war - wenn überhaupt - das Parlamentsgebäude an der Wiejska-Straße und nicht das Innenministerium, dessen Chef, Czeslaw Kiszczak, im Herbst 1988 zum Runden Tisch aufrief, an dem auch die „Revolution" in Verhandlungen mündete.

Anders in der DDR. Dort wurde die Besetzung der Normannenstraße zum zweiten Sturm auf die Bastille stilisiert, ungeachtet der Tatsache, daß neben Bürgerrechtlern sich auch machiavellistisch gesinnte Stasispitzel unter die Anführer mischten. Später traten dann reihenweise führende DDR-Dissidenten zurück, Minister, demokratisch gewählte Abgeordnete, schließlich der Ministerpräsident, einer nach dem anderen verraten von den Akten, in denen sie als Agenten der Polizei figurierten. Doch die Stasi-Unterlagen bleiben offen, jeder Bürger kann seine Akte - so er eine hat - einsehen. Selbstjustiz hat es deswegen nicht gegeben, und Joachim Gauck wurde zu einem der wichtigeren Exportartikel der deutschen Kulturpolitik. Denn in anderen Ländern, allen voran Polen, „lief alles ganz anders ab" schreibt Borodziej.

Das Lustrationsgesetz - ein Kompromiß?

Auch wenn in Polen letztendlich erst im Jahre 1997, und dann eher unwillig, ein „Durchleuchtungsgesetz" verabschiedet wurde („Die Abgeordneten, die eine Lustration fordern, erinnern an Karpfen, die ein baldiges Weihnachten verlangen", spottete der postkommunistische Innenminister Leszek Miller), werden seine Folgen unvergleichbar bescheidener sein als in den neuen Bundesländern. Nicht nur, weil der Druck von unten auf die ständige Beschäftigung mit der Vergangenheit in Polen recht schwach ist, sondern auch aus einem ganz prosaischen Grund: Die staatlichen Möglichkeiten zum Aufbau eines bürokratischen Apparats sind ungleich bescheidener als die der „Gauck-Behörde" mit ihren 3.000 Mitarbeitern und ihrem ansehnlichen Budget. In Polen konnte man in den ersten Monaten nach der Verabschiedung des Lustrationsgesetzes nicht einmal 21 Richter finden, die bereit waren, gegen ein bescheidenes Gehalt die noch vorhandenen Akten zu durchforsten, um die Inhaber der nach dem Gesetz etwa tausend betroffenen Personen im Staat zu durchleuchten.

Die Befürworter der Dekommunisierung in Polen haben sich oft auf das deutsche Modell berufen und luden Joachim Gauck mehrmals nach Polen ein. Der Bundesbeauftragte wurde somit - wie manche in Polen witzelten - zum wichtigsten deutschen Kulturexportartikel der Nachwendezeit. Die Gegner der Lustration bekamen wiederum argumentative Hilfe von so einem prominenten Intellektuellen der früheren demokratischen Opposition und langjährigen politischen Häftling wie Adam Michnik, der die Öffnung der Stasi-Archive mit einer in eine Kloake geworfenen Granate verglich. Einige bringe sie um, andere verletze sie, aber alle beschmutze sie. Demokratie brauche Versöhnung, die, wie die Praxis zeige, nicht mit Gerechtigkeit einhergehen könne, schreibt Michnik. Die Versöhnung habe im Übergang von einer Diktatur zur Demokratie Priorität. Deswegen verzichte er auf Genugtuung und erwarte das auch von seinen politischen Freunden, damit das Klima der Rache und Revanche die Demokratie nicht gefährde.

Die Haltung Michniks wurde von einem Teil seiner Solidarność-Mitstreiter heftig kritisiert. Und dennoch ist Polen auf eine „cohabitation" angewiesen. Nach den siegreichen Parlamentswahlen von 1997 wurde aus dem Umfeld der „Solidarność" auch die Forderung nach einer Abrechnung deutlich schwächer. Polen hat sein Lustrationsgesetz, doch der postkommunistische Präsident scheint mit der seit 1997 in Polen regierenden „Solidarność"-Koalition in einigen Schlüsselfragen der Innenpolitik ein Agreement ausgehandelt zu haben: Eine radikale Abrechnung mit der Vergangenheit wird es in Polen trotz des neuen Gesetzes nicht geben, dafür aber kann die „Solidarność"-Regierung den zweiten Schub des riesigen Reformwerkes im Staat und in der Wirtschaft in Gang setzen.

Polen ist nicht Deutschland, es hat seinen eigenen Rhythmus und seinen eigenen Umfang mit der Vergangenheit. Er ist weniger bürokratisch durchorganisiert, aber dennoch nicht ineffizient, weder beim Erinnern noch beim Vergessen.

IV. Kommunismus in Deutschland: Die SED-Diktatur

Hermann Wentker

Justiz im Übergang:
Die sowjetische Besatzungsmacht, die deutschen „Täter" und die Anfänge der politischen Strafjustiz in der SBZ/DDR

Einleitung

Nach dem deutschen Zusammenbruch im Jahre 1945 erfolgte auf Anordnung der Besatzungsmächte die Wiederherstellung rechtsstaatlicher Prinzipien, die freilich aufgrund der Eingriffsrechte der Alliierten nicht uneingeschränkt galten. Insbesondere in der sowjetischen Zone war der Rechtsstaat aufgrund der Willkürakte sowjetischer Organe von Anfang an durchlöchert. Die in der deutschen Justiz anfangs noch herrschenden rechtsstaatlichen Strukturen wurden zudem bis 1952 weitgehend beseitigt, so daß man die späten vierziger und frühen fünfziger Jahre als eine Übergangszeit charakterisieren kann, in denen eine tiefgreifende Transformation des Justizwesens stattfand.

Die zentrale Frage nach den Voraussetzungen und Methoden dieses Transformationsprozesses kann hier nicht umfassend beantwortet werden. Hier sollen vielmehr drei wesentliche Aspekte herausgegriffen werden. Zunächst gilt es, auf die für diese Zeit entscheidende Rolle der sowjetischen Besatzungsmacht für die Justiz einzugehen. Da die sowjetischen Organe der Unterstützung von deutscher Seite bedurften, geht es zweitens um die deutschen „Täter", also diejenigen, die die Errichtung des sozialistischen Justizwesens zu ihrer eigenen Sache machten und darin zur Mitwirkung bereit waren. Exemplarisch behandelt werden dabei Ernst Melsheimer und Hilde Benjamin. Vor diesem Hintergrund schließlich sind - wiederum exemplarisch - die Anfänge der politischen Strafjustiz in der SBZ/DDR zu betrachten. Dabei bildet ein sowjetischer Befehl - der Befehl Nr. 201 vom 16. August 1947 - den Ausgangspunkt und die Rechtsgrundlage; zu seiner Durchführung zog man indes deutsche Polizisten, Staatsanwälte und Richter heran.

Die sowjetische Besatzungsmacht und die Justiz in der SBZ/DDR nach 1945

Die sowjetischen Besatzer prägten sowohl in direkter als auch in indirekter Hinsicht die Gestalt des Justizwesens in der SBZ/DDR. Zu den direkten Wirkungsweisen zählen erstens die zahlreichen willkürlichen Verhaftungen und Einweisungen von mißliebigen Personen in die dem sowjetischen Geheimdienst (NKWD/MWD) unterstehenden Speziallager. Die Westmächte richteten ebenfalls Internierungslager für führende Nazis und Personen ein, die der alliierten Politik möglicherweise gefährlich werden konnten. Auch hier herrschten anfangs Willkür und harte Haftbedingungen. Jedoch änderte sich die Internierungspolitik der Westmächte binnen kurzer Zeit, so daß sich, im Unterschied zur SBZ, die Haftbedingungen besserten und nach eingehenderer Untersuchung der Einzelfälle bereits ab November 1945 Entlassungen vorgenommen wurden. In der sowjetischen Zone hingegen wurden die Speziallager nach der Anfangsphase von 1945/46 in den folgenden Jahren „zu einem Instrument sowjetischer Besatzungspolitik zwecks Stabilisierung des kommunistischen Gesellschaftssystems"[1]. Wenn Entlassungen vor der Auflösung der Lager im Jahre 1950 erfolgten, dann aus politischer Opportunität und nicht nach juristischer Überprüfung. Es war somit die völlige Rechtlosigkeit dieses Verfahrens, die den Eindruck vermittelte, daß die sowjetische Besatzungsmacht ein völlig anderes Verständnis von Recht und Justiz besaß als die Westmächte.

Zweitens sind hier die von den Sowjetischen Militärtribunalen (SMT) durchgeführten Prozesse gegen deutsche Staatsangehörige anzuführen. Die Zuständigkeit der SMT für Deutsche ergab sich zum einen aus sowjetischen Rechtsvorschriften und zum anderen, sofern es die Aburteilung von NS-Verbrechen betraf, aus Gesetz Nr. 10 des Alliierten Kontrollrats. Rechtsstaatliche Verfahrensregeln wurden in den Prozessen wegen sog. „Nazi- und Kriegsverbrechen", Verstößen gegen das Besatzungsregime, kriminellen Vergehen und sog. „konterrevolutionären Verbrechen" so gut wie nicht beachtet. Die Grundlage der Rechtsprechung für nach dem 8. Mai 1945 begangene Straftaten bildete vor allem § 58 des russischen Strafgesetzbuches, der weitgefaßte Straftatbestände wie konterrevolutionäre Handlungen, Spionage sowie antisowjetische Propaganda und Agitation enthielt. Die SMT waren folglich die Gerichte, die in der SBZ - vor allem nach 1947 - politische Delikte aburteilten; dies bildete den Hintergrund für die Verschonung der deutschen Gerichte mit politischen Strafprozessen bis Ende der vierziger Jahre. Als mit der Gründung der DDR die sowjetische Besatzungsherrschaft formal endete, blieben die Militärtribunale weiterhin in diesem Sinne aktiv: Noch im Jahre 1955 fällte ein Militärgericht die letzte bekannte Entscheidung gegen einen Deutschen, bevor mit dem Vertrag über die Beziehungen zwischen der DDR und der UdSSR vom 20. September 1955 die Rechtsprechung sowjetischer Militärtribunale gegenüber deutschen Bürgern eingestellt wurde.[2]

---

1 Jan Lipinsky, Sowjetische Speziallager in Deutschland 1945-1950 - ein Beispiel für alliierte Internierungspraxis oder für sowjetisches GULAG-System, in: „Gefährliche politische Gegner". Widerstand und Verfolgung in der sowjetischen Zone/DDR, hrsg. von Brigitte Kaff, Düsseldorf 1995, S. 27-43, hier S. 33f.; Vgl. zum Gesamtkomplex: Internierungspraxis in Ost- und Westdeutschland nach 1945. Eine Fachtagung, hrsg. von Renate Knigge-Tesche, Peter-Reif Spirek, Bodo Ritscher, Erfurt 1993.
2 Zu den SMT vgl. nach wie vor Karl Wilhelm Fricke, Politik und Justiz in der DDR. Zur Geschichte der politischen Verfolgung 1945-1968. Bericht und Dokumentation, Köln 1979,

Eine dritte Form der direkten Einwirkung auf die Justiz bildeten die Einmischungen sowjetischer Stellen - u.a. lokaler Militärkommandanten und NKWD-Angehöriger[3] - auf die Verfahren vor deutschen Gerichten. So beschwerten sich beispielsweise im Dezember 1946 zwei Richter und ein Staatsanwalt aus Brandenburg bei Otto Hartwig, damals kommissarischer Leiter der für die Tätigkeit der Gerichte zuständigen Abteilung III in der Zentralen Justizverwaltung, „über die außerordentlichen Schwierigkeiten, die den Gerichtsbehörden bei der Verfolgung der Zuwiderhandlungen gegen das Ablieferungssoll erwüchsen". „Die örtlichen Kommandanten", so fährt Hartwig in seinem Vermerk fort, „übten einen außerordentlich starken Druck auf die Gerichte und Staatsanwaltschaften aus und verlangten Verurteilungen auch in Fällen, in denen die Angeschuldigten sich nichts hätten zu schulden kommen lassen".[4] Angesichts der Machtverhältnisse in der SBZ hatten Beschwerden dagegen wenig Aussicht auf Erfolg, selbst wenn sie bis zu den in der zentralen sowjetischen Militärverwaltung Verantwortlichen drangen. Der Leiter der SMAD-Rechtsabteilung versprach zwar, gegebenenfalls gegen derartige Interventionen vorzugehen, gab aber auch die wenig erfolgversprechende Empfehlung an die Gerichtsvorsitzenden, „solche Einmischungen [...] in keinem Falle zu[zu]lassen und energisch hiergegen auf[zu]treten"[5].

Die eben genannte Rechtsabteilung bildete als eine der Fachverwaltungen der Sowjetischen Militäradministration (SMAD) in Berlin-Karlshorst eines der wichtigsten Instrumente der Besatzungsmacht bei der indirekten Einflußnahme auf die deutsche Justiz. Geleitet von einem sowjetischen Juristen, Professor Jakow Affanassewitsch Karassjow, gehörten ihr auf der Leitungsebene mindestens acht Stabsoffiziere an. In den einzelnen Ländern bestanden innerhalb der Länderverwaltungen der Sowjetischen Militäradministration ebenfalls Rechtsabteilungen, die nicht nur dem Chef der jeweiligen Landesverwaltung, sondern auch der Rechtsabteilung in Karlshorst unterstanden. Unmittelbar den sowjetischen Fachabteilungen zugeordnet waren auf der zentralen Ebene die Deutsche Zentralverwaltung für Justiz (DJV) und in den Ländern die Landesjustizverwaltungen bzw., ab Ende 1946, die Landesjustizministerien. Die deutschen Verwaltungen dienten der Militärverwaltung einerseits als Informationsbeschaffer und Berichterstatter und andererseits als Hilfsorgane bei der Umsetzung der sowjetischen Anweisungen im deutschen Justizwesen.[6] Der sowjeti-

---

S. 100-129; zuletzt Peter Erler, Zum Wirken der Sowjetischen Militärtribunale (SMT) in der SBZ/DDR 1945-1955, in: Zeitschrift des Forschungsverbunds SED-Staat 2/1996, S. 51-63.

3   Beispiele aus den Jahren 1946/47 nennt Fritz Löwenthal, Der neue Geist von Potsdam, Hamburg 1948, S. 14, 156.
4   Vermerk Hartwigs, 4.12.1946, Bundesarchiv, Abteilungen Berlin, [künftig: BAB], DP1 VA Nr. 330, Bl. 10.
5   Vermerk Langes, 20.4.1948, ebenda, Bl. 1; Vgl. auch den Bericht betr. Einmischungen in die Rechtspflege an die SMAD-Rechtsabteilung vom 29.4.1948, ebenda, Bl. 3f.
6   Zur Organisation der SMAD vgl. Jan Foitzik, Sowjetische Militärverwaltung in Deutschland (SMAD), in: SBZ-Handbuch. Staatliche Verwaltungen, Parteien, gesellschaftliche Organi-

sche Einfluß in Justizangelegenheiten blieb auch nach 1949 erhalten. Zum einen verfügte die Nachfolgeorganisation der SMAD, die Sowjetische Kontrollkommission (SKK), über eine Unterabteilung Justiz, der ebenfalls - wenn auch in etwas eingeschränktem Maße - zu berichten war und die gegebenenfalls eingreifen konnte;[7] zum anderen lehnte sich die DDR-Justiz in den fünfziger Jahren zunehmend an das sowjetische Justizwesen an, insbesondere nach einer Reise einer Juristendelegation in die UdSSR unter der Leitung von Hilde Benjamin im Juni 1952.[8] Von Bedeutung waren darüber hinaus die Beziehungen zwischen SMAD und der von der Besatzungsmacht favorisierten Partei, der KPD bzw. SED. Von 1945 an ist ein Gedankenaustausch zwischen Militärverwaltung und deutschen Kommunisten in Justizfragen nachweisbar; es hat jedoch den Anschein, als seien auf diesem Gebiet die Kontakte zu den deutschen Verwaltungen in der ersten Zeit nach 1945 wichtiger gewesen als die zur KPD/SED.[9] Dies hängt möglicherweise damit zusammen, daß für die KPD/SED Justizangelegenheiten anfangs noch von untergeordneter Bedeutung waren. Neben mangelndem Interesse war es auf den Mangel an qualifizierten SED-Juristen zurückzuführen, daß der Aufbau von Justizabteilungen im Parteiapparat - sowohl auf der zentralen und als auch auf der regionalen Ebene - nur langsame Fortschritte machte.[10]

Angesichts der Machtfülle der sowjetischen Militärverwaltung gegenüber der deutschen Justiz stellt sich die Frage, warum 1945 an deutsche Rechtstraditionen aus der Zeit vor 1933 angeknüpft wurde und nicht bereits damals die Weichen eindeutig in Richtung Übernahme des sowjetischen Modells gestellt wurden. Dies hängt primär mit der Abhängigkeit des sowjetischen Vorgehens - nicht nur in der Justizpolitik - von der jeweils übergeordneten deutschlandpolitischen Zielsetzung zusammen, die 1945 noch primär auf die deutsche Einheit ausgerichtet war. Daher achtete die Sowjetunion darauf, die rechtspolitischen Vorgaben des Alliierten Kontrollrats zumindest formal zu erfüllen, selbst wenn sie diese anders handhabe als die Westmächte, ja sogar in ihr

---

sationen und ihre Führungskräfte in der Sowjetischen Besatzungszone Deutschlands 1945-1949, hrsg. von Martin Broszat u. Hermann Weber, München ²1992, S. 7-69; zur Besetzung der SMAD-Rechtsabteilung Thomas Lorenz, Die Deutsche Zentralverwaltung der Justiz (DJV) und die SMAD in der sowjetischen Besatzungszone 1945-49, in: Hubert Rottleuthner u.a., Steuerung der Justiz in der DDR. Einflußnahme der Politik auf Richter, Staatsanwälte und Rechtsanwälte, Köln 1994, S. 142f. In den Akten der DJV werden freilich mehr Offiziere der SMAD-Rechtsabteilung angeführt; auch die sachliche Zuordnung von deren Aufgabengebieten ist nicht so eindeutig wie Lorenz schreibt.

7   Vgl. ebenda, S. 145.
8   Vgl. Hilde Benjamin, Deutsche Juristen in der Sowjetunion, in: Neue Justiz [künftig NJ] 6 (1952), S. 345-348, sowie die Berichte und Auswertungen des Studienbesuches, in: BAB, DP1 VA Nr. 175.
9   Vgl. dazu Volksrichter in der SBZ/DDR 1945 bis 1952. Eine Dokumentation, hrsg. und eingeleitet von Hermann Wentker, München 1997, S. 26.
10 Vgl. Heike Amos, Justizverwaltung in der SBZ. Personalpolitik 1945 bis Anfang der 50er Jahre, Köln, Weimar, Wien 1996, S. 21-27, 77-82.

Gegenteil verkehrte.[11] Hinzu kam die sich ebenfalls in dieses Konzept einfügende kommunistische Strategie, über ein Bündnis mit anderen, sog. „antifaschistischen" Kräften die Macht zu erringen; dies führte dazu, daß im KPD-Gründungsaufruf „der Weg, Deutschland das Sowjetsystem aufzuzwingen" explizit als falsch bezeichnet wurde.[12] Schließlich entsprach das deutsche Rechtswesen mit seiner langen Tradition dem sozioökonomischen Entwicklungsstand der SBZ im Jahre 1945 und ließ sich nur allmählich transformieren, wenn man nicht den totalen Zusammenbruch aller Rechtsbeziehungen riskieren wollte.

Daraus ergab sich ein anfangs eher behutsames Vorgehen bei der Umwandlung des Justizwesens, das durch eine deutliche Zurückhaltung bei der Einführung neuer gesetzlicher Normen auf der einen, aber einen radikalen Personalaustausch auf der anderen Seite gekennzeichnet war. Die Entnazifizierung der Justizjuristen entsprach dabei den Festlegungen der Alliierten, auch wenn die sowjetische Anordnung dazu bereits vor dem einschlägigen Gesetz des Alliierten Kontrollrats erlassen wurde.[13] Die Säuberung des Justizpersonals in der SBZ verlief freilich ungleich rigoroser als in den westlichen Besatzungszonen. Anders als im Westen Deutschlands, war in der SBZ die Rückkehr der Entlassenen in ihre Ämter ausgeschlossen. Die auf diese Weise entstandenen Lücken wurden - und darin besteht eine weitere Besonderheit der Entwicklung in der SBZ - auf Anordnung der SMAD vom 17. Dezember 1945 vornehmlich mit sog. „Volksrichtern" geschlossen, deren Ausbildung in mehrmonatigen Lehrgängen erfolgte. Zunächst auf sechs Monate angelegt, wurden die in den einzelnen Ländern abgehaltenen Kurse schon im Juli 1946 auf acht und mit SMAD-Befehl Nr. 193 vom 6. August 1947 auf zwölf Monate verlängert; 1950 dauerten die nunmehr in der Zentralen Richterschule in Potsdam-Babelsberg für 200 Teilnehmer ausgelegten Lehrgänge zwei Jahre. Der Schwerpunkt der Ausbildung, die zunächst fast ausschließlich von Fachjuristen übernommen wurde, lag auf den einzelnen rechtswissenschaftlichen Disziplinen. Erst in den

---

11 Vgl. Kurt Rabl, Die Durchführung der Demokratisierungsbestimmungen des Potsdamer Protokolls in der sowjetrussischen Besatzungszone Deutschlands und später in der DDR, in: Zeitschrift für Politik 17 (1970), S. 246-319, hier 255-274.
12 Vgl. dazu Monika Kaiser, Sowjetischer Einfluß auf die ostdeutsche Politik und Verwaltung 1945-1970, in: Amerikanisierung und Sowjetisierung in Deutschland 1945-1970, hrsg. von Konrad Jarausch u. Hannes Siegrist, Frankfurt/M., New York 1997, S. 111-133, hier 114, 117f.
13 Es handelte sich dabei um SMAD-Befehl Nr. 49 vom 4.9.1945, in: Um ein antifaschistisch-demokratisches Deutschland, S. 142f. und um Gesetz Nr. 4 des Alliierten Kontrollrats vom 30.10.1945, in: Amtsblatt des Kontrollrats in Deutschland Nr. 2 vom 30.11.1945, S. 26f. Zur Entnazifizierung der Justiz siehe Wolfgang Meinicke, Zur Entnazifizierung in der sowjetischen Besatzungszone unter Berücksichtigung von Aspekten politischer und sozialer Veränderungen (1945-1948), Diss. phil. Humboldt-Universität Berlin 1983, S. 141-147; Helga A. Welsh, Revolutionärer Wandel auf Befehl? Entnazifizierungs- und Personalpolitik in Thüringen und Sachsen (1945-1948), München 1989, S. 131-146; Manfred Wille, Entnazifizierung in der Sowjetische Besatzungszonen Deutschlands 1945-48, Magdeburg 1993, S. 76-82; Lorenz, DJV, S. 155-163; Amos, Justizverwaltung, S. 138-149.

Jahren 1948/49 erfolgten einschneidende Veränderungen, die unter anderem eine größere Anzahl von SED-Mitgliedern in den Kursen, eine Politisierung des Unterrichts, und eine Systematisierung der Weiterbildung zur Folge hatten. Zwar war der Weg hin zu einer dem Regime treu ergebenen Juristenelite alles andere als geradlinig; bis Anfang der fünfziger Jahre war jedoch auf diese Weise ein Elitenaustausch bei den Justizjuristen erreicht, so daß die Instrumentalisierung der Strafjustiz zu politischen Zwecken im Sinne der SED möglich wurde.[14] Schließlich sei auf ein letztes Spezifikum sowjetischer Justizpolitik hingewiesen: Bereits 1946 übte die SMAD-Rechtsabteilung mehrfach Kritik an der Rechtsprechung der deutschen Gerichte und ermahnte sowohl die Zentrale Justizverwaltung als auch die Landesjustizverwaltungen, in die Strafrechtsprechung einzugreifen, insbesondere um die verhängten Urteile zu verschärfen.[15] Dabei ging es noch nicht um konkrete Anweisungen für den Einzelfall, sondern um eine Intensivierung der Gerichtsrevisionen mit dem Ziel, in allgemeinen Anweisungen anschließend die festgestellten Mängel abzustellen - deutlich wurde jedoch, daß bei einer Weiterentwicklung der Justizsteuerung die Unabhängigkeit der Gerichte auf dem Spiel gestanden hätte.

Die deutschen „Täter": Ernst Melsheimer und Hilde Benjamin

Die deutschen Gerichte und Justizverwaltungen waren 1945 noch mehrheitlich mit Nicht-Kommunisten besetzt, da es an juristisch ausgebildeten Kommunisten mangelte. Zur Durchführung des von sowjetischer Seite angestoßenen Transformationsprozesses suchte die Besatzungsmacht jedoch vor allem kommunistische Unterstützung. Daher wurden die wenigen Volljuristen mit einem kommunistischen Parteibuch in den Jahren nach 1945 gefördert und konnten bei entsprechender „Bewährung" Karriere machen. Zu diesem engen Personenkreis zählten der spätere Generalstaatsanwalt, Ernst Melsheimer und die spätere Justizministerin Hilde Benjamin. Auf welche Erfahrungen konnten sie im Jahre 1945 zurückblicken, warum stellten sie sich in den Dienst der Besatzungsmacht, und wie wirkten sie in der Nachkriegszeit?

Melsheimer galt vor allem im Westen aufgrund seines Justizdienstes im Dritten Reich, seiner angeblichen Freundschaft mit Roland Freisler und seines anschließenden Weges in der DDR als reiner Karrierist[16] - ein Bild, das in mancherlei Hinsicht korrigiert werden muß. Geboren 1897 im saarländischen

---

14 Vgl. Volksrichter in der SBZ/DDR, passim.
15 Vgl. dazu die Aktenvermerke von DJV-Mitarbeitern über Unterredungen mit Vertretern der SMAD-Rechtsabteilung vom 8.1.1946, 19.6.1946, 2.8.1946, 20.3.1947, BAB, DP1 VA Nr. 11, Bl. 4f., 50-54, 62-64, 104-106 sowie Rechtsabteilung der SMAD an Chef der DJV, 18.5.1946, BAB, DP1 VA Nr. 2, Bl. 227-230.
16 Vgl. O. Pfefferkorn, Ernst Melsheimer. Karriere und Charakter, in: SBZ-Archiv 3 (1952), S. 231f.; Olaf Kappelt, Braunbuch DDR. Nazis in der DDR, Berlin (West) 1981, S. 299f.

Neunkirchen als Sohn eines „stramm nationale[n]" Abteilungsleiters in den Stummschen Eisenwerken, wuchs Ernst Melsheimer in einem bürgerlich-nationalistischen Milieu auf, nahm als Freiwilliger 1914/15 am Ersten Weltkrieg teil, und begann nach einer schweren Verwundung mit dem Studium der Rechtswissenschaften im Jahre 1915.[17] Nach zwei glänzend bestandenen juristischen Staatsprüfungen wurde er 1921 ins preußische Justizministerium einberufen, wo er zunächst als „Hilfsarbeiter" tätig war. Am 1. Mai 1924 zum Landgerichtsrat am Landgericht I in Berlin ernannt, war er auch weiterhin mit nur kurzen Unterbrechungen im preußischen Justizministerium tätig, wo er am 1. November 1932 zum Oberjustizrat ernannt wurde.[18] Obwohl er nach eigenem Bekunden seit 1917/18 mit dem Sozialismus sympathisierte, hielten ihn zunächst, wie er 1951 rückblickend schrieb, „der in den Berliner Ministerien der Weimarer Zeit ganz besonders herrschende 'Geheimrats-Geist'" und sein „opportunistisches Streben, Karriere zu machen und 'nicht aufzufallen'" davon ab, sich politisch zu organisieren. Erst als die ersten Sozialdemokraten im Justizministerium tätig wurden, entschloß auch er sich, 1928 in die SPD einzutreten.[19]

Obwohl seine sozialdemokratische Vergangenheit bekannt war und Melsheimer nicht in die NSDAP eintrat, konnte er 1933 im Justizministerium verbleiben. In einem Antwortschreiben des preußischen Justizministers Hanns Kerrl auf einen gegen Melsheimer gerichteten Denunziationsbrief wird dieser als „ehrlicher Sozialist" bezeichnet, der in seiner Naivität geglaubt habe, „in der SPD als Sozialist wirken zu können". Nunmehr sei er jedoch aus der SPD ausgetreten,[20] und bei einer eingehenden Unterhaltung „über den Irrtum der materialistischen Weltanschauung" habe Kerrl „die Überzeugung gewonnen, daß er diesen Irrtum völlig begriffen" habe. Außerdem sah er in dem Oberjustizrat einen „außerordentlich fähige[n] Jurist[en]", auf dessen Mitarbeit er nicht gern verzichten wolle. Er hoffe, so schloß Kerrl das Schreiben, „daß in ihm ein ebenso treuer Mitkämpfer für die Bewegung erwachsen wird, wie es sein Bruder seit langen Jahren ist".[21] Melsheimer war nicht nur rechtzeitig vor ihrem Verbot am 22. Juni 1933 aus der SPD ausgetreten; er hatte Kerrl auch den Eindruck vermittelt, daß man ihn unter Umständen für die NSDAP gewinnen konnte. Melsheimer war bis 1937 im Justizministerium in der Abteilung für bürgerliches Recht tätig, wo er „Kosten- und Stempelgesetzgebung" und

---

17 Lebenslauf Melsheimer, 4.3.1951, Stiftung Archiv der Parteien und Massenorganisationen im Bundesarchiv [künftig: SAPMO], DY 30 IV 2/11/175, Bl. 371f.
18 Personalbogen Melsheimers, Bundesarchiv, Dahlwitz-Hoppegarten [künftig: BADH], R 22 Pers. 68055; für die Ernennungsurkunde zum Oberjustizrat siehe BAB, DP1 SE Nr. 3596, Bl. 1112.
19 Lebenslauf Melsheimer, 4.3.1951, SAPMO, DY 30/IV 2/11/175, Bl. 372.
20 Der Austritt aus der SPD erfolgte am 28.2.1933: Fragebogen betr. § 4 des Gesetzes und Nr. 3 der 1. Durchführungsverordnung vom 11.4.1933, BADH, R 22 Pers. 68055.
21 Kerrl an Böer, 26.5.1933, ebenda. Kerrl kannte Melsheimers älteren Bruder Rudolf, der Provinziallandtagsabgeordneter der NSDAP für Koblenz-Trier war.

„Zivilrechtliche Einzelsachen aus Königsberg i. Pr." bearbeitete,[22] als er zum 1. Oktober - gegen seinen Willen[23] - an das Berliner Kammergericht versetzt wurde.

Dort gehörte er als Kammergerichtsrat einem Zivilsenat an, der höchstrichterliche Entscheidungen in Angelegenheiten der freiwilligen Gerichtsbarkeit und des Kostenrechts traf[24] - an der politischen Justiz des Dritten Reiches war er folglich nie beteiligt. Melsheimer, der Kontakt mit einem kleinen Kreis früherer Sozialdemokraten hielt und in Bedrängnis geratene Genossen sowie verfolgte Juden unterstützte,[25] kam dem Regime dadurch entgegen, daß er am 1. Juli 1937 dem Nationalsozialistischen Rechtswahrerbund (NSRB) sowie am 1. August 1938 der Nationalsozialistischen Volkswohlfahrt (NSV) beitrat, für die er zudem ab dem 22. Februar 1940 als Kreis-Rechtsberater tätig wurde.[26] Beim Kammergericht machte Melsheimer aus seiner ablehnenden Haltung gegenüber dem Regime kein Hehl[27] und traf damit anscheinend auf Sympathie; ja, Kammergerichtspräsident Heinrich Hölscher soll ihm persönlich geraten haben, Rechtsberater der NSV zu werden, „um nicht als alter SPD-Führer den Nazis mißliebig zu sein"[28]. Dies ist zu bedenken, wenn er 1940 zum Reichsgerichtsrat vorgeschlagen wurde. Die Begründung dazu bescheinigt zunächst Melsheimers fachliche Qualitäten, bevor sie ihn als „feste[n] Charakter mit anständiger Gesinnung und ausgeprägtem Pflichtgefühl, strebsam und selbstbewußt" charakterisiert. Seine SPD-Mitgliedschaft wird genannt, im Anschluß daran aber auf seine Zugehörigkeit zu NSV und NSRB verwiesen, woraus auf seine „dem nationalsozialistischen Staat durchaus bejahend[e]" Haltung geschlossen wird. Auch die Rechtsberatertätigkeit wird angeführt, um anschließend

---

22 Lothar Gruchmann, Justiz im Dritten Reich. Anpassung und Unterwerfung in der Ära Gürtner, München 1988, S. 1163 (Geschäftsverteilungsplan Reichs- und Preußisches Justizministerium, Stand 22.10.1934).

23 Dies geht nicht nur aus seinem Lebenslauf, sondern indirekt auch aus einem Vermerk vom 24.3.1937 hervor, demzufolge sich Melsheimer „schließlich mit seiner Versetzung als Kammergerichtsrat einverstanden erklärt" habe, BADH, R 22 Pers. 68055. Insofern ist die Floskel, „Ihrem Wunsche gemäß", in dem offiziellen Versetzungsschreiben Schlegelbergers an Melsheimer vom 29.7.1937, BAB, DP1 SE Nr. 3596, Bl. 1110, unzutreffend.

24 Beurteilung Melsheimers, 23.10.1938, BADH R 22 Pers. 68055.

25 Dies wird in jedem erhaltenen Lebenslauf von Melsheimer erwähnt, ebenso wie in seinem SED-Fragebogen vom 10.10.1950 und in seiner eidesstattlichen Versicherung vom 26.7.1945, BAB, DP1 SE Nr. 3596, Bl. 1056-1061, 672-674. Da er auch Namen und Anschriften der von ihm unterstützten Personen nennt, waren seine Angaben von der SED überprüfbar und sind daher glaubwürdig.

26 Personalbogen Melsheimers, Rechnungsamt beim Kammergericht an Kalkulatur des RJM, 28.3.1940, BADH, R 22 Pers. 68055.

27 Claus Seibert, Beim Kammergericht, in: Deutsche Richterzeitung 46 (1968), S. 97, schreibt aus eigener Erfahrung: „Mein Vetter, Dr. Ernst Melsheimer (vom Justizministerium wegen seiner früheren Zugehörigkeit zur SPD sozusagen zu uns strafversetzt) machte aus seinem Herzen keine Mördergrube. Er war von größter Offenheit und beißendster Schärfe in seiner Ablehnung der Nazi-Herrschaft."

28 Eidesstattliche Versicherung Melsheimers vom 26.7.1945, BAB, DP1 SE Nr. 3596, Bl. 672.

feststellen zu können: „Bei seinem ernsten geraden Charakter sehe ich darin ein Zeichen aufrichtiger Einsatzbereitschaft und glaube, daß Melsheimer an jeder Stelle tatkräftig und in vollem Maße dem Gedankengut des neuen Staates Rechnung tragen wird."[29] Es scheint, daß durch die übermäßige Betonung dieser untergeordneten Tätigkeit nur überdeckt werden sollte, daß Melsheimer nach wie vor nicht der NSDAP angehörte. Ziel des Vorschlags war, einen ausgewiesenen Fachmann zu befördern und dabei zu verhindern, daß seine SPD-Vergangenheit und seine Weigerung, in die Partei einzutreten, negativ zu Buche schlugen. Die Beförderung Melsheimers blieb jedoch aus, ohne daß die Gründe dafür bekannt geworden sind.

Sofort nach dem Einmarsch der sowjetischen Truppen in Berlin stellte sich Melsheimer Anfang Mai 1945 dem russischen Kommandanten in seinem Wohnbezirk zur Verfügung, wurde von diesem zum Oberstaatsanwalt des Bezirksgerichts in Friedenau bestellt und mit dessen Aufbau beauftragt[30] - eine Aufgabe, die er bis zum 24. Mai erledigte. Voller Stolz berichtete Melsheimer, daß bei der Personalauswahl „von vornherein Faschisten oder verkappte Faschisten überhaupt nicht in Frage kamen" und fügte hinzu: „So soll es auch in Zukunft bleiben. So muß es überall sein, wenn die neue deutsche Justiz vor dem Volke und der Welt bestehen soll."[31] Während er damit jedoch nur sowjetische Forderungen erfüllte, ging er in seinem Brief an den russischen Gerichtsoffizier, Oberst Maschkow, erheblich weiter, indem er unter anderem schrieb: „Das Volk von Friedenau ist, wie die ganze Berliner Bevölkerung, der Roten Armee und dem großen Marschall Stalin von Herzen dankbar für all das, was bisher in so umfangreichem Maße für die Ernährung, für die Sauberkeit der Stadt und die Rückkehr zum normalen Leben geschehen ist."[32] Melsheimer war offensichtlich sehr darauf bedacht, die neuen Machthaber für sich einzunehmen, um nun endlich Karriere machen zu können. Unmittelbar nach der Verkündung des KPD-Aufrufs am 11. Juni 1945 beteiligte er sich an der KPD-Gründung in Friedenau und erhielt dort von Anfang an die Funktion des Agitations- und Propagandaleiters.[33] Daß der alte Sozialdemokrat nicht den SPD-Gründungsaufruf vom 15. Juni abwartete, deutet darauf hin, daß die Entscheidung für die Kommunisten schon länger feststand. Es ist zwar nicht mehr festzustellen, welche Gründe ihn zu diesem Schritt bewogen; der Gedanke, eine

---

29 Begründung, nicht unterzeichnet, 1940, BADH, R 22 Pers. 68055. Bereits Pfefferkorn, Melsheimer, S. 231, zitiert daraus; ebenfalls Werkentin, Richter und Ankläger in vier politischen Systemen - die Karriere des Genossen Generalstaatsanwalt Dr. Ernst Melsheimer, NDR-Sendemanuskript vom 13.1.1993, S. 3f.
30 Melsheimer an Bürgermeister in Friedenau, 4.6.1945, BAB, DP1 SE Nr. 3596, Bl. 666.
31 Melsheimer an den Stadtgerichtspräsidenten und den Generalstaatsanwalt in Berlin, 26.5.1945, ebenda, Bl. 771-773.
32 Melsheimer an Maschkow, 25.5.1945, ebenda, Bl. 774.
33 Melsheimer an Generalstaatsanwalt in Berlin, 14.6.1945, BAB, DP1 SE Nr. 3596, Bl. 749f. Darin berichtet Melsheimer im Rahmen seines Wochenberichts über die KPD-Gründung in Friedenau, die jedoch erst nach dem KPD-Aufruf vom 11.6.1945 stattgefunden haben kann.

führende Position im Berliner Justizwesen zu erhalten, war bei Melsheimer 1945 jedoch so stark ausgeprägt, daß er auch bei der Entscheidung für die KPD eine Rolle gespielt haben dürfte.

In einem der ersten NS-Prozesse vor einem deutschen Gericht bewährte Melsheimer sich im Juni 1945 im Sinne der Sowjets: Denn auf seinen Antrag hin verurteilte das Bezirksgericht Friedenau den Angeklagten Karl Kieling am 27. Juni zum Tode.[34] Freilich währte seine Zeit am Friedenauer Gericht nicht lange, da die Amerikaner es nach ihrem Einzug in Berlin am 16. Juli auflösten und dessen Funktionen wieder auf das Amtsgericht Schöneberg übertrugen.[35] Vergeblich versuchte Melsheimer, sich am 17. Juli dem amerikanischen Bezirkskommandanten als Oberstaatsanwalt in Schöneberg zu empfehlen, wobei er seine Verdienste über Gebühr hervorhob. Unter anderem bezeichnete er sich als „the only judge in Berlin, perhaps in whole Germany [sic], who actively fought against the Nazis before Hitler came". Er sei der einzige Jurist, der trotz seiner SPD-Mitgliedschaft aufgrund seiner fachlichen Qualitäten („I am the best qualified judge of the whole district of Prussia") nach 1933 in einem deutschen Ministerium verbleiben konnte, bis er wegen seiner kompromißlosen Haltung gegenüber dem Regime schließlich doch entlassen worden sei. Daß er am Kammergericht sein weiteres Auskommen gefunden hatte, verschwieg er bezeichnenderweise.[36] Da die Amerikaner ihn - möglicherweise wegen seiner Parteizugehörigkeit - nicht einstellen wollten, erhielt Melsheimer die Oberstaatsanwaltsstelle am Amtsgericht von Berlin-Mitte, wo er fast einen zweiten NS-Prozeß geführt hätte, wenn die sowjetische Besatzungsmacht das Verfahren nicht in letzter Minute noch an sich gezogen hätte.[37] Damals war er jedoch bereits von seiner Partei zur Mitarbeit in der DJV vorgesehen, wenngleich die endgültige Einweisung in seine Stelle als Abteilungsleiter erst am 13. September 1945 erfolgte.[38] Von hier nahm seine steile Nachkriegskarriere ihren Ausgang: Im April 1946 zum Vizepräsidenten befördert, wurde er schrittweise - nach Ausscheiden des zweiten Vizepräsidenten im Dezember 1946 und dem

---

34 Oberpostinspektor Karl Kieling, NSDAP-Mitglied, hatte am 24. April 1945 ein Handgemenge zwischen einem uniformierten Parteigenossen und einem „Zivilisten" beobachtet. Zur Verteidigung des Parteigenossen schoß Kieling den „Zivilisten" nieder, der an den Folgen der Verletzung starb. Auch die inzwischen eingetroffene amerikanische Besatzungsmacht beschäftigte sich mit dem Fall, der noch mehrere Instanzen durchlief, bis Kieling im Gerichtsgefängnis Berlin-Spandau am 21.8.1946 hingerichtet wurde: vgl. Friedrich Scholz, Berlin und seine Justiz. Die Geschichte des Kammergerichtsbezirks 1945 bis 1980, Berlin 1982, S. 83-87; Hans Günther, „Kammergericht soll bleiben" - „o.k." Aus der neuen Chronik des Kammergerichts, in: Deutsche Richterzeitung 46 (1968), S. 73-75.
35 Vgl. Scholz, Berlin, S. 44.
36 Melsheimer an den amerikanischen Kommandanten in Schöneberg, 17.7.1945, BAB, DP1 SE Nr. 3596, Bl. 696-698.
37 Vermerk Melsheimers, 8.9.[1945], SAPMO, NY 4182/1118, Bl. 55.
38 Vgl. Bertz an das Sekretariat der KPD, 23.8.1945, ebenda, Bl. 49. Besetzungsliste DJV, 17.10.1945, BAB, DP 1 VA Nr. 1, Bl. 21; Kleikamp an Melsheimer, 6.9.1945, Melsheimer Schiffer, 7.9.1945, BAB, DP1 SE Nr. 3596, Bl. 650, 1094.

Wechsel von Eugen Schiffer zu Max Fechner im Präsidentenamt im August 1948 - zur zentralen Figur in der DJV, um nach Gründung der DDR bis zu seinem Tode als Generalstaatsanwalt zu wirken.[39]

Melsheimer als bedenkenlosen Karrieristen zu bezeichnen, geht sicherlich zu weit. Er erscheint vielmehr als Opportunist, der sich zu präsentieren wußte und bereit war, dem NS-Regime so weit entgegenzukommen, daß er 1933 zunächst seine Stellung im Justizministerium behielt und 1937 an einem der renommiertesten deutschen Gerichte unterkam. Nach 1945 sah er sich, in vollem Bewußtsein seiner fachlichen Qualitäten, für eine leitende Stellung im Justizwesen prädestiniert, sei es im amerikanischen, sei es im sowjetischen Sektor. Seine Entscheidung für die KPD, die er auch angesichts der ablehnenden amerikanischen Haltung nicht revidierte, zahlte sich insofern aus, als sie seine glänzende Laufbahn in der SBZ/DDR ermöglichte.

Hilde Benjamins Werdegang unterschied sich grundsätzlich von dem Melsheimers, mit dem sie ab 1945 befreundet war.[40] Geboren 1902 als Hildegard Lange und geprägt von einem bürgerlichen, politisch liberal eingestellten Elternhaus, legte sie nach Privatschule, Lyzeum und Studienanstalt 1921 das Abitur in Berlin ab.[41] Von 1921 bis 1924 studierte sie Rechtswissenschaften in Berlin, Heidelberg und Hamburg mit dem Ziel, Rechtsanwältin zu werden; das Referendariat absolvierte sie in den Jahren 1924 bis 1928 in Berlin. Am Anfang ihres Studiums begann sie, sich „mit den Problemen des Sozialismus zu befassen"[42]. Sie kam als Werkstudentin in Kontakt zu Arbeitern, nahm lose Verbindung zu sozialistischen Studentengruppen auf und arbeitete während ihres Referendariats nebenher in Erziehungsheimen, auf dem Jugendamt, bei der Jugendgerichtshilfe und in einem Berliner Frauengefängnis.[43] 1924 trat sie in die SPD ein. Ihrer eigenen Aussage zufolge war sie bei diesem Schritt von einem eher „unbestimmte[n] Suchen" und dem „Bedürfnis aus der Vereinzelung heraus zu kommen [sic]" bestimmt gewesen; sie habe kaum mehr getan, als ihre Beiträge zu zahlen.[44] Diese zwar sozial, jedoch wenig politisch engagierte angehende Juristin heiratete 1926 Georg Benjamin[45], einen kommunistischen Arzt aus einer großbürgerlichen jüdischen Familie, den Bruder des Philosophen und Schriftstellers Walter Benjamin. Der Einfluß Georg Benjamins auf die nach

---

39 Vgl. zu seiner weiteren Karriere in der DJV Amos, Justizverwaltung, S. 74f.
40 Hilde Benjamin, Aus den ersten Jahren des Obersten Gerichts, in: Staat und Recht 28 (1979), S. 387.
41 Vgl. Andrea Feth, Hilde Benjamin - Eine Biographie, Berlin 1997, S. 19f.; Lebenslauf Benjamin, 24.4.1951, SAPMO, DY 30/IV 2/11/171, Bl. 160.
42 Ebenda, Bl. 161.
43 Lebenslauf Hilde Benjamin, 19.8.1945, BAB, DP1 VA Nr. 6827, Bl. 4; vgl. Feth, Benjamin, S. 37.
44 Hilde Benjamin, Bemerkungen zu meinem Lebenslauf, SAPMO, DY 30/IV 2/11/171, Bl. 163; Lebenslauf Benjamin, 24.4.1951, ebenda, Bl. 161.
45 Zu seiner Biographie siehe Hilde Benjamin, Georg Benjamin. Eine Biographie, Leipzig ²1982.

Orientierung suchende 24jährige Referendarin kann nach ihrem eigenen Bekunden kaum überschätzt werden: „Ich stand menschlich und politisch stark unter dem Einfluß der Überlegenheit meines Mannes; wenn ich etwas scharf formuliere, könnte ich sagen, daß er für mich mit der Partei identisch war, jedenfalls mein Verhältnis zur Partei wesentlich über ihn ging."[46] Daher verließ sie bereits Ende 1925 wieder die SPD und trat im November 1927 der KPD bei, an deren 'Basis' sie sich, gemeinsam mit ihrem Mann, politisch stark engagierte.[47]

Die Politik bestimmte auch das Berufsleben von Hilde Benjamin, die im November 1928 ihr Referendarexamen abgelegt hatte und im April 1929 zur Rechtsanwaltschaft vor den Berliner Landgerichten zugelassen wurde. Unmittelbar nach der Eröffnung ihrer Kanzlei im Wedding vertrat sie Arbeiter, die im Zusammenhang mit den Berliner Unruhen von Anfang Mai 1929 wegen Widerstands gegen die Staatsgewalt oder Landfriedensbruch angeklagt wurden. Wenngleich sie ebenfalls eine Angeklagte im Prozeß gegen die Mörder Horst Wessels verteidigte, war sie insgesamt weniger in politischen als in arbeitsrechtlichen Verfahren aktiv. Dabei unterstützte sie Arbeiter, die ihre Entlassung gerichtlich anfochten. Im Auftrag der revolutionären Gewerkschaftsopposition tätig und weitgehend finanziert von der Roten Hilfe, war sie auch hier eingebunden in kommunistische Strukturen. Ihre sozialistische Einstellung sowie ihr späteres Denken in Freund-Feind-Schemata sind wohl auch auf ihre Erfahrungen aus dieser Zeit zurückzuführen.[48]

Nach der Machtübernahme durch Hitler wurde gegen Hilde Benjamin aufgrund des Gesetzes über die Zulassung zur Rechtsanwaltschaft vom 7. April 1933 ein Vertretungsverbot erlassen, woraufhin sie ihre Anwaltspraxis schloß. Ihr weiteres Auskommen fand sie zunächst bei der Rechtsabteilung der sowjetischen Handelsvertretung und anschließend als Buchhalterin bei einer jüdischen Konfektionsfirma, die jedoch 1939 in die Liquidation ging. Mit der Begründung, den Haushalt ihrer alten Eltern führen zu müssen, konnte sie damals ihr Arbeitsbuch schließen und sich im Kriege einer Arbeitsverpflichtung entziehen.[49]

Während Hilde Benjamin der Verfolgung vor allem dadurch entging, daß sie wieder ihren Mädchennamen annahm[50] und zu ihren Eltern zog, blieb Georg Benjamin nicht verschont. Obwohl er sich von April bis Dezember 1933 in sog.

---

46 Hilde Benjamin, Bemerkungen zu meinem Lebenslauf, SAPMO, DY 30/IV 2/11/171, Bl. 163; vgl. Benjamin, Georg Benjamin, S. 185.
47 Vgl. ebenda, S. 185, 189 und Lebenslauf Benjamin, 24.4.1951, SAPMO, DY 30/IV 2/11/171, Bl. 161.
48 Zu Benjamins Tätigkeit als Anwalt vgl. Feth, Benjamin, S. 31-40, 234.
49 Zu Benjamins beruflicher Tätigkeit im Dritten Reich: Ebenda, S. 43, 44f., sowie ihre Lebensläufe vom 19.8.1945, BAB, DP1 VA Nr. 6827, Bl. 4, und vom 24.4.1951, SAPMO, DY 30/IV 2/11/171, Bl. 160f.
50 Vgl. Volkmar Schöneburg, Ein Jurist mit aufrechtem Gang: Götz Berger (geb. 1905), in: Demokratie und Recht 18 (1990), S. 469.; Feth, Benjamin, S. 43.

„Schutzhaft" befunden hatte, betätigte er sich 1934 erneut für die KPD, wurde im Mai 1935 verhaftet und trat daraufhin eine sechsjährige Zuchthausstrafe an. Im Anschluß daran übernahm ihn die Gestapo und überführte ihn ins KZ Mauthausen, wo sie ihn im August 1942 ermordete.[51] Abgesehen davon, daß sie Kontakte zu kommunistischen Genossen hielt, war Hilde Benjamin seit der Verhaftung ihres Mannes nicht im kommunistischen Widerstand aktiv. Dies hing ihrer eigenen Aussage zufolge damit zusammen, daß ihr Verhältnis zur KPD wesentlich über Georg Benjamin ging. Daher, so gab sie 1951 selbstkritisch zu, habe für sie die Sorge um ihren 1931 geborenen Sohn Michael (der als „Mischling" besonders gefährdet war) Priorität besessen, sie habe „also letzten Endes Persönliches über die Partei" gestellt. Rückblickend formulierte sie damals: „Wenn ich auch, seitdem ich wieder allein war, also seit 1936 [sic], Schritt für Schritt - notgedrungen - politisch selbständiger und von meinem Mann unabhängiger wurde, so stand ich auch nach 1945 noch lange unter dem Eindruck, daß ein großer Teil des Vertrauens, das die Partei mir entgegenbrachte, zurückzuführen war auf Georg Benjamin."[52] Die Beziehung zu ihrem Mann und zur Partei waren für sie demzufolge untrennbar miteinander verknüpft: Hatte sie zur Partei erst durch Georg Benjamin gefunden, so war ihr Ansehen in der Partei nur durch ihn begründet worden. Nach dessen Tod und nach dem Ende des Dritten Reiches sah sie in ihrem Engagement für die Partei eine Verpflichtung dem Toten gegenüber; die Partei wiederum ging ihr über alle persönlichen Beziehungen und gab ihrem Leben den nötigen Halt: „Jetzt", so schrieb sie 1951, „steht die Partei in meinem Leben an erster Stelle. Es gibt keine Bindung, keine Beziehung, die dem vorgingen. Von meinem Verhältnis zu meinem Jungen kann ich wohl sagen, daß unsere stärkste Bindung in unserer Gemeinsamkeit in der Partei liegt."[53]

Als überzeugte Kommunistin stellte sie sich nach der Besetzung ihres Wohnbezirks Steglitz durch die Rote Armee der neuen Bezirksverwaltung zur Verfügung, wurde vom sowjetischen Kommandanten zum Oberstaatsanwalt ernannt und mit dem Aufbau des Gerichts beauftragt. Ähnlich wie Melsheimer, wählte sie drei unbelastete Richter aus, die am 14. Mai vom Steglitzer Kommandanten eingesetzt wurden.[54] Neben ihrer Tätigkeit am Gericht beteiligte sie sich seit Juni 1945 am Wiederaufbau der KPD in Steglitz.[55] Als die Amerikaner in ihrem Sektor die alte Berliner Gerichtsorganisation wieder herstellen woll-

---

51 Vgl. Benjamin, Georg Benjamin, S. 238, 290.
52 Hilde Benjamin, Bemerkungen zu meinem Lebenslauf, SAPMO, DY 30/IV 2/11/171, Bl. 164.
53 Ebenda, Bl. 165.
54 Vgl. Hilde Benjamin, Von nun an muß die Justiz dem Volke dienen, in: Institut für Marxismus-Leninismus beim ZK der SED (Hrsg.), Wir sind die Kraft. Der Weg zur Deutschen Demokratischen Republik. Erinnerungen, Berlin (Ost) 1959, S. 103f.
55 Lebenslauf Benjamin, 24.4.1951, SAPMO, DY 30/IV 2/11/171, Bl. 162.

ten, stand auch ihre Stelle zur Disposition.[56] Sie blieb vorläufig jedoch noch im Amt, so daß der Generalstaatsanwalt bei dem von den Amerikanern neu gebildeten Landgericht II (dem das Amtsgericht Steglitz unterstellt wurde),[57] Hilde Benjamin förmlich entlassen mußte,[58] damit diese im September 1945 als Vortragender Rat in der Personalabteilung der DJV ihre Tätigkeit aufnehmen konnte.[59] Ab August 1946 kommissarisch, ab Januar 1947 auch formell mit der Leitung dieser Abteilung betraut,[60] erhielt sie eine Schlüsselposition, die es ihr ermöglichte, über die Personalpolitik den kommunistischen Einfluß in der Justiz auszuweiten. Sie war auch maßgeblich an der Planung der Volksrichterausbildung beteiligt, wenngleich sie sich in den ersten Jahren nach 1945 mit ihren Vorstellungen angesichts der nicht-kommunistischen Kräfte in der DJV nicht immer durchsetzen konnte.[61] Mit der Begründung des Obersten Gerichts der DDR - das gleichzeitg Kassationsgericht und Staatsgerichtshof war - wurde sie zu dessen Vizepräsidentin; das Präsidentenamt hatte aus Proporzgründen der ehemalige Wehrmachtsrichter Horst Schumann von der NDPD inne. Die entscheidende Figur am Obersten Gericht war jedoch Hilde Benjamin, die nicht nur dessen Personalpolitik bestimmte, sondern auch die Verhandlungen in den erstinstanzlichen Verfahren des Staatsgerichtshofs führte.[62] Auch in diesen durchweg politischen Verfahren arbeitete sie eng mit Generalstaatsanwalt Ernst Melsheimer zusammen, der als Chefankläger fungierte. Im Juli 1953 übernahm Benjamin schließlich das DDR-Justizministerium, nachdem ihr Vorgänger Max Fechner aufgrund seines bekannten Interviews im „Neuen Deutschland" vom 30. Juni 1953 von seiner Funktion als Justizminister enthoben und verhaftet worden war.

Die Lebenswege von Hilde Benjamin und Ernst Melsheimer, die beachtliche Unterschiede aufwiesen, kreuzten sich unter Bedingungen, die trotz dieser Differenzen eine Zusammenarbeit nahelegten: 1945 in zwei benachbarten Berliner Bezirken mit der gleichen Aufgabe betraut, zählten sie in der DJV zunächst zu den wenigen Kommunisten im höheren Dienst. Sie pflegten dort angesichts der

---

56 Siehe das Papier „Organisation und Besetzung der Berliner Justiz", SAPMO, NY 4182/1118, Bl. 2: „Was aus der Genossin Benjamin (einer alten KPD-Genossin) wird, wenn jetzt die Neuorganisation in Kraft tritt, ist noch nicht abzusehen."
57 Vgl. Scholz, Berlin, S. 28.
58 Generalstaatsanwalt beim Landgericht Berlin an Benjamin, 17.9.1945, BAB, DP1 VA Nr. 6827, Bl. 11; schon am 6.9.1945 hatte Kleikamp Benjamin mitgeteilt, daß der Generalstaatsanwalt sein Einverständnis zur Beurlaubung von Benjamin erteilt hatte, ebenda, Bl. 10.
59 Zum 19.9.1945 wurde sie förmlich in ihre Stelle eingewiesen; vermutlich begann ihre Tätigkeit dort schon früher; ihre Teilnahme an der Besprechung mit Schiffer, Melsheimer, Bertz und Gentz am 21. August 1945 ist nachgewiesen, Bertz an Sekretariat der KPD, 23.8.1945, SAPMO, NY 4182/1118, Bl. 49.
60 Verfügung vom 21.8.1946, BAB, DP1 VA Nr. 1, Bl. 143. Die formelle Ernennung zum Direktor und Abteilungsleiter der Abteilung II erfolgte am 24.1.1947, Schiffer an Karassjow, 24.1.1947, BAB, DP1 VA Nr. 1025, Bl. 32.
61 Vgl. Volksrichter in der SBZ/DDR, S. 20f., 26f.
62 Vgl. Feth, Benjamin, S. 78-82.

Übermacht der Nicht-Kommunisten geradezu konspirative Kontakte, um die Linie ihrer Partei durchzusetzen.[63] Die Notwendigkeit ständiger Abstimmung untereinander wirkte sich auch auf ihre persönlichen Beziehungen aus. Insofern band die Gegenwart sie enger aneinander, als die Vergangenheit sie trennen konnte.

Die Anfänge politischer Strafjustiz und der Befehl Nr. 201

Wie die sowjetische Besatzungsmacht und deutsche „Täter" bei der Begründung der politischen Strafjustiz in der SBZ/DDR zusammenwirkten, läßt sich insbesondere anhand der Durchführung des SMAD-Befehls Nr. 201 vom 16. August 1947 veranschaulichen. Erlassen als Richtlinie zur Anwendung der Kontrollratsdirektiven Nr. 24 und 38, erfüllte der Befehl einen doppelten Zweck: Einerseits sollte er das Ende der Entnazifizierung einleiten, andererseits wurde damit die Aburteilung von NS-Verbrechen erstmals systematisch auf deutsche Gerichte übertragen.[64]

Im Zusammenhang mit den hier interessierenden Vorschriften zur justitiellen Seite des Befehls fällt zunächst eine entscheidende Abweichung vom deutschen Strafprozeßrecht beim Ermittlungsverfahren auf. Dieses zeichnete sich durch die herausragende Rolle der Untersuchungsorgane - also der Polizei - aus: Sie leiteten von sich aus die Untersuchung ein, faßten gegebenenfalls einen Beschluß über die Untersuchungshaft, und sie erstellten die Anklageschrift. Wie im sowjetischen Strafprozeßrecht, führte der Staatsanwalt die Aufsicht über die Untersuchung,[65] aber er war bei der Einleitung des Verfahrens lediglich zu unterrichten und mußte den Beschluß über die Verhängung der Untersuchungshaft ebenso wie die Anklageschrift bestätigen. Er konnte, wie es ein SMAD-Offizier ausdrückte, „im einen oder anderen Falle"[66] Einspruch gegen die Anklageschrift erheben und sie zur Berichtigung oder Ergänzung an die Untersuchungsbehörde zurückgeben oder auch selbst eine neue Anklageschrift verfassen, aber er war nicht zur Erteilung von allgemeinen Weisungen

---

63 Vgl. Nathan, Aus der Geschichte der zentralen Justizverwaltung, BAB, DP1 VA Nr. 6832, Bl. 7: „Abend für Abend kamen die beiden [Melsheimer und Benjamin] bei Melsheimer zusammen, wenn es im Hause still geworden war [...], besprachen die Ereignisse des Tages, machten die Pläne für morgen und legten 'die Linie' fest".
64 Gedruckt mit Ausführungsbestimmungen und einem Erlaß zur Durchführung des Befehls über die Aufgaben der Gerichte und Staatsanwälte, in: Zentralverordnungsblatt (ZVOBl.) 1947, S. 185-194
65 Vgl. dazu George Ginsburgs, The Soviet Procuracy and Forty Years of Socialist Legality, in: The American Slavic an East European Review 18 (1959), S. 46.
66 So Oberstleutant Jakupow am 29.8.1947 in einer Konferenz zu Befehl Nr. 201, BAB, DP1 VA Nr. 19, Bl. 13.

an die Polizei befugt.[67] Die Justiz verlor daher in diesen Verfahren maßgebliche Kompetenzen an die Innenverwaltung (DVdI), die zur Durchführung von Befehl 201 innerhalb der Polizei das Kommissariat 5 (K 5) beauftragte.[68] In Sachsen bereits im Sommer 1945 von dem Kommunisten Kurt Fischer eingerichtet,[69] wurden die Kommissariate 5 auf Länder- und Kreisebene bis Anfang 1947 etabliert[70] und gewannen mit Befehl Nr. 201 zunehmend an Bedeutung. Da das MfS als Untersuchungsorgan die Nachfolge des K 5 in der politischen Strafjustiz antrat, sind auch dessen weitgehenden Befugnisse im Ermittlungsverfahren[71] indirekt auf den sowjetischen Befehl Nr. 201 zurückzuführen. Auch auf eine personelle Kontinuität sei verwiesen: Die Verantwortlichkeit für die Durchführung des Befehls Nr. 201 wurde innerhalb der DVdI an Vizepräsident Erich Mielke übertragen.[72]

Im Verfahren vor Gericht war zwar die deutsche Strafprozeßordnung maßgeblich, die Verhandlungen durften jedoch nur vor großen oder kleinen Sonderstrafkammern der Landgerichte geführt werden, je nachdem ob es sich bei den Angeklagten um sog. Hauptverbrecher oder andere Verbrecher gemäß Kontrollratsdirektive Nr. 38 handelte.[73] Die Berufsrichter und die Staatsanwälte für diese Verfahren waren „im Einvernehmen mit den SMA's der einzelnen Länder"[74] zu bestellen, die Schöffen mußten von den Parteien und Massenorganisationen benannt und von den Landesregierungen bestätigt werden. Die sowjetische Militärverwaltung behielt damit die letzte Entscheidung über die personelle Besetzung der Strafkammern in der Hand; die Vorentscheidungen trafen, unter maßgeblicher Beteiligung führender SED-Politiker, die Landesjustizministerien. Welche Zielsetzung die SED-Führung dabei verfolgte, verdeutlichte Mielke Anfang Januar 1948: „Es muß erreicht werden im Zusammenhang mit den anderen zuständigen Stellen, daß die Zusammensetzung so erfolgt, daß zum mindesten nach vorherigem Ermessen eine richtige Schuld-

---

67 Vgl. dazu Ausführungsbestimmung Nr. 3, 21.8.1947, in: Zentralverordnungsblatt [künftig: ZVOBl.] 1947, S. 188f., Erlaß zur Durchführung des Befehls Nr. 201 der SMAD, 18.9.1947, ebenda, S. 192.
68 Vgl. MdI Sachsen, Durchführungsbestimmungen zu den Ausführungsbestimmungen der DVdI zum Befehl 201 über die Regelung und Registrierung von Hautpverbrechern, Verbrechern und Minderbelasteten, BAB, DO 1/7 Nr. 69, Bl. 36f.
69 Vgl. Norman Naimark, Moskaus Suche nach Sicherheit und die sowjetische Besatzungszone 1945-1949, in: Staatssicherheit und Staatspartei. Zum Verhältnis von SED und MfS, hrsg. von Siegfried Suckut und Walter Süß, Berlin 1997, S. 45.
70 Peter Erler, Zur Sicherheitspolitik der KPD/SED 1945-1949, ebenda, S. 85f.
71 Vgl. dazu Karl Wilhelm Fricke, Kein Recht gebrochen? Das MfS und die politische Strafjustiz in der DDR, in: Aus Politik und Zeitgeschichte, B40/1994, S. 24-33.
72 Bericht von Erich Mielke über den Stand der Durchführung des Befehls Nr. 201 vom 16.8.1947 auf der Besprechung am 30. Oktober 1947, in: Entnazifizierungspolitik der KPD/SED 1945-1948. Dokumente und Materialien, hrsg. von Ruth-Kristin Rößler, Goldbach 1994, S. 196.
73 Ausführungsbestimmung Nr. 3, 21.8.1947, in: ZVOBl. 1947, S. 189.
74 So die Anweisung von Oberstleutant Jakupow am 29.8.1947 in einer Konferenz zu Befehl Nr. 201, BAB, DP1 VA Nr. 19, Bl. 8.

feststellung sichergestellt wird."[75] Die Berufsrichter sollten daher das SED-Parteibuch besitzen und/oder aus den Reihen der Volksrichter rekrutiert werden, die Schöffen waren von den SED-Landesvorständen sorgfältig auszuwählen und zu schulen.[76] Bei der tatsächlichen Besetzung der Sonderstrafkammern stellte die SED bereits im November 1947 59 % der Richter und 70 % der Staatsanwälte; die Anzahl der Volksrichter lag erheblich darunter.[77] Im Verlauf der Jahre 1948/49 kam jedoch der Ersatz für ausgeschiedene Richter und Staatsanwälte in zunehmendem Maße aus den Reihen der nunmehr zahlreicher zur Verfügung stehenden Volksrichter. Vor allem auf Initiative von Hilde Benjamin wurden Einsatz und Beförderung der Volksrichter zu Kammervorsitzenden und aufsichtsführenden Staatsanwälten in den 201-Verfahren mit Erfolg forciert. In dieser Tätigkeit sah Benjamin denn auch eine Möglichkeit für die Volksrichter, sich im Sinne des Regimes zu bewähren und dann in Führungspositionen des Justizwesens aufzusteigen.[78]

Eine wesentliche Neuerung brachten die Verfahren nach Befehl Nr. 201 insofern, als nicht mehr in jedem Fall ein Nachweis der persönlichen Schuld des Angeklagten benötigt wurde, um diesen verurteilen zu können. Der Anhang A der Kontrollratsdirektive Nr. 38 zählte die Personengruppen auf, die aufgrund ihrer führenden Stellungen im Dritten Reich bei einer Anklage als Hauptschuldige zu betrachten waren.[79] Nach Überzeugung der DVdI und der DJV begründete der Anhang A zwar keinen selbständigen Tatbestand. Beide Verwaltungen vertraten jedoch die Meinung, daß ein Beschuldigter bei nachgewiesener Betätigung in einer leitenden Stellung auch ohne Nachweis einer verbrecherischen Einzelhandlung verurteilt werden konnte.[80] In diesem Zusammenhang stellte die DVdI den Untersuchungsorganen sogar ein Muster einer Anklageschrift gegen einen SS-Mann zur Verfügung, „um in der Frage der Anklage bei den Polizeiorganen eine Einheitlichkeit zu erzielen".[81] Ernst Melsheimer kritisierte

---

75 Stenographische Niederschrift über die 3. Tagung des Ausschusses für Rechtsfragen beim Zentralsekretariat der SED, 3./4.1.1948, SAPMO, DY 30 IV 2/1.01/70, Bl. 109.
76 Besprechung im Sekretariat Ulbricht-Fechner am 23.8.1947, 25.8.1947, SAPMO, NY 4182/1197, Bl. 145; Rundschreiben Nr. 21/47 des ZS der SED, 10.9.1947, in: Entnazifizierungspolitik der KPD/SED, S. 168-181.
77 Dies geht aus der Aufstellung zum Stand der Besetzung von Strafkammern und Staatsanwaltschaften vom November 1947 hervor, BAB, DP1 VA Nr. 6204, Bl. 148; eine der SMAD-Rechtsabteilung übermittelte Besetzungsliste vom 10.9.1947 führt unter den 100 gemeldeten Richtern und Staatsanwälten aus allen Ländern 27 Volksrichter auf, BAB, DP1 VA Nr. 840, Bl. 70-77.
78 Vgl. Volksrichter in der SBZ/DDR, S. 87-91.
79 Amtsblatt des Kontrollrats in Deutschland, Nr. 11 vom 31.10.1946, S. 184-212, hier 195-211.
80 DVdI an Chefs der Landesbehörden der Deutschen Volkspolizei, 11.2.1948, BAB, DO1/7 Nr. 412, Bl. 109; Entwurf einer Rundverfügung der DJV, April 1948, BAB, DP1 VA Nr. 6200, Bl. 52-61; Chef der DJV an DVdI, 17.7.1948, DO1/7 Nr. 424, Bl. 251.
81 DVdI an DJV, 26.7.1948, BAB, DO 1/7, Nr. 242, Bl. 257; das Muster der Anklageschrift in: BAB, DP1 VA Nr. 6200, Bl. 26. Die DJV erhob keine grundsätzlichen Einwände gegen das Verfahren und schlug nur eine Reihe kosmetischer Änderungen vor: DJV an DVdI, 11.8.1948, DO 1/7 Nr. 424, Bl. 262.

denn auch auf der ersten gesamtzonalen Juristenkonferenz am 11./12. Juli 1948, daß das deutsche Strafrecht „im wesentlichen den Charakter eines Individual-Strafrechts" trüge und fuhr fort: „Der wesentliche Sinn und Zweck des Befehls 201 besteht aber gerade darin, die verbrecherische Gesinnung des Täters innerhalb des Verbrecherkollektivs der Nazibande zu erfassen und den Täter wegen seiner Mitwirkung im Rahmen des an Deutschland und der Welt begangenen Massenverbrechens zu bestrafen."[82] Über die NS-Prozesse nach Befehl Nr. 201 erfolgte daher die Abkehr von der Verpflichtung zum Schuldnachweis im Einzelfall. Damit wurde die Einführung des sog. „Organisationsverbrechens"[83] in die politische Strafjustiz der DDR erheblich erleichtert.

Befehl Nr. 201 schließlich führte eine Strafnorm in das politische Strafrecht der DDR ein, die bis 1955 Grundlage für zahlreiche Verurteilungen bildete. Es handelte sich um Artikel III A III des Abschnitts 2 der Kontrollratsdirektive Nr. 38, dessen Inhalt keinen Bezug zu NS-Verbrechen besaß. Er lautete: „Aktivist ist auch, wer nach dem 8. Mai 1945 durch Propaganda für den Nationalsozialismus oder Militarismus oder durch Erfindung und Verbreitung tendenziöser Gerüchte den Frieden des deutschen Volkes oder den Frieden der Welt gefährdet hat oder möglicherweise noch gefährdet."[84] Von sowjetischer Seite seit November 1947 dazu angehalten, Verbrechen nach diesen weitgefaßten Tatbeständen mehr Aufmerksamkeit zu schenken,[85] ergingen 1949 die ersten konkreten diesbezüglichen Weisungen der Innenverwaltung an die Abteilungen K 5. Sowohl gegen den Vertrieb von Zeitungen und Zeitschriften angeblich „kriegshetzerischen Inhalts" als auch gegen Störaktionen zur Wahl zum 3. Volkskongreß sollte unter Zugrundelegung des Artikels III A III gemäß Befehl 201 Anklage erhoben werden. Unter Kooperation der DJV setzte somit auch die zentrale Lenkung politischer Strafverfahren ein.[86]

Seit Oktober 1949 wurde die Beendigung der NS-Prozesse von seiten des DDR-Justizministeriums ins Auge gefaßt, „damit der Zweck, der mit diesen Verfahren erreicht werden sollte, nicht ins Gegenteil umschlägt und als allzu große Hypothek unsere neue Entwicklung belastet"[87]. Mitte Februar 1950 erging daraufhin die Weisung der Hauptverwaltung Deutsche Volkspolizei, „die Bearbeitung der Vorgänge bezüglich des Befehls 201 [...] bis zum

---

82 Ernst Melsheimer, Der Kampf der deutschen Justiz gegen die Naziverbrecher, in: Neue Justiz 2 (1948), S. 129.
83 Vgl. dazu Wolfgang Schuller, Geschichte und Struktur des politischen Strafrechts der DDR bis 1968, Ebelsbach 1980, S. 53f.
84 Amtsblatt des Kontrollrats in Deutschland, S. 188.
85 Auf der Länderkonferenz vom 14./15.11.1947, BAB, DP1 VA Nr. 6332.
86 DVdI an DJV, 21.2.1949, BAB, DP1 VA Nr. 6202, Bl. 1; DVdI, Abt. K 5, an alle Dezernate K 5 der SBZ, 30.5.1949, BAB, DP1 VA Nr. 1110, Bl. 7; diese Verfügung wurde am 3.6.1949 von der DJV an die Justizministerien und die Genralstaatsanwälte der Länder weitergeleitet, ebenda, Bl. 8.
87 Vermerk betr. Artikelserie in der „National-Zeitung" Nr. 210-221, die sich u.a. auch mit der Durchführung des Befehls 201 beschäftigte, 4.10.1949, BAB, DP1 VA Nr. 6229. Vgl. auch Vermerk betr. Ergebnisse der bisherigen 201-Rechtsprechung, 26.10.1949, ebenda.

15. März endgültig zum Abschluß zu bringen"[88]. Auch die „noch bestehenden Untersuchungsorgane gemäß Befehl 201" waren bis zu diesem Zeitpunkt aufzulösen; für die Ermittlungen wegen Verstößen gegen Artikel III A III der Kontrollratsdirektive Nr. 38 wurden „die Organe des Ministeriums für Staatssicherheit" für zuständig erklärt.[89] Die aufgrund dieses Befehls gebildeten Strafkammern blieben indes weiter bestehen. Sie wurden nunmehr vor allem für die Verfahren aufgrund des Artikels III A III der Kontrollratsdirektive Nr. 38 und aufgrund des berüchtigten Artikels 6 der DDR-Verfassung genutzt.[90] Dies bot sich nicht zuletzt deshalb an, weil die Richter und Schöffen dieser Kammern nach wie vor einer besonderen Bestätigung bedurften - nun freilich nicht mehr durch die Sowjetische Militärverwaltung, sondern durch das DDR-Justizministerium und die Landesjustizverwaltungen.[91] Mit der neuen Zweckbestimmung trat auch ein Wandel in der stets umstrittenen Benennung der Sonderstrafkammern ein. Wiederholt hatten die deutschen Verantwortlichen seit 1947/48 die gängige Bezeichnung „politische Strafkammern" heftig kritisiert und waren für den 'politisch korrekten' Sprachgebrauch - „Strafkammern nach Befehl 201" - eingetreten.[92] Ab dem Januar 1951 ordnete das Justizministerium per Rundverfügung an, diese „nur noch als 1. große bzw. kleine Strafkammer" zu bezeichnen.[93] Zur politischen Strafjustiz in der SBZ/DDR gehörte mithin seit ihren Anfängen eine an George Orwells „Newspeak" erinnernde sprachliche Verharmlosung ihrer Zweckbestimmung.

Schlußbemerkung

Auch wenn die sowjetische Besatzungsmacht in der hier behandelten Übergangszeit politische Gegner weitgehend in eigener Regie verurteilte und damit die deutschen Gerichte entlastete, wurden damals bereits die Fundamente für die politische Strafjustiz in der DDR gelegt. Dabei waren sowohl zur Ausbildung der normativen Grundlage als auch bei der Schaffung eines systemkonformen Rechtsstabes das Zusammenwirken von sowjetischer Besatzungsmacht und deutschen Organen erforderlich. Bei diesen wiederum spielten kommunistische 'Kader' eine herausragende Rolle, die aus den unterschiedlichsten

---

88 Ministerium des Innern, HVDVP, Dienstanweisung Nr. 13/50, 17.2.1950, BAB, DP1 VA Nr. 818, Bl. 2.
89 Richtlinien zur Dienstanweisung 13/50, 27.2.1950, ebenda, Bl. 4.
90 Vgl. MdJ an Justizministerium Sachsen-Anhalt, 27.10.1950, BAB, DP1 VA Nr. 6200, Bl. 98; Vermerk Hauptabteilung II, Betr.: Strafverfahren Art. 6 der Verfassung und Abschnitt 2, Art. III A III der Direktive 38, BAB, DP1 VA Nr. 7815.
91 Rundverfügung Nr. 8/1951 des MdJ, 26.1.1951, BAB, DP1 VA Nr. 6284, Bl. 14.
92 So schon Mielke auf der Länderkonferenz vom 14./15.11.1947, BAB, DP1 VA Nr. 6332; Vermerk Winkelmann, 13.2.1948, BAB, DP1 VA Nr. 6204, Bl. 99; DVdI an DJV, 24.8.1948, DJV an DVdI, 30.9.1948, BAB, DP1 VA Nr. 6200, Bl. 63, 65.
93 Rundverfügung Nr. 8/1951 (wie Anm. 31).

Motiven heraus die Ziele der Besatzungsmacht beförderten. Dieser Prozeß führte auf die Dauer nicht nur zu einer Gleichschaltung und Zentralisierung der Justiz, sondern auch zu einer Verdrängung der Justiz aus Teilen ihrer Aufgabenbereiche und aus der Justizsteuerung.

Falco Werkentin

Instrumentalisierung der Strafjustiz durch die SED: Methoden - Ziele - Fälle

Ausmaß und Schwerpunkte politischer Verfolgung mit Hilfe des Strafrechts bis zum Bau der Mauer 1961

Auf so begrenztem Raum einen Einblick in 40 Jahre politischer Strafjustiz im Staat der SED zu geben, kann nur mit gezielter Willkür geschehen. Auch wird sich hier nicht der Nachweis erbringen lassen, daß die vorgestellten Beispiele für unzählige gleichgelagerte Fälle stehen. Um so gebotener ist es, zunächst daran zu erinnern, welche Dimension die Drangsalierung der Bevölkerung der DDR mit Hilfe der politischen Justiz in den einzelnen Phasen der DDR-Geschichte erreichte.

Zwar veröffentlichte die DDR nie Angaben zur Zahl politischer Häftlinge, doch intern wollte man selbstverständlich wissen, wieviele ihrer Bürger aus politischen Gründen verurteilt wurden und in Haft kamen. Und so finden sich heute in den Archiven der DDR durchaus Zahlenreihen über verurteilte Staatsverbrecher, wie der interne Begriff für politische Häftlinge in den 50er Jahren hieß. Das folgende Schaubild vermittelt einen ersten Eindruck davon, in welchem Umfang die politische Strafjustiz zur Durchsetzung und Sicherung der SED-Herrschaft in den ersten zwölf Jahren der DDR genutzt wurde. Die Kurven geben jeweils die Zahl der zum Quartalsende in den Gefängnissen einsitzenden Häftlinge wieder, darunter für den Zeitraum zwischen dem 4. Quartal 1953 und dem 4. Quartal 1960 die in der internen Zählung als „Staatsverbrecher" definierten politischen Häftlinge im engeren Sinne und für die Zeit zwischen dem 4. Quartal 1953 und dem 2. Quartal 1956 die in der internen Zählung als „Wirtschaftsverbrecher" erfaßten Gefangenen.

Bisher haben sich interne Angaben zur Zahl politischer Häftlinge zwischen 1949 und dem 3. Quartal 1953 genausowenig finden lassen wie entsprechende Zahlen für sogenannte Wirtschaftsverbrecher.

Doch muß deren Zahl zusammengenommen bei mehreren zehntausend Personen gelegen haben, denn zwischen der Verkündung des sog. Neuen Kurses der SED am 10. Juni 1953 und Oktober/November 1953 wurden annähernd 25.000 Häftlinge aller Kategorien vor Ablauf der Haftzeit bzw. aus der U-Haft unter Einstellung der Anklage entlassen. Dies sollte zur innenpolitischen Entspannung beitragen, ähnlich wie bei der vorzeitigen Entlassung von ca. 25.000 Häftlingen aller Kategorien im Jahre 1956 als Folge des XX. Parteitages der KPdSU.

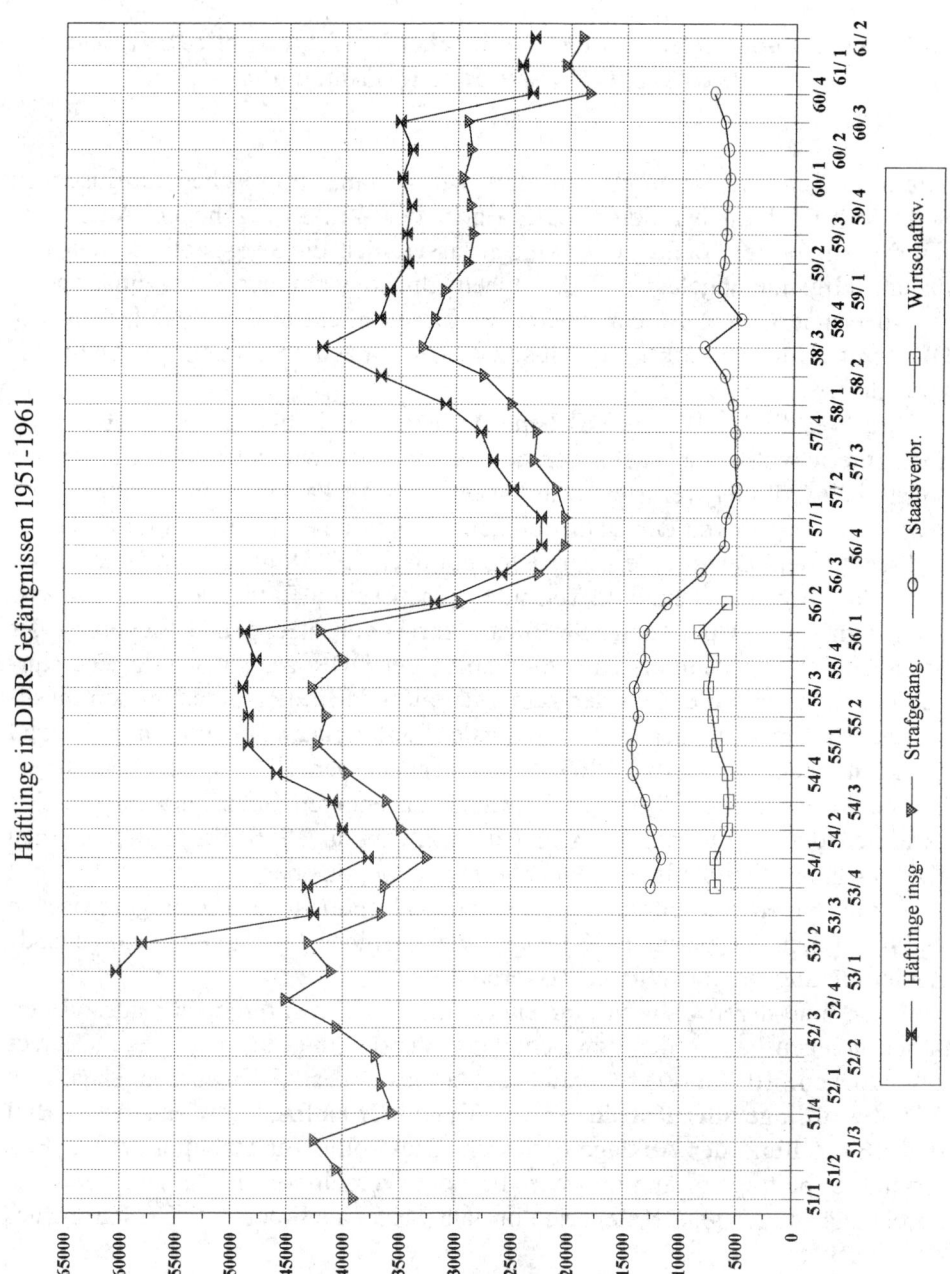

Gerade in den Monaten zwischen der 2. Parteikonferenz der SED im Juli 1952, auf der der „Aufbau der Grundlagen des Sozialismus" verkündet wurde, und dem Volksaufstand vom 17. Juni 1953 erreichte die Strafjustiz der DDR ihren terroristischen Höhepunkt. Im Ergebnis saßen Ende Mai 1953 mehr als 66.000 Personen in Straf- und Untersuchungshaft. Die Verhaftungs- und Aburteilungswelle richtete sich nicht nur gegen echte und vermeintliche Gegner des Systems - die klassische Funktion politischer Strafjustiz -, sondern sie traf auch Zehntausende selbständige Produzenten und Gewerbetreibende, Bauern und Handwerker, die unter dem Vorwurf von Wirtschaftsverbrechen mit dem Ziel der Enteignung verhaftet wurden, sowie Tausende Arbeiter, die Opfer des im Oktober 1952 in Kraft getretenen „Gesetzes zum Schutz des Volkseigentums" wurden. Dieses Gesetz legte fest, daß bei jeglicher Verletzung des Volkseigentums, unabhängig von der Schadenshöhe, als Mindeststrafe ein Jahr Zuchthaus auszusprechen war. Es führte dazu, daß zwischen Oktober 1952 und April 1953 allein auf Grundlage dieses Gesetzes, mit dem insbesondere der Arbeiterklasse im Rahmen einer erziehungsdiktatorisch motivierten Strafpolitik ein neues Wertebewußtsein eingebleut werden sollte, 14.000 Personen in die Zuchthäuser kamen, z.B. für den Diebstahl von 2 kg Zement oder einiger Schrippen aus der HO-Bäckerei, die der Bäcker mitgenommen hatte.

Wie sehr sich die politische Strafjustiz seit der 2. Parteikonferenz radikalisierte, zeigt eine interne Statistik der Neueingänge bei den für politische Strafverfahren zuständigen 1. Strafsenaten.[1]

		Verfahren	Personen
I.	Quartal 1952	622	922
II.	Quartal	821	1.344
III.	Quartal	997	1.489
IV.	Quartal	1.114	1.710
I.	Quartal 1953	1.527	2.196

Mit welcher Härte noch wenige Tage vor dem 17. Juni politische Meinungsäußerungen und sonstige geringfügige Anzeichen mangelnder politischer Loyalität weit unterhalb der Schwelle bewußten politischen Widerstands geahndet wurden, zeigen folgende Urteile:

So wurde am 03.06.1953 vom Bezirksgericht Schwerin der Holzkaufmann H. wegen eines Verbrechens nach Art. 6 der Verfassung der DDR und KD 38 Art. III A III zu 10 Jahren Zuchthaus verurteilt. Er hatte mehrere Westzeitschriften in Besitz, die er von einem Besuch aus Westberlin mitgebracht hatte; außerdem war er Bezieher Westberliner 'Wirtschaftsinformationsbriefe'. Eini-

---

1 MdJ, HA II an die Sowjetische Kontrollkommission (SKK): Analyse der Rechtsprechung der 1. Strafsenate der BG 01.01.1953 - 31.03.1953, BArch P-1-VA-256, Blatt 182-196.

ge dieser Informationsbriefe hatte er mit seinem Prokuristen durchgesprochen. Er wurde antragsgemäß zu 10 Jahren Zuchthaus verurteilt, mit der Begründung, daß die Hefte und Zeitschriften in der Hand eines Privatunternehmers, der nur bestrebt ist, seinen Maximalprofit zu suchen, eine besondere Gefahr darstellen.

Ebenso wurde vom Bezirksgericht Schwerin am 03.06.1953 der Arbeiter Willy Sch. wegen eines Verbrechens nach Art. 6 der Verfassung der DDR und KD 38 zu 8 Jahren Zuchthaus verurteilt. Er hatte RIAS-Meldungen im Betrieb verbreitet.[2]

Das Bezirksgericht Karl-Marx-Stadt verurteilte am 9. Juni 1953 den Friseurmeister Alfred S., der anläßlich des Todes von Stalin davon gesprochen hatte, daß dieser in Katyn Tausende polnische Offiziere hatte umbringen lassen, zu 10 Jahren Zuchthaus.

Doch über diese konventionelle Funktion des politischen Strafrechts als Waffe des Systemschutzes hinaus wurden in der DDR der 50er Jahre gerichtsförmige Verfahren weiteren politischen Zwecken dienstbar gemacht, die dem politischen System der Bundesrepublik unbekannt sind. Josef Streit, bis zur Berufung als Generalstaatsanwalt im Jahre 1962 langjähriger Sektionsleiter „Justiz" im ZK-Apparat, brachte die Doppelfunktion des DDR-Justizsystems 1959 - ein Jahr der forcierten Zwangskollektivierung der Landwirtschaft[3] - auf die Formel:

„Die Rechtsprechung und auch die Aufsichtstätigkeit der Staatsanwaltschaft eines sozialistischen Staates dienen nicht nur dem Schutz der Gesellschaftsordnung, sondern haben im besonderen als wichtige Hebel für die gesellschaftliche Umwälzung zu wirken."[4]

Diese gesellschaftliche Umwälzung, diese „Revolution von oben", wie Stalin es einst bezeichnete, wurde offiziell auf der zweiten Parteikonferenz der SED im Sommer 1952 unter dem Motto *„Schaffung der Grundlagen des Sozialismus mit dem Staat als Hauptinstrument"* verkündet. Sie bedeutete, daß mittels der Staatsgewalt, die Justiz eingeschlossen, durchgesetzt werden sollte, wofür es in der Gesellschaft offenbar keine Mehrheiten gab: die weitere soziale Transformation der DDR-Gesellschaft dieser Jahre in Richtung des sowjetischen Gesellschaftsmodells. Begonnen hatte dieser „Transformationsprozeß" mit staatlichen Zwangsmitteln allerdings bereits früher, kaschiert als Bestandteil der sog. „antifaschistisch-demokratischen Umwälzung" in der SBZ in den Jahren 1945 bis 1949. Während in diesen Jahren die Verstaatlichung der Groß- und Schwerindustrie sowie der Banken und die Bodenreform offen betrieben

---

2 MdJ, HA II, 28.07.53: An den Hohen Kommissar der UdSSR, Rechtsabteilung, betr.: Analyse der Rechtsprechung der 1. Strafsenate der Bezirksgerichte - Verbrechen gegen die DDR - Berichtszeitraum 01.01.53-30.06.53, 28 S., BArch DY 30 IV 2/13/409
3 Vgl. Werkentin, Falco: Politische Strafjustiz in der Ära Ulbricht, Berlin 1997 (2. Aufl.), insb. S. 45ff.
4 J. Streit (1959): Die Justizorgane sind wichtige Hebel bei der sozialistischen Umgestaltung der Landwirtschaft, in: Neue Justiz, S. 789.

und offensiv politisch begründet wurden, versteckte die SED ihren forcierten Klassenkampf von oben gegen den bäuerlichen und gewerblichen Mittelstand mit dem Ziel der Enteignung hinter dem Vorwurf krimineller Delikte. Entsprechende strafrechtliche Deliktfabrikate, wie es Otto Kirchheimer nannte, sollten die fehlende Legitimität ersetzen.

Man muß davon ausgehen, daß die in Haft sitzenden Wirtschaftsverbrecher (vgl. im Diagramm die unterste Kurve ab Ende 1953 - bis zum 2. Quartal 1956) dem überwiegenden Anteil nach nicht DDR-Bewohner waren, die „bürgerliche Steuervergehen" begangen hatten, wie wir sie auch in der Bundesrepublik kennen, sondern daß es selbständige Gewerbetreibende, Bauern und Handwerker waren, die einzig und allein angeklagt und verurteilt wurden, um sie enteignen zu können. Diese Praxis massenhaft begangener Justizverbrechen wurde mit Abschluß der Zwangskollektivierung im Jahre 1960 beendet. Sie erreichte ihren absoluten Höhepunkt nach der bereits genannten zweiten Parteikonferenz der SED im Juli 1952 bis ca. Mai 1953.

Am bekanntesten geworden ist die Aktion „Rose" im Frühjahr 1953 an der Ostseeküste, in deren Verlauf über 400 kleine Hoteliers und sonstige Gewerbetreibende verurteilt und enteignet wurden. Als Vorwand reichte aus, einen Kassenzettel aus Berlin (West) über 120 DM zu finden (die Quittung für den Kauf eines Wintermantels), oder 2 Zentner Zucker, die in einem Hotel mit Gaststättenbetrieb angesammelt worden waren, um in der „Einmachsaison" zur Versorgung der Gäste das Obst aus dem betriebseigenen Garten verarbeiten zu können.

Auf dem Lande wurden Tausende sogenannte Mittel- und Großbauern wegen der Nichterfüllung des Ablieferungssolls verurteilt und enteignet, um die Kollektivierung der Landwirtschaft voranzutreiben. Zuvor waren für diese bäuerlichen Gruppen die Ablieferungsquoten bis an die Grenze der Nichterfüllbarkeit angehoben worden.

Die Zahl der Verurteilten wäre noch weitaus höher gewesen, wenn nicht viele selbständige Produzenten und Gewerbetreibende sich in dieser Phase der voraussehbaren Verurteilung durch die Flucht entzogen hätten. Ihr Ziel, die möglichst schnelle Verstaatlichung mittelständischer und Kleinbetriebe, hatte die SED auch hier erreicht, denn bei sog. Republikflucht wurden die zurückgelassenen Betriebe selbstverständlich enteignet.

Beispielhaft sei das Szenario eines kleinen Schauprozesses aus dem Jahre 1951 in Dähre wiedergegeben, ein großes altmärkisches Dorf im Kreis Salzwedel mit ca. 1.500 Einwohnern und 83 landwirtschaftlichen Betrieben. Es war Ende 1951 vom SED-Landwirtschaftsminister Sachsen-Anhalts für einen Schauprozeß auserwählt worden, um die Bauern der Region zur Erfüllung ihrer Ablieferungsauflagen „zu erziehen".

Ein Schauprozeß aus dem Jahre 1951[5]

Mittwoch, 19. Dezember, 8 Uhr, Salzwedel: Sachsen-Anhalts Land- und Forstwirtschaftsminister Willi Maikath, SED, eröffnet eine Sitzung, zu der leitende Mitarbeiter der Kreisverwaltung eingeladen sind, um Maßnahmen zu treffen, durch die Ablieferungsprobleme im Kreise gelöst werden sollen.

Gegen 9 Uhr legt Maikath fest, daß noch am selben Tag im Kreis zwei Prozesse gegen Großbauern zu führen seien, und benennt die Abzuurteilenden. In der Sprache des Rechts ausgedrückt: Der Minister erhebt Anklage und fällt zugleich den (richterlichen) Eröffnungsbeschluß zur Hauptverhandlung.

12.30 Uhr, Dähre: Zwei VP-Angehörige treffen ein, verständigen den Bürgermeister, vernehmen den Bauern F. und lassen ihn einsperren.

13 Uhr, Stendal: Staatsanwalt Schulze wird instruiert, daß er noch am selben Tag in Dähre einen Prozeß zu führen habe.

14.30 Uhr, Stendal: Amtsrichter Scharper wird telefonisch verständigt, daß er am Abend in Dähre für einen Prozeß zur Verfügung zu stehen habe.

18 Uhr, Dähre: Der Ortsdiener erhält Anweisung, im Dorf den um ca. 19.30 Uhr im alten Schulgebäude geplanten Prozeß auszurufen.

Ca. 18.40 Uhr, Dähre: Amtsrichter und Staatsanwalt erreichen Dähre.

Ca. 19.30 Uhr, Schulgebäude in Dähre: Der Verhandlungsraum ist mit ca. 30-40 Dorfbewohnern, den Justizfunktionären, einigen VP-Angehörigen, dem Angeklagten und einigen Sachverständigen gefüllt; Beginn der „Verhandlung". Die agitatorische Botschaft der Inszenierung kommt bei den Zuschauern nicht an:

„Die Argumentation des Staatsanwalts war dadurch erschwert, daß eine fortlaufende sabotierende Tätigkeit in der Ablieferung dem Großbauern F. nicht nachgewiesen werden konnte und daß selbst Mitarbeiter des Erfassungsapparates aus anderen Kreisen, z.B. Kölleda und Oschersleben, in der vorangegangenen Zeit bestätigten, daß F. nicht mehr imstande ist, weiterhin abzuliefern. Zeugen aus der bäuerlichen Bevölkerung des Dorfes waren zuvor nicht vorbereitet und es wurde mit ihnen gar nicht darüber gesprochen. Die herangezogenen Sachverständigen bestätigten fast durchweg, daß Bauer F. in der Vergangenheit ein guter Ablieferer war und daß die rückständigen Ablieferungsmengen das Resultat der bereits angeführten Schäden ist."

Ca. 20.30 Uhr, Dähre: Der Richter spricht das am Vormittag von Minister Maikath gefällte Urteil. Bauer F. erhält 1 ½ Jahre Haft- und 1.000,- M. Geldstrafe; er ist zum Zwecke des Strafantritts sofort festzunehmen und in die Haftanstalt zu überführen.

Ca. 20.40 Uhr, Dähre: Bauern und Handwerker erzwingen die Freilassung des verurteilten Bauern F. Dieser flüchtet umgehend in die Bundesrepublik.

---

5 Vgl. zum Prozeß in Dähre ausführlich: Werkentin, a.a.O. 1997, S. 71f.

Juni 1952: Das BG Magdeburg spricht gegen vier Bewohner Dähres, die sich an der Befreiung beteiligt hatten, Haftstrafen zwischen sechs Monaten Gefängnis und dreieinhalb Jahren Zuchthaus aus.

Justizterror auf dem Land

Im Rahmen des sogenannten „Neuen Kurses", den die SED-Führung auf Anweisung des Politbüros der KPdSU am 9. Juni (8 Tage vor dem Aufstand vom 17. Juni '53) verkündet, werden Tausende verurteilte und enteignete Bauern vorzeitig aus der Haft entlassen.

Nach dem 17. Juni kommt es zwar wegen der Beteiligung am Volksaufstand zu Massenverhaftungen. Doch die SED ist vorsichtig geworden. Kaum mehr als 1.600 Personen werden verurteilt, „nur" zwei Todesurteile ausgesprochen, „nur" 3 Angeklagte zu Zuchthausstrafen über 15 Jahren, „nur" 13 Personen zu Zuchthausstrafen zwischen 10 und 15 Jahren verurteilt. Gemessen an der Strafpolitik zuvor und an der Bedeutung des 17. Juni für die SED war dies eine äußerst zurückhaltende Strafpolitik. Die Partei hatte gelernt, daß ein Übermaß an Repression selbst zur Gefahr für ihre Herrschaft werden konnte. In der Folgezeit wird diese Lehre wieder vergessen.

Daß die Partei sich nicht scheute, zur Unterstützung der gesellschaftlichen Transformation auf dem Lande selbst zu Todesurteilen zu greifen, dies zeigt ein Prozeß wenige Monate nach dem Bau der Mauer. Wir schreiben das Jahr 1961, die Zwangskollektivierung der Landwirtschaft im Jahre 1960 ist abgeschlossen, doch der Widerstand auf dem Lande ist noch längst nicht gebrochen; es kommt zu massiven Brandstiftungen und Arbeitsniederlegungen auf dem Lande, zwangskollektivierte Bauern arbeiten faktisch als Einzelbauern weiter.

18.07.1961: Die Abteilung Landwirtschaft der SED-Bezirksleitung Schwerin meldet den Austritt von 21 Genossenschaftsbauern aus einer LPG Typ III - es handelt sich um ein Dorf mit ca. 200 Bewohnern.[6] Doch bald kommt Hilfe.

28.08.1961: Inzwischen ist die Mauer gebaut. Gerhard Grüneberg, Kandidat des Politbüros und dessen Landwirtschaftsspezialist, besucht das Dorf und rügt das niedrige wirtschaftliche und politische Niveau.

Ende August 1961: Eine „Brigade" der SED-Kreisleitung eilt in das Dorf, um den kritisierten Mißständen in der Entwicklung der dortigen LPG auf die Spur zu kommen. Dabei stößt die Brigade auf das Gerücht, daß zwei Dorfbewohner 1945 ihre Kinder und Ehefrauen getötet haben sollen.

01.09.1961: Verhaftung von zwei Dorfbewohnern namens B. und K. Die Kreisleitung zieht ein Resümee der bisherigen Untersuchungen und kommt zum Ergebnis, daß es im Dorf eine „ganze faschistische Gruppe" gäbe, darunter vier

---

6 SED-Bezirksleitung Schwerin, Abt. Landwirtschaft, Übersicht über die z.Zt. vorliegenden Anträge zum Austritt aus den LPG in den einzelnen Kreisen, Schwerin, den 18. Juli 1961, Mecklenburgisches Landeshauptarchiv Schwerin, IV/2/7/1069.

SED-Genossen. „Aus der weiteren Einschätzung und Diskussion im Büro wurde klar herausgearbeitet, daß diese faschistische Gruppe laufend organisierte Feindarbeit leistet, indem Westsender gehört und gesehen werden, dieses öffentlich in der Gemeinde verbreitet wird, Diebstähle am genossenschaftlichen Eigentum auf der Tagesordnung stehen und anderes mehr.

Das Büro legte fest, daß die Sicherungsorgane sofort Ermittlungen durchführen und die Rädelsführer festnehmen." Des weiteren stellen die Genossen fest, daß bei den Kollegen und Genossen im betreffenden Dorf „keine Klarheit der Westberlinfrage bestand". Dies äußerte sich u.a. darin, daß ein Kollege erklärte: „Wir reden vom Frieden und machen das Gegenteil. Wir fahren mit Panzern auf und ziehen Stacheldraht herum ... Ulbricht hat die Macht an sich gerissen, nein können wir nicht sagen, wir müssen sie ja doch wählen. Macht doch freie Wahlen ... Der größte Teil der Bevölkerung wäre dann gegen euch."

08.09.1961: Die Bezirksleitung Schwerin schickt ihre „weitere Einschätzung über die Tätigkeit einer faschistischen Bande in der Gemeinde" an den Sektor Parteiinformation des ZK.[7] Ihr ist zu entnehmen, daß der bereits verhaftete B. im September 1945 Mitglied der KPD wurde und später Leitungsmitglied der SED und der LPG sowie Gemeinderatsvertreter war. 1960 hatte er die Funktion des Vorsitzenden der ständigen Kommission für Sicherheit und Ordnung. Auch der verhaftete K. war später der SED beigetreten.

28.11.1961: Sorgenicht, ZK-Abteilung Staat und Recht, und Borning, Sicherheitsabteilung des ZK, unterzeichnen ihre „Vorlage" zur Strafsache B. und K. für die kommende Politbürositzung. In ihr heißt es u.a.: „Die Justizorgane haben vorgeschlagen, die Todesstrafe gegen B. auszusprechen. Gegen K. soll lebenslängliches Zuchthaus beantragt werden. Wir halten die Vorschläge für richtig."[8]

05.12.1961: Das Protokoll der Politbürositzung hält fest: „Das Politbüro nimmt den Bericht zur Kenntnis, wonach gegen B. und K. die Todesstrafe zu beantragen ist. Über die Durchführung des Prozesses ist eine Reportage für die Presse zu machen."[9]

Entgegen der Vorlage der Genossen Sorgenicht und Borning, die nur für B. die Todesstrafe „für richtig" halten, nimmt das Politbüro nun „zur Kenntnis", daß auch gegen den 77jährigen K. die Todesstrafe zu beantragen ist. Schamhaft wird im Protokoll eine Entscheidung ganz anderer Qualität hinter dem Begriff „Kenntnisnahme" verborgen.

07.01.1962: Nach einer zweitägigen Verhandlung verkündet das BG Schwerin, dem Antrag des Staatsanwalts folgend, die Todesurteile.

---

7   SED-BL Schwerin, Abt. Org./Kader, an das ZK der SED, Abt. Parteiinformation, 08.09.1963, Einschätzung der Tätigkeit einer faschistischen Bande in der Gemeinde ..., Anschreiben und „Einschätzung", 6 S., Mecklenburgisches Landeshauptarchiv Schwerin, IV/2/5/644.
8   Vorlage als Anlage zum Protokoll der Politbürositzung am 05.12.1961, BArch DY 30 J IV 2/2/ A 866.
9   Ebenda.

Die Vorwürfe: Im Frühjahr 1945 beschlossen der Schäfermeister B. - seit 1937 NSDAP-Mitglied mit der Funktion eines Kassierers - und sein Schwiegervater, der Landarbeiter K. - NSDAP-Mitglied seit 1938, ohne Funktion, zwischen 1910 und 1933 SPD-Mitglied -, zusammen mit den Ehefrauen, sich und die Kinder beim Einmarsch der Roten Armee zu töten. Mehrfach wurde dieser Plan im Familienkreis besprochen. Sie rechneten mit Greueltaten sowjetischer Soldaten. Gemeinsam gingen Familie B. und K. am 06.05.1945 zu einem nahegelegenen See. Die Männer töteten zunächst die Kinder und Ehefrauen und legten dann an sich selbst die Hand an, brachen aber den Selbsttötungsversuch ab. Später erklärten sie gegenüber Dorfbewohnern, daß die Tat von sowjetischen Soldaten begangen worden sei.

Das Urteil endet mit den Worten: „Wir haben die historische Aufgabe, das in der Vergangenheit durch den Faschismus begangene grenzenlose Unrecht nach Kräften wiedergutzumachen. Im Gegensatz zur Westzone, wo Mörder, noch weit größeren Formats als die Angeklagten, sich in leitenden staatlichen und militärischen Stellen befinden und sich anschicken, das deutsche Volk und die ganze Menschheit in erneutes unermeßliches Elend zu jagen, gibt es in unserer Gesellschaft keinen Platz für faschistische Mörder und Verbrecher."[10]

Der weitere, nicht im Urteil, hingegen in der Presse erhobene, aktuelle Vorwurf: „Unter Anleitung des Rias schürten sie im Geiste der westdeutschen Militaristen Feindseligkeiten gegen die sozialistische Entwicklung, behinderten sie praktisch das ganze Dorf dabei, den guten, neuen, menschlichen Weg unserer Republik zu gehen."

Mitte Januar: Unter der Überschrift „Gestern Schlußlicht - heute an der Spitze" erfahren „ND"-Leser, welchen gewaltigen Fortschritt das Dorf seit der Verhaftung von B. und K. gemacht hätte. Die Kühe steigerten innerhalb eines Monats ihre Milchleistungen um mehr als zehn Prozent. „Der allergrößte Morast ist von den Straßen verschwunden." In den Artikel eingewoben ist die Mitteilung, daß B. Frau und Kinder umgebracht hätte, „um die Zeugen seiner faschistischen Vergangenheit bei der SS zu beseitigen." Im Urteil ist von diesem Vorwurf nichts zu lesen.

Ende Januar wird unter der Titelzeile „Wer vom Faschismus frißt, stirbt daran" im „ND" ausführlich über den Prozeß und das Urteil berichtet. Angekündigt wird ein weiterer Prozeß gegen 5 Bewohner jenes Dorfes, „die ein ganzes Dorf terrorisiert und zerrüttet" hätten.

21.06.1962: Hinrichtung in Leipzig.

Dieses Urteil ist in mehrfacher Hinsicht exemplarisch: Zum ersten für den neuen Justizterror in der unmittelbaren Phase nach dem Bau der Mauer, mit dem die SED der nun zwangsinternierten Bevölkerung drastisch und offen zeigte, „wer Herr im Hause" ist, während im 1. Halbjahr 1961 für DDR-Ver-

---

10 BG Schwerin, Urteil vom 17.01.1962 (Az.: 2 BS 16/61), BArch P-1-SE-3502.

hältnisse mit äußerster Zurückhaltung das politische Strafrecht angewandt worden war, wie die folgende Tabelle zeigt:

Abgeurteilte Staatsverbrechen 1960 und 1961

		1. Halbj	2. Halbj.	1961
Jahr	1960	1961	1961	insg.
Staatsverbrechen (§§ 15-19, 21-26 StEG)	6.130	1.521	7.200	8.721
Staatsverleumdung (§ 20 StEG)	4.008	904	4.566	5.470
Republikflucht (PaßG.)	7.554	2.017	6.531	8.548
	17.692	4.442	18.297	22.739

Die Todesurteile gegen B. und K. waren zwei von vier Todesurteilen, über die das Politbüro im Dezember 1961 entschied. Alle Todesurteile betrafen Ereignisse im ländlichen Raum, alle wurden in der Presse groß dargestellt, alle Verurteilten wurden als unverbesserliche Faschisten herausgestellt, die, vom RIAS dazu angeleitet, sich zu Parteigängern der aggressiven Pläne der Nato und des westdeutschen Imperialismus hatten machen lassen.

Zum zweiten ist das Urteil gegen K. und B. exemplarisch für die Letztentscheidung der SED bzw. ihrer Führung in politischen Strafverfahren, wann immer die SED es wollte. Dies gilt insbesondere für Todesurteile.

Seit 1963 gibt es zwar keine Politbürobeschlüsse mehr zu Todesurteilen, hingegen weiterhin Dokumente, in denen die Justizfunktionäre beim 1. Sekretär der SED, seit 1971 Erich Honecker, um die Zustimmung zu Todesstrafen nachsuchen. Das letzte Dokument dieser Art, das bisher gefunden wurde, stammt aus dem Jahre 1974.

Die Parteispitze hat aber nicht nur über Todesurteile entschieden. Es konnten auch - vom Strafmaß her gesehen - bedeutungslos erscheinende Urteile sein, die der Parteiführung zur Letztentscheidung vorgelegt wurden, wenn der Fall aus sonstigen Gründen brisant erschien.

In der Sprache besonders deutlich ist Erich Mielke in einem Schreiben an Walter Ulbricht aus dem Jahre 1959 (siehe Faksimile auf der folgenden Seite).

Das dahintersteckende Problem war nicht, daß 1959 oder 1974 die Genossen in der Justiz nicht bereit gewesen wären, das von der Partei gewünschte richtige Urteil auszusprechen. Längst waren über 95 Prozent der Richter und Staatsanwälte SED-Mitglieder. Die Justizfunktionäre hatten nur die große Schwierigkeit, das zum jeweiligen Zeitpunkt von der Partei gewünschte Urteil richtig zu erraten - zu oft und zu schnell hatte sich immer wieder die strafpolitische Linie der SED geändert.

Faksimile: Mielke an Ulbricht, 1959

REGIERUNG DER DEUTSCHEN DEMOKRATISCHEN REPUBLIK
Ministerium für Staatssicherheit
- Der Minister -

Berlin, am 1.11.1959
Tgb.Nr. VVS 217/59

Persönlich!

An den
1. Sekretär des ZK der SED
Genossen Walter U l b r i c h t
B e r l i n

Lieber Walter!

Beiliegend der Schlussbericht über den Untersuchungsvorgang

P o k o j e w s k i , Otto, Pfarrer, zuletzt Superintendent
der Evangelisch-lutherischen Landeskirche
Thüringen, Superintendentur Kahla - und

P r e n z l e r , Wilhelm, Diakon, zuletzt Geschäftsführer
des Evangelischen Hilfswerkes, Landeskirche
Thüringen, Sitz Eisenach.

Wenn Du einverstanden bist, so könnte der Schlussbericht
zur Abfassung der Anklageschrift sofort abgegeben werden.
Der Vorgang ist lediglich zugstellt auf die Verbrechen der
beiden Genannten. Die Rolle, die die reaktionäre Kirchenführung
in Westdeutschland und Westberlin dabei spielt, wurde nicht
hineingearbeitet. Solltest Du es für richtig befinden, dass
der Staatsanwalt im Plädoyer diese schändliche Rolle behandeln
soll, dann würde das MfS dem Staatsanwalt entsprechende Materialie
zur Verfügung stellen.

Die Strafen, die für die beiden Verbrecher ausgesprochen werden,
werden zusammengezogen zu einer Gesamtstrafe, die sich im
Rahmen von 6 Monaten bis zu 5 Jahren Zuchthaus bewegt, entsprechen
§ 21, Abs. 2 des Strafergänzungsgesetzes.

Für Verbrechen nach §§ 6, 8 - Gesetz zur Regelung des innerdeutsch
Zahlungsverkehrs in Verbindung mit 19 WStVO wird eine Gefängnis-

- 2 -

strafe verhängt. Diese Strafe wird dann zu einer Gesamtstrafe
zusammengezogen.

Ich bitte hier um Mitteilung, in welcher Höhe die Strafe
ausgesprochen werden soll, oder ob die Stellung der Straf-
anträge und die Verurteilung dem Staatsanwalt und dem
Gericht überlassen werden sollen.

Mir erscheint jedoch zweckmässig, sie richtig zu informieren,
da sie sonst nicht wissen werden, was sie tun sollen.

Ferner wäre zu entscheiden, ob aus politischen Gründen evtl.
eine Strafaussetzung nach Verkündung des Urteils erfolgen soll.
Das MfS ist der Meinung, dass die Strafe zunächst einmal
anzutreten ist und dass danach eine Strafaussetzung zu prüfen
wäre, - denn beide Angeklagte sind Anhänger des reaktionären
Kreises um Dibelius.

Ich erinnere Dich an mein Schreiben, wo ich Dich darauf aufmerksam machte, dass bei Pokojewski ein Protokoll gefunden
wurde, in dem gegen den Bischof Mitzenheim Stellung genommen
wurde.

Ich bitte um Mitteilung, wie das MfS verfahren soll.
Wenn der Schlussbericht am 3.11. abgegeben werden kann, kann
die Verhandlung spätestens in 3 Wochen stattfinden.

Ich bitte um Rückgabe des Schlussberichtes.

Mit sozialistischem Gruss!

Erich Mielke

1 Anlage

Instrumentalisierung der NS-Vergangenheit

Der Fall der beiden Bauern, die im Januar 1962 zum Tode verurteilt wurden, ist unter einem weiteren, dritten Aspekt exemplarisch: für die Instrumentalisierung des Vorwurfs von NS-Verbrechen und deren Aburteilung.

Zwar kam es nach der inzwischen hinreichend bekannten Waldheimer Inszenierung des Jahres 1950, anläßlich derer knapp 3.400 Personen wegen des Vorwurfs von NS-Verbrechen in Geheimverfahren, die meist nicht länger als 30 Minuten dauerten, verurteilt wurden (darunter 32 Personen zum Tode), in der DDR nur noch in geringem Maße zu Strafverfahren wegen des Vorwurfs von NS-Verbrechen. Doch ob angeklagt und verurteilt wurde, war keine Frage der Tatschuld in der Zeit der NS-Diktatur, sondern eine Frage aktueller außen- und innenpolitischer Interessen.

Nahm in der Bundesrepublik die Zahl der NS-Verfahren zu, so auch in der DDR. Ging sie in der Bundesrepublik zurück, so auch in der DDR (siehe Faksimile auf der folgenden Seite).

Über NS-Prozesse, zu denen nach offiziellen DDR-Angaben auch das zuvor skizzierte Verfahren gegen die beiden Bauern zählte, wurde nach innen- oder außen- bzw. deutschlandpolitischen Zweckmäßigkeitserwägungen aktuell entschieden. Sie dienten nicht der Ahndung von NS-Verbrechen, sondern waren - wie etwa im Falle der Todesurteile gegen die beiden Bauern K. und B. - tagespolitischen Kalkülen unterworfen.

In den 50er Jahren schreckte man auch nicht vor Justizmorden zurück, selbst wenn nicht der geringste Beweis - abgesehen von Geständnissen, über deren Zustandekommen die Akten nichts oder nur wenig aussagen - für konkrete NS-Verbrechen vorlagen.

Exemplarisch ist der Fall jener Erna Dorn, die als „Kommandeuse von Ravensbrück" zur negativen Kultfigur der antifaschistischen Propaganda der DDR wurde und die dank Hermlins Novelle „Die Kommandeuse" bis heute als literarische Propagandagestalt im öffentlichen Bewußtsein weiterlebt. Sie wurde wenige Tage nach dem 17. Juni als Rädelsführerin des faschistischen Putsches in Halle und mörderische Aufseherin im KZ Ravensbrück zum Tode verurteilt und hingerichtet, nachdem man ihr in der Propaganda die Biographie einer Wärterin aus Ravensbrück untergeschoben hatte, die bereits 1948 vom Landgericht Halle zu lebenslanger Haft verurteilt worden war. Der Fall ist detailliert an anderer Stelle geschildert, so daß hier auf eine genauere Darstellung verzichtet werden kann.

Ähnlich ist die Geschichte einer Frau, die vom BG Gera am 14. Juli 1954 nach eineinhalbstündiger Hauptverhandlung ohne Zeugen oder Dokumentenbeweise zum Tode verurteilt wurde. Ihr wurde vorgeworfen, 1943 in Ravensbrück als frisch eingestellte Wärterin Frauen und Kinder in die Gaskammern getrieben sowie im Rahmen ihrer Schießausbildung 1943 in Ravensbrück Häftlinge per Genickschuß umgebracht zu haben. Schließlich sei sie, so das

Instrumentalisierung der Strafjustiz durch die SED

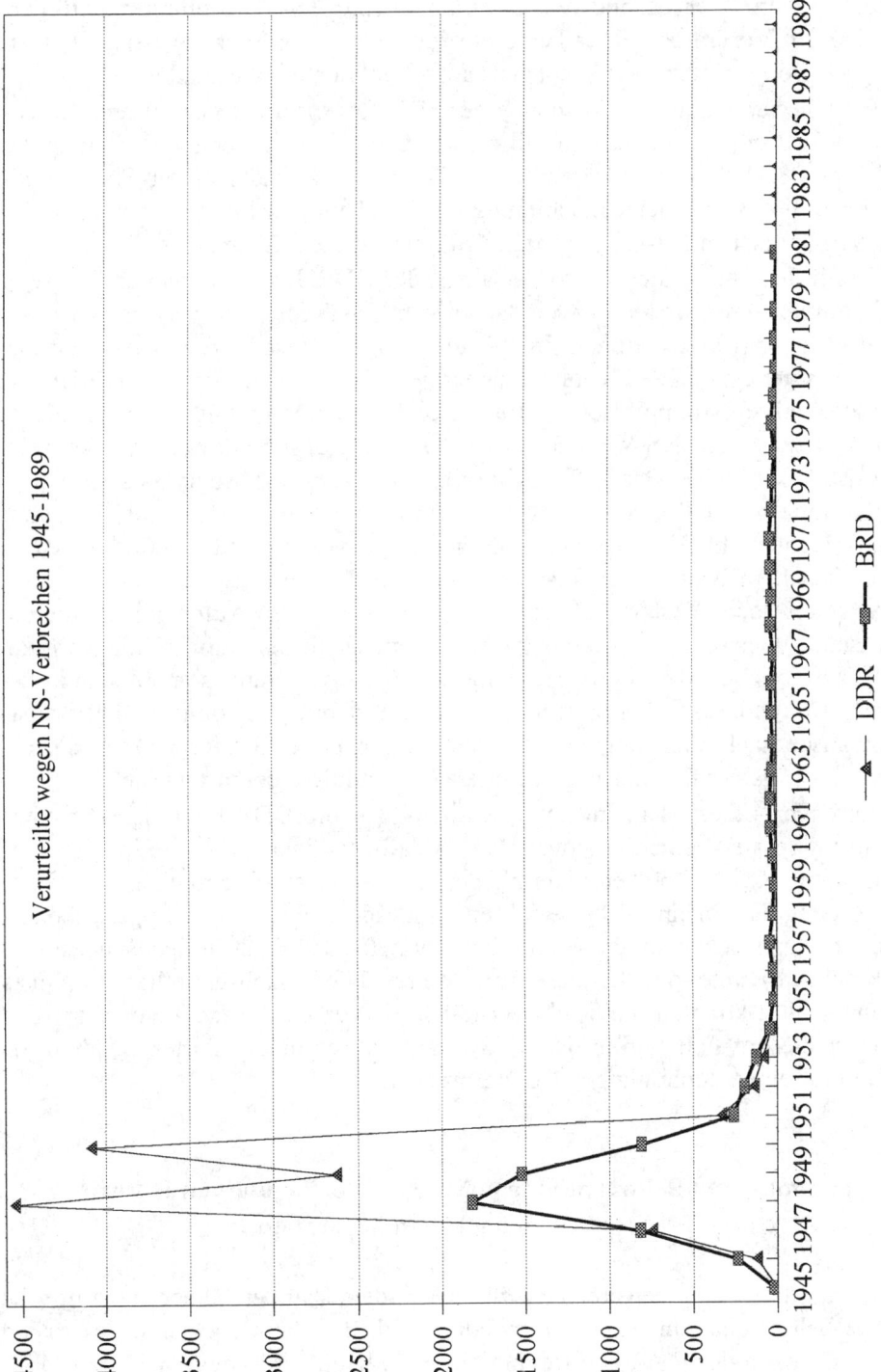

Verurteilte wegen NS-Verbrechen 1945-1989

Urteil, wegen ihrer besonderen Grausamkeit zur SS-Sturmführerin befördert worden. Im Verfahren gab es keine einzige zeugenschaftliche Aussage, keinen einzigen Dokumentenbeweis, sondern ausschließlich ein Geständnis.

Gesicherter Stand der Forschung zum KZ Ravensbrück ist, daß erst im Januar 1945 dort Gaskammern installiert wurden; gleichermaßen widerlegt ist die Behauptung, daß 1943 Wärterinnen in Ravensbrück in der dieser Frau vorgeworfenen Form eine Schießausbildung erhalten hätten; schließlich gab es in der männerbündischen NS-Gesellschaft für Frauen keine SS-Ränge.

Die Kehrseite zu diesen NS-Verfahren der DDR-Justiz ist, daß andererseits auf Strafverfahren wegen des Verdachts von NS-Verbrechen verzichtet wurde, auch wenn habhafte Verdachtsmomente vorlagen. Besonders drastisch ist der Fall des stellvertretenden Kommandanten von Buchenwald, Erich Gust, der seit den 50er Jahren von polnischen Strafverfolgungsbehörden und der bundesdeutschen Justiz wegen NS-Verbrechen zur Fahndung ausgeschrieben worden war, wie das MfS wußte. Das MfS suchte ihn unter anderem wegen des Vorwurfs der unmittelbaren Beteiligung an der Ermordung Ernst Thälmanns. Im Jahre 1968 machten ihn Fahnder des MfS in der Bundesrepublik ausfindig, wo er unter falschem Namen ein Restaurant betrieb. Regelmäßig schickte das MfS Mitarbeiter nach Westdeutschland, um sich des weiteren Aufenthalts von Gust und seines Gesundheitszustands zu versichern, doch bis zum Zusammenbruch der DDR blieben die Strafverfolgungsbehörden der Bundesrepublik uninformiert, während zur selben Zeit in der Bundesrepublik ein von der DDR propagandistisch nach allen Regeln der Kunst ausgebeuteter Strafprozeß um die Ermordung Ernst Thälmanns gegen weitere Beschuldigte geführt wurde.

Offenbar - dies ist meine Interpreation - war die DDR-Führung weit mehr daran interessiert, einen erneuten Beweis dafür zu haben, daß die bundesdeutsche Justiz NS-Verbrechen nicht ahndet, als an der strafrechtlichen Sühne der Ermordung Thälmanns. 1992 erfuhren bundesdeutsche Strafverfolgungsbehörden von einem ehemaligen Mitarbeiter des MfS, daß Gust in der Bundesrepublik lebt. Beamte des Landeskriminalamtes Niedersachsen eilten in Gusts Wohnort und konnten nur noch feststellen, daß er zwei Tage zuvor gestorben war. In diesem Fall wirkte das MfS nicht als Schild der Partei, sondern als Schild für einen hochrangigen NS-Verbrecher.

Ausmaß und Schwerpunkte politischer Verfolgung mit Hilfe des Strafrechts nach dem Mauerbau

Der quantitativen Dimension nach wurde seit dem Bau der Mauer die politische Justiz beherrscht von einem Grundtatbestand, der die Geschichte des realen Sozialismus in der DDR von Beginn bis Ende begleitete - dem Willen unzähliger DDR-Bewohner, das Land verlassen zu können. Soweit die Muskeln und Nerven der DDR-Bürger verbraucht, sie für die SED nur menschlicher Ballast waren, der durchgefüttert werden mußte, ohne daß er noch zum Aufbau des Sozialismus Beiträge leisten konnte, gab es auch nach dem Mauerbau keine Probleme, das Land zu verlassen. Doch gesunde Nerven und Muskeln wurden wie Produkte der volkseigenen Industrie, wie Benzin aus Buna oder Stahl aus Eisenhüttenstadt, bestenfalls gegen harte Devisen verkauft, so wie es einst hessische Kurfürsten mit ihren Landeskindern gemacht hatten, die sie an England als Soldaten für den Kolonialkrieg in Amerika verkauften.

Gemessen an den 50er Jahren, in denen es jährlich bis zu 15.000 Neuverurteilungen wegen Staatsverbrechen kam, ist, abgesehen von einem neuen Höhepunkt terroristischer Strafpolitik in den Monaten unmittelbar nach dem Mauerbau, die Zahl der jährlichen Neuverurteilungen aus politischen Gründen deutlich zurückgegangen. Sie pendelt um ca. 5.000. Auch wurde der weitere Prozeß der „Vergesellschaftung der Produktionsmittel", wie etwa im Jahre 1972, das als das Jahr des „Knock out" für den Mittelstand in die DDR-Geschichte eingegangen ist, nicht mehr mit Hilfe des Strafrechts forciert. Man bediente sich inzwischen anderer Instrumente.[11] Und auch die Höhe der ausgeworfenen Strafen war nicht mehr so exorbitant wie in den 50er Jahren.

In der Justizpropaganda der 60er und 70er Jahre sind es vor allem Schauprozesse gegen sogenannte „Menschenhändler- und Abwerber-Banden", die in großen Schauprozessen verurteilt werden und das absurde Bild vermitteln sollen, daß der unablässig fortbestehende Wille vieler DDR-Bewohner, das Land zu verlassen, nichts anderes sei als das Produkt westlicher Einflußnahme.

Der Rückgang an politischen Strafverfahren, der bereits seit 1963 erkennbar ist, erklärt sich u.a. aus einer veränderten politischen Strategie, die 1986 ein MfS-Offizier in einer Diplomarbeit an der Juristischen Hochschule des MfS explizit benennt. In dieser Arbeit zum Thema „Der erfolgreiche Abschluß von OV (Operativen Vorgängen) durch Maßnahmen der Zersetzung gegen feindlich-negative Gruppen/Gruppierungen ..." heißt es u.a:

„Die Anwendung von Maßnahmen der Zersetzung unterstützt in spezifischer Weise die Politik der Partei- und Staatsführung. Die Bekämpfung von politischer Untergrundtätigkeit ist unter den gegenwärtigen Bedingungen der internationalen Klassenkampfsituation vor allem eine politische Frage und deshalb auch vorrangig mit politischen Mitteln und Methoden zu führen. Mit der Zersetzung von feindlich-negativen Gruppierungen und feindlich-negativen Kräften als Methode der Verunsicherung und Auslösung von Zweifel an der Zweckmäßigkeit ihres Handelns bis zur eventuellen und angestrebten Aufgabe ihrer feindlich-negativen Pläne, Absichten und Maßnahmen sollen den Verzicht auf strafrechtliche Sanktionen aus rechtspolitischen und politischen Gründen ermöglichen [Originalsatzbau]. Damit werden unter anderem die vom Feind angestrebten offenen Konfrontationen innerer negativ-feindlicher Kräfte mit dem

---

11 Vgl. Kaiser, Monika: 1972 - Knockout für den Mittelstand, Berlin 1990.

sozialistischen Staat, die er zur internationalen Diffamierung des realen Sozialismus braucht, ausgeschaltet und politisch-ideologische Kampagnen, wie z.B. der angeblichen ständigen Verletzung der Menschenrechte, die Grundlage entzogen. Gleichermaßen wird der durch feindliche Stellen und Kräfte angestrebte Nachweis einer sogenannten Opposition auf dem Gebiet der DDR durch die rechtzeitige Zersetzung von ersten Versuchen des Zusammenschlusses feindlich-negativer und oppositioneller Kräfte im Keime erstickt und der Boden entzogen."[12]

Mit seinen verdeckten Methoden sollte das MfS zwar dasselbe Ziel erreichen wie die politische Justiz, doch dies in weniger sichtbaren und damit politisch skandalisierbaren Formen. Vor dem Hintergrund des Bemühens um internationale Anerkennung war die SED schamhafter geworden.

Während für die 60er und 70er Jahre bisher keine detaillierten Angaben zur jährlichen Zahl der Verurteilungen nach den Paragraphen des politischen Strafrechts gefunden wurden, gibt es für die Jahre seit 1979 recht präzise Angaben.

Das folgende Diagramm *(siehe nächste Seite)* zeigt die Entwicklung der Verurteilungen zu Haftstrafen nach dem politischen Strafrecht der DDR in den 80er Jahren.

Jahr für Jahr steht an erster Stelle die Verurteilung wegen des „ungesetzlichen Grenzübertritts" (§ 213 StGB von 1968). Die weiteren Verurteilungen nach den Paragraphen des 2. und 8. Kapitels des StGB der DDR aus dem Jahre 1968 stehen überwiegend in Zusammenhang mit dem Versuch, eine offizielle Ausreisegenehmigung zu erlangen bzw. zu erzwingen. Allein der Versuch, die DDR zu verlassen, brachte auch in den 80er Jahren noch jährlich zwischen 4.000 bis 5.000 Menschen in die Haftanstalten. Weitere Tausende erhielten Bewährungsstrafen mit zum Teil sehr harten Bewährungsauflagen, so etwa Entzug des Personalausweises, Arbeitsplatzzuweisungen und Beschränkungen des Aufenthaltsortes.

Doch nicht nur der Fluchtversuch, sondern auch das Bemühen, die DDR mit Genehmigung zu verlassen, konnte in die Haft führen. Die Folge der Verweigerung des Rechts auf Freizügigkeit, die Verwandlung des Ausreiseantrags zum Beweisstück krimineller Absichten, die ins Gefängnis führen konnten, führte dazu, daß DDR-Bewohner gezwungen waren, den eher vorpolitischen Akt der privaten Abwanderung (oder Republikflucht) zum öffentlichen, zum politisch-demonstrativen Akt zu machen. So verstärkten sie im Ergebnis die politische Opposition gegen das Regime.[13]

---

12 Hptm. R. Wagner: Der erfolgreiche Abschluß von OV durch Maßnahmen der Zersetzung gegen feindlich-negative Gruppen/Gruppierungen, welche im Sinne der politischen Untergrundtätigkeit aktiv wurden - untersucht am OV „Inspirator" der KD Weimar, Diplomarbeit an der JHS des MfS, Abschluß: 15. August 1986, MfS VVS JHS o001-285/86.
13 Siehe hierzu Hirschmann (1992): Abwanderung, Widerspruch und das Schicksal der DDR, in: Leviathan - Zeitschrift für Sozialwissenschaft, S. 330ff.

Instrumentalisierung der Strafjustiz durch die SED

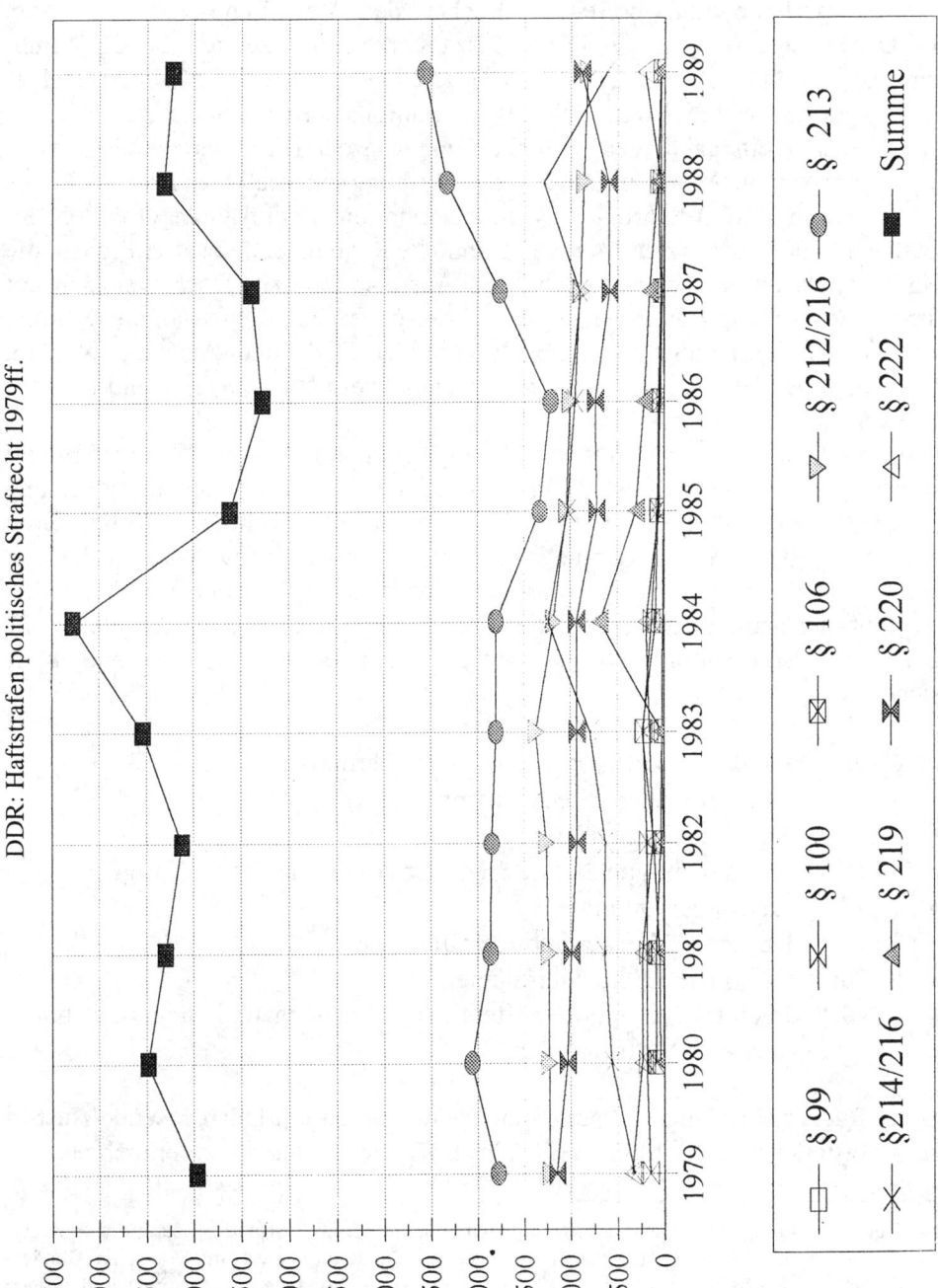

Bis 1983 blieb die Behandlung von Ausreiseanträgen völlig unkalkulierbar und ungeregelt. Doch die Konferenz für Sicherheit und Zusammenarbeit in Europa (KSZE) sowie bereits zuvor die Unterzeichnung des „Internationalen Pakts über bürgerliche und politische Rechte der Vereinten Nationen" vom 19. Dezember 1966 (von der DDR 1976 unterzeichnet) setzten die DDR-Führung außen- und innenpolitisch unter Druck. Die damit für die DDR-Bevölkerung gegebene Möglichkeit, sich auf internationale Rechtspakte zu beziehen, die Freizügigkeitsregelungen enthielten und von der DDR unterzeichnet worden waren, entfaltete eine mobilisierende Wirkung innerhalb der DDR.[14]

So war die SED-Führung aus außen- und innenpolitischen Gründen gezwungen, 1983 zum ersten Mal eine förmliche Regelung zu veröffentlichen, die ein sehr restriktives Antrags"recht" auf Ausreise enthielt. Doch wer sich auf diese „Verordnung zur Regelung von Fragen der Familienzusammenführung und der Eheschließung zwischen Bürgern der DDR und Ausländern" vom 15. September 1983 berief, lief erneut Gefahr, vom MfS verfolgt und schließlich verurteilt zu werden.

Denn kaum war 1983 dieses „Antragsrecht auf Ausreise" veröffentlicht worden, erließ der Minister für Staatssicherheit seine „Dienstanweisung Nr. 2/83", in der „Grundsätze für die Anwendung strafrechtlicher Mittel durch die Sicherheits- und Justizorgane" zur Abwehr von Ausreiseanträgen formuliert wurden. In dieser Dienstanweisung ist auch der strafrechtliche Waffenkatalog benannt, der herangezogen werden sollte, wenn andere Maßnahmen nicht griffen, um Ausreiseantragsteller von ihrem Ansinnen abzubringen. Angeführt sind:

- § 99: Landesverräterische Nachrichtenübermittlung
- § 100: Landesverräterische Agententätigkeit
- § 106: Staatsfeindliche Hetze
- § 214: Beeinträchtigung staatlicher oder gesellschaftlicher Tätigkeit
- § 217: Zusammenrottung
- § 219: Ungesetzliche Verbindungsaufnahme
- § 220: Öffentliche Herabwürdigung
- § 249: Beeinträchtigung der öffentlichen Ordnung und Sicherheit durch asoziales Verhalten.

Unter Rückgriff auf diesen Paragraphenwald wurden jährlich Tausende Ausreiseantragsteller zu Haftstrafen verurteilt. Und wie der Grafik zu entnehmen ist,

---

14 Vgl. den Vortrag von Hans-Hermann Lochen anläßlich der 37. öffentl. Sitzung der Enquete-Kommission, „Das Vorgehen gegen Ausreisewillige", dokumentiert, in: Deutscher Bundestag/(Hg.): Materialien der Enquete-Kommission "Aufarbeitung von Geschichte und Folgen der SED-Diktatur in Deutschland", Neun Bände in 18 Teilbänden, Baden-Baden 1995, hier Bd. 4, S. 270, sowie die 69. öffentl. Sitzung zum Thema „Die Flucht- und Ausreisebewegung in verschiedenen Phasen der DDR-Geschichte", Bd. VI, 1, hier mit Zeitzeugenberichten.

steigt - kaum ist Mielkes Dienstanweisung 1983 intern in Kraft getreten - die Zahl der Verurteilungen auf Grundlage dieses Paragraphengestrüpps an.

Fälle wie die folgenden gibt es seit den 80er Jahren jährlich tausendfach:

Frau J.:[15]

Am 12. November 1985 verurteilte das Kreisgericht Magdeburg-Nord Frau J. wegen Vergehen gem. §§ 214 Abs. 1 und 220 Abs. 1 StGB zu einem Jahr, 2 Monaten Haft.

Ihr Verbrechen: Nach fünf vergeblichen Ausreiseanträgen wurde den Eheleuten J. im Juli 1985 bei einer bei der Abteilung Inneres geführten Aussprache mitgeteilt, daß eine Ausreisegenehmigung für sie nicht in Betracht komme. Daraufhin äußerte Frau J. gegenüber zwei Mitarbeitern der Behörde u.a.: „Dann bleibt einem wohl nichts anderes übrig als über die grüne Grenze zu gehen oder den Gashahn aufzudrehen und sich zusammen mit den Kindern davorzulegen." Sinngemäß fügte sie hinzu, daß sie sich wie die Juden im Dritten Reich fühlten, wobei nur der Judenstern noch fehle. In der DDR hätten sie keine Rechte als Mensch mehr. Bis zum Freikauf verbüßte Frau J. sieben Monate Haft.

Fall Heinz N.:[16]

Am 15.04.1987 verurteilte das Kreisgericht Magdeburg-Nord Herrn N. wegen Vergehen gem. §§ 219 Abs. 2 Ziff. 1, 214 Abs. 1 StGB zu einer zweijährigen Haftstrafe.

Sein Verbrechen: Er hatte im Zeitraum von 1984 bis 1987 insgesamt 21 Ausreiseanträge gestellt, um zu seinem Sohn zu gelangen, der in die Bundesrepublik Deutschland abgeschoben worden war. Um seinem Antrag zum Erfolg zu verhelfen, berichtete er seit Ende 1984 Verwandten, die, wie er wußte, Kontakt zu einem Rechtsanwaltsbüro in Berlin (West) aufgenommen hatten, Einzelheiten über seine Ausreisebemühungen und die damit in Zusammenhang stehenden Schwierigkeiten mit staatlichen Organen der DDR. In einer Anfang 1987 geführten Aussprache mit Mitarbeitern der Abteilung Inneres äußerte er sinngemäß, falls seinem Sohn in der Bundesrepublik etwas zustoßen sollte, werde er sich an die Öffentlichkeit wenden und etwas Illegales tun, um so seine Ausreise zu erreichen. Nach 6 Monaten Haft wurde Herr N. im Wege des Freikaufs in die Bundesrepublik entlassen.

Während prominente politische Dissidenten und Dissidentinnen in diesen Jahren dank ihrer West-Verbindungen vor Verurteilungen weitgehend geschützt sind, und es eher die Politik der SED ist, sie aus der DDR hinauszutreiben, statt sie in Strafhaft zu nehmen, trifft es Bürger, die mangels solcher Verbindungen ungeschützt sind, härter.

---

15 Nach LG Magdeburg 1994, Urteil vom 15.02.1994 (Az.: 23 Kls 11/91) geg. G. und K. weg. Rechtsbeugung, S. 144ff., und BGH, Urteil vom 30.11.1995 (4 StR 777/94).
16 Ebenda.

Der Fall der Sekretärin L.:

1979 verurteilte das Stadtbezirksgericht Berlin-Lichtenberg die 42jährige Frau L. wegen „öffentlicher Herabwürdigung" (§ 220 Abs. 1) zu einer Freiheitsstrafe von einem Jahr.

Ihr Verbrechen: Sie hatte am Morgen des 5. April 1979 in einer Nachrichtensendung des Senders Freies Berlin von einer Anordnung des Ministeriums für Außenhandel über die Einführung von „Wertschecks" für Einkäufe im Intershop erfahren. Um ihr Westgeld noch vor Wirksamwerden dieser Anordnung zu verwenden, begab sie sich am Nachmittag desselben Tages zu einem Intershop in der Berliner Friedrichstraße. Dort befragte der ARD-Korrespondent G. die vor dem Geschäft in einer Schlange wartenden DDR-Bürger. Unter anderem sprach er unter Vorhalt eines Mikrofons auch Frau L. auf eine Stellungnahme zu der beabsichtigten Einführung der Wertgutscheine an. Sie äußerte daraufhin: „Warum darf man nicht mit Geld im Laden bezahlen, wenn schon solche Läden existieren? Das ist etwas, also es tut mir leid, da, also, da habe ich kein Verständnis für. Ich bin eine mündige Bürgerin, auch hier in der DDR. Und wenn ich dann mit Geld, was ich ja bisher haben durfte in den letzten Jahren, nicht mehr offiziell im Laden bezahlen muß, sondern mir 'nen Gutschein geben lassen muß, dann ist das 'ne Entmündigung in meinen Augen, denn Geld ist Geld in der ganzen Welt."

Die Äußerung von Frau L. wurde noch am selben Abend in der ARD-Sendung „Tagesthemen" ausgestrahlt. Das MfS ermittelte und nahm Frau L. am 23. Mai 1979 fest.[17]

Zwar gibt es auch für die 70er und 80er Jahre noch dokumentarische Indizien für die Einflußnahme der Partei auf strafrechtliche Einzelentscheidungen, doch dürfte die Zahl der Fälle deutlich zurückgegangen sein. Nach 20 oder 30 Jahren SED-Herrschaft hatte sich die Dominanz des Parteiwillens über die Justiz und über das geschriebene Recht der DDR eingespielt. Die Justizfunktionäre hatten kaum noch Mühe, das von der Partei gewünschte Urteil richtig zu erraten. Zudem mußten sie in den vom MfS vorbereiteten Strafverfahren sich nur an den Strafvorschlag des MfS halten, um zu dem erwünschten Urteil zu kommen. Doch daß die Partei bzw. ihre Führung bis zur letzten Stunde das Recht beanspruchte, die Letztentscheidung über gerichtliche Verfahren zu treffen, wann immer sie es für opportun hielt, zeigt sich noch in der Phase des endgültigen Machtverfalls im Winter 1989 nach dem Antritt von Egon Krenz. Immerhin achtete Krenz wieder darauf, daß zumindest der innerparteiliche Dienstweg bei gerichtlichen Entscheidungen eingehalten wurde und die kollektive Weisheit des Politbüros die einsamen Entschlüsse Honeckers wieder ersetzte. Ordentlich wurde erst der Vorschlag der ZPKK abgewartet, bevor das Politbüro am 28. November 1989 mit dem Tagesordnungspunkt 15: „Beschluß der ZPKK über Walter Janka" dessen Rehabilitierung zustimmte. Am 5. Januar 1990 reha-

---

17 Siehe Urteil des BGH vom 15.09.1995 - 5 StR 713/94 (LG Berlin), in: NJW 1995, S. 3324ff.

bilitierte das Oberste Gericht im Wege der Kassation Walter Janka, der 1957 zu einer langjährigen Zuchthausstrafe verurteilt worden war. Es war vermutlich die letzte gerichtliche Entscheidung des Politbüros, die vom Obersten Gericht der DDR als eigene Entscheidung legendiert wurde.

Resümee

War die DDR ein Unrechtsstaat? Mindestens 250.000 Urteile der politischen Strafjustiz sowie unzählige zivil-, familien- und arbeitsrechtliche Entscheidungen, bei denen aus politischen Gründen Bewohnern der DDR systematisch jene Rechte verweigert wurden, die in den Gesetzbüchern versprochen waren, machen ein solches wertendes Urteil plausibel. Hilfreicher als der unmittelbar wertende Begriff des Unrechtsstaates zur Typisierung der Rechtspraxis in der DDR scheint indes ein Begriffsinstrumentarium zu sein, das in der Analyse der rechtlichen Verfaßtheit der NS-Diktatur von Ernst Fraenkel entwickelt wurde. Er war in der Weimarer Republik Arbeitsrechtler und Syndikus der Gewerkschaften und beobachtete bis zu seiner Emigration im Jahre 1938 die Rechtspraxis des NS-Staates „vor Ort".

Kennzeichnend für das NS-Regime sei, so Fraenkel, die Herausbildung einer Sphäre politischer Gewalt, für die das gesamte geltende Recht unter dem „Vorbehalt des Politischen" stände, d.h. unter dem Vorbehalt der Ideologie und der Ziele des NS-Regimes. Die Folge sei, daß es „keine Materie des gesellschaftlichen oder wirtschaftlichen Lebens gibt, die dem Zugriff des Maßnahmestaates entzogen ist". Und weiter heißt es bei ihm: „Die gesamte Rechtsordnung steht zur Verfügung der politischen Instanzen. Soweit jedoch die politischen Instanzen von ihren Machtbefugnissen keinen Gebrauch machen, regelt sich das private und öffentliche Leben nach den Normen des überkommenen oder neugeschaffenen Rechts."

Für dieses Phänomen, für das Nebeneinander eines seine Gesetze im allgemeinen respektierenden „halbierten" Rechtsstaates und eines gleichzeitig die Gesetze systematisch mißachtenden Terrorstaates, prägte Fraenkel den Begriff des „Doppelstaates", der sich in einen „Gesetzesstaat" und einen „Maßnahmestaat" aufspaltet. Mir scheint, daß diese Kategorien auch hilfreich sind, um die Rolle des Rechts im Staat von Walter Ulbricht und Erich Honecker „auf den Begriff" zu bringen.

Was Maßnahmestaat rechtlich bedeutete, zeigt sich gewiß am deutlichsten im Bereich der politischen Strafjustiz der DDR. Doch griff der Maßnahmestaat weit über das politische Strafrecht hinaus, wenn es z.B. um arbeitsrechtliche Streitigkeiten mit einem Beschäftigten ging, der einen Ausreiseantrag gestellt hatte, oder im Streit um das Sorgerecht für die Kinder zwischen Ehepartnern, von denen der eine einen Ausreiseantrag gestellt hatte, der andere jedoch das Leben in der DDR vorzog. In solchen arbeits- oder zivilrechtlichen Konfliktsituationen hielten sich die Richter - entsprechend angewiesen - nicht mehr an das geschriebene Recht, sondern an die von rechtlichen Garantien völlig unabhängige politische Entscheidung zu Lasten des politischen Gegners.

Vom ersten bis zum letzten Tage der Herrschaft der SED blieb die Verfügung der SED-Spitze über die Gesetzgebung, über das konkrete Strafverfahren, über die Rechtsauslegung und schließlich über Entscheidungskorrekturen im Rahmen und außerhalb des Gnadenrechts gewahrt. Im Laufe der Jahre wurde zwar die Entscheidungsüberlastung des Politbüros abgebaut, wurden mehr und mehr Einzelentscheidungen an das MfS delegiert. Am strukturellen Grundverhältnis änderte sich nichts. Die SED und ihre Führung standen, wie es Roggemann ausdrückte, außerhalb des Regelungsanspruchs der Staatsverfassung, „die erst zusammen mit der Parteiverfassung in Gestalt des SED-Statuts ... die materielle Gesamtverfassung des gesellschaftlichen Systems des Sozialismus bildet".[18]

---

18 Roggemann, Herwig: Die DDR-Verfassungen, Berlin 1989, S. 194.

Clemens Vollnhals

Nomenklatur und Kaderpolitik -
Staatssicherheit und die „Sicherung" der DDR-Justiz

Bekanntlich agierte das Ministerium für Staatssicherheit (MfS) nicht nur als Geheimpolizei und Nachrichtendienst, sondern nach sowjetischem Vorbild zugleich auch als offizielles Untersuchungsorgan in strafrechtlichen Ermittlungsverfahren. Aus dieser Doppelfunktion ergaben sich auf unterschiedlichen Ebenen vielfältige strukturelle Verflechtungen zu den Justizorganen der DDR.[1] Als Untersuchungsorgan war das MfS Bestandteil des Justizwesens, als Geheimpolizei überwachte es zugleich den gesamten Justizapparat, der ebenfalls als oberstem Ziel dem Machterhalt der SED verpflichtet war. Insofern handelte sich um kein antagonistisches Verhältnis, sondern mehr um eine arbeitsteilige Beziehung verschiedener Organe der „einheitlichen sozialistischen Staatsmacht".[2] In der Ära Honecker bürgerte sich hierfür auch der Begriff von der „Partnerschaft der Sicherheits- und Justizorgane" ein, im MfS-Jargon sprach man von den „Partnern des politisch-operativen Zusammenwirkens".

Die DDR-Rechtswissenschaft selbst hat nie einen Hehl daraus gemacht, „daß die Unabhängigkeit der Rechtsprechung im Sinne der bürgerlichen Gewaltenteilung dem Sozialismus und dem mit ihm erstmals verwirklichten Prinzip der Volkssouveränität wesensfremd ist"[3]. So etwa Justizminister Kurt Wünsche (LDPD) 1970. Das Recht war nach marxistisch-leninistischer Doktrin ein Herrschaftsmittel zur Durchsetzung und Sicherung der sozialistischen Gesellschafts- und Staatsordnung und deshalb eine der Politik untergeordnete Kategorie. Bereits 1954 formulierte Hermann Klenner in einem Lehrbuch: „Das sozialistische Recht ist Mittel zur Verwirklichung der Politik der marxistisch-leninistischen Partei, es steht nicht neben oder gar über der Politik."[4] Aus dieser Funktionsbestimmung des sozialistischen Rechts folgte zwangsläufig die Unterwerfung des gesamten Justizwesens unter den unbedingten Führungsanspruch der SED. Als Instrument des Klassenkampfes hatten Recht und Justiz in erster Linie der Durchsetzung parteistaatlicher Interessen zu dienen, nicht aber

---

1 Vgl. Clemens Vollnhals: Der Schein der Normalität. Staatssicherheit und Justiz in der Ära Honecker, in: Siegfried Suckut und Walter Süß (Hrsg.): Staatspartei und Staatssicherheit. Zum Verhältnis von SED und MfS, Berlin 1997, S. 213-247.
2 Vgl. Staatsrecht der DDR. Lehrbuch. Hrsg. von der Akademie für Staats- und Rechtswissenschaft der DDR, Berlin (O) 1977, S. 259 f.
3 Kurt Wünsche: Zur Wahl der Richter und Schöffen der Kreisgerichte sowie der Mitglieder der Schiedskommissionen, in: Neue Justiz 24 (1970), S. 33.
4 Vgl. Hermann Klenner: Der Marxismus-Leninismus über das Wesen des Rechts, Berlin (O) 1954, S. 66.

dem Schutz des einzelnen Bürgers vor dem Staat.⁵ Auch in späteren Jahrzehnten, in der Ära Honecker, galt stets der Primat der Politik gegenüber dem Recht, wurden Rechtsfragen zuallererst als Machtfragen angesehen. So führte Günter Sarge, der 1. Vizepräsident des Obersten Gerichts der DDR, beispielsweise 1980 vor dem Plenum des Obersten Gerichts, dem alle Richter des Obersten Gerichts sowie die Direktoren der Bezirksgerichte angehörten, in aller Offenheit aus:

*„Unsere Partei hat es uns gelehrt, daß die Macht das Allererste ist und daß das Wertvollste der sozialistischen Revolution - die Macht der Arbeiter und Bauern unter Führung der marxistisch-leninistischen Partei - wie unser Augapfel gehütet werden muß. Das betrachten wir als unsere selbstverständliche Klassenpflicht von heute und morgen."*⁶

Der Schutz der Macht war zugleich der genuine Arbeitsauftrag des Ministeriums für Staatssicherheit, das sich selbst als „Schild und Schwert der Partei" verstand.⁷ Es agierte neben und außerhalb der bereits vorhandenen Parallelstruktur von Partei und Staat und stellte auf allen Ebenen einen weiteren Kontrollzug für die SED-Führung dar. Als Generalunternehmer für Sicherheit, dessen umfassendes Steuerungs- und Manipulationspotential keiner rechtlich-normativen Beschränkung unterlag, war das MfS auch für die „vorbeugende Sicherung" der DDR-Justiz zuständig. Im Mittelpunkt des vorliegenden Beitrags stehen also nicht die Entwicklung der politischen Strafjustiz oder einzelne Gerichtsverfahren zur Ausschaltung des politischen Gegners, sondern ein Themenkomplex, über den bislang nur wenig bekannt ist: die konspirative Einfluß-

---

5   Zur Entwicklung des politischen Strafrechts vgl. Karl Wilhelm Fricke: Politik und Justiz in der DDR, Köln 1979; Wolfgang Schuller: Geschichte und Struktur des politischen Strafrechts der DDR bis 1968, Ebelsbach a.M. 1980; Friedrich-Christian Schroeder: Das Strafrecht des realen Sozialismus. Eine Einführung am Beispiel der DDR, Opladen 1983; Herwig Roggemann: Das Recht als Instrument im Kampf um die Machterhaltung - die letzten Jahre der DDR, in: Materialien der Enquete-Kommission „Aufarbeitung von Geschichte und Folgen der SED-Diktatur in Deutschland". Hrsg. vom Deutschen Bundestag, Frankfurt a.M. 1995, Bd. IV: Recht, Justiz und Polizei im SED-Staat, S. 761-848.
6   Referat zum Plenum des Obersten Gerichts vom 25.9.1980, S. 2; BStU, ASt Halle, Abt IX-329.
7   Vgl. als Überblicksdarstellung David Gill und Ulrich Schröter: Das Ministerium für Staatssicherheit. Anatomie des Mielke-Imperiums, Berlin 1991; Karl Wilhelm Fricke: MfS intern. Macht, Strukturen, Auflösung der DDR-Staatssicherheit. Analyse und Dokumentation, Köln 1991. Zum aktuellen Forschungsstand vgl. Clemens Vollnhals: Das Ministerium für Staatssicherheit. Ein Instrument totalitärer Herrschaftsausübung (BF informiert), BStU, Berlin 1995; Roger Engelmann: Forschungen zum Staatssicherheitsdienst der DDR - Tendenzen und Ergebnisse, in: Wolfgang Krieger und Jürgen Weber (Hrsg.): Spionage für den Frieden? Nachrichtendienste in Deutschland während des Kalten Krieges, München 1997, S. 181-212; Walter Süß: Das Verhältnis von SED und Staatssicherheit. Eine Skizze seiner Entwicklung (BF informiert), BStU, Berlin 1997. Vgl. ferner Bibliographie zum Staatssicherheitsdienst der DDR. Zusammengestellt von Hildegard von Zastrow (BF informiert), BStU, Berlin 1996.

nahme auf personalpolitische Entscheidungen im Justizwesen und die Beziehungen der Staatssicherheit zu den zentralen Justizorganen der DDR.

Kaderpolitik und Nomenklatur

Entscheidend für das reibungslose Funktionieren der Justiz im Sinne der SED-Herrschaft war die systematische Kaderpolitik: die Besetzung aller wichtigen Positionen mit zuverlässigen Mitgliedern der herrschenden Partei. Der Prozeß der politischen Gleichschaltung setzte bereits 1946/47 mit dem Kampf gegen die „bürgerliche Justiz" ein. Er führte binnen weniger Jahre zu einem nahezu vollständigen Elitenwechsel. Die Personalsäuberung beschränkte sich nicht auf die rigorose Entlassung NS-belasteter Personen aus dem Justizdienst. Der Kampf um die politische Macht richtete sich ebenso gegen Mitglieder bürgerlicher Parteien (Ost-CDU, LDPD), die zunehmend aus ihren Stellungen verdrängt wurden.[8] Auch SED-Mitglieder konnten jederzeit fortgesetzten Parteisäuberungen nach stalinistischem Muster zum Opfer fallen. Ein prominentes Beispiel ist das Schicksal des ersten Justizministers der DDR (und Mitglied des ZK der SED), Max Fechner, der nach dem 17. Juni 1953 verhaftet und zwei Jahre später, im September 1955, wegen „staatsfeindlicher Tätigkeit" verurteilt worden ist.[9]

So unterschiedlich motiviert all diese sich überlagernden personalpolitischen Säuberungen und organisatorischen Neustrukturierungen des Justizapparates auch sein mochten, sie führten im Resultat zur Herausbildung eines neuen Typus: des sozialistischen Justizfunktionärs. Er zeichnete sich vor allem durch politische Zuverlässigkeit und bedingungslose Unterordnung unter die „Partei" aus. Josef Streit, der Leiter des Sektors Justiz im ZK-Apparat und spätere Generalstaatsanwalt, brachte das neue Berufsbild auf den Punkt, als er 1958 in der „Neuen Justiz" den „Justizfunktionären der Arbeiter und Bauernmacht" einschärfte: Sie müßten sich stets bewußt sein, „daß sie gegenüber der Partei große Verantwortung tragen, denn sie sind als Genossen in ihre Funktion eingesetzt worden und unterliegen als Mitglieder der Partei auch der Kontrolle durch die Partei, sie sind der Partei für alle Handlungen verantwortlich"[10]. Ein Jahr später

---

8 Vgl. Heike Amos: Justizverwaltung in der SBZ/DDR, Köln 1996; Thomas Lorenz: Die Deutsche Zentralverwaltung der Justiz (DJV) und die SMAD in der sowjetischen Besatzungszone 1945 bis 1949, in: Hubert Rottleuthner (Hrsg.): Steuerung der Justiz in der DDR. Einflußnahme der Politik auf Richter, Staatsanwälte und Rechtsanwälte, Köln 1994, S. 135-166; Hermann Wentker (Hrsg.): Volksrichter in der SBZ/DDR 1945 bis 1952. Eine Dokumentation, München 1997.

9 Vgl. Rudi Beckert: Die erste und letzte Instanz. Schau- und Geheimprozesse vor dem Obersten Gericht der DDR, Goldbach 1995, S. 153-175; Falco Werkentin: Politische Strafjustiz in der Ära Ulbricht, Berlin 1995, S. 143 ff.

10 Josef Streit: Für einen neuen Arbeitsstil in der Justiz. Über die Arbeit einer Brigade im Bezirk Gera, in: Neue Justiz (12) 1958, S. 368-371, hier 369.

wurde als politische Qualifikation für die Ausübung des Richteramtes in das Gerichtsverfassungsgesetz die Bestimmung aufgenommen, daß nur Richter sein könne, wer „sich vorbehaltslos für den Sieg des Sozialismus in der Deutschen Demokratischen Republik einsetzt und der Arbeiter- und Bauern-Macht treu ergeben ist"[11].

Mit das wichtigste Instrument zur Durchsetzung der Parteiherrschaft im Staatsapparat stellte die Einführung des Nomenklatursystems nach sowjetischem Vorbild dar. Die Nomenklatur erfaßte alle staatlichen und gesellschaftlichen Leitungspositionen und regelte je nach Nomenklaturstufe, welcher Parteiinstanz die Besetzung dieser Ämter unterstand.[12]

Zur Nomenklatur des Politbüros zählten der Justizminister und sein Staatssekretär, seit 1953 ferner der Präsident und Vizepräsident des Obersten Gerichts, der Generalstaatsanwalt und seine Stellvertreter sowie der Präsident der Deutschen Akademie für Staats- und Rechtswissenschaft. Durch das Kleine Sekretariat des Politbüros wurden die Abteilungsleiter im Justizministerium, die Richter des Obersten Gerichts, die Staatsanwälte beim Generalstaatsanwalt, seit 1955 auch die Bezirksstaatsanwälte ernannt. Zur ZK-Nomenklatur gehörten später auch die Direktoren der Bezirksgerichte.[13] Dies bedeutete, daß sich das ZK der SED die Besetzung der wichtigsten Positionen im Justizwesen selbst vorbehielt. Die Wahl des Generalstaatsanwalts sowie der Richter des Obersten Gerichts durch die Volkskammer war in diesem System nurmehr ein formaler Akt, um dem äußeren Schein der Verfassung Genüge zu tun. Entsprechend verhielt es sich auf den nachgeordneten Ebenen: Die Richter an den Bezirks- und Kreisgerichten waren in der Nomenklatur der jeweiligen SED-Bezirks- bzw. Kreisleitung erfaßt; ihre „Wahl" diente lediglich der formellen Bestätigung.

Im Justizministerium gehörten 1977 alle Hauptabteilungs- und Abteilungsleiter der SED an. Erst bei den Sektorenleitern kamen auch die Blockparteien zum Zuge, so daß hier die SED-Mitgliedschaft auf 94,1 Prozent absank. Bei den Bezirksgerichten stellte die SED 1977 alle Direktoren und Stellvertreter, 95,3 Prozent der Abteilungsleiter und 92,9 Prozent der Oberrichter. Von den Direktoren der Kreisgerichte gehörten ebenfalls fast alle der SED an (99,5 %).[14] Staatsanwalt konnten ohnehin nur besonders zuverlässige Parteimitglieder werden. 1986 betrug der SED-Anteil an den Bezirksgerichten 96,3 Prozent, parteilos waren lediglich 0,3 Prozent der Richter. Bei den Kreisgerichten gehörten

---

11 § 1 Abs. 1 des Gesetzes zur Änderung und Ergänzung des Gerichtsverfassungsgesetzes vom 1.10.1959; GBl. I, S. 753. Dieselbe Bestimmung enthielt das zweite Staatsanwaltsgesetz von April 1963.
12 Vgl. Gert-Joachim Glaeßner: Herrschaft durch Kader. Leitung der Gesellschaft und Kaderpolitik in der DDR am Beispiel des Staatsapparates, Opladen 1977.
13 Amos: Justizverwaltung, S. 125 f.; Werkentin: Strafjustiz, S. 34 f.
14 MdJ, Hauptabteilung I: Kaderprogramm des Ministeriums der Justiz, Teil I vom 14.4.1978, S. 7 f.; SAPMO-BArch, DY 30/19527.

1989 95,7 Prozent der SED an, weitere 2,5 Prozent einer Blockpartei; als parteilos waren 19 von insgesamt 1044 Kreisrichtern registriert.[15]

Die doppelte Einbindung der Richter und Staatsanwälte in Staats- und Parteistrukturen kann in ihren Auswirkungen wohl kaum überschätzt werden. Sie stellte neben der politisch-ideologisch geprägten Kaderauswahl ein äußerst wirksames Instrument zur Steuerung der Justiz dar. Oder in den Worten des Lehrbuchs „Grundlagen der Rechtspflege":

„Wie in allen staatlichen und gesellschaftlichen Organisationen verwirklicht die marxistisch-lenistische Partei ihre führende Rolle in der Rechtspflege durch die in den Rechtsorganen tätigen Mitglieder der Partei. Als Genossen haben sie die Pflicht, sich für die konsequente Verwirklichung der Beschlüsse der Partei in den Rechtspflegeorganen einzusetzen. Sie sichern den Einfluß der Partei unter allen Mitarbeitern der Rechtspflegeorgane."[16]

Als Parteimitglieder waren die Staatsanwälte und Richter gemäß dem Statut der SED verpflichtet, die „Einheit und Reinheit der Partei [...] in jeder Weise zu schützen" und „aktiv die Parteibeschlüsse zu verwirklichen".[17] Da in jeder staatlichen Dienststelle zugleich eine SED-Grundorganisation bestand, unterlagen sie nicht nur dem disziplinarischen Dienstrecht, sondern zugleich einer rigiden Parteidisziplin, die jede dienstliche wie private Verfehlung zu sanktionieren vermochte.[18] Hinzu kam bei allen Richtern, daß sie ihr Amt nur auf Zeit ausübten und somit ihre gesamte berufliche Existenz von ihrer erneuten Aufstellung auf die „Wahlliste" abhing.

Zum politisch-ideologischen Anforderungsprofil zählte nicht zuletzt die konsequente Unterbindung aller privaten Westkontakte, einschließlich jener, die von Familienangehörigen und nahen Verwandten unterhalten wurden. So heißt es im Kaderprogramm des Justizministeriums aus dem Jahre 1978 ausdrücklich:

„Neueinstellungen, Wahl eines Richters oder die Berufung eines Notars können nur erfolgen, wenn keine Kontakte bestehen. Das gleiche gilt für Nachwuchskader, die an die Universitäten delegiert werden. [...] Im Rahmen der Vorbereitung der Richterwahlen 1979 wird dieser Problematik besondere Aufmerksamkeit geschenkt."[19]

---

15 Angaben nach Hans Hubertus von Roenne: „Politisch untragbar ...?" Die Überprüfung von Richtern und Staatsanwälten im Zuge der Vereinigung Deutschlands, Berlin 1997, S. 15 f.
16 Grundlagen der Rechtspflege. Hrsg. von einem Autorenkollektiv unter der Leitung von Kurt Wünsche, Berlin (O) 1983, S. 23.
17 Punkt 2. Vgl. Statut der SED, Berlin 1976.
18 Vgl. Rottleuthner: Steuerung der Justiz, S. 52 ff.
19 MdJ, Hauptabteilung I: Kaderprogramm des Ministeriums der Justiz, Teil I vom 14.4.1978, S. 14 f.; SAPMO-BArch, DY 30/19527.

Die ZK-Abteilung Staats- und Rechtsfragen

Nachdrücklich hervorzuheben ist an dieser Stelle die Machtstellung der ZK-Abteilung Staats- und Rechtsfragen, die gleichsam als das Justizministerium der SED fungierte.[20] In den Fachabteilungen des ZK-Apparats wurden in Abstimmung mit dem jeweils zuständigen ZK-Sekretär, gegebenenfalls nach Befassung des Politbüros, die Grundlinien der Politik festgelegt und zugleich zahlreiche Einzelfragen entschieden. Ein ZK-Abteilungsleiter stand im Herrschaftssystem des SED-Staats de facto über dem Minister, der im Staatsapparat die Weisungen des Politbüros bzw. des ZK auszuführen hatte.

Als langjähriger Leiter der Abteilung Staats- und Rechtsfragen des ZK wirkte von 1957 bis 1989 Klaus Sorgenicht. Er hatte 1953/54 die Parteihochschule der KPdSU in Moskau besucht und danach bereits die Vorläuferabteilung „Staatliche Organe" geleitet. Als Mitglied des Staatsrats und des Verfassungs- und Rechtsausschusses der Volkskammer sowie als Stellvertreter des Vorsitzenden der SED-Fraktion vereinte Sorgenicht in seiner Person weitere wichtige Funktionen. Die Abteilung, die zuletzt 26 Mitarbeiter umfaßte, gliederte sich in zwei Sektoren: Staatsorgane und Justiz. Als Leiter des Sektors Justiz amtierte ab 1966 Herbert Kern, der 1974 als Staatssekretär in das Justizministerium wechselte. Ihm folgte Siegfried Heger, zuvor Ia-Staatsanwalt in Halle. Er leitete den Sektor Justiz bis 1989, als sein Stellvertreter wirkte seit 1979 Erich Hänsel. Hänsel arbeitete seit 1960 in der ZK-Abteilung und war als politischer Mitarbeiter für das Oberste Gericht zuständig gewesen. Zuletzt waren auf der Ebene der politischen Mitarbeiter die Zuständigkeiten wie folgt verteilt: Heinz Wostry für das Justizministerium, Heinz Mai für das Oberste Gericht und Thea Bösel für die Generalstaatsanwaltschaft.

Thea Bösel hatte vor ihrem Wechsel 1987 zur ZK-Abteilung zuletzt als Staatsanwältin in der Abteilung IA der Generalstaatsanwaltschaft gearbeitet. In dieser Institution war seit 1966 auch Wostry beschäftigt gewesen, bevor er 1969 zu einem mehrjährigen Studium an die Parteihochschule der KPdSU delegiert wurde. Mai, der der ZK-Abteilung seit 1982 angehörte, kam vom Obersten Gericht. Er war dort seit 1966 als Inspekteur, später als Richter und seit 1979 als persönlicher wissenschaftlicher Mitarbeiter des Präsidenten beschäftigt gewesen. In der letztgenannten Funktion arbeitete er zugleich als IM „Holger Koch" für die Staatssicherheit.[21]

Die Besetzung der höheren Positionen unterlag, wie eingangs dargelegt, der Nomenklaturordnung des Politbüros bzw. des ZK der SED. Die Überprüfung

---

20 Zu Entwicklung und Struktur der ZK-Abteilung vgl. Rottleuthner: Zur Steuerung der Justiz in der DDR, in: Rottleuthner (Hrsg.): Steuerung der Justiz, S. 43-52; Christian Meyer-Seitz: SED-Einfluß auf die Justiz in der Ära Honecker, in: Deutschland Archiv 28 (1995), S. 32-42, hier 37 ff.
21 BStU, ZA, AIM 14757/82. Mit dem Wechsel zur ZK-Abteilung wurde die inoffizielle Zusammenarbeit eingestellt.

und Bestätigung der Justizkader fiel in die Zuständigkeit der ZK-Abteilung Staats- und Rechtsfragen, die ihrerseits die Arbeitsgruppen Staat und Recht bei den SED-Bezirksleitungen anleitete. Eine Ausnahme bildeten die Militärstaatsanwaltschaft und die Militärgerichte, für die die ZK-Abteilung für Sicherheitsfragen zuständig war. Als Egon Krenz 1983 zum Mitglied des Politbüros aufstieg, übernahm er als ZK-Sekretär für Sicherheit die Zuständigkeit für beide Justizbereiche.

Überprüfung und Bestätigung durch das MfS

Bei der Überprüfung der Justizfunktionäre wirkte auch das MfS mit. Die personalpolitische Überwachung der Justizorgane wurde allerdings nicht vom Untersuchungsorgan des MfS (Linie IX) vorgenommen, sondern vom Fachreferat I der Abteilung 1 der Hauptabteilung XX (HA XX/1/I) bzw. den Referaten 1 der Abteilungen XX auf Ebene der MfS-Bezirksverwaltungen. Vor Gründung der Hauptabteilung XX im Jahre 1964 fiel dieser Aufgabenbereich in die Kompetenz der Abteilung 1 der Hauptabteilung V (HA V/1/I). In den frühen fünfziger Jahren war für die Überwachung der Justizorgane zunächst das Referat A der Hauptabteilung V/4 (HA V/4/A) zuständig gewesen. 1955 wurde dieses Referat der Abteilung 5 zugeordnet (HA V/5/I), im Sommer 1958 ging die Zuständigkeit dann auf die Abteilung 1 über.[22]

Zum „Sicherungsbereich" der Hauptabteilung XX/1 in der Berliner Zentrale zählten das Ministerium für Justiz, die Generalstaatsanwaltschaft und das Oberste Gericht. Überwacht wurden ferner das Amt für Rechtsschutz des Vermögens der DDR (AfR), das Rechtsanwaltsbüro für internationale Zivilrechtsvertretungen (RAB), die Kollegien der Rechtsanwälte, staatliche Notariate und die Vereinigung der Juristen der DDR (VdJ). Diese Struktur setzte sich über die MfS-Bezirksverwaltungen, die für die Überwachung der Bezirksgerichte und der Bezirksstaatsanwaltschaften zuständig waren, bis zur Kreisebene fort. Zur kaderpolitischen Überprüfung und „Sicherung" unterhielt die Linie XX/1 ein eigenes IM-Netz in den Justizorganen, sie konnte jedoch bei Bedarf auch auf die Erkenntnisse anderer MfS-Dienststellen zurückgreifen.

Einer besonderen Überprüfung unterlagen seit den fünfziger Jahren alle Staatsanwälte und Richter, die in den politischen, den sogenannten Ia-Verfahren mitwirkten. Ihr Einsatz bedurfte der ausdrücklichen Zustimmung des MfS! So heißt es beispielsweise in einem Aktenvermerk vom 17. August 1954 unter dem Betreff: „Bestätigung von Staatsanwälten zur Bearbeitung und Anklageerhebung von Vorgängen gegen Angehörige der KVP[23]":

---

22 Zu Struktur und Aufgaben der Linie XX/1 vgl. demnächst den Beitrag von Bernd Eisenfeld, in: Die Hauptabteilung XX (Anatomie der Staatssicherheit. Geschichte, Struktur, Methoden. MfS-Handbuch, Teil III/12), BStU, Berlin 1998.
23 KVP: Kasernierte Volkspolizei.

"Eine Überprüfung durch die Hauptabteilung V/4/A hat ergeben, daß der Staatsanwalt Schille, Alfred, geb. 11.10.1915, von uns als Haftstaatsanwalt für die Bezirksverwaltung Dresden am 24.8.1953 bestätigt wurde.

Der Staatsanwalt Enskat, Gustav, geb. 29.10.1894, ist von uns als Haftstaatsanwalt für die Bezirksverwaltung Schwerin am 4.12.1952 bestätigt worden.

Gegen den Oberstaatsanwalt B. und die Staatsanwälte W., P. und K. liegt kein belastendes Material vor."[24]

Bei wichtigen Schlüsselpositionen wurden solche Beurteilungen direkt an Mielke zur Bestätigung weitergeleitet.[25]

Neben den Staatsanwälten überprüfte die Staatssicherheit auch die Richter auf ihre politisch-ideologische Linientreue, bevor sie von der SED zur Wahl aufgestellt wurden. Diese Praxis galt selbst für das Oberste Gericht der DDR, dessen Richter der Verfassung nach allein von der Volkskammer zu wählen waren. So ist in einem Vermerk vom 17. Juni 1958 festgehalten:

"Gegen die zur Neuwahl stehenden 9 Richter des Obersten Gerichts liegt kein belastendes operatives Material vor. Aus diesem Grunde bestehen seitens der Hauptabteilung V/1/I keine Bedenken gegen die Wahl bzw. Wiederwahl der Genannten als Richter des Obersten Gerichts der DDR."[26]

Wie die Staatssicherheit bereits in den fünfziger Jahren zu Werke ging, verdeutlicht anschaulich ein Auskunftsersuchen der MfS-Bezirksverwaltung Magdeburg. Sie beauftragte die Kreisdienststelle W. im Frühjahr 1959 folgende Erkundigungen über einen Richter einzuziehen, der zuvor als Direktor am dortigen Kreisgericht amtiert hatte:

„1. Wie war die gesellschaftspolitische Arbeit des M. in W.?
2. Wie ist M. in moralischer Hinsicht in W. aufgetreten, gibt es negative Erscheinungen?
3. Wie waren die fachlichen Arbeiten als Kreisgerichtsdirektor?
4. Mit welchen Personen verkehrte M. in W.?
5. Ist bekannt, daß M. dort viel Alkohol zu sich genommen hat und in welchen Gaststätten verkehrte er?
6. Gibt es Hinweise über Verbindungen nach WD [Westdeutschland] und WB [Westberlin]?

---

24 Vermerk der HA V/4/A vom 17.8.1954; BStU, ZA, AP 2357/55, Bl. 47.
25 Vgl. HA V/4/A an Mielke vom 9.8.1954: Besetzung der Dienststelle des Staatsanwaltes der VP/Staatssekretariat für Staatssicherheit; ebenda, Bl. 42.
26 Vermerk der HA V/1/I vom 17.6.1958; BStU, ZA, HA XX-Bdl. 1010.

7. *Gibt es Hinweise, ob M. mit ehemaligen Häftlingen oder bürgerlichen Menschen verkehrte oder verkehrt?"*[27]

Die „allseitige" Aufklärung der politischen Zuverlässigkeit und des moralischen Lebenswandels ließ sich nur mit Hilfe der inoffiziellen Quellen aus dem Arbeits- und Freizeitbereich verwirklichen. Hinzu kamen Auskünfte aus Kaderakten, die das MfS konspirativ oder im Zuge der „offiziellen Zusammenarbeit" bei anderen staatlichen Organen einholte, sowie gegebenenfalls die Kontrolle des Post- und Telefonverkehrs. Besonders strenge Maßstäbe galten dabei für die Besetzung der Strafsenate, die die politischen Ia-Verfahren zu verhandeln hatten.

Am 9. November 1965 berichtete beispielsweise die Abteilung XX/1 der Bezirksverwaltung Dresden an die Hauptabteilung XX/1 unter dem Betreff „Bestätigung von Richtern und Staatsanwälten":

„*Im Kreisgericht Dresden Ost wird eine Strafkammer eingerichtet, in der die für ein Kreisgericht zuständigen Vorgänge unseres Organs behandelt werden.*
Durch unsere Abteilung wurden folgende Richter und Staatsanwälte für die neue Strafkammer aufgeklärt und überprüft:
1. H. [folgen Personalien] als Richter - Kreisgerichtdirektor
2. Sch. [...] als Richter - stellvertretender Kreisgerichtsdirektor
3. H. [...] als Richter.
Als Haftrichter für unsere Untersuchungsabteilung wurden gleichzeitig nachstehende Richter überprüft, gegen deren Bestätigung unsererseits keine Bedenken bestehen:
1. K. [...] als Haftrichter
2. Z. [...] als Haftrichter.
Als Sektretäre und Protokollanten wurden aufgeklärt:
1. U. [...] als Sekretär beim Bezirksgericht
2. H. [...] als Sekretär und Protokollantin für das Stadtbezirksgericht Dresden Ost.
Als Staatsanwälte für das Kreisgericht Dresden Ost wurden überprüft:
1. H. [...] als Staatsanwalt der Stadtstaatsanwaltschaft Dresden
2. P. [..] als Staatsanwalt der Stadtstaatsanwaltschaft Dresden.
Wir bitten beim Ministerium für Justiz wie auch bei der Generalstaatsanwaltschaft zu veranlassen, daß die angeführten Richter, Sekretäre und Protokollanten sowie die Staatsanwälte bestätigt werden."[28]

Als 1969 die Besetzung der Direktorenstelle des Berliner Stadtgerichts (vergleichbar einem Bezirksgericht) anstand, wurde zunächst der Leiter der Abtei-

---

27 BV Magdeburg, Abt. V, an KD vom 14.4.1959; BStU, ZA, AIM 22633/80, Teil I, Bd. 1, S. 13 (MfS-Zählung).
28 BStU, ZA, HA XX-Bdl. 1010. Als Anlage wurden zugleich 9 Personaldossiers übersandt.

lung XX der Bezirksverwaltung Berlin um Stellungnahme gebeten. Anschließend fertigte die Hauptabteilung XX/1 folgenden Vermerk:

"Von seiten der Hauptabteilung XX/1 bestehen keine Bedenken gegen den beabsichtigten Einsatz als Stadtgerichtsdirektor des Dr. Hugot. Nach Rücksprache mit der HA IX, Gen. Oberstltn. Lohmann, bestehen auch von seiten der HA IX keine Bedenken gegen einen beabsichtigten Einsatz des Dr. Hugot als Stadtgerichtsdirektor. Die HA IX hat bisher in der Zusammenarbeit mit Gen. Dr. Hugot gute Erfahrungen gemacht."[29]

Diese Praxis bestand bis zum Schluß. So heißt es in einem Schreiben der Hauptabteilung IX an den Stellvertreter Operativ der Bezirksverwaltung Berlin vom 12. Dezember 1988:

"Es wird gebeten, mitzuteilen, ob dem Einsatz des Genossen Granzow als Haftrichter in Strafverfahren des MfS Ihrerseits Gründe entgegenstehen."[30]

Das MfS überprüfte und „bestätigte" nicht nur. Es konnte auch selbst genehme Richter für den Einsatz in politischen Strafverfahren „vorschlagen". So heißt es beispielsweise in einem Schreiben der Abteilung XX/1 der Bezirksverwaltung Dresden an die Hauptabteilung XX/1 vom 17. Januar 1966 unter dem Betreff „Einsatz von Richtern für den Strafsenat I a":

"Der Oberrichter des Bezirksgerichts Dresden, Genosse Müller, Hans [folgen Personalien] wird von uns vorgeschlagen für die Tätigkeit im Ia-Strafsenat. Wir bitten um Bestätigung durch die Hauptabteilung und entsprechende Veranlassung beim Ministerium für Justiz."[31]

Dies bedeutet mit anderen Worten, daß die MfS-Bezirksverwaltungen selbst Richter für eine künftige Tätigkeit in den Ia-Senaten der Bezirksgerichte „vorschlagen" konnten, deren Einsatz dann vom Justizministerium formell umzusetzen war („entsprechende Veranlassung"). In der Praxis häufiger war jedoch der umgekehrte Fall, daß das MfS im Auftrag der SED die Richter und Staatsanwälte bei Neueinstellung oder anstehender Wiederwahl unter sicherheitspolitischen, das heißt: stets auch unter ideologischen Gesichtspunkten überprüfte und „bestätigte" respektive die Bestätigung verweigerte.

Wurde die betreffende Person vom MfS nicht bestätigt, so hatte dies - wohl regelmäßig - berufliche Konsequenzen. So heißt es 1979 über einen Richter in einem Schreiben des Leiters der HA XX, Generalmajor Kienberg:

---

29 Vermerk der HA XX/1 vom 31.3.1969 mit Paraphe des stellv. Leiters der HA XX, OSL Stange; BStU, ZA, HA XX-Bdl. 1010.
30 Gez. i.V. Oberst Kopf; BStU, ASt Berlin, Abt. XX A 915.
31 BStU, ZA, HA XX-Bdl. 1010.

"... teilen wir Ihnen mit, daß obengenannte Person als Perspektivkader für das Ministerium für Justiz gestrichen wurde.
Der K. besitzt politisch-ideologische Unklarheiten, die sich bei seiner Tätigkeit als Richter negativ auswirken, insbesondere bei Straftaten nach § 213 StGB (ungesetzlicher Grenzübertritt).
Da bis zum heutigen Zeitpunkt keine Änderung seiner politischen Einstellung vorliegt, wurde er von der zuständigen Kreisleitung der SED nicht wieder zur Wahl als Richter bestätigt."[32]

Auch die Schöffen wurden vom MfS auf ihre politische Zuverlässigkeit überprüft. Interessant ist hierbei folgender Vermerk, der die zentrale Rolle der ZK-Abteilung Staats- und Rechtsfragen und damit der SED-Führung nochmals hervorhebt. Nach einem Gespräch mit dem Leiter des Sektors Justiz, das am 4. Juni 1986 stattfand, verfaßte Oberstleutnant Berge von der HA XX/1 eine der üblichen „Informationen" zur Unterrichtung seiner Vorgesetzten:

„Das Gespräch fand auf Ersuchen des Gen. Heger statt. Dabei wurden von ihm folgende Probleme dargelegt:
1. Im Zusammenhang mit der Wahl der ca. 2.100 Schöffen, die nach ihrer erfolgten Wahl an allen Straf-, Zoll-, Arbeits-, Familien- und Zivilrechtsverfahren neben den Richtern gleichberechtigt an der Rechtsprechung mitwirken, ergibt sich die Frage nach deren Zuverlässigkeit und Sicherheit.
So wurden in jüngster Zeit Beispiele bekannt, wonach Ehepartner, Kinder oder Eltern von Schöffen Antragsteller [auf Übersiedelung in den Westen] oder anderweitig straffällig wurden, die Gerichte davon keine Kenntnisse hatten und die entsprechenden Schöffen weiter an Verfahren teilnahmen.
Um solche Vorkommnisse künftig auszuschließen, bat Gen. Heger die Möglichkeiten zu prüfen, um zu gewährleisten, daß bei Vorkommnissen von Schöffen die Direktoren der Bezirksgerichte bzw. die Leitung des MdJ unmittelbar zwecks Einleitung erforderlicher Maßnahmen Kenntnis erhalten.
2. ..."[33]

Dieser Vermerk ist in doppelter Hinsicht aufschlußreich: Er belegt einmal mehr, daß das MfS nicht als Staat im Staate wirkte, sondern im Auftrag der SED-Führung tätig wurde. Die angeordnete Erfassung und Überprüfung des familiären Umfelds aller Schöffen - auch im weiten Bereich des Zivil-, Familien- und Arbeitsrechts - belegt des weiteren, daß sich die kaderpolitische Überprüfung nicht nur auf den Bereich der politischen Strafverfahren (IA-Staatsanwälte und Ia-Strafsenate) beschränkte.

---

32 Leiter der HA XX an Abt. XX der BV Berlin vom 26.6.1979; BStU, ZA, HA XX-Bdl. 1008.
33 Oberstleutnant Berge (HA XX/1): Information über ein am 04.06.86 mit Gen. Heger, Sektorenleiter der Abteilung Staat und Recht des ZK der SED, geführtes Gespräch; BStU, ZA, HA IX-Bdl. 1007.

Auch die Pflichtverteidiger in Militärstrafverfahren wurden einer besonderen Überprüfung unterzogen. Diese Praxis ist nach bisherigem Kenntnisstand zumindest seit den siebziger Jahren nachweisbar. So heißt es beispielsweise in einem Schreiben der Hauptabteilung I des MfS an das Justizministerium, Abteilung Militärgerichte, vom 7. Januar 1975 unter dem Betreff „Ihr Ersuchen zur Überprüfung von Rechtsanwälten":

„Folgende Bestätigungen für eine Berufung als Pflichtverteidiger bei Verhandlungen vor den Militärobergerichten und Militärgerichten werden durch uns erteilt."[34]

Anschließend enthält das Schreiben eine namentliche, nach Bezirken geordnete Auflistung der als Pflichtverteidiger „bestätigten" Rechtsanwälte. In diesem Zusammenhang ist auch der Punkt 2 des oben zitierten Vermerks von Oberstleutnant Berge von Interesse. Danach brachte Heger bei der Besprechung am 4. Juni 1986 auch das Problem zur Sprache, daß Rechtsanwälte verstärkt Reiseanträge in dringenden Familienangelegenheiten stellen würden, die den Vorsitzenden der Rechtsanwaltskollegien vorzulegen seien. Bei den Entscheidungen über die Genehmigung bzw. Ablehnung werde jedoch nicht berücksichtigt, ob die Rechtsanwälte vorher an „wichtigen Strafsachen als Verteidiger" mitgewirkt hätten und „Kenntnis von geheimzuhaltenden Problemen aus Strafverfahren" besäßen. Er habe deshalb Staatssekretär Kern vom Justizministerium beauftragt, eine entsprechende Ordnung auszuarbeiten. „Gen. Heger bat diesbezüglich, mit Gen. Dr. Kern zusammenzuarbeiten, um in diese Ordnung die Erfahrungen des MfS einfließen zu lassen."[35]

Da die von der SED betriebene systematische Kaderpolitik bereits bei der Rekrutierung des juristischen Nachwuchses ansetzte, plante auch das MfS langfristig. So heißt es in der Planoriertierung der HA XX/1 für das Jahr 1981:

„Für die perspektivische operative Arbeit in den zentralen Organen der Justiz sind geeignete Jurastudenten auszuwählen, anzuwerben und langfristig-perspektivisch für Leitungsaufgaben zu qualifizieren. Insbesondere sind IM unter Absolventen, die eine perspektivische Orientierung auf die Tätigkeit in den zentralen Justizorganen haben, zu werben. Dies gilt für die BV Leipzig - KMU [Karl-Marx-Universität], BV Berlin - HU [Humboldt-Universität] Berlin, KD [Kreisdienststelle] Jena - FSU [Friedrich-Schiller-Universität] Jena."[36]

---

34 BStU, ZA, HA XX-Bdl. 1008.
35 Oberstleutnant Berge (HA XX/1): Information über ein am 04.06.86 mit Gen. Heger, Sektorenleiter der Abteilung Staat und Recht des ZK der SED, geführtes Gespräch; BStU, ZA, HA IX-Bdl. 1007.
36 Planorientierung der HA XX/1 für die Abteilungen XX der BV/V zur Jahresplanung vom 13.10.1980, S. 3; BStU, ZA, HA XX-Bdl. 1048.

In Jena fand seit den siebziger Jahren die Ausbildung zum Staatsanwalt statt, während künftige Richter, Rechtsanwälte und Juristen für den Staatsapparat in Berlin studierten. Die Ausbildung von Wirtschaftsjuristen erfolgte an den Universitäten Leipzig und Halle. Da es in der DDR keine freie Studienwahl gab, setzte das Jurastudium zumeist eine entsprechende Delegierung voraus.[37] Über das Verfahren, wie es seitens des Justizministeriums praktiziert wurde, gibt ein MfS-Vermerk aus dem Jahre 1977 knapp Auskunft: „Auswahl der Studenten durch Bezirksgerichte einschließlich Überprüfung und Abstimmung mit den zuständigen Organen (MfS)."[38]

Nur wer die doppelte ideologische Überprüfung, zunächst durch die „Partei", dann des MfS bestanden hatte, wurde überhaupt zum Studium zugelassen.

Zusammenfassend läßt sich festhalten, daß der Einsatz aller Staatsanwälte, Haftrichter und Richter in den Ia-Verfahren einer vorherigen Bestätigung durch das MfS bedurfte. Die Staatssicherheit führte mit dem IM-Netz der Linie XX/1 und anderer Diensteinheiten eine permanente Sicherheitsüberprüfung durch und kontrollierte auf diese Weise nicht nur den Staatsanwalt, der die „Gesetzlichkeitsaufsicht" über die Untersuchungsorgane ausführen sollte, sondern auch die Richter, die in MfS-Verfahren das Urteil zu fällen hatten.

Beziehungen zu den zentralen Justizorganen

Als Ministerium unterhielt das MfS zunächst auf amtlicher Ebene Beziehungen zu den zentralen Justizorganen der DDR. So wirkten beispielsweise Vertreter des MfS in gemeinsamen Kommissionen bei der Ausarbeitung neuer Gesetze, Verordnungen und Kommentare mit und nahmen auf diese Weise maßgeblichen Einfluß auf die Ausgestaltung und Anwendung des politischen Strafrechts. Ebenso war das MfS an den regelmäßigen Leiterberatungen der Partei-, Staats- und Justizorgane auf allen Staatsebenen vertreten.[39] Enge Arbeitsbeziehungen zur Staatsanwaltschaft ergaben sich naturgemäß aus der Stellung als offizielles Untersuchungsorgan in Strafsachen, wobei das MfS jegliches Ermittlungsverfahren an sich ziehen konnte. In politisch bedeutsamen Prozessen schrieb die Staatssicherheit gar das Regiebuch und koordinierte das Verfahren bis zur Verwerfung der Berufungsschrift.[40] Zur Durchsetzung seiner spezifi-

---

37 Hans-Hermann Lochen: „Nachwuchskader" - zur Auswahl und Ausbildung von Juristen in der DDR, in: Im Namen des Volkes? Über die Justiz im Staat der SED. Wissenschaftlicher Begleitband zur Ausstellung des Bundesministeriums der Justiz, Leipzig 1994, S. 123-136.
38 Oberleutnant Hardtmann (HA XX/1): Vermerk zu einem Gespräch mit Gen. Maser, Abteilungsleiter Kader und Schulung des MdJ, am 23.12.1977 vom 27.12.1977; BStU, ZA, HA XX-Bdl. 1007.
39 Vgl. Vollnhals: Schein der Normalität, S. 232 ff.
40 Ebenda, S. 241 ff.; Hans-Jürgen Grasemann: Die Anleitung der Staatsanwaltschaft, in: Materialien der Enquete-Kommission, Bd. IV, S. 487-531, bes. 519 ff.; Karl Wilhelm Fricke: Das

schen Interessen in politischen Strafverfahren wie im Bereich der „vorbeugenden Kadersicherung" bediente sich das MfS teils der Kontakte auf offizieller Ebene, teils nahm es auf konspirativem Wege Einfluß. In beiden Fällen war die Staatssicherheit auf zuverlässige Ansprechpartner in den zentralen Justizorganen angewiesen.

Justizministerium

Das Justizministerium wurde nach dem Ausscheiden von Hilde Benjamin, die in ihrer Person die Terrorjustiz der fünfziger Jahre verkörperte,[41] seit 1967 von einem LDPD-Minister geleitet. Sowohl Kurt Wünsche (1967-1972) als auch Hans-Joachim Heusinger (1972-1990) fungierten während ihrer Amtszeit zugleich als Stellvertreter des Vorsitzenden des Ministerrats, besaßen aber im Unterschied zu Hilde Benjamin (1953-1967 und ZK-Mitglied bis 1989) keine wirkliche Hausmacht im SED-Staat. Ihre Aufgabe bestand wesentlich in der äußeren Repräsentation.

Der starke Mann im Justizministerium war Staatssekretär Herbert Kern (1974-1987). Er hatte zuvor (seit 1966) in der ZK-Abteilung Staats- und Rechtsfragen den Sektor Justiz geleitet, besaß das Vertrauen der SED-Führung und wurde den LDPD-Ministern gewissermaßen als Aufpasser beigeordnet. Staatssekretär Kern unterstanden unmittelbar die Hauptabteilungen I (Kader) und II (Gerichte) sowie die Abteilung 1 (Internationale Beziehungen und Rechtshilfe). In dieser Schlüsselposition war er der bevorzugte Ansprechpartner des MfS, wenn es auf hoher Ebene Sach- oder Personalentscheidungen „abzustimmen" galt. Für seine Verdienste wurde er mehrfach vom MfS ausgezeichnet. In einem Vorschlag der Hauptabteilung XX zur Auszeichnung des Staatssekretärs anläßlich seines 60. Geburtstages im Jahre 1985 heißt es zusammenfassend:

„Gen. Dr. Kern unterstützt in seiner Funktion in vorbildlicher Weise die vielfältigen Aufgaben des MfS und zeigte eine hohe Einsatzbereitschaft und konsequente Haltung im Prozeß des politisch-operativen Zusammenwirkens."[42]

Ähnliches galt für Siegfried Wittenbeck, der seit 1982 als einer der Stellvertreter des Justizministers fungierte und zuvor lange Jahre als Richter und Leitungskader am Obersten Gericht tätig gewesen war. Ihm wurde 1987, als er die Nachfolge Kerns antrat, in einer Beurteilung bescheinigt:

MfS als Instrument der SED am Beispiel politischer Strafprozesse, in: Suckut/Süß (Hrsg.): Staatspartei, S. 199-212.
41 Vgl. Marianne Brentzel: Die Machtfrau - Hilde Benjamin 1902-1989, Berlin 1997; Andrea Feth: Hilde Benjamin. Eine Biographie, Berlin 1997.
42 HA XX an Büro Mielke vom 14.10.1985; BStU, ZA HA XX-Bdl. 1004.

„*Die vom MfS in Zusammenarbeit mit den Gen. Wittenbeck zu erfüllenden Aufgaben wurden durch ihn stets zuverlässig realisiert und unterstützt.*"[43]

Eine enge „offizielle Zusammenarbeit" bestand seitens des MfS ferner zu dem Leiter des Ministerbüros (1976: Wilhelm Müller), dem Leiter der Hauptabteilung I (Willi Maser), der Hauptreferentin der Hauptabteilung I (Ursula Wittstock) und der Leiterin der VS-Hauptstelle (Charlotte Kießling). Aufgabe dieser „offiziellen Verbindungen" war es, „den Informationsfluß über Probleme innerhalb der Leitung des Ministeriums der Justiz und über kaderpolitische Veränderungen [zu] gewährleisten."[44]

Über Wolfgang Peller, der seit 1974 die wichtige Hauptabteilung V (Organisation und Information) leitete, ist in einem MfS-Auskunftsbericht aus dem Jahre 1987 beispielsweise zu lesen:

„*Zum Gen. Peller besteht durch das MfS offizieller Kontakt. Er unterstützte zuverlässig und mit hoher Einsatzbereitschaft das MfS bei der Realisierung von op[erativen] Aufgaben.*"[45]

Weitere Kontakte auf Arbeitsebene bestanden, soweit bislang eruiert, ferner zu einigen weiteren Abteilungs- bzw. Sektorenleitern: beispielsweise zu Erich Wirth, dem die Abteilung Rechtsanwälte und Notare unterstand, und zu Oberst Günter Kalwert, dem Leiter der Hauptabteilung Militärgerichte. Von der offiziellen, dienstlich veranlaßten Zusammenarbeit mit dem MfS zu unterscheiden, ist die inoffizielle Tätigkeit der IM, die das MfS auch im Bereich des Justizministeriums besaß.

Nicht ohne Einfluß auf die Amtsführung des Justizministers Wünsche, zugleich stellvertretender LDPD-Vorsitzender, dürfte seine langjährige Tätigkeit als inoffizieller Mitarbeiter des MfS gewesen sein. Wünsche war 1954 als Geheimer Informator (GI) „Wendler" geworben worden und galt, wie in einer MfS-Beurteilung von 1956 zu lesen ist, als „die zur Zeit beste Agentur im Parteivorstand der LDPD". Neben politischen Einschätzungen aller Art lieferte Wünsche auch eine Vielzahl denunziatorischer Berichte über das Privatleben hoher Funktionäre wie kleiner Parteiangestellter. Als er Ende 1965 zum stellvertretenden Vorsitzenden des Ministerrats aufstieg, stellte das MfS, entsprechend internen Anordnungen, den IM-Vorgang ein. In der letzten Beurteilung vom 11. Dezember 1965 heißt es:

---

43 HA XX/1: Stellungnahme vom 22.7.1987; BStU, ZA, HA XX-AP 35896/92, Bl. 231.
44 HA XX/1: Analyse zur politisch-operativen Situation im Ministerium der Justiz vom 24.5.1976, S. 61; BStU, ZA, HA XX-Bdl. 922.
45 HA XX/1: Stellungnahme zur Person vom 21.7.1987; BStU, ZA, HA XX-AP 35896/92 (Wittenbeck), Bl. 236.

„*In der inoffiziellen Zusammenarbeit hat der IM seit 1954 wiederholt seine Ehrlichkeit und Zuverlässigkeit gezeigt. Die ihm übertragenen Aufgaben hat er gewissenhaft und nach besten Kräften erfüllt. Dabei zeigte er auch eine gute Eigeninitiative. [...]*
Eine Reihe von operativen notwendigen Maßnahmen wurden durch ihn abgedeckt. Auch hierbei zeigte er eine große Einsatzbereitschaft, Zuverlässigkeit und Verschwiegenheit.
Im Laufe der bisherigen Zusammenarbeit hat sich der IM zu einer der wichtigsten Schlüsselpositionen unserer Arbeit bei der Absicherung der LDPD entwickelt."[46]

Nach der Berufung Wünsches zum Stellvertreter des Vorsitzenden des Ministerrats sollte die Zusammenarbeit auf offizieller Ebene fortgeführt werden, wie dem letzten, in der IM-Akte überlieferten Vermerk des Führungsoffiziers vom 27. Dezember 1965 zu entnehmen ist:

„*Von sich aus erklärte der GI, daß er auch weiterhin an der Aufrechterhaltung des Kontakts interessiert sei und sich bei besonderen Vorkommnissen weiterhin an uns wenden will. Ihm wurde erklärt, daß die weitere Verbindung zu ihm auf einer anderen Grundlage erfolgt, wir zu ihm offiziellen Kontakt halten und bei besonderen Dingen an ihn herantreten werden.*"[47]

Auch Justizminister Heusinger hatte zu Beginn seiner Parteikarriere als IM für die Staatssicherheit gearbeitet. Er unterschrieb 1955 eine handschriftliche Verpflichtungserklärung und berichtete unter dem Decknamen „Knebel" nicht nur über das Parteileben der LDPD, sondern führte auch selbst operative Aufträge des MfS in der Bundesrepublik aus. Der IM-Vorgang wurde 1962 eingestellt. Im Schlußbericht heißt es:
„*Der IM ist willig und zeigt eine gute Einsatzbereitschaft. Die ihm übertragenen Aufgaben löste er zur Zufriedenheit der HA V. [...] Die für ihn vorgesehenen Sicherungsaufgaben übernehmen andere IM, so daß keine Notwendigkeit besteht, die Verbindung zum IM weiterhin aufrechtzuerhalten.*"[48]

1968 ist in einer MfS-Beurteilung über den Sekretär des LDPD-Zentralvorstandes und Volkskammerabgeordneten zu lesen, daß er „*in allen Situationen konsequent im Sinne der Politik unserer Regierung handelt. Ebenso hat er zur führenden Rolle der Partei der Arbeiterklasse eine klare Haltung und wendet ihre Beschlüsse in seiner Arbeit an. [...] Zu H. besteht seit mehreren Jahren offiziell Verbindung. Er war immer bereit dem MfS entsprechende Hinweise zu

---

46 BStU, ZA, AIM 12982/63, Teil I, Bl. 109.
47 Ebenda, Bl. 110.
48 BStU, ZA, AIM 346/63, Teil I, Bl. 139.

geben und Vorschläge im Bereich seines Verantwortungsgebietes zu realisieren bzw. zu beachten."

Abschließend wurde in dieser Beurteilung positiv hervorgehoben, daß Heusinger die Staatssicherheit auch über negative Entwicklungen im familiären Umfeld unterrichte und bei der operativen Aufklärung eines Bürgers „aktive Hilfe" geleistet habe.[49]

Beide Justizminister verdankten ihre Karriere im Parteiapparat der LDPD nicht nur der willigen Umsetzung der SED-Politik, sondern auch dem MfS, dem sie über Jahre zugleich als inoffizielle Mitarbeiter verpflichtet waren. Auch späterhin funktionierte die Zusammenarbeit auf offizieller Ebene zur Zufriedenheit der Staatssicherheit. Gleichwohl hegten SED und MfS ein permanentes Mißtrauen. Man brauchte einige „Liberale" und „Unionsfreunde" für die äußere Repräsentation, doch verkehrte lieber unter Genossen.

Generalstaatsanwaltschaft

Die engsten Beziehungen bestanden naturgemäß zur Generalstaatsanwaltschaft (GStA), die in wichtigen MfS-Verfahren vor dem Obersten Gericht die Anklage zu vertreten hatte bzw. als vorgesetzte Behörde weisungsberechtigt gegenüber den Staatsanwälten der Bezirke und Kreise war. Bedeutsame Verfahren mußten deshalb auf oberster Ebene koordiniert werden. Viele Angelegenheiten wurden direkt mit dem Generalstaatsanwalt Josef Streit (1962-1986, zugleich ZK-Mitglied) abgesprochen, der in früheren Jahren - wie Staatssekretär Kern im Justizministerium - den Sektor Justiz in der ZK-Abteilung geleitet hatte. Anläßlich seines 70. Geburtstages verlieh Mielke 1981 dem Generalstaatsanwalt in Anerkennung „seiner aktiven jahrelangen Unterstützung der Tätigkeit der Organe des Ministeriums für Staatssicherheit" den Ehrentitel: „Verdienter Mitarbeiter der Staatssicherheit".[50]

Günter Wendland, der 1986 Streit als Generalstaatsanwalt nachfolgte und im selben Jahr als Kandidat ins ZK der SED aufrückte, war ein Parteisoldat der jüngeren Generation. Er hatte seine Laufbahn als hauptamtlicher FDJ-Sekretär in Mecklenburg begonnen und arbeitete nach einem Jurastudium ab 1957 als Staatsanwalt. In dieser Funktion wurde er bereits 1961 von der Kreisdienststelle Perleberg als „ein politisch zuverlässiger und ideologisch klarer Genosse eingeschätzt, der konsequent gegenüber Staatsverbrechen auftritt und das MfS in jeder Weise unterstützt"[51]. Ab 1964 wirkte Wendland dann als kommissarischer Stellvertreter des Generalstaatsanwalts, wobei ihm unter anderem die

---

49 HA XX/3: Beurteilung vom 16.8.1968; BStU, ZA, HA XX-Bdl. 1004.
50 Befehl Mielkes K 2909/81 vom 9.6.1981; BStU, ZA, HA IX-2189, Bl. 108.
51 BStU, ZA, HA XX/AKG-VSH.

Bereiche Jugendkriminalität, Wirtschaftskriminalität, Kassation und Eingaben sowie Strafvollzugsaufsicht unterstanden.

Als Hans Fuchs, der seit 1963 das Büro des Generalstaatsanwalts leitete, 1988 in den Ruhestand trat, beantragte die Hauptabteilung XX/1 seine Auszeichnung mit einer Geldprämie und schrieb zur Begründung:

„Gen. Fuchs unterstützt seit vielen Jahren als Leiter des Büros des Generalstaatsanwaltes im politisch-operativen Zusammenwirken zuverlässig und verantwortungsbewußt das MfS bei der Lösung spezifischer Aufgaben im Rahmen von Bearbeitungsprozessen und der vorbeugenden Abwehrarbeit. Gen. Fuchs arbeitete langjährig inoffiziell mit unserem Organ zusammen."[52]

Fuchs war bereits 1958 als IM „Otto" geworben worden, doch handelte es sich seit Mitte der sechziger Jahre wohl mehr um eine Zusammenarbeit auf offizieller Ebene:

„Der IM berichtete vorwiegend zu Problemen, die mit der Sicherheit, Ordnung und Disziplin in diesem Objekt in Verbindung stehen. Die vorgesehene Aktivierung des inoffiziellen Kontaktes lehnte der IM mit der Begründung ab, daß man sich über [an]stehende Probleme über den offiziellen Kontakt verständigen könnte."[53]

Eine sehr enge Verbindung bestand des weiteren zum stellvertretenden Generalstaatsanwalt Karl-Heinrich Borchert (1968, seit 1986 1. Stellvertreter des GStA), dem unter anderem die Abteilung IA unterstand.[54] Sie war für alle vom MfS geführten Ermittlungsverfahren zuständig - mit Ausnahme jener Verfahren, die in die Kompetenz der Militärstaatsanwaltschaft fielen. Wie Behlert unter Berufung auf Zeitzeugen ausführt, war Borchert „in jeder Situation" der Mann, „bei dem das MfS anrief, wenn es etwas Bestimmtes erreichen wollte".[55] Seine Auszeichnung mit dem „Vaterländischen Verdienstorden" (in Bronze) im Jahre 1976 wurde seitens der Generalstaatsanwaltschaft mit der Feststellung begründet: „Seit der Berufung des Gen. Borchert hat sich die Zusammenarbeit der Staatsanwaltschaft insbesondere mit dem Untersuchungsorgan des Ministe-

---

52 HA XX/1: Vorschlag zur Auszeichnung des Leiters des Büros des Generalstaatsanwaltes der DDR, Gen. Fuchs, anläßlich seines 65. Geburtstages vom 6.7.1988; BStU, ZA, HA XX-Bdl. 1050.
53 HA XX/1: Vorschlag zum Einstellen der Verbindung zum IMS „Otto" vom 16.7.1984; BStU, ZA, AIM 7850/91, Bl. 14. Weitere IM-Akte: BStU, ZA, AIM 9765/84.
54 Zu Struktur und Kompetenzverteilung vgl. Wolfgang Behlert: Die Generalstaatsanwaltschaft, in: Rottleuthner (Hrsg.): Steuerung der Justiz, S. 287-359, hier 300 ff.
55 Ebenda, S. 335.

riums für Staatssicherheit und des Ministeriums des Innern enger und effektiver gestaltet."[56]

Daß Borchert den Anliegen des MfS besonders aufgeschlossen gegenüberstand, ergab sich schon aus seiner früheren Tätigkeit als GI „Esche" für den Staatssicherheitsdienst. Eine erste handschriftliche Verpflichtungserklärung datiert vom 13. Juni 1952, eine zweite vom 27. Januar 1954. Borchert war zunächst für die MfS-Bezirksverwaltung Leipzig, dann für die Bezirksverwaltung Frankfurt/Oder erfaßt. In einem Auskunftsbericht vom 14. Mai 1962 wird der GI „Esche" wie folgt beurteilt:

„Seit seinem Einsatz als stellv. Bezirksstaatsanwalt im Jahre 1961 wurde die Zusammenarbeit aktiviert.

Mit seiner Hilfe war es möglich, einen Vorlauf-Op[erativ] durch Festnahme zum Abschluß zu bringen und bisher 12 Kaderveränderungen in seinem Bereich, darunter 6 leitende Funktionäre, durchzusetzen. Ein Vorlauf-Op wurde mit seiner Hilfe durch die Entfernung eines Staatsanwaltes der Bezirksstaatsanwaltschaft zum Abschluß gebracht. [...] Da er eine Schlüsselposition bekleidet, besteht die Möglichkeit, alle uns interessierenden Informationen aus dem Aufgabengebiet der Bezirksstaatsanwaltschaft zu beschaffen und über den IM andere Mitarbeiter der Bezirksstaatsanwaltschaft ohne deren Wissen für die Lösung pol[itisch]-op[erativer] Aufgaben heranzuziehen.

Der IM ist dem MfS ergeben, einsatzbereit und intelligent."[57]

Der IM-Vorgang wurde Ende 1964 mit der Begründung eingestellt:

„Da der GI 'Esche' seine Tätigkeit hauptamtlich im Parteiapparat aufgenommen hat, ist eine weitere inoffizielle Zusammenarbeit nicht möglich." Borchert gab jedoch, wie es weiterhin heißt, „sein Einverständnis für einen, soweit das notwendig ist, offiziellen Kontakt".[58]

Als Abteilungsleiter IA amtierte von Juli 1961 bis Mai 1979 Gernot Windisch, seine Nachfolge trat Elenore Heyer an. Sie war seit 1967 als Staatsanwältin in der Abteilung IA tätig und übernahm 1976 die Funktion des stellvertretenden Abteilungsleiters. (Ihr Ehemann Eberhard Heyer leitete seit 1974 die Abteilung IA beim Generalstaatsanwalt von Berlin.) 1978 wurde Frau Heyer vom MfS mit der Medaille für Waffenbrüderschaft (in Bronze) ausgezeichnet,[59] 1979 vom

---

56 Kurzbegründung der Generalstaatsanwaltschaft vom 17.2.1976; SAPMO-BArch, GStA DP-2 II 79.
57 BStU, ASt Frankfurt (Oder), AIM 53/65, Teil I, S. 49 f. (Film).
58 Ebenda, Teil II, Bl. 106.
59 BStU, ZA, AP 35654/92, Bl. 2.

MfS für die Verdienstmedaille der NVA (in Silber) vorgeschlagen.[60] 1988 folgte die Verdienstmedaille in Gold.[61]

Welchen Einfluß das MfS auch außerhalb der Zusammenarbeit in konkreten Ermittlungs- und Gerichtsverfahren auf die Generalstaatsanwaltschaft ausübte, ergibt sich aus der Tatsache, daß wichtige Struktur- und Personalentscheidungen vorher mit dem MfS abgesprochen wurden. So ist einer internen „Information" der Hauptabteilung IX vom 6. August 1969 folgender Vorgang zu entnehmen:

„Gen. Borchert beabsichtigt, Gen. StA Friedrich als stellv. Leiter zur Abteilung V GStA zu versetzen, um eine bessere Koordinierung zu erreichen. Gen. Oberst Heinitz [Leiter der HA IX] hat bereits sein Einverständnis gegeben.

Gen. Borchert will weiter eine Gruppe schaffen für Ordnung und Sicherheit, um zu gewährleisten, daß die StA der Abt. IA ihre Hauptaufgaben lösen können, und sich nicht immer um andere Dinge kümmern müssen.

Gen. Borchert stellte in diesem Zusammenhang die Frage, ob diese Gruppe vorteilhafter ihm oder Gen. Wendland zu unterstellen wäre. Gen. Oberst Heinitz plädierte dafür, diese Gruppe bei der Abt. IA zu belassen."[62]

Dieser MfS-Vermerk wirft ein bemerkenswertes Licht auf das reale Verhältnis zwischen der obersten Anklagebehörde und der Staatssicherheit. Es ist der Leiter der Hauptabteilung IX, der „sein Einverständnis" zu geplanten Personalveränderungen im Bereich der Generalstaatsanwaltschaft erteilt. Auch wenn man einzelne Formulierungen nicht überbewerten sollte, so wird doch deutlich, daß es Borchert jedenfalls ratsam schien, wichtige Personal- und Strukturentscheidungen zuvor mit dem Leiter des Untersuchungsorgans des MfS zu beraten.

Oberstes Gericht

Als Präsident des Obersten Gerichts amtierte von 1960 bis 1986 Heinrich Toeplitz, der zugleich von 1966 bis 1989 Stellvertretender Vorsitzender der CDU war. Zuvor hatte er seit November 1950 als Staatssekretär im Justizministerium unter Hilde Benjamin gewirkt und in seiner damaligen Funktion als stellvertretender Generalsekretär der CDU willig am politischen Gleichschaltungsprozeß und der Ausschaltung „reaktionärer Kräfte" mitgewirkt.[63] Als Präsident des Obersten Gerichts zeigte Toeplitz, wie es in einer MfS-Beurteilung heißt, „dem

---

60 Gemeinsamer Vorschlag der Leiter der HA IX und der HA XX vom 24.9.1979; BStU, ZA, HA XX-Bdl. 1007.
61 Befehl Mielkes K 113/88 vom 8.2.1988; BStU, ZA, HA IX-2194, Bl. 135.
62 Kopf: „Gen. Lohmann zur Information" vom 6.8.1969, unleserliche Unterschrift; BStU, ZA, HA IX-4995, Bl. 21. Lohmann leitete die Arbeitsgruppe Recht bei der HA IX.
63 Vgl. Markus Kiefer: Innerparteiliche Lenkungs- und Kontrollstrukturen der CDU und deren Wirksamkeit von 1952 bis 1989, in: Michael Richter und Martin Rißmann (Hrsg.): Die Ost-CDU. Beiträge zu ihrer Entstehung und Entwicklung, Weimar 1995, S. 146.

MfS gegenüber eine gute Einstellung"[64]. Was die Staatssicherheit allerdings nicht daran hinderte, den Präsidenten und sein Büro unter „operative Kontrolle" zu stellen. So arbeitete Günter Waldmann, der seit 1975 als persönlicher Referent von Toeplitz wirkte und zuvor über ein Jahrzehnt die Abteilung Kader beim Hauptvorstand der CDU geleitet hatte, zugleich als IM „Kreistag" für das MfS.[65] 1979 verpflichtete die Staatssicherheit zusätzlich den persönlichen wissenschaftlichen Mitarbeiter, Heinz Mai, als IM „Holger Koch".[66]

Die Strafsenate und die Kaderabteilung unterstanden jedoch nicht dem Präsidenten, sondern dem (ersten) Vizepräsidenten. (Die Position des 1. Vizepräsidenten wurde erst 1977 geschaffen.) Diese zentrale Schlüsselposition hatte von 1962 bis 1977 Walter Ziegler[67], ein Altkommunist (KPD-Eintritt 1931), inne. Danach übernahm Günter Sarge dieses Amt, der seit 1963 das Militärkollegium des Obersten Gerichts geleitet hatte, zuletzt im Range eines Generalmajors (1973). Im Juni 1986 wurde Sarge als Nachfolger von Toeplitz Präsident des Obersten Gerichts. Als Vizepräsident für Zivilsachen, Haushalt und Finanzen amtierte seit 1974 Werner Strasberg, 1986 stieg er zum 1. Vizepräsidenten auf. Für Strasberg rückte als (zweiter) Vizepräsident Gerhard Körner nach. Als (dritter) Vizepräsident und Vorsitzender des Militärkollegiums amtierte seit Dezember 1977 in der Nachfolge Sarges Lothar Penndorf; er wurde 1982 zum Generalmajor befördert.

Über die Kontakte des MfS zum Obersten Gericht ist bislang nur wenig bekannt. Für die fünfziger und sechziger Jahre sind in Einzelfällen Absprachen mit dem Vizepräsidenten Ziegler belegt.[68] Ein wichtiger Mittelsmann zur ZK-Abteilung war ferner, wie einer MfS-Beurteilung aus dem Jahr 1961 zu entnehmen ist, der langjährige Vorsitzende des 1a-Strafsenats Friedrich Mühlberger:

„Gen. Mühlberger, zugleich auch Parteisekretär, ist hinsichtlich der Strafsachen die politische und fachliche Stütze sowohl des Präsidenten, des Vizepräsidenten als auch der Senatsvorsitzenden, wobei man sich oft nur auf die Hinweise verläßt, die Gen. Mühlberger vom ZK [der SED] erhält."[69]

---

64 HA V/1: Analyse über das Oberste Gericht der DDR vom 30.10.1961, S. 2; BStU, ZA, HA XX-Bdl. 1010.
65 BStU, ZA, Teilablage A 591/85. Waldmann arbeitete seit 1950 als IM für das MfS.
66 BStU, ZA, AIM 14757/82.
67 Ziegler war bereits von 1954 bis 1957 als Vizepräsident am Obersten Gericht tätig gewesen. Er fiel wegen „liberalistischer Tendenzen" im Prozeß gegen Janka in Ungnade und wurde auf Beschluß des SED-Politbüros (Jan. 1958) an das Bezirksgericht Frankfurt (Oder) strafversetzt. Dort bewährte er sich mit drakonischen Urteilen. Vgl. Werkentin: Strafjustiz, S. 319 f.
68 Vgl. Werkentin: Strafjustiz, S. 316; Karl Wilhelm Fricke: Akten-Einsicht. Rekonstruktion einer politischen Verfolgung, Berlin 1995, S. 85, 108 f.
69 HA V/1: Analyse über das Oberste Gericht der DDR vom 30.11.1961, S. 10; BStU, ZA, HA XX-Bdl. 1010.

1962 sprach das MfS den Richter Johannes Schreiter an, der damals am 1c-Strafsenat sogenannte Staatsverbrechen verhandelte:

„Der Kandidat war sofort bereit, daß zwischen ihm und dem MfS nicht nur ein loser Kontakt, sondern eine engere Form der Zusammenarbeit hergestellt wird [...]."[70] Als IM „Manfred" war Schreiter, der später als Inspekteur und stellvertretender Senatsvorsitzender am Obersten Gericht wirkte, zwanzig Jahre lang für das MfS tätig. Er war vielleicht der dienstälteste, aber keineswegs einzige Informant.

Zu dem wohl wichtigsten Ansprechpartner des MfS avancierte in den siebziger Jahren der Vizepräsident Günter Sarge. In einer Beurteilung der Hauptabteilung I/MfNV-1 des MfS aus dem Jahre 1976 ist unter Punkt 6.1 „Verhältnis zum MfS - offizielle Zusammenarbeit" vermerkt:

„Generalmajor Dr. Sarge ist am Ausbau eines vertrauensvollen Verhältnisses zum zuständigen operativen Mitarbeiter der HA I bemüht. Er sucht von sich aus Möglichkeiten zu Beratungen und Informationen sowohl über Probleme seines Kollektivs als auch der nachgeordneten Militärgerichte und der Rechtsprechung in Militärstrafsachen.

Ein besonders gutes Verhältnis besteht seitens des Gen. Sarge zum Untersuchungsorgan des MfS. Häufig finden vor Verhandlungen über Staatsverbrechen, deren Vorsitz Generalmajor Dr. Sarge selbst übernahm, Absprachen mit den Genossen des Untersuchungsorgans statt.

Die getroffenen Vereinbarungen werden durch Gen. Sarge stets eingehalten."

Unter Punkt 8 „Schlußfolgerungen" heißt es dann:

„Es ist vorgesehen, Generalmajor Dr. Sarge zum 1. Vizepräsidenten des Obersten Gerichts zu berufen.

Die erforderlichen Entscheidungen werden gegenwärtig noch beraten. Durch die HA IX des MfS wurde vorgeschlagen, Generalmajor Dr. Sarge zum 1. Vizepräsidenten zu berufen und ihn gleichzeitig in seiner Funktion als Vorsitzenden des Militärkollegiums zu belassen.

Es wird gegenwärtig eingeschätzt, daß es derzeitig im Militärkollegium des Obersten Gerichts der DDR keinen entsprechenden Nachfolger für Generalmajor Dr. Sarge gibt."[71]

---

70 HA V/1/I: Bericht über die Anwerbung des Gen. Schreiter vom 5.4.1962; BStU, ZA, AIM 16905/82, Teil I, Bd. 1, Bl. 21-24.
71 HA I/MfNV-1: Einschätzung leitender Kader vom 16.4.1976; BStU, ZA, AP 34045/92, Bl. 82 ff. Die „Einschätzung" wurde vom Leiter der HA I/MfNV, Oberstleutnant Grawunder, bestätigt.

Diese MfS-Beurteilung vom April 1976 belegt, daß bei „Staatsverbrechen" im Vorfeld der Gerichtsverhandlung „häufig" direkte Absprachen zwischen dem Untersuchungsorgan des MfS und dem Vorsitzenden Richter Sarge stattgefunden haben, die aus Sicht des MfS auch eingehalten worden sind. Zugleich kann man diesem Vermerk entnehmen, daß die Hauptabteilung IX auch einen maßgeblichen Einfluß auf die Besetzung leitender Positionen am Obersten Gericht ausübte. Das letzte Wort hatte jedoch stets die SED-Führung, in deren Nomenklatur diese Positionen erfaßt waren. Wie vorgesehen, übernahm Sarge (dessen Ehefrau Referatsleiterin im MfS war) 1977 mit dem Ausscheiden Zieglers die neugeschaffene Position des 1. Vizepräsidenten, als Vorsitzender des Militärkollegiums rückte im Dezember 1977 Penndorf nach.

Militärjustiz

Eine enge Zusammenarbeit auf offizieller Ebene dürfte es wohl mit allen Vorsitzenden der Militärstrafsenate gegeben haben, da hier die im eigentlichen Sinne sicherheitsrelevanten Vorgänge verhandelt wurden. Die Zuständigkeit der Militärjustiz erstreckte sich nicht nur auf die bewaffneten Organe (NVA, MfS, VP), sondern umfaßte auch den weiten Bereich der Zivilverteidigung (Rotes Kreuz, Luftschutz und Katastrophenschutz). Des weiteren konnten vor den Militärgerichten auch Zivilisten angeklagt werden, die im Verdacht standen, durch Landesverrat, Diversion oder Sabotage die militärische Sicherheit gefährdet zu haben. Die Entscheidung lag beim Militärstaatsanwalt, de facto beim Untersuchungsorgan des MfS.

Hier finden wir nun ganz spezielle Verhältnisse vor: So amtierte von 1962 bis Ende 1972 als stellvertretender Vorsitzender des Militärkollegiums am Obersten Gericht mit Alfred Hartmann ein MfS-„Offizier im besonderen Einsatz", der von der Hauptabteilung IX geführt wurde. Damit stellte das ermittelnde Untersuchungsorgan zugleich den Richter! In der MfS-Kaderkarteikarte ist hierzu vermerkt:

„1.9.62 wird Major H. von seiner Funktion als Instrukteur der HA IX entbunden und für die Funktion als Stellvertreter des Leiters des Militärsenats beim Obersten Gericht freigestellt. Gen. Major H. verbleibt als Offizier im bes[onderen] Einsatz mit allen Rechten und Pflichten in der Kaderreserve des MfS."[72]

Hartmann (Jg. 1925), der seine Karriere bei der Volkspolizei begonnen hatte, wirkte seit 1949 als Volksrichter, zuletzt als Oberrichter am Bezirksgericht Karl-Marx-Stadt. 1955 übernahm er dann den „Lehrstuhl für Staat und Recht"

---

72 BStU, ZA, Kaderkarteikarte Afred Hartmann. Vgl. auch BStU, ZA, KS 215/72 und ASt Potsdam, KS II 215/77.

an der MfS-Hochschule in Potsdam-Eiche. 1959 schloß er ein Fernstudium als Diplom-Jurist ab und wechselte im selben Jahr zur Hauptabteilung IX. 1962 als OibE an das Oberste Gericht versetzt, wirkte Hartmann als einer der Stellvertreter Sarges und führte in dieser Funktion auch den Vorsitz in einem der beiden Militärstrafsenate. Ende 1971 verließ er nach heftiger Kritik an seinem Führungsstil das Oberste Gericht und wirkte anschließend als Rechtsanwalt (und IM) in Potsdam.

Sein Nachfolger wurde Fritz Nagel, der bereits in den Jahren 1952 bis 1954 als IM „Otto" mit dem MfS zusammengearbeitet hatte. Er hatte seine Laufbahn als Militärstaatsanwalt begonnen und wurde 1962 vor seinem Einsatz als Militärrichter am Militärobergericht Berlin erneut als IM verpflichtet.[73] Ab 1966 arbeitete Nagel als Militärrichter am Obersten Gericht und rückte 1978 zum 1. Stellvertreter des Vorsitzenden des Militärkollegiums auf. Als Vorsitzender des 1. Militärstrafsenats führte er unter anderem die Verfahren gegen die MfS-Mitarbeiter Trebeljahr und Teske, die 1979 bzw. 1981 wegen angeblicher Spionage im besonders schweren Fall hingerichtet worden sind.[74]

Bernd Wagenknecht, der seit Ende 1983 als Richter am 2. Militärstrafsenat amtierte und perspektivisch die Nachfolge Nagels antreten sollte, war ein Jahr zuvor eigens von der Hauptabteilung IX als „Offizier im besonderen Einsatz" verpflichtet worden. Zu dieser Zeit wirkte Wagenknecht noch als Leiter des Militärgerichts Berlin:

„In seiner Tätigkeit als Richter beim Militärgericht Berlin, als Haftrichter in der HA IX und der Abteilung IX der BV für Staatssicherheit Berlin und in der inoffiziellen Zusammenarbeit mit dem MfS [...] hat er stets Parteilichkeit und ein tiefes Verständnis für die von der jeweiligen Klassenkampfsituation bestimmten Probleme in den durch das MfS ermittelten Strafverfahren gezeigt. Es erfolgte eine konstruktive, von den Interessen der Partei und den Parteibeschlüssen geleitete Zusammenarbeit bei strikter Anwendung der sozialistischen Gesetzlichkeit und Wahrung der Konspiration und Geheimhaltung."[75]

Wagenknecht, der seit 1979 als IM „Wolfgang Helbig" für die Staatssicherheit arbeitete und auch in seiner früheren Tätigkeit als Kreisgerichtsdirektor eine „gute offizielle Zusammenarbeit" gepflegt hatte, „bekundete", so der Einstellungsvorschlag der MfS-Hauptabteilung Kader und Schulung, „den Willen, den gestellten höheren Forderungen als Berufssoldat im MfS stetig nachzukom-

---

73 BStU, ZA, AIM 7544/69. Im Zuge der neuen IM-Richtlinie 1/68 wurde Nagel 1969 zum GMS umregistriert. 1977 erfolgte eine erneute Werbung als IMK. Vgl. BStU, ZA, AIM 3872/91.
74 Vgl. Karl Wilhelm Fricke: „Jeden Verräter ereilt sein Schicksal". Die gnadenlose Verfolgung abtrünniger MfS-Mitarbeiter, in: Deutschland Archiv 27 (1994), S. 258-265.
75 HA Kader und Schulung: Einstellungsvorschlag vom 6.9.1982; BStU, ZA, KS 5004/90, Bl. 17.

men". Als OibE unterstand er seit dem 1. November 1982 der vollen Disziplinargewalt des MfS, auch wenn er nach außen weiterhin als Berufssoldat der NVA auftrat.

Mit dieser Konstruktion und der langfristigen Kaderplanung als Nachfolger Nagels, der 1982 erst 53 Jahre alt war, sollte der 1. Militärstrafsenat am Obersten Gericht, der alle Ia-Verfahren verhandelte und zugleich die entsprechenden Senate der nachgeordneten Militärgerichte anleitete, einer noch stärkeren Konspiration und Geheimhaltung unterworfen werden. Da an den Militärgerichten ohnehin nur handverlesene Richter, zumeist im Range eines Oberstleutnants, zum Einsatz kamen, kann dies wohl nur als Ausfluß einer hypertrophen Sicherheitsdoktrin interpretiert werden, die selbst linientreuen Genossen nur bedingt vertraute und auf den Aufbau eines geschlossenen Systems für alle MfS-Verfahren abzielte.

Als Vorbild könnte dabei das Militärgericht Potsdam gedient haben, dem von 1964 bis 1976 ebenfalls ein OibE der Hauptabteilung IX vorstand. Anläßlich einer Beförderung entstand 1969 folgender MfS-Vermerk über den Leiter Heinz Penndorf, der hier ungekürzt zitiert sei:

„Genosse Penndorf ist langjähriger Mitarbeiter der Sicherheitsorgane der DDR. Als Angehöriger der Untersuchungsabteilung wurde er beim Aufbau der Militärgerichte der DDR beauftragt, als Mitarbeiter im besonderen Einsatz die Tätigkeit der Militärgerichtsbarkeit zu unterstützen. Seit dieser Zeit fungiert Gen. Penndorf als Militärrichter, und über mehrere Jahre ist er Vorsitzender des Militärgerichts Potsdam. In seiner Tätigkeit ist er gewissenhaft, zuverlässig und bestrebt, die Interessen unseres Organs jederzeit zu vertreten.

Im Interesse der Konspiration, Sachkundigkeit und Exaktheit wurde bisher der größte Teil der Strafverfahren gegen Mitarbeiter unseres Organs vor dem Militärgericht in Potsdam angeklagt, und die gerichtliche Hauptverhandlung fand stets unter Vorsitz des Gen. Penndorf statt. Wenn in derartigen Strafverfahren das Ziel, damit zur Reinheit und Festigung der Sicherheitsorgane beizutragen und begünstigende Bedingungen für Straftaten zu beseitigen, erreicht wurde, so hat Gen. Penndorf daran einen wesentlichen Anteil. Damit leistete er einen großen Beitrag zur Erhöhung und Festigung des Vertrauensverhältnisses der Werktätigen zu den Sicherheitsorganen unserer Republik."[76]

Die Beurteilung verfaßte Oberstleutnant Pätzel, der zu dieser Zeit die Hauptabteilung IX/5 führte, und sollte die Beförderung Penndorfs zum Hauptmann begründen. Aus der Verpflichtung als Offizier im besonderen Einsatz ergab sich die paradoxe Situation, daß der Leiter des Militärgerichts Potsdam MfS-intern die Dienststellung eines Sachbearbeiters der Hauptabteilung IX einnahm und dienstlich unmittelbar dem Leiter eben jener Untersuchungsabteilung unter-

---

76 HA IX/5: Vorschlag zur Beförderung vom 30.10.1969. Bestätigt durch Kaderbefehl 149/70 vom 8.2.1970; BStU, ZA, KS 13260/90, Bl. 56.

stand, die die Ermittlungen gegen straffällige MfS-Mitarbeiter führte. Oder anders formuliert: Die Hauptabteilung IX führte die Ermittlungen, und ihr „Offizier im besonderen Einsatz" sprach anschließend das Urteil. Mit der Versetzung Penndorfs ging die Zuständigkeit für zentral ermittelte MfS-Verfahren auf das Militärgericht Berlin und das Militärobergericht Berlin über, sofern nicht direkt Anklage vor dem Obersten Gericht erhoben wurde. Ab 1983 wirkte Heinz Penndorf dann als Militärrichter bei der Hauptabteilung Militärgerichte beim Justizministerium und als stellvertretender Leiter der Unterabteilung Recht.

Resümee

Die hier skizzierten Strukturen und personellen Verflechtungen vermitteln einen ersten Einblick in die konspirative Substruktur, in die strukturelle Vernetzung von Staatspartei, Staatssicherheit und Justiz in der DDR.

Das Ausmaß der konspirativen Durchdringung und Zusammenarbeit läßt sich derzeit nur annäherungsweise abschätzen. Einen Anhaltspunkt gibt eine Statistik aus dem Bundesland Mecklenburg-Vorpommern. Danach waren von insgesamt 307 Richtern und Staatsanwälten, die sich um eine Übernahme in den bundesdeutschen Justizdienst bewarben, 25 als inoffizielle Mitarbeiter des MfS, in einem Fall sogar als hauptamtlicher, registriert (8,5 %).[77] In Sachsen hatten mindestens 23 Richter (6 % der Bewerber) und 20 Staatsanwälte (9 % der Bewerber) mit der Staatssicherheit zusammengearbeitet. Für Brandenburg wird der IM-Anteil unter den Bewerbern auf ein Siebentel geschätzt.[78] Dies sind beachtliche Zahlen, wenn man in Rechnung stellt, daß sich die in der politischen Strafjustiz exponierten Richter und Staatsanwälte zumeist erst gar nicht um eine Übernahme bemüht haben. Die konspirative IM-Tätigkeit von Richtern und Staatsanwälten berührt jedoch nur einen spezifischen Aspekt.

Wesentlich bedeutsamer und folgenreicher für das reibungslose Funktionieren der Justiz als Instrument der Machtsicherung war die verdeckte Einflußnahme der Staatssicherheit auf die Kaderauswahl und Personalpolitik. Sie erfolgte im engen Zusammenspiel mit dem Parteiapparat und gewährleistete, daß alle Schlüssel- und Leitungspositionen nur mit zuverlässigen „Genossen" besetzt wurden, an deren politisch-ideologischer Gesinnungstreue kein Zweifel bestand und die sich in ihrer beruflichen Praxis als sozialistische Justizfunktionäre bewährt hatten. Dies galt besonders für den sensiblen Bereich der politischen Strafjustiz. Hier konnte seit den fünfziger Jahren als Staatsanwalt oder Richter nur tätig sein, wer das Vertrauen der Staatssicherheit besaß und von ihr zuvor „bestätigt" worden war. Im Bereich der Militärgerichtsbarkeit schließlich waren

---

77 Roenne: „Politisch untragbar ...?", S. 309. Berechnung ohne IM-Verlauf und andere Erfassungensarten.
78 Ebenda, S. 210, Anm. 481.

sogar MfS-"Offiziere im besonderen Einsatz" als Richter tätig, so daß man in diesen Fällen wohl eher von einem „tschekistischen Sondergericht" sprechen muß. Entsprechend willfährig verlief die Zusammenarbeit zwischen den Justizorganen und der Staatssicherheit, die in politischen (und anderen) Verfahren das strafrechtliche Ermittlungsverfahren führte und in ihrer Doppelfunktion als Geheimpolizei und Untersuchungsorgan über ein enormes Manipulationspotential verfügte.

Daß auch in der DDR Recht gesprochen wurde und die Gesellschaft im alltäglichen Bereich des Zivil-, Familien- und Arbeitsrechts sowie des Strafrechts der rechtlichen Konfliktregulierung durch eine einigermaßen funktionierende Gerichtsbarkeit unterlag, steht dem nicht entgegen. Wäre die Rechtsprechung stets von purer Willkür beherrscht gewesen, so hätte sich die von der ihr legitimierte Ordnung in Anarchie aufgelöst. Auch konnte das politische Strafrecht seine Funktion zur justizförmigen Ausschaltung und Diskreditierung des politischen Gegners nur erfüllen, solange die Justiz als ganzes eine halbwegs glaubwürdige Legitimität besaß. Entscheidend für die Bewertung ist jedoch, daß nicht nur die Rechtsordnung zur politischen Disposition der Machthaber stand, sondern daß die Steuerungsmechanismen auch jederzeit den Durchgriff auf einzelne Gerichtsverfahren erlaubten. Unabhängig war die Justiz nur dort, wo sich kein politischer Wille artikulierte.

Die weitere Forschung zur Rechts- und Justizgeschichte der DDR wird nicht ohne eine intensive Beschäftigung mit den MfS-Akten auskommen. Erst die Kenntnisnahme des konspirativen Kontexts vermag die Abgründe des „simulierten Verfassungsstaats"[79] völlig auszuleuchten. Dies ist um so notwendiger, als selbst in manchen Gerichtsurteilen zur justitiellen Aufarbeitung des SED-Unrechts noch immer die Fiktion ein zähes Nachleben führt, wonach die DDR lediglich ein unvollkommener Rechtsstaat gewesen sei. Auch in der Literatur - von den Reden manch hochgestellter Politiker und intellektueller Meinungsführer einmal ganz abgesehen - finden sich nicht selten Formulierungen, die entweder von schlichter Unkenntnis zeugen oder in ihrem Urteil von einer merkwürdig berührenden Systemäquidistanz geprägt sind.

Das Charakteristikum totalitärer Systeme ist jedoch die Abschaffung der bürgerlichen Trennung von Staat und Gesellschaft zugunsten des unbedingten Primats der Politik, verkörpert im politischen und ideologischen Führungsanspruch der herrschenden Staatspartei. Die Durchsetzung des totalen parteistaatlichen Herrschaftsanspruchs bedingt zwangsläufig die Aufhebung der Gewaltenteilung von Legislative, Exekutive und Jurisdiktion, die den bürgerlichen Rechtsstaat konstituiert und die richterliche Unabhängigkeit institutionell garantiert. Als Erfüllungsgehilfen für die ungehemmte Instrumentalisierung von Recht und Justiz benötigte die SED den Typus des sozialistischen Justizfunktionärs, der als politischer Funktionär die jeweilige Parteilinie widerspruchlos

---

79 So der treffende Begriff bei Werkentin: Strafjustiz, S. 300.

in juristisches Handeln umsetzte. Insofern kam der systematischen Kaderpolitik und der „vorbeugenden Sicherung" der Justizorgane eine herausragende Bedeutung zu. Daß hierbei auch die Staatssicherheit auf allen Ebenen mitwirkte, ergab sich aus ihrem Auftrag als Geheimpolizei der SED-Diktatur.

Christoph Schaefgen

Wer richtet die Richter?
Die Rechtsbeugungsverfahren gegen DDR-Juristen: Ergebnisse, Kritik

Justizunrecht in der DDR - Erscheinungsformen und tatsächliche Möglichkeiten der Strafverfolgung

Die politische Justiz und das politische Strafrecht nahmen im gesamten Unterdrückungsapparat der DDR eine herausragende Stellung ein. Ihr Zweck erschöpfte sich darin, politisch Andersdenkende justizförmig auszuschalten und das SED-Regime zu stabilisieren. Nach einer Studie des Hannah-Arendt-Instituts in Dresden, über deren Ergebnisse vor einigen Monaten in der Tagespresse berichtet worden ist,[1] saßen mindestens 200.000 politische Häftlinge in den DDR-Gefängnissen, unter Honecker übrigens weniger als unter seinem Vorgänger Ulbricht. Die strafrechtliche Untersuchung der Tätigkeit von DDR-Richtern und Staatsanwälten, die mit politischen Strafsachen befaßt waren, bildet deshalb auch einen Schwerpunkt der justitiellen Auseinandersetzung mit dem Systemunrecht in der ehemaligen DDR. In Berlin betrafen von den insgesamt seit Oktober 1990 eingeleiteten rund 20.000 Ermittlungsverfahren etwa 14.000 den Vorwurf der Rechtsbeugung. Etwa 1.100 Richter und Staatsanwälte der ordentlichen und der Militärgerichtsbarkeit der DDR sind in Berlin seitdem als Beschuldigte registriert worden. Auch in den anderen neuen Bundesländern dürfte der Anteil der Rechtsbeugungsverfahren bei weit mehr als der Hälfte aller eingeleiteten Ermittlungsverfahren liegen.

Da während des Bestehens der DDR der Lauf der Verjährung wegen der staatlichen Veranlassung und Duldung des strafbaren Justizunrechts gehemmt war,[2] die Verjährung in der Regel also erst am 3. Oktober 1990 begann, muß die bundesdeutsche Justiz im Rahmen des Legalitätsprinzips die strafrechtliche Elle an 40 Jahre DDR-Justiz anlegen.

Folgende Geschehnisse mit Justizbezug sind und waren in erster Linie Gegenstand der Ermittlungen:

---

1 Tageszeitung „Die Welt" vom 21.02.1997.
2 Gesetz über das Ruhen der Verjährung bei SED-Unrechtstaten (VerjährungsG) vom 26.03.1993 (BGBl. I S. 392). Ständige Rechtsprechung des Bundesgerichtshofs u.a. in: BGHSt 41, 247 ff. mit weiteren Nachweisen.

- die sog. Waldheimer Prozesse,[3] in denen 1950 innerhalb von vier Monaten durch von der SED ausgesuchte und zusätzlich gelenkte Richter und Staatsanwälte mehr als 3.400 Menschen unter Mißachtung aller elementaren Verfahrensrechte im Schnellverfahren zu schwersten Strafen - in 32 Fällen zum Tode - verurteilt wurden,
- die nach stalinistischem Vorbild in den 50er Jahren durchgeführten Schau- und Geheimprozesse zur Säuberung des Staats- und Parteiapparats, aber auch Prozesse gegen Wirtschaftsfunktionäre und Manager privatwirtschaftlicher Unternehmen, Handwerker und Bauern, die der Umgestaltung der Wirtschaft im Wege standen,[4]
- die Aburteilung von Regimegegnern und Abweichlern wegen Staatsverrats,[5] aber auch Verfahren gegen vermeintliche und echte Spione im klassischen Sinne, die in vielen Fällen zu überaus harten Freiheitsstrafen und auch zum Tode verurteilt worden sind,
- zu allen Zeiten Strafprozesse gegen Angehörige der studentischen, religiösen und intellektuellen Opposition,[6]
- nach dem Mauerbau vorwiegend nach der Unterzeichnung der KSZE-Schlußakte von Helsinki 1975 die Verfahren gegen fluchtwillige DDR-Bürger, gegen Fluchthelfer und Ausreiseantragsteller; letztere waren in den 80er Jahren die Hauptbetroffenen der staatlichen Unterdrückungsmaßnahmen.

Der Gesetzgeber hat sich für eine Strafverfolgung der für die rechtsstaats- und menschenrechtswidrigen Justizakte Verantwortlichen entschieden, jedoch mit der Einschränkung, daß eine Bestrafung nur in Betracht komme, wenn diese sich nach den Gesetzen des Staates, dem sie dienten, strafbar gemacht hatten. Es muß also festgestellt werden, daß diese wissentlich bei der Durchführung eines gerichtlichen Verfahrens oder eines Ermittlungsverfahrens in bezug auf die DDR-Rechtsordnung gesetzeswidrig zuungunsten oder zugunsten eines Beteiligten entschieden haben.

Mit den Richtern und Staatsanwälten, die an den eklatanten und auch beweisbaren Justizverbrechen in den Anfangsjahren der DDR mitgewirkt hatten, konnten die Gerichte sich nur noch in Ausnahmefällen befassen. In dieser Zeit ist auch die überwiegende Zahl der politisch motivierten, von der SED in Auftrag gegebenen Todesurteile gefällt worden. Rund 100 dieser schlimmen Rich-

---

3 Falco Werkentin, Politische Strafjustiz in der Ära Ulbricht, 1. Auflage Berlin, 1995, S. 174 ff.; Karl Wilhelm Fricke, Das justitielle Unrecht der Waldheimer Prozesse, NJ 1991, 209 ff.; Archivmaterial zu den Waldheimer Prozessen, NJ 1991, 392 ff.
4 Eindrucksvolle Beispiele hat Karl Wilhelm Fricke in seinem Vortrag „Zur politischen Strafrechtsprechung des obersten Gerichts der DDR" vom 21.03.1994, der in Heft 213 der Schriftenreihe der Juristischen Studiengesellschaft Karlsruhe veröffentlicht worden ist, benannt.
5 Hier sei an die Prozesse gegen Wolfgang Harich, Walter Janka u.a. 1957 und gegen Rudolf Bahro 1978 erinnert.
6 In diesem Zusammenhang ist u.a. auf die Verfahren gegen Hermann Joseph Flade und andere Oberschüler 1951 in Dresden und Zwickau aber auch an die Verfolgung von Robert Havemann in den 70er Jahren hinzuweisen.

ter waren am 3. Oktober 1990 schon tot oder sind im Laufe der danach anhängig gewordenen Verfahren gestorben, so eine Richterin des Obersten Gerichts, nachdem sie durch eine Schwurgerichtskammer des LG Berlin wegen Rechtsbeugung und Totschlags in mehreren Fällen - begangen durch Mitwirkung an Todesurteilen im Jahre 1955 - zu fünf Jahren Freiheitsstrafe verurteilt worden war.[7] Andere sind heute alters- oder krankheitsbedingt nicht mehr verhandlungsfähig. Zwei oder drei Richter, die an den Waldheimer Prozessen beteiligt waren, sind zu Freiheitsstrafen mit Bewährung verurteilt worden. Ein 81jähriger Richter des Obersten Gerichts der DDR, der unter Anwendung des konturenlosen Artikels 6 der Verfassung der DDR von 1949 an der Verurteilung der harmlosen Zeugen Jehovas wegen Spionage, Kriegs- und Boykotthetze zu überhöhten Zuchthausstrafen beteiligt war, deren Verhängung auch nach der Auffassung des Bundesgerichtshofs[8] den objektiven Tatbestand der Rechtsbeugung erfüllte, ist mangels Nachweises eines Rechtsbeugungsvorsatzes freigesprochen worden: Weil der Angeklagte sich für Strafen eingesetzt habe, die erheblich niedriger als die von anderen Gerichtsmitgliedern geforderten und erkannten Strafen waren, liege die Annahme fern, daß er sich bewußt für immer noch rechtsbeugerisch überhöhte Strafen entschieden habe.[9] In einer weiteren vom Bundesgerichtshof bestätigten Entscheidung[10] ist ein Richter des Obersten Gerichts der DDR wegen Rechtsbeugung und Totschlag bzw. versuchtem Totschlag in mehreren Fällen zu einer Freiheitsstrafe von drei Jahren und neun Monaten verurteilt worden, weil er 1955 und 1956 an mehreren Urteilen mitgewirkt hatte, in denen unter Verstoß gegen das Verbot überharten und grausamen Strafens die Todesstrafe verhängt worden ist. Diese Entscheidung hat weniger wegen des Urteilsausspruchs als wegen der in ihr enthaltenen Kritik des Bundesgerichtshofs an der Nichtverfolgung von NS-Richtern Beachtung gefunden, die mit der erfreulichen - auch für die Beurteilung der DDR-Justiz bedeutsamen - Klarstellung verbunden war, daß der durch „Verblendung" oder Willfährigkeit gegenüber den politischen Machthabern abgestumpfte Täter gleichwohl vorsätzlich handelt und auch keinem zur Strafmilderung Anlaß gebenden Irrtum unterliegt. Derartige Justizpersönlichkeiten gab es in den Anfangsjahren der DDR zur Genüge. Der Umgang der Justiz mit den Richtern und Staatsanwälten der ehemaligen DDR würde heute anders, positiver gesehen, wenn die Justiz Gelegenheit gehabt hätte, das Wirken dieser furchtbaren Juristen strafrechtlich zu bewerten.

So aber wird das Bild der bundesrepublikanischen Justiz vom Umgang mit dem Justizunrecht in der ehemaligen DDR durch die Bewertung des Vorgehens

---

7 Urteil des LG Berlin vom 30.03.1995 (527-9/94).
8 Urteil des BGH vom 20.06.1996 - 5 StR 54/96 -.
9 Zwingend erscheint mir diese Argumentation nicht. Der 3. Senat hat in einem Fall, in dem der angeklagte Richter unter der von dem Staatsanwalt geforderten Strafe geblieben war und im Urteil auf strafmildernde Gesichtspunkte eingegangen war, aus dem Verhalten des Richters abgeleitet, daß dies auch für ein erhöhtes Schuldbewußtsein sprechen könne (BGH-Urteil vom 15.11.1995 - 3 StR 527/94 -).
10 BGHSt 41, 317 ff.

der DDR-Justiz gegenüber den Bürgern der DDR geprägt, die in den letzten 15 Jahren mit den Verhältnissen in ihrem Staat immer unzufriedener wurden, dies durch Kritik auch kundtaten, Fluchtversuche unternahmen und leise oder auch demonstrativ auf ihren Wunsch, die DDR verlassen zu wollen, aufmerksam machten. Die Richter bestraften den Ausreisewilligen mit Verlust des Arbeitsplatzes durch Abweisung von Kündigungsschutzklagen und mit Freiheitsentzug durch Inhaftierung.

Trotz einer Fülle von dafür sprechenden Indizien ist es bis jetzt in keinem Fall als erwiesen angesehen worden, daß die DDR-Richter nur dem äußeren Schein nach hierbei Gesetzesanwendung betrieben und ihre Tätigkeit auch subjektiv in Wahrheit nur als reine Unterdrückungsmaßnahme verstanden haben. Ebensowenig ließ sich nachweisen, daß sich die Justizangehörigen bei der Verurteilung zu einer zu vollstreckenden Freiheitsstrafe von dem sachwidrigen Bestreben, Staatseinnahmen im Wege des Häftlingsfreikaufs zu erzielen, haben leiten lassen.

Beides sind Umstände, die für sich alleine schon den objektiven und subjektiven Tatbestand der Rechtsbeugung erfüllt hätten und der Justiz den mühevollen Weg der Feststellung eines wissentlichen gesetzwidrigen Handelns des Richters oder Staatsanwalts in jedem Einzelfall erspart hätten.

Die Sachverhalte, die der DDR-Justiz Anlaß zum Einschreiten geboten hatten, waren in ihrer Struktur vielfach gleichgelagert: Fluchtversuche mit oder ohne Hilfe von Dritten, Kontaktaufnahme mit der Ständigen Vertretung der BRD oder westlichen Medien und Hilfsorganisationen, Verlangen auf Ausreise unter Vorlage des Personalausweises an einer Grenzkontrollstelle, Information von BRD-Bürgern über Ausreiseanträge, Vorbereitung zur Teilnahme an Demonstrationen, nachdrückliches Beharren auf dem Ausreisewunsch verbunden mit Kritik an der Behördenpraxis. Die heutigen Staatsanwaltschaften waren aber nicht immer gleichsinnig in der strafrechtlichen Bewertung der ausgesprochenen Verurteilungen. So sahen beispielsweise die Staatsanwaltschaften in Berlin und Dresden in der Anwendung des § 213 StGB/DDR, des sog. Republikflucht-Paragraphen, schon strafbares Unrecht, wenn Freiheitsstrafe verhängt wurde, während beispielsweise die Staatsanwaltschaft in Neuruppin einen Straftatbestand nur bei Strafmaßexzessen annahm.[11] Um Rechtsklarheit darüber zu gewinnen, ob die Auffassung der Staatsanwaltschaft über die Strafbarkeit der Verfolgung von DDR-Bürgern auch von den Gerichten geteilt wird, wurden nicht nur in Berlin Musteranklagen erhoben, in denen übliche Vorgehensweisen der Richter und Staatsanwälte der DDR den Gerichten, letztendlich also im Revisionswege auch dem Bundesgerichtshof, zur Entscheidung unterbreitet wurden. So bekamen drei Senate des Bundesgerichtshofs Gelegenheit, sich zwischen Dezember 1993 und Mai 1997 in etwa 100 Fällen von Verurteilungen,[12] durch die Kritiker des SED-Staates, Flucht- und Ausreisewillige zu Freiheitsstrafen verurteilt worden sind und in neun Fällen, in denen fristlose Kündi-

---

11 Rautenberg, NJ 1994, 88, 89.
12 Einen Überblick über sieben BGH-Entscheidungen gibt Spendel in JR 1996, 177 ff.

gungen von Arbeitsverhältnissen wegen des Ausreisewunsches richterlich bestätigt wurden, mit der Frage zu beschäftigen, unter welchen Voraussetzungen sich Richter und andere Justizangehörige der DDR wegen Rechtsbeugung strafbar gemacht haben.[13] In diesen Fällen, die sich in der Zeit zwischen 1976 und 1989 zutrugen, ging es um die Verurteilungen von Meinungsäußerungen als staatsfeindliche Hetze (§ 106 StGB/DDR) oder öffentliche Herabwürdigung (§ 220 StGB/DDR), von vorbereiteten oder versuchten Fluchthandlungen als versuchter ungesetzlicher Grenzübertritt (§ 213 StGB/DDR), bzw. von Fluchthilfe als Menschenhandel (§ 105 StGB/DDR), von phantasievollen und verzweifelten Bekundungen des Ausreisewunsches und der Kontaktaufnahme zu Dienststellen der Bundesrepublik und anderen Institutionen zwecks Unterstützung dieses Begehrens als Beeinträchtigung staatlicher Tätigkeit (§ 214 StGB/DDR), ungesetzlicher Verbindungsaufnahme (§ 219 StGB/DDR) oder sogar landesverräterischer Nachrichtenübermittlung bzw. Agententätigkeit (§§ 99, 100 StGB/DDR). Es wurden Freiheitsstrafen zwischen 1 und 9 Jahren verhängt, die alle wenigstens teilweise auch vollstreckt wurden. Mit im wesentlichen übereinstimmenden grundsätzlichen Aussagen zur Strafbarkeit von DDR-Richtern und Staatsanwälten haben die Senate die angeklagten DDR-Richter und Staatsanwälte - es waren insgesamt 13 - in 73 Fällen frei- und in 15 Fällen schuldig gesprochen.[14]

Die Rechtsprechung des Bundesgerichtshofs

Grundzüge und Ergebnisse

Der BGH hat sich von folgenden Erwägungen leiten lassen, die hier nur ganz verkürzt wiedergegeben werden können:[15]

Wegen der mit Blick auf das Rückwirkungsverbot und das verfassungsrechtliche Gebot des Vertrauensschutzes zu beachtenden besonderen Züge des DDR-Rechtssystems sind strenge Anforderungen an das Vorliegen des Rechtsbeugungstatbestandes zu stellen. An einer Gesetzeswidrigkeit im Sinne des § 244 StGB/DDR hat es deshalb grundsätzlich gefehlt, wenn das Handeln des Richters vom Wortlaut des Rechts der DDR gedeckt war. Die Bestrafung von DDR-Richtern und Staatsanwälten ist auf Fälle von offensichtlichen und schweren Menschenrechtsverletzungen, in denen sich die Entscheidung als Willkürakt darstellt, zu beschränken. Orientierungsmaßstab ist die offensichtliche Verlet-

---

13 Die Behandlung der arbeitsrechtlichen Entscheidungen unter dem Gesichtspunkt der Rechtsbeugung durch den Bundesgerichtshof bleiben bei den weiteren Ausführungen außer Betracht.
14 In den übrigen Fällen sind die Urteile aufgehoben und die Sachen an andere Strafkammern zur erneuten Verhandlung zurückverwiesen worden.
15 BGHSt 40, 30 ff., 169 ff., 272 ff.; 41, 157 ff., 247 ff., 317 ff. nicht veröffentlichtes Urteil und Beschlüsse vom 15.11.1995 - 3 StR 527/94 -, vom 30.11.1995 - 4 StR 714/94 und 777/94, vom 11.04.1997 - 3 StR 576/96, vom 15.05.1997 - 5 StR 121/97 -.

zung von Menschenrechten, wie sie in der DDR durch den Beitritt zum Internationalen Pakt über bürgerliche und politische Rechte vom 19. Dezember 1966 (IPbürgR) anerkannt waren.

Als eine solche durch Willkür gekennzeichnete offensichtliche Menschenrechtsverletzung und damit als Rechtsbeugung sind - abgesehen von Sachverhaltsverfälschungen - Fälle zu bewerten:

- in denen Straftatbestände unter Überschreitung des Gesetzeswortlauts oder unter Ausnutzung der Unbestimmtheit derart überdehnt worden sind, daß eine Bestrafung zumal mit Freiheitsstrafe als offensichtliches Unrecht anzusehen ist,
- in denen die verhängte Strafe in einem unerträglichen Mißverhältnis zu der Handlung gestanden hat, so daß die Strafe als grob ungerecht und als schwerer Verstoß gegen die Menschenrechte erscheinen muß,
- in denen die Art und Weise der Durchführung von Verfahren von schweren Rechtsverstößen gegen die Verfahrensordnung gekennzeichnet ist, so daß die Strafverfolgung und die Bestrafung überhaupt nicht der Verwirklichung von Gerechtigkeit, sondern der Ausschaltung politischer Gegner oder einer bestimmten sozialen Gruppe gedient haben.[16]

Der Rechtsbeugung für schuldig befunden wurden DDR-Richter und Staatsanwälte in folgenden Fällen:

In zwei Fällen einer Verurteilung wegen staatsfeindlicher Hetze sah der Bundesgerichtshof die Rechtsbeugung darin, daß die seitens der DDR-Justiz inkriminierten Schriften überhaupt nicht den Tatbestand erfüllten, der Tatbestand vielmehr wissentlich unter Überschreitung der Wortlautschranke überdehnt worden ist.

In sieben Fällen wurde die Anordnung von Freiheitsentziehung, in Form von Untersuchungshaft oder Strafhaft für gesetzeswidrig angesehen, weil diese in keinem Verhältnis zu dem vorgeworfenen Verhalten, das lediglich Bagatellcharakter gehabt habe, gestanden habe. Konkret ging es um Fälle, in denen Inhaftierungen allein deswegen erfolgt waren, weil DDR-Bürger an Grenzübergangsstellen lediglich den Grenzposten ihren Ausweis mit der Erklärung: „Ich will ausreisen" vorgelegt hatten, in denen Ausreisewillige sich zu einem „Spaziergang" getroffen hatten, ohne optisch oder akustisch für Aufsehen zu sorgen[17] und in denen DDR-Bürger mit Dienststellen der Bundesrepublik Kontakt aufgenommen hatten und lediglich ihre Personalien und die Ausreiseanträge mitgeteilt hatten. Dies sind Fälle, so der BGH, die im Grenzbereich noch zulässiger Auslegung und damit Anwendung der Norm lagen, in denen die Auslegung der Norm zum Nachteil des Betroffenen aber offensichtlich die äußerste

---

16 Diese Fallgruppe hat bisher in der höchstrichterlichen Rechtsprechung noch keine den Rechtsbeugungsvorwurf begründende Rolle gespielt.
17 BGH Beschluß vom 15.05.1997 - 5 StR 121/97 -.

Grenze hinnehmbarer Rechtsanwendung berührt. Die Gesetzeswidrigkeit der Entscheidung kann sich nach Auffassung des BGH in diesen Fällen daraus ergeben, daß mit grob unverhältnismäßiger Bestrafung durch Verhängung einer im vorgesehenen Strafrahmen besonders schwerwiegenden Rechtsfolge, nämlich einer zu verbüßenden Freiheitsstrafe, reagiert wurde. Diese auf die Anwendung der §§ 214, 219 StGB/DDR bezogenen Ausführungen eröffnen den Strafverfolgungsbehörden weiteren Handlungsraum, weil diese Fälle massenhaft vorgekommen und insoweit durch den Bundesgerichtshof praktikable Abgrenzungskriterien entwickelt worden sind.

Schließlich hat der Bundesgerichtshof noch Rechtsbeugung durch Verhängung überharter Strafen in Fällen angenommen, in denen für das mehrfach verwirklichte Delikt der staatsfeindlichen Hetze bei einem gesetzlichen Strafrahmen von bis zu zwölf Jahren Freiheitsstrafen von acht Jahren verhängt worden waren. Auch in diesem Zusammenhang hat der Bundesgerichtshof eine begrüßenswerte Strafzumessungsregel aufgestellt: Bei Meinungsäußerungsdelikten sind den Richtern auf der Rechtsfolgenseite engere Grenzen gezogen als dies bei Delikten der Fall sein mag, die über bloße Meinungsäußerung hinaus gehen. Wie weit der Richter gehen darf, hat der BGH nicht gesagt. Insofern gibt diese Entscheidung für die Praxis wenig Hilfestellung, dürfte in bezug auf die DDR-Justiz auch als Verurteilungsgrundlage kaum zum Tragen kommen, wenn man berücksichtigt, daß in einem anderen Fall eine Freiheitsstrafe von zwei Jahren und acht Monaten für „staatsfeindliche Hetze" als noch erträglich angesehen wurde.[18]

Folgerungen für die Praxis und Kritik

Die von 3 Senaten getragenen Grundaussagen und die aufgestellten strengen Anforderungen an die Annahme einer Rechtsbeugung bei Anwendung des politischen Strafrechts der DDR sind ständige und gefestigte Rechtsprechung. An ihr hat der Bundesgerichtshof trotz der Kritik, die sie in der Fachwelt erfahren hat,[19] festgehalten. Nach ihr richtet sich die Staatsanwaltschaft. Deshalb werden gemessen an der großen Zahl derjenigen, die, wie auch der Bundesgerichtshof immer wieder betont, an „rechtsstaats- und menschenrechtswidrigen Maßnahmen der DDR-Justiz" beteiligt waren, nur noch wenige angeklagt werden. In Berlin werden es nach dem gegenwärtigen Erkenntnisstand, der auf einer Über-

---

18 Nicht veröffentlichtes BGH-Urteil vom 15.09.1995 - 5 StR 642/94 - Dem verurteilten DDR-Bürger war vorgeworfen worden, in Gesprächen mit Arbeitskollegen die staatlichen und politischen Verhältnisse in der DDR diskriminiert zu haben. Die „gänzlich unverhältnismäßige" Strafe erschien dem BGH noch nicht als Rechtsbeugung, weil der Verurteilte tatsächlich Zweifel an der Richtigkeit der Politik der SED geweckt, seine Autorität als Vorgesetzter ausgespielt und den Tatbestand über einen längeren Zeitraum verwirklicht habe.
19 Spendel NJW 1996, 809 ff.; JR 1996, 177 ff., Wassermann NJW 1996, 2076, Schulz StV 1995, 206 ff., Maiwald JZ 1996, 866 ff., Schröder NStZ 1995, 546; zustimmend: Roggemann JZ 1994, 769 ff. (777).

prüfung aller anhängigen Ermittlungsverfahren anhand der vom BGH aufgestellten Maßstäbe beruht, zwischen 30 und 40 Personen sein.

Bisher sind nach dem Stand vom Mai 1997 etwa 100 Justizfunktionäre angeklagt und 19 verurteilt worden, darunter sieben rechtskräftig, 22 wurden freigesprochen, darunter zwölf rechtskräftig. In mehr als 60 angeklagten Verfahren ist bisher noch keine gerichtliche Entscheidung ergangen.

Die Rechtsprechung des Bundesgerichtshofs, die in vielen Fällen dazu führt, daß die Täter erhobenen Hauptes von dannen gehen und die Opfer sich vorkommen, als wenn sie ein zweites Mal verurteilt worden seien, ist öffentlich heftig angegriffen worden.[20] Sie hat die Befürchtung ausgelöst, daß sich ähnliches wie die fehlgeschlagene Verfolgung nationalsozialistischen Justizunrechts bei der Aburteilung der Justizdelikte des SED-Regimes wiederholen könne.[21]

Ich teile diesen Standpunkt nicht. Die politische Ausgangslage und die personelle Situation bei der Justiz waren 1945 und 1990 grundverschieden. Keiner kann heute der Justiz den Willen absprechen, durch die DDR-Justiz begangene schwere Menschenrechtsverletzungen, strafrechtlich zu verfolgen. Anders als nach 1945, als Todesurteile, die von der NS-Justiz wegen Nichtigkeiten ausgesprochen wurden, zwar gerichtlich überprüft wurden, ohne daß aber deren Verhängung den dafür verantwortlichen Richtern als Straftat angelastet wurde, kann das Mitwirken der Richter und Staatsanwälte an Todesurteilen wegen politischer Delikte, die überwiegend in der Frühzeit der DDR gefällt wurden, aus biologischen Gründen, also aus Gründen, die nicht im Verantwortungsbereich der Justiz liegen, nicht verfolgt werden. Es fehlt und fehlte also nicht am Verfolgungswillen. Auf dem Prüfstand stehen heute fast nur noch Urteile, durch die Freiheitsstrafen verhängt worden sind, also richterliches Handeln, das nach 1945 wegen der großen Zahl von Todesurteilen erst gar nicht ins Visier der Strafverfolgungsorgane geriet. Auch in den anderen ehemaligen Ostblockstaaten wird der Versuch der justitiellen Bewältigung des dort in ähnlicher Weise vorgekommenen Justizunrechts nicht einmal ansatzweise unternommen.[22] Bis heute gibt es unter den demokratisch verfaßten Staaten keinen Konsens in der rechtlichen Bewertung vergleichbaren oder sogar schlimmeren Justizhandelns in bestehenden Diktaturen. Ich erkenne in der Rechtsprechung des Bundesgerichtshofs das Bemühen, in dem engen Rahmen, der durch den Einigungsver-

---

20 TAZ vom 09.10.1996: „DDR-Richter und Staatsanwälte bleiben meist unbehelligt", FAZ vom 07.02.1996: „Richter bleibt Richter", Fr.-Chr. Schroeder in der FAZ vom 01.02.1996: „Spitzfindig bis zum Grotesken" und in der FAZ vom 31.10.1995: „Zu viel der Nachsicht"; zustimmend: SZ vom 17.11.1995: „Gebeugtes Recht" und vom 14.12.1993: „Die Justiz lernt aus Fehlern", Uwe Wesel in „Wochenpost" vom 22.03.1993: „Rechtsbeugung rechts und links".

21 Wassermann in „Die Welt" vom 18.09.1995: „Schonung für die Unrechtsrichter des SED-Regimes".

22 Georg Brunner: „Juristische Bewältigung des kommunistischen Unrechts in Osteuropa und Deutschland" Berlin 1995; Vitt JZ 1995, 143, 144: „Bericht über eine Tagung zum Thema strafrechtliche Aufarbeitung von staatlich gesteuertem Unrecht".

trag gesetzt worden ist, auch dem Menschenrecht auf Freiheit strafrechtlichen Schutz vor Justizwillkür in totalitären Staaten zu gewähren.

Der Bundesgerichtshof hätte hierbei aber noch einen Schritt weitergehen können und den im Internationalen Pakt über bürgerliche und politische Rechte konkretisierten Menschenrechten größeres Gewicht bei der Bewertung und Auslegung des Staatsschutzrechtes der DDR beimessen müssen. Und hier muß auch die Kritik an einigen Leitlinien und Einzelfallentscheidungen einsetzen. Die Entscheidungen des Bundesgerichtshofs, die zu einer weitgehenden Freistellung der Justizangehörigen der DDR von strafrechtlicher Schuld führen, basieren als erstes auf der Grundaussage, daß es im politischen Strafrecht der DDR *kein gesetzliches Unrecht* gab.[23] Maßstab dafür, ob richterliches Handeln gesetzwidrig war, ob also objektiv das Recht gebeugt wurde, ist für den Bundesgerichtshof grundsätzlich das geschriebene Recht der DDR zum Begehungszeitpunkt. Der Bundesgerichtshof sagt zwar, was grundsätzlich zu begrüßen ist, daß - trotz des Wortlauts des § 244, der nur von gesetzeswidrig und nicht von rechtswidrig in bezug auf die getroffene Entscheidung spricht -, geschriebenes Recht, das nach seinem zwingenden Gesetzeswortlaut oder in einer bestimmten menschenrechtswidrigen Auslegung gegen überpositives Recht verstoße, von vornherein keine rechtliche Wirkungskraft entfalten kann und daß eine darauf gestützte Entscheidung deshalb mangels Rechtsgrundlage gesetzeswidrig ist.[24] Dies ist der Fall, wenn bestimmte als unantastbar anzusehende Grundsätze menschlichen Verhaltens, die sich bei allen Kulturvölkern im Laufe der Zeit herausgebildet und in neuerer Zeit in völkerrechtlichen Konventionen und Abkommen wie der Allgemeinen Erklärung der Menschenrechte vom 10.12.1948 und dem Internationalen Pakt über bürgerliche und politische Rechte vom 19.12.1966 ihren Niederschlag gefunden haben, durch Gesetze verletzt werden.[25] Einen solchen offensichtlichen und groben Verstoß gegen elementare Gebote der Gerechtigkeit und gegen die Menschenrechte - mithin gegen den Kernbereich des Rechts - vermag der Bundesgerichtshof in den Vorschriften des politisch motivierten Strafrechts der DDR jedoch nicht zu erblicken. Gesetze, die zur empfindlichen Bestrafung Andersdenkender führen können, seien noch kein *schlechthin unerträgliches* Unrecht. Dem ist grundsätzlich zuzustimmen, weil ein bloß ungerechtes Gesetz wegen des auch ihm innewohnenden Ordnungselements noch Rechtsgeltung gewinnen und Rechtssicherheit schaffen kann. Die Fälle, in denen eine Norm als ungesetzlich angesehen werden kann, müssen deshalb auf extreme Ausnahmefälle beschränkt bleiben. Die Staatsanwaltschaft hat aber in bezug auf den Tatbestand des ungesetzlichen Grenzübertritts (§ 213) den Standpunkt vertreten, die Norm sei ungültig soweit durch sie das bloße nicht genehmigte Verlassen der DDR kriminalisiert und dadurch Freiheitsentzug ermöglicht wurde, weil eine solche Regelung einen groben Ver-

---

23 BGHSt 40, 30 ff.; 41, 247, 256; DtZ 1996, 92, 93.
24 BGHSt 40, 272, 276, 277; DtZ 1996, 92 ff.
25 Als Beispiele für gesetzliches Unrecht werden die Legalisierung von Folter oder Völkermord genannt BGHSt 40, 248.

stoß gegen den Grundgedanken der Gerechtigkeit und Menschlichkeit darstelle.[26] Der Bundesgerichtshof ist dieser Ansicht nicht gefolgt, weil dem Menschenrecht auf Ausreise, das durch diese Bestimmung und seine Anwendung verletzt werde, nicht die elementare Bedeutung der Unantastbarkeit des menschlichen Lebens zukomme: „Anders als eine Legalisierung der Tötung unbewaffneter Flüchtlinge ist ein Gesetz, auch wenn es in der genannten Weise zu empfindlicher Bestrafung politisch Andersdenkender führen kann, bei der erforderlichen Gesamtabwägung der widerstreitenden Gebote von Gerechtigkeit und Rechtssicherheit noch kein schlechthin unerträgliches Unrecht".[27] Es wäre wünschenswert gewesen, wenn der BGH in diesem Zusammenhang auch auf seine frühere Rechtsprechung eingegangen wäre, die in bezug auf den Rechtscharakter der Vorläuferbestimmung im Paßgesetz der DDR vom 15.09.1954, in der die „Republikflucht" ebenfalls mit Freiheitsstrafe bedroht wurde, besagte: „daß das allgemeine Ausreiseverbot für alle Bewohner der SBZ ohne vorherige behördliche Genehmigung, welches sogar die bloße Vorbereitung der Ausreise mit hohen Gefängnisstrafen bedroht, keine staatlich vertretbare Ordnungsaufgabe erfüllt. Noch viel weniger ist ein Verstoß gegen das allgemeine Ausreiseverbot kriminelles Unrecht. Das Verbot hat vielmehr allein den politischen Zweck, das unerträgliche kommunistische Zwangsregime der SBZ zu fördern"[28]. Der vom Bundesgerichtshof entwickelte Gedanke der gebotenen Zurückhaltung bei der Rechtsfolgenbemessung, wenn die Gesetzesanwendung schon im Grenzbereich der Überdehnung des Gesetzeswortlauts liegt,[29] hätte auch hier schon wegen der fast vollständigen Negierung des Ausreiserechts und damit der Nähe der Ausreiseregelung zum unerträglichen Gesetzesunrecht entwickelt und durchgesetzt werden können.

Der zweite Grundsatz besagt, daß der Tatbestand der Rechtsbeugung restriktiv anzuwenden ist. Die Bestrafung ist auf Fälle zu beschränken, in denen die Rechtswidrigkeit der Entscheidung so offensichtlich war und insbesondere die Rechte anderer, hauptsächlich ihre Menschenrechte, derart schwerwiegend verletzt worden sind, daß sich die Entscheidung als Willkürakt darstellt.[30] Der Wortlaut der Vorschrift erfordert diese Einschränkung nicht.[31] Im Gegenteil, wenn schon das politische Strafrecht selbst gemessen an dem Menschenrechtsstandard wie er aus dem von der DDR durch den Beitritt anerkannten internationalen Pakt über bürgerliche und politische Rechte hervorgeht Unrecht, wenn auch - wie der BGH meint - noch erträgliches Unrecht, war, Unrecht, das als

---

26 Anklageschrift vom 30.12.1993 in dem Verfahren 76 Js 1042/93; so auch Hoerchelmann ZRP 1991, 351, 352 und - einschränkend für Freiheitsstrafen von über einem Jahr - Schröder, GA 1993, 389 ff. (405, 406).
27 BGHSt 41, 247, 259; BGHSt 40, 272, 278; BGH in DtZ 1996, 92 ff.
28 BGHSt 14, 104, 107.
29 BGHSt 41, 247, 262; BGH in DtZ 1996, 92 ff.
30 Ständige Rechtsprechung des BGH seit der Entscheidung vom 13.12.1992 (BGHSt 40, 30 ff.).
31 Spendel NJW 1996, 810; Schulz StV 1995, 206 ff. (208) Der BGH-Rechtsprechung zustimmend Lehmann NJ 1996, 561 ff., Roggemann a.a.O.

Recht Geltung beanspruchen durfte, dann darf dem Täter, der dieses normierte Unrecht über den gesetzlichen Rahmen hinaus ausdehnt, durch die genannten Restriktionen nicht noch zusätzlicher Schutz gewährt werden. Sie finden auch keine Grundlage in dem nach den Methoden und dem Rechtsverständnis der DDR auszulegenden § 244 StGB/DDR. Diese Begrenzung des Tatbestandes scheint, wie aus Formulierungen des Bundesgerichtshofs zu entnehmen ist, dem Umstand geschuldet zu sein, daß § 336 StGB, also die Vorschrift, nach der in der Bundesrepublik Rechtsbeugung strafbar ist, nicht jede unrichtige Rechtsanwendung, sondern nur die Beugung des Rechts also einen elementaren Verstoß gegen die Rechtspflege umfassen soll, so daß Rechtsbeugung - so der BGH[32] - nur der Amtsträger, der sich bewußt und in schwerwiegender Weise von Recht und Gesetz entfernt, begeht. Auch diese Einschränkung ist ein Richterprivileg ohne gesetzliche Grundlage. Ob seine Einführung rechtspolitisch im Interesse der Rechtssicherheit geboten war, um Rechtsprechungsakte nicht allzu häufig einer erneuten Sachprüfung zu unterziehen, ist zu bezweifeln. Der Rechtsbeugungstatbestand hat auch vor dieser Rechtsprechung ein Schattendasein geführt.[33] Hätte der Bundesgerichtshof die Verkürzung des Anwendungsbereichs des § 244 StGB auf schwere, einen Willkürakt darstellende Menschenrechtsverletzungen nicht vorgenommen, so hätte er die Richter bei dem notwendigen Mildevergleich zwischen dem DDR-Recht und dem BRD-Recht wegen der Einengung des § 336 StGB trotz Strafbarkeit nach DDR-Recht möglicherweise in Einzelfällen freisprechen müssen, ein Ergebnis, das niemand verstanden hätte. Insofern kann man in dieser Rechtsprechung auch wieder eine Schadensbegrenzung sehen. Vielleicht gibt das Verfahren, in dem Staatsanwälte von dem Vorwurf, Rechtsbeugung durch Niederschlagung von Wahlfälschungsanzeigen begangen zu haben, mit der Begründung freigesprochen worden sind, hierdurch seien keine Menschenrechtsverletzungen begangen worden, dem Bundesgerichtshof Gelegenheit, den Tatbestand der Rechtsbeugung von diesem Ballast zu befreien. Die Auseinandersetzung über diese Restriktion des Tatbestandes im Zusammenhang mit Verurteilungen scheint aber in erster Linie akademischer Natur zu sein. Denn bisher ist keine Fallkonstellation aufgetreten, bei der der BGH zwar festgestellt hat, daß die Entscheidung gesetzeswidrig im Sinne von § 244 StGB war, aber nicht so offensichtlich, daß sie sich als schwere Menschenrechtsverletzung und damit als Willkürakt darstellt. Entweder wurde sie als rechtmäßig angesehen oder aber als gesetzwidrig und damit auch als Willkürakt.

Die ergebnisrelevante Grenzziehung zwischen strafbarem und straflosem Justizunrecht nimmt der Bundesgerichtshof in Wahrheit mit seinem dritten Grundsatz vor, wonach die Strafbestimmungen des StGB/DDR, auf die die DDR-Richter und Staatsanwälte ihre Entscheidungen gestützt haben, bei der Prüfung der Frage, ob sie bei der Anwendung dieser Bestimmungen auf einen

---

32 BGHSt 40, 272, 283; a.A. Seebode JR 1994, 1, 3 f.; Spendel JR 1994, 221, 223.
33 Siehe die Zusammenstellung der Rechtsprechung zu § 336 StGB bei Hohmann DtZ 1996, 230.

konkreten Sachverhalt, also bei der Subsumtion, gesetzeswidrig gehandelt haben, extensiv auszulegen sind. Es geht hier beispielsweise bei der Subsumtion eines Sachverhalts unter den § 214 StGB/DDR darum, was unter den dort genannten Begriffen des „Gesetzes", „der Gefährdung der öffentlichen Ordnung" bzw. was in der Strafbestimmung des § 219 StGB/DDR unter einer „Schädigung der Interessen der DDR" oder einem „Nachteil der Interessen der DDR" im Sinne von § 99 StGB/DDR, was unter dem Begriff der „Diskriminierung" in § 106 StGB/DDR oder einer „Herabwürdigung" in § 220 StGB/DDR zu verstehen ist.

Uneingeschränkt zuzustimmen ist dem Bundesgerichtshof darin, daß im Hinblick auf das zu beachtende Rückwirkungsverbot bei der Gesetzesinterpretation nicht auf die Wertvorstellungen des Grundgesetzes, sondern auf die der DDR abzustellen ist.[34] Bei der Prüfung der Gesetzeswidrigkeit einer durch DDR-Justizangehörige getroffenen Entscheidung ist deshalb zu berücksichtigen, daß die DDR-Verfassung und die Staatsrechtspraxis der DDR von einem pflichtbezogenen Grundrechtsverständnis ausgingen, das dem Charakter der Grundrechte unter der Herrschaft des Grundgesetzes nicht entspricht.

Dies bedeutet, daß der heute urteilende Richter in die Haut eines damals judizierenden Richters schlüpfen muß. Er muß bei der wertenden Subsumtion eines Sachverhalts unter einen Straftatbestand und dessen Auslegung berücksichtigen, daß - so der BGH - „Richter und Staatsanwälte der DDR in einem anderen Rechtssystem eingegliedert waren, dessen Wertvorstellungen sie verhaftet waren"[35]. Diese Wertvorstellungen gingen von der SED aus. Weil die Justiz „zur Lösung der Aufgaben der sozialistischen Staatsmacht bei der Gestaltung der entwickelten Gesellschaft beizutragen hatte"[36], mußte sie sich auch an der inhaltlichen Bestimmung sozialistischer Grundsätze orientieren, die die SED bestimmte.[37] Die Gerichte übten mittels der Rechtsprechung staatliche Macht der Arbeiterklasse aus und waren fest in das einheitliche System der Machtausübung eingegliedert. Zwar gehörte es zu den Aufgaben der Rechtsprechung „die gesetzlich garantierten Rechte und Interessen der Bürger zu schützen, zu wahren und durchzusetzen"[38]. Dem lag aber ein anderes Verständnis von Bürgerrechten zugrunde, als in Rechtssystemen nichtsozialistischer Staaten. Die Rechte und Interessen der einzelnen wurden nicht als Gegensatz zu staatlichen Belangen gesehen. Vielmehr war Ausgangspunkt jeder auf den einzelnen Bürger bezogenen Staatstätigkeit, auch der Rechtsprechung, die Annahme, daß alles, was der Entwicklung und Festigung der sozialistischen Gesellschaft diene, zugleich den Interessen des einzelnen entspreche. Insofern war die zu beachtende sozialistische Gesetzlichkeit keine umfassende Garantie vor Rechtsbeeinträchtigungen durch den Staat. Man kann vielmehr sagen: Rechtsbeeinträchti-

---

34 BGH NJW 1995, 3324; BGHSt 40, 272 ff.
35 BGHSt 40, 272 (279, 280).
36 § 3 GVG/DDR.
37 BGHSt 40, 30 (36).
38 § 3 GVG/DDR.

gung im rechtsstaatlichen Sinn war systemimmanent. Der Zusatz „sozialistisch" orientierte die Gesetzesanwendung auf das Staatsziel, die Verwirklichung eines sozialistischen Staates unter Führung der SED. Die SED bestimmte, was Sozialismus war. Sie hatte die Definitionsmacht. Der heute judizierende Richter ist also gezwungen, die in den einzelnen Entwicklungsepochen des Sozialismus geltende leninistisch-marxistische Staats- und Rechtsideologie nachzuvollziehen und sehr weitgehend zugunsten der DDR-Justizfunktionäre zu berücksichtigen. Es ist also zu beachten, daß der Entwicklung der DDR und ihrer Staats- und Gesellschaftsordnung durch die Rechtspflege der DDR Vorrang vor dem Individualrechtsgüterschutz eingeräumt wird, so daß beispielsweise die Justizpraxis, durch die das Recht der Meinungsfreiheit auf die Äußerung der von der SED gewünschten Meinungen reduziert und das Menschenrecht auf Ausreise praktisch auf Null zurückgeführt wird, - abgesehen von Fällen von Strafmaßexzessen - sich einer strafrechtlichen Ahndung entzieht.[39] In sich konsequent, aber unter Befriedungsgesichtspunkten geradezu kontraproduktiv sind einige Ausführungen des Bundesgerichtshofs aus Anlaß der Prüfung, ob das verhängte Strafmaß wegen eines unerträglichen Mißverhältnisses zwischen Strafe und Tat den Tatbestand der Rechtsbeugung erfüllt und mit denen die Strafen als noch hinnehmbar begründet werden. So wird die Vorbereitung einer Demonstration für die Ausreisefreiheit aus der Sicht der DDR für die öffentliche Ordnung als besonders gefährlich und deshalb strafverschärfend bewertet, ebenso die Uneinsichtigkeit die darin liegt, daß jemand es auf seine Verhaftung anlegt, um seinen Ausreisewunsch durchzusetzen, ferner der wiederholte Rechtsbruch, etwa die wiederholten Versuche der Republikflucht. Je widerständiger sich der DDR-Bürger im Unrechtsstaat DDR verhielt, um so härter durfte die Strafe sein. Der Bundesgerichtshof selbst hebt den unbefriedigenden Aspekt seiner Rechtsprechung hervor, daß nämlich „massive Reaktionen der DDR-Justiz gerade auf besonders mutiges und aktiv auf die Durchsetzung von Freiheitsrechten gerichtetes Verhalten wegen des nach rechtsstaatlichen Prinzipien gebotenen Abstellens auf die Sicht des DDR-Rechts eher selten zur Annahme von Rechtsbeugung führen werde, weil die DDR-Justiz gerade solches Verhalten von Menschen mit Zivilcourage aus ihrer Sicht zu Recht besonders fürchten mußte"[40]. Dies ist eine schlechte Botschaft für Demokratiebewegungen in anderen Diktaturen.

Hier scheint der BGH jedoch etwas zu sehr an dem Wortlaut der DDR-Verfassung zu haften. Eine differenziertere Sicht des Grundrechtsverständnisses in der DDR wäre nach dem Beitritt der DDR zum Pakt über bürgerliche und politische Rechte angebracht gewesen. Die Konvention war erkennbar nicht zum Schutz von Staatsinteressen, sondern von Menschenrechten bestimmt. Dies hat mit Sicherheit auch die DDR erkannt als sie dem Pakt beigetreten ist, so daß sie damit auch zu erkennen gegeben hat, daß sie an ihrem starren Grundrechtsver-

---

39 BGHSt 41, 247 (264).
40 BGHSt 41, 247 (268).

ständnis, wonach diese nur vom Staat eingeräumt aber nicht gegen den Staat eingeklagt werden können, nicht mehr festhält.

Von dem Grundsatz, daß Staatsanwälte und Richter gesetzmäßig handelten, wenn sie sich bei der Auslegung der zur Tatzeit geltenden Gesetze der DDR an den einschlägigen Kommentaren und verlautbarten Rechtsmeinungen des Obersten Gerichts ausrichteten, macht der Bundesgerichtshof dann Ausnahmen:

- wenn Beschlüsse und Richtlinien auch bei extensiver Auslegung eines gesetzlichen Straftatbestandes mit dem Wortlaut nicht mehr vereinbar sind,[41]
- wenn sich aus der weiten Auslegung einer Norm, deren Wortlaut auch eine andere menschenfreundliche Deutung zuließe, ein elementarer Verstoß gegen Menschenrechte ergibt.

Praktisch relevant sind diese Ausnahmen in der Rechtsprechung des Bundesgerichtshofes nicht geworden. Ihnen hätte aber in einigen Grenzfällen ein Anwendungsfeld geschaffen werden können, wenn der Veränderung der Rechtswirklichkeit in der DDR und der damit verbundenen Stärkung der Grund- und Menschenrechte, die durch den Beitritt zu dem internationalen Pakt über bürgerliche und politische Rechte erfolgt ist, in größerem Maße Rechnung getragen worden wäre. Stattdessen hat der Bundesgerichtshof in einigen Einzelfallentscheidungen den Eindruck erweckt, als ob er eher nach Exkulpationsmöglichkeiten für die Täter suche, so

- wenn in Unmutsäußerungen über die Nichtbearbeitung oder die Ablehnung von Ausreiseantragsfällen, die den Hauptanwendungsfall von § 214 StGB/DDR darstellten, die Mißachtung von Gesetzen, die es gar nicht gab, gesehen wurde,[42]
- wenn die offensichtlich gesetzwidrige Annahme, in der Aushändigung eines Reisepasses liege ein Verbringen eines Menschen in ein anderes Land im Sinne des nach § 132 StGB/DDR strafbaren Menschenhandels und wenn die dafür verhängte exorbitant hohe Strafe von drei Jahren und sechs Monaten durch eine Bewertung dieses Geschehens als Beihilfe zum illegalen Grenzübertritt im schweren Fall gerechtfertigt wird mit der Begründung, daß deshalb - obwohl der DDR-Richter auf diese Idee überhaupt nicht gekommen ist - nicht feststellbar sei, daß ein Überdehnen des Tatbestands gewollt gewesen sei, um eine besonders harte Strafe zu erreichen,[43]
- wenn das vierfache Ausstellen des Großbuchstaben „A" in einer Größe von jeweils einem Meter in einem Fenster durch einen DDR-Bürger, um die Genehmigung zur Ausreise in die Bundesrepublik durchzusetzen, aus der Sicht des angeklagten Richters noch als „potentielle öffentliche Aufforderung" zur

---

41 BGHSt 41, 247 ff.
42 BGHSt 40, 272, 281.
43 BGH Urteil vom 15.09.1995 - 5 StR 713/94 - UA S. 40 in BGHSt 41, 247 ff. nicht abgedruckt.

Mißachtung der in der DDR praktizierten Ausreiseregelung verstanden werden konnte,[44]
- wenn das Aufsuchen eines ausländischen Botschaftsgebäudes mit dem Ziel, die Ausreise zu erlangen, als Beeinträchtigung staatlicher Tätigkeit mittels Drohung durch in Aussichtstellen politischer Verwicklungen unter Einsatz der Botschaft als „Tatmittler" gewertet wird.[45]

Bei der Betrachtung dieser Fälle scheint das Verständnis für das Anleitungswesen in der DDR zu fehlen, das hinsichtlich des Vorgehens gegen Ausreiseantragsteller nicht der Exegese des Gesetzestextes, sondern der Verfolgung aus politischen Gründen diente. Bürger, die sich nach offizieller Ablehnung ihres Antrags dennoch demonstrativ für die Durchsetzung ihres Ausreiserechts einsetzten, sollten mit strafrechtlichen Mitteln zur Verantwortung gezogen werden. Die Anleitungen dienten der Durchsetzung des Primats der Politik, der Zurückdrängung des Ausreisewunsches und damit der Unterdrückung von Gesinnung. Sie sollten erkannte Strafbarkeitslücken überbrücken oder einen Vorwand für sonstige Abweichungen vom Gesetz abgeben. Wenn Richter so entschieden, wie sie entschieden haben, dann taten sie es in Kenntnis der Gesetzeswidrigkeit und mit dem Bewußtsein und dem Willen, den Parteiauftrag durchzuführen, Andersdenkende und Ausreisewillige zu unterdrücken.

Schlußbetrachtung

Die starke Betonung, die der BGH auf völkerrechtliche Verträge als innerstaatlich direkt anzuwendendes oder jedenfalls zu beachtendes Recht und auf die völkerrechtlich geschützten Menschenrechte bei der Auslegung von Staatsschutzbestimmungen der DDR legt,[46] kann als der Anfang einer dem Wert der menschlichen Freiheit Rechnung tragenden Entwicklung in der strafrechtlichen Bewertung der Rechtsprechung in totalitären Systemen angesehen werden. Noch hängt die Meßlatte, die übersprungen werden muß, um Unrecht auch als Unrecht bestrafen zu können, zu hoch.

Es mag sein, daß die Verurteilungsquote höher sein könnte, wenn in den Fällen, die auch nach der Diktion des Bundesgerichtshofs Grenzfälle waren - ich denke hierbei an Formulierungen wie „die Entscheidung entferne sich *noch nicht gänzlich* von jeder Gesetzesauslegung" oder „die Verurteilung sei „*gerade noch hinnehmbar*" - die Grenzlinie etwas anders, mehr die Menschenrechte als den Vertrauensschutz der DDR-Juristen berücksichtigend, gezogen worden wä-

---

44 BGH-Urteil vom 15.09.1995 - 5 StR 168/95 - UA S. 22.
45 BGH-Urteil vom 15.09.1995 - 5 StR 168/95 - UA S. 34, 35 vgl. hierzu und zu weiteren Fällen auch Schroeder: „Spitzfindig bis zum Grotesken" in FAZ v. 01.02.1996.
46 Der BGH spricht in einem Urteil (3 StR 527/94) von der „Beachtung der auch diesem Recht immanenten Schranken".

re, was bei den genannten Entscheidungskriterien ebenso gut möglich gewesen wäre.

Dies hätte aber nichts an dem grundsätzlich beklagenswerten Zustand geändert, daß das Menschenrecht auf Freiheit noch immer keinen ausreichenden strafrechtlichen Schutz vor staatlicher Unterdrückung durch eine instrumentalisierte Justiz genießt, weil dessen Ausgestaltung weiterhin eine innere Angelegenheit des einzelnen Staates bleibt, der damit auch die weitgehend unbeschränkte Dispositionsbefugnis über dieses elementare Menschenrecht behält.

Die gegenwärtige Rechtslage, wonach wegen des zu beachtenden Rückwirkungsverbots in der Regel die Rechtssicherheit, also die Achtung der nationalen Rechtsordnung höherwertiger ist als die Gerechtigkeit, vermittelt die bittere Erkenntnis, daß im nachhinein der Bestand einer Diktatur für schutzwürdiger erachtet werden muß, als die elementaren Rechte der Menschen, die unter einem totalitären Regime leben müssen. Eine derartige Konsequenz aus der Tätigkeit einer rechtsstaatlichen Justiz ist abartig. Hier muß ein Richtungswechsel im Denken und Handeln erfolgen. Staatsschutzbestimmungen, die nicht auf einen demokratisch legitimierten Volkswillen zurückgehen, dürfen nach einem Systembruch keine Geltung mehr für sich beanspruchen, wenn sie nur der Aufrechterhaltung einer Diktatur und der Unterdrückung von Freiheitsrechten dienten. In der internationalen Staatengemeinschaft muß sich der Grundsatz durchsetzen, daß das Rückwirkungsverbot nicht demjenigen zugute kommen darf, der durch Gesetz und Staatspraxis die Verletzung von Menschenrechten legalisiert. Es ist zu wünschen, daß die begrenzten Möglichkeiten der Strafverfolgung nach dem geltenden Recht das Bewußtsein für diese Notwendigkeit schärfen.

Günter Spendel

Unrechtsentscheidungen des SED-Regimes und BGH-Judikatur

Ausgangspunkt der Betrachtung

Die Rechtsprechung des höchsten Strafgerichts zu den SED-Unrechtsentscheidungen ist dadurch gekennzeichnet, daß die Strafbarkeit wegen Rechtsbeugung auf Grund justitieller Rechtsverletzungen in der ehemaligen DDR grundsätzlich bejaht wird, allerdings nach § 244 DDR-StGB als dem gegenüber § 336 (§ 339 neuer Numerierung) StGB milderen Strafgesetz, daß aber dessen Tatbestand bis zur Gesetzwidrigkeit einschränkend ausgelegt und bei einer ausnahmsweise ausgesprochenen Verurteilung fast immer Strafaussetzung zur Bewährung gewährt wird, ob es sich um wenige oder mehrere Fälle handelt. Und dies, obwohl der Bundesgerichtshof (BGH) selbst 50 Jahre nach dem Zusammenbruch des NS-Regimes eingeräumt hat, die Nachkriegsjudikatur einschließlich der höchstrichterlichen habe die Ahndung der NS-Justizverbrechen weitgehend versäumt und die „erhebliche Kritik" hieran sei leider „berechtigt".[1]

Trotz dieses Eingeständnisses hat der BGH zum Teil schon vor der deutschen Wiedervereinigung für den in der alten Bundesrepublik geltenden § 336 (jetzt § 339 n. Nr.) StGB, nach welchem einem Richter, anderen Amtsträger oder Schiedsrichter eine Freiheitsstrafe von mindestens einem Jahr bis zu fünf Jahren droht, wenn er vorsätzlich bei der Leitung oder Entscheidung einer Rechtssache zugunsten oder zuungunsten einer Partei das Recht beugt, den objektiven Tatbestand immer weiter restriktiv „ausgelegt". Er hat ihn schließlich auf den „elementaren Rechtsverstoß" bzw. auf den *schwer*wiegenden „Rechts*bruch*" unzulässig eingeschränkt.[2] Diese Beschränkung ist für die Verfolgung der DDR-Justizdelikte nach § 244 DDR-StGB bereitwillig aufgegriffen und weitergeführt worden. Nach der genannten Vorschrift erhält ein Richter, Staatsanwalt oder Mitarbeiter eines Untersuchungsorgans wegen Rechtsbeugung eine Freiheitsstrafe von sechs Monaten bis zu fünf Jahren, wenn er wissentlich bei der Durchführung eines gerichtlichen Verfahrens oder eines Ermittlungsverfahrens gesetzwidrig zugunsten oder zuungunsten eines Beteiligten entscheidet. Der *fünfte* BGH-Strafsenat (BGHSt. *40*, S. 30, 42/43) hat bereits in seinem *ersten* Leiturteil zu einem SED-Unrechtsbeschluß die Tatbestandsmerkmale „gesetzwidrige Entscheidung" weiter dahin eingeschränkt, daß ein

---

1   5. Senat in BGHSt. *41* (1995), S. 317, 339 = NJW 1996, S. 857, 863 l. Sp. und schon vorher BGHSt. *40* (1993), S. 30, 40 und dazu Spendel, Der Bundesgerichtshof zur Rechtsbeugung unter dem SED-Regime, in JR 1994, S. 221 ff.; BGHSt. *41* (1995), S. 247, 252.
2   BGHST. *32* (3. Sen. 1984), S. 357, 364; *34* (1. Sen. 1986), S. 146, 149; *38* (4. Sen. 1992), S. 381, 383 und dazu ablehnend Seebode, Rechtsbeugung und Rechtsbruch, in JR 1994, S. 1; Spendel, Rechtsbeugung und BGH – eine Kritik, in NJW 1996, S. 809, 810 r. Sp.

krasser „Willkürakt" im Sinne einer „offensichtlich schweren Menschenrechtsverletzung" vorliegen müsse, ferner in Gestalt einer Überdehnung der Straftatbestände „unter Überschreitung des Gesetzeswortlauts oder unter Ausnutzung ihrer Unbestimmtheit", in Form eines unerträglichen Mißverhältnisses zwischen Straftat und Strafmaß oder einer Strafverfolgung zur „Ausschaltung des politischen Gegners oder einer bestimmten sozialen Gruppe". Er hat demgemäß in diesem allerdings problematischen Fall, in dem einem beim Bundesvorstand des ostzonalen FDGB angestellten Diplomingenieur wegen seiner Weigerung, in eine „Betriebskampfgruppe" einzutreten, gekündigt worden war, noch keine Rechtsbeugung gesehen.

Die gesetzwidrige Auslegung des objektiven Tatbestandes von § 244 DDR-StGB wird in einem zweiten Urteil des fünften Senats zu einem klaren und krassen Fall der strafbaren Rechtsverletzung ganz deutlich, in dem das Obergericht auf Grund verfehlter Überlegungen zu einer erstinstanzlichen Verurteilung zu deren Aufhebung gelangt. Hier hatten zwei DDR-Militärstaatsanwälte wider besseres Wissen das Ermittlungsverfahren gegen einen (nach der Wiedervereinigung mit 10 Jahren Freiheitsstrafe wegen Totschlags bestraften) Wachmann des Stasi-Dienstes eingestellt, „um die Gerechtigkeit zum Nutzen des politischen Systems zu unterdrücken", obwohl der Täter in trunkenem Zustand zwei unbewaffnete junge Männer erschossen und einen dritten schwer verletzt hatte (BGHSt. *40*, S. 169, 183/184). Die Aufhebung des tatrichterlichen Urteils und die Zurückverweisung der Sache zur Neuverhandlung aus prozessualen Gründen zwecks widerspruchsfreier Feststellung des Motivs der Staatsanwälte ist deshalb falsch, weil es auf die Beweggründe als Voraussetzung einer Strafbarkeit wegen Rechtsbeugung nach dem DDR-Gesetz ebenfalls nicht ankommt.[3]

Von weiteren Freisprüchen auch anderer Senate des BGH hebt sich ab die vom dritten Senat bestätigte landgerichtliche Verurteilung eines 88jährigen SED-Richters der berüchtigten „Waldheimer Prozesse", der wegen Rechtsbeugung und Freiheitsberaubung in sieben (!) Fällen eine Freiheitsstrafe von zwei Jahren unter Strafaussetzung zur Bewährung erhalten hat.[4] Dagegen hat derselbe Senat die fristlose Kündigung von Lehrerinnen, weil sie den Antrag auf Ausreise und Entlassung aus der DDR-Staatsbürgerschaft gestellt hatten, als nach dem „Recht" der DDR „noch vertretbar" bezeichnet und den Freispruch des Landgerichts Dresden daher bestätigt. Von einer seltsamen Konzessionsbereitschaft zeugt die Begründung, es dürfe „nicht völlig außer Betracht bleiben, daß einem politisch und rechtlich grundlegend anders als ein demokratischer Rechtsstaat westlicher Prägung verfaßten Staat wie der DDR nicht schlechthin eine Berechtigung abgesprochen werden kann, die Beschäftigung in staatsnahen, als besonders wichtig eingeschätzten" (also der politischen In-

---

3 Dazu Spendel, Rechtsbeugung und Justiz ..., in JZ 1995, S. 375, 379/380; ders., Rechtsbeugung und BGH - eine Kritik, in NJW 1996, S. 809, 812 l. Sp.
4 Vgl. dazu Fußn. 10!

doktrination dienenden!) „Stellungen wie denen der Lehrer und Erzieher von einer besonderen ideologischen Zuverlässigkeit" (!) „im Sinne der herrschenden Staatsdoktrin abhängig zu machen" (BGHSt. *41*, S. 157, 166, 174/175).

Weitere Entscheidungen des Bundesgerichtshofes

Das zweite Leiturteil des fünften Senats vom 15. September 1995

Am 15. Sept. 1995 hatte der *fünfte* (Berliner) Senat des BGH, bei dem die meisten Strafsachen wegen Rechtsbeugung unter dem SED-Regime anfallen, in fünf Strafverfahren wieder Entscheidungen über DDR-Justizunrecht zu treffen, von denen die erste mit eingehenden Ausführungen als Leiturteil zur Veröffentlichung bestimmt wurde (BGHSt. *41*, S. 247). In diesem Verfahren hat er die landgerichtliche Verurteilung einer ehemaligen 63jährigen DDR-Staatsanwältin wegen Rechtsbeugung in Tateinheit mit Freiheitsberaubung in *10 Fällen* zu einer Freiheitsstrafe von drei Jahren zum größten Teil, und zwar in sieben Fällen aufgehoben und die Angeklagte insoweit freigesprochen, in *drei* Fällen jedoch den erstinstanzlichen Schuldspruch bestätigt. Der BGH wiederholt in seinem Urteil noch einmal die richtige Auffassung, daß die Verfolgung von DDR-Justizverbrechen grundsätzlich zulässig sei, leider aber auch seine verfehlte, weil eine Umdeutung des Gesetzes bedeutende „Auslegung" des Rechtsbeugungstatbestandes; denn nach ihm ist die Bestrafung von SED-Justizfunktionären „abgesehen von Einzel*exzessen,* auf Fälle zu *beschränken*, in denen die Rechtswidrigkeit der Entscheidung so *offensichtlich* war und in denen insbesondere die Rechte anderer, hauptsächlich ihre *Menschenrechte*, derart *schwerwiegend* verletzt worden sind, daß sich die Entscheidung als *Willkürakt* darstellt"[5]. So sehr der *erste* Standpunkt zu *bejahen* und zu begrüßen ist, so sehr der *zweite* anzufechten und *abzulehnen*. Um Wiederholungen möglichst zu vermeiden, sei zur näheren Kritik des Verf. auf schon früher „deutlich Gesagtes" verwiesen (s. Fußn. 3) und hier nur noch zur Ergänzung folgendes nachgetragen:

Der fünfte Senat hat in seiner Entscheidung wiederum wie bereits vorher (BGHSt. *40*, S. 30, 40) und dann am eindringlichsten in seinem späteren Urteil vom 16. Nov. 1995 rühmenswerterweise das Versagen der Nachkriegsgerichte und auch des BGH bei der Verfolgung von NS-Justizverbrechen selbstkritisch anerkannt.[6] Er meint aber offenbar, diese Tatsache rechtfertige nicht, Versäumtes bei der Aburteilung der SED-Rechtsbeugungen gewissermaßen „nachzuholen". Denn in seiner hier vorweggenommenen Entscheidung vom 16. Nov. 1995 bemerkt der Senat, die Nichtahndung der NS-Terrorurteile dürfe zwar

---

[5] BGHSt. *41*, S. 247, 253 = NJW 1995, S. 3324, 3326, 1. Sp. (B II 3 a) d. Gründe), Hervorh. vom zitierenden Verfasser.
[6] BGHSt. *41*, S. 317, 339 = NJW 1996, S. 857, 863 1. Sp. (B II 2 d) aa) a. E. d. Gr.).

„selbstverständlich nicht dazu führen, das Verhalten" der SED-Justizvertreter „nach den gleichen *zu engen* Maßstäben zu beurteilen, aber „eine grundlegend veränderte Haltung der Rechtsprechung" sei ihnen gegenüber ebenfalls „kaum als gerecht zu vermitteln".[7] Damit bringt der BGH nicht nur mehr einfühlendes Verständnis für die (Justiz)Täter als für deren (Justiz)Opfer auf, sondern gesteht auch im Grunde ein, daß die DDR-Unrechtsurteile nicht entschieden nachdrücklicher verfolgt werden sollten, als dies im Falle der NS-Rechtsbeugungen leider geschehen ist, vielmehr milder bestraft werden können, als dies von einem rechtsstaatlichen Standpunkt aus zu erwarten wäre.

Hinter dieser „Haltung" des BGH steht die heute auch sonst oft geäußerte[8] und bereitwillig nachgesprochene Behauptung, das NS-Unrechtsregime und das SED-Unrechtsregime seien nicht vergleichbar oder, wie der fünfte Senat zuletzt formuliert hat: „Das staatlich verübte Unrecht in der DDR kann mit Rücksicht auf die unterschiedliche Dimension nicht mit dem im nationalsozialistischen Regime begangenen gleichgesetzt werden"[9]. Natürlich waren die beiden Systeme nicht genau „gleich"(zusetzen), aber sehr wohl in ihren Auswirkungen „vergleichbar". Denn man muß die beiden Diktaturen für die *Friedens*zeit miteinander vergleichen, da die schlimmsten Exzesse der NS-Tyrannei im Kriege geschehen sind. Gewiß wurden unter ihr sogleich Konzentrationslager eingerichtet, gab es knapp anderthalb Jahre später 1934 die Morde in der Röhm-Affaire, die Judenpogrome vor allem 1938. Aber auch unter dem SED-Regime kamen nach 1945 viele Menschen in den ehemaligen KZ ums Leben, fanden 1950 die berüchtigten Waldheimer Scheinprozesse mit rechtswidrigen Todes- „urteilen" statt,[10] übte - im Gegensatz zur NS-Diktatur - schon im Frieden ein weiblicher Freisler in Gestalt der Hilde Benjamin eine Terrorjustiz aus,[11] wurden „Republikflüchtlinge" auf Grund eines menschenverachtenden Schießbefehls an der innerdeutschen Grenze „vernichtet", war das Spitzelsystem im „Arbeiter- und Bauernstaat" sogar stärker als im „Führerstaat" ausgebaut. Beide Unrechtsregime verfolgten eine Menschengruppe, die Tyrannei von „rechts" eine bestimmte „Rasse", die von „links" eine bestimmte „Klasse", wobei die Todesstrafe bis zu ihrer erst 1987 erfolgten Abschaffung auch als „Mittel des

---

7 BGHSt. *41*, S. 317, 343 (etwas gekürzt) = NJW 1996, S. 857, 864 1. Sp. (C I 2 geg. E. d. Gr.), Hervorh. vom zitierenden Verfasser.

8 Vgl. z.B. Roggemann, Die Justiz auf dem Prüfstand der Justiz. Zur Strafbarkeit von DDR-Richtern wegen Rechtsbeugung, in: Im Namen des Volkes? Über die Justiz im Staat der SED, 1994, S. 285, 289.

9 BGHSt. *41*, S. 317, 340 = NJW 1996, S. 857, 863 1. Sp. unt. bb).

10 Vgl. im Fall Jürgens die Entscheidungen des LG Leipzig vom 1. Sept. 1993 (1 Ks 04 Js 1807/91) in NJ 1994, S. 111 (unvollst. Abdr.) und des BGH (3. Sen.) vom 10. Aug. 1994 (3 StR 252/94): Verurteilung wegen Rechtsbeugung in 7 Fällen, jeweils in Tateinheit mit Freiheitsberaubung, zu einer Freiheitsstrafe von 2 Jahren unter Strafaussetzung zur Bewährung.

11 Dazu ausgezeichnet das Kapitel „Exponenten totalitärer Justiz" von Wassermann, Gestörtes Gleichgewicht, 1995, S. 177 ff.

Klassenkampfes" angesehen wurde.[12] Damit wird hier nicht etwa übersehen, daß die Entwicklung der staatlichen Verhältnisse in den beiden deutschen Diktaturen bis zu einem gewissen Grade „gegenläufig" war - die Rechtsverstöße unter dem NS-Regime wurden immer schlimmer, unter dem SED-Regime erfuhren sie einige geringe Abschwächungen. Es besteht also nach alledem kein Grund, an die DDR-Unrechtsurteile andere, und zwar mildere Maßstäbe anzulegen, als sie für eine angemessene, rechtliche Betrachtungsweise geboten sind, dies um so mehr, als die NS-Justiz für die SED-Juristen ein abschreckendes Beispiel hätte sein sollen.

Betrachten wir nach diesen etwas allgemeinen Überlegungen zunächst die sieben der in dem Leiturteil vom 15. Sept. 1995 entschiedenen Fälle, in denen der fünfte Senat auf Freispruch erkannt hat.

Im *ersten* Fall ist ein Dipl.-Chem., der „in scharfem Ton" gehaltene kritische Äußerungen vor einer höheren Oberschulklasse gemacht hatte, wegen „staatsfeindlicher Hetze" (§ 106 StGB-DDR, teilweise i. V. m. § 108, „Staatsverbrechen, die gegen einen verbündeten Staat gerichtet sind") zu zwei Jahren Freiheitsstrafe verurteilt worden. Daß seine der Wahrheit entsprechenden, vom BGH leider nicht wiedergegebenen Bemerkungen vom Wortlaut des nach der DDR-Verfassung „verbürgten" Grundrechts der Meinungsfreiheit gedeckt waren, hindert nach dem fünften Senat nicht die Anwendung der angeführten DDR-Strafvorschriften, obwohl eine solche Auslegung „den Wesensgehalt dieses Menschenrechts bis zur Unkenntlichkeit einengt"! Und obgleich auch die zweijährige Freiheitsstrafe, auf deren Verhängung die SED-Staatsanwältin hingewirkt hat, „zweifellos unverhältnismäßig" war, erscheine sie „noch nicht grob ungerecht und als schwerer Verstoß gegen die Menschenrechte im Sinne willkürlicher Rechtsanwendung".[13] Das ist im Grunde eine Kapitulation vor dem SED-Unrechtsregime. Denn daß nur die von den SED-Oberen gewünschten Meinungsäußerungen als „frei" und geschützt galten, kann nicht entscheidend sein; maßgeblich hat nur der objektive *Anschein* der Rechtlichkeit zu sein, den sie mit ihren Gesetzen erzeugten, *nicht* ihre subjektiven *Absichten*, die sie damit verfolgten.

Der *zweite* Freispruch bezieht sich auf den Fall einer Frau, die zu ihrem Verlobten nach Hamburg ziehen wollte und wegen vorbereiteten oder versuchten „ungesetzlichen Grenzübertritts" (§ 213 StGB-DDR, Republikflucht) in fünf Fällen eine Freiheitsstrafe von zwei Jahren und sechs Monaten erhalten hatte. Wenngleich hier das Revisionsgericht in etwas verklausulierten Formulierungen zu der Ansicht „neigt", daß die Höhe der Freiheitsstrafe bereits als „unerträglicher Willkürakt" angesehen werden könnte, „nimmt" es sie „angesichts der Mehrzahl der geplanten Fluchtvorhaben als noch nicht rechtsbeuge-

---

12 BGHSt. *41*, S. 317, 328 = NJW 1996, S. 857, 859 r. Sp. unt. aa).
13 BGHSt. *41*, S. 247, 264 a. E. = NJW 1995, S. 3324, 3328 r. Sp.

risch überhöht hin".[14] Auch hier dürfte eine Unrechtsentscheidung in der falschen Richtung „sanktioniert" sein.

Im *dritten* Fall wurde ein Mann gemäß dem Antrag der Staatsanwältin zu einer Freiheitsstrafe von einem Jahr und drei Monaten verurteilt, weil er sich im Oktober 1977 gegen 17 Uhr 30 im Fußgängertunnel am Berliner Alexanderplatz mit einem Plakat aufgestellt hatte, das die Aufschrift trug: „Seit 12 Monaten werde ich am legalen Verlassen der DDR gehindert." Hier berücksichtigt der fünfte Senat sogar die *nach* der *Tatzeit* (1977) erlassenen „Auslegungsrichtlinien" des Obersten Gerichts und des Generalstaatsanwaltes der DDR von 1980 (!), um die Annahme des § 214 StGB-DDR durch das DDR-Gericht anerkennen zu können, d.h. eine „Beeinträchtigung staatlicher oder gesellschaftlicher Tätigkeit" durch Bekundung einer Mißachtung der Gesetze in einer die öffentliche Ordnung *gefährdenden* Weise oder durch die Aufforderung zu einer solchen Mißachtung. Obwohl die wegen dieser „Straftat" verhängte Strafe für den BGH „bereits an einen Willkürakt grenzt", weil das Verhalten des Ausreisewilligen nur bei weitester, in Wahrheit: gesetzwidriger „Auslegung" dem angeführten Tatbestand unterzuordnen ist und „nur wenige Minuten dauerte und höchstens 50 Passanten erreichte", soll die Staatsanwältin mit ihrer Veranlassung der U-Haft und Stellung des Strafantrages „aus subjektiven Gründen" noch an keiner Rechtsbeugung teilgenommen haben. Warum der subjektive Tatbestand bei ihr nicht in Frage kommt, wird nicht gesagt. Daß dem fünften Senat selbst nicht ganz wohl bei seinem Entscheid ist, geht aus der angehängten Bemerkung hervor, es sei ein „unbefriedigender Aspekt", wenn „massive Reaktionen der DDR-Justiz gerade auf besonders mutiges und aktiv auf die Durchsetzung von Freiheitsrechten gerichtetes Verhalten", d.h. doch: wenn die nur vom Ziel der Abschreckung und Unterdrückung bestimmten Urteile wegen des „gebotenen" (?!) „Abstellens" auf die DDR-Rechtspraxis „eher selten zur Annahme von Rechtsbeugung führen" würden.[15] Deutlicher kann die abzulehnende Folge eines „verkehrten" Ausgangspunktes, und zwar der unzutreffenden Auffassung von den anzuwendenden Auslegungsmaßstäben nicht zugegeben werden.

Der *vierte* Freispruch betraf den Fall eines Ehepaares, das nach § 100 StGB-DDR a. F. („staatsfeindliche Verbindungen") und nach dem schon vorstehend angeführten § 214 StGB-DDR zu zwei Jahren und drei Monaten Freiheitsstrafe verurteilt wurde, weil es Material über seine Ausreiseanträge zwecks Veröffentlichung an das „ZDF-Magazin" und an die „Gesellschaft für Menschenrechte" versandt und die Publikation seiner vergeblichen Ausreiseanträge in westlichen Presseorganen angekündigt hatte. Hier liegt für den fünften Senat sogar „ein *krasses* Mißverhältnis" von Tat und Strafe vor; aber „als schlechthin unerträglicher Willkürakt" (der für eine Rechtsbeugung keineswegs erforder-

---

14 BGHSt. *41* S. 247, 265 = NJW 1995, S. 3324, 3328/3329.
15 BGHSt. *41*, S. 247, 268 = NJW 1995, S. 3324, 3329.

lich ist[16]) erscheinen ihm die beiden Haftstrafen „angesichts der Mehrzahl der Tatvorwürfe indes noch nicht".[17] Dagegen ist einzuwenden: die völlige Unverhältnismäßigkeit zwischen dem mehr als fragwürdigen Strafgrund und seiner Folge bedeutet eine Verletzung des pflichtmäßigen gebundenen Ermessens und ist keine begründete, rechtmäßige Strafzumessung mehr. Die Anklägerin hatte aber an der Verhandlung nicht mehr mitgewirkt.

Bei dem *fünften* Freispruch handelte es sich um den Fall zweier Brüder, von denen der eine während eines Ost-Berlin-Besuchs seinen Reisepass und das Einreisevisum einem ihm ähnlich sehenden DDR-Bürger zu dessen Flucht überlassen und der andere seinem Bruder die Bestätigung des (angeblichen) Verlustes der Reisedokumente bei der Volkspolizei zugesagt hatte. Auf Antrag der DDR-Staatsanwältin erhielt der erste wegen „Menschenhandels" drei Jahre und sechs Monate, der zweite wegen Beihilfe dazu ein Jahr und sechs Monate Freiheitsstrafe. Der fünfte Senat hält zwar die (in Wahrheit unzutreffende) Sachverhaltssubsumtion nach § 132 I 3. Var. StGB-DDR („rechtswidriges *Verbringen* ins Ausland"!?) auch für „durchgreifend bedenklich" und das Strafmaß von drei Jahren und sechs Monaten Freiheitsstrafe für „außergewöhnlich hoch", verneint aber bei der Anklägerin eine „Wissentlichkeit" i. S. der DDR-Rechtsbeugungsvorschrift.[18]

Im *sechsten* Fall hatte der eine Betroffene zwei DDR-Bürger zu einem Übungsplatz der „Nationalen Volksarmee" gefahren, wo diese einen Schützenpanzerwagen entwenden und damit die Grenze durchbrechen wollten, der andere das Vorhaben nicht angezeigt. Sie wurden auf Grund dessen und zahlreicher Diebstähle wegen Beihilfe zum versuchten „Terror" (§ 101 I StGB-DDR) und anderer Delikte zu sechs Jahren bzw. vier Jahren und sechs Monaten Freiheitsstrafe verurteilt. Die Anwendung der DDR-Strafvorschriften lag für den BGH „im Rahmen zulässiger Auslegung", der Ausspruch der hohen Freiheitsstrafen war für ihn im Hinblick auf die zahlreichen und nicht unerheblichen Eigentumsdelikte keine objektive Rechtsbeugung(shandlung).[19]

Im *siebten* Fall ging es um das Verhalten eines 21jährigen, der in einem Amtsgebäude erklärt hatte, bei der Ablehnung seines Reiseantrages werde er sich ein Plakat mit der Aufschrift „Ich will endlich ausreisen" umhängen und damit vor dem Staatsratsgebäude oder an der „Staatsgrenze" auftreten. Die hierfür nach § 214 I 1. Var. StGB-DDR verhängte Freiheitsstrafe von einem Jahr hat er voll verbüßt. In der Ankündigung des jungen Mannes mit dem DDR-Gericht und dem BGH schon eine „Drohung" und eine dadurch bewirkte „Beeinträchtigung der Tätigkeit staatlicher Organe" zu sehen, dürfte keine vertretbare Auslegung mehr sein, d.h. noch keine In-Aussicht-Stellung eines die

---

16 Vgl. dazu Spendel, Rechtsbeugung und BGH - eine Kritik, in NJW 1996, S. 809, 812 l. Sp.
17 BGH in NJW 1995, S. 3324, 3329 r. Sp. (Fall 4-7 in BGHSt. *41*, S. 247, 268 nicht abgedruckt!).
18 BGH a.a.O (s. Fn. 17), S. 3329/3330.
19 BGH a.a.O., S. 3330.

staatlichen Entscheidungsmöglichkeiten - ernsthaft - einengenden Nachteils. Obwohl der Senat in dem Strafausspruch „ein *krasses* Mißverhältnis von Schuld und Sanktion" erblickte, verneinte er auch hier eine Gesetzwidrigkeit und Beugung des Rechts.[20]

In den *drei* verbleibenden Fällen hat sich dagegen der BGH zur Bestätigung des erstinstanzlichen Schuldspruchs durchgerungen.

Der Antrag der DDR-Staatsanwältin auf Aufrechterhaltung des Haftbefehls und die Anklage nach § 220 I StGB-DDR („Öffentliche Herabwürdigung"), die zu einer einjährigen Freiheitsstrafe und fast halbjährigen Haftverbüßung einer 43 Jahre alten Sekretärin führte, beruhte auf folgendem Sachverhalt: Die Frau hatte morgens in einer Nachrichtensendung von der Einführung von „Wertschecks" für Einkäufe im Intershop gehört und sich deshalb nachmittags vor einem solchen Laden angestellt, um ihr Westgeld vor Wirksamwerden der neuen Regelung noch zu verwenden. Dort von einem westdeutschen Korrespondenten auf ihre Ansicht zu der Anordnung angesprochen, hatte sie in einer noch an demselben Abend in den „Tagesthemen" der ARD ausgestrahlten Sendung „kein Verständnis" dafür gezeigt, daß sie als „mündige Bürgerin" nicht mehr mit Westgeld zahlen dürfe, „wenn schon solche Läden existieren", und dies als eine „Entmündigung" bezeichnet. Wieder sieht der fünfte Senat „bei extensiver Auslegung" den Tatbestand des § 220 StGB-DDR nach SED-Maßstäben als gegeben an, hält aber wenigstens die Anträge der DDR-Staatsanwältin betreffend U-Haft und Freiheitsstrafe „wegen offensichtlicher Willkür im Gewand eines justizförmigen Strafverfahrens" für eine Rechtsbeugung, da an der Betroffenen „ein Exempel statuiert werden sollte ..., um Bürger vor mißliebigen Äußerungen ohne Rücksicht auf deren Gewicht abzuschrecken".[21]

Als „gesetzwidrig" i. S. d. § 244 StGB-DDR hat der fünfte Senat weiter angesehen den Antrag auf Erlaß eines Haftbefehls gegen ein unbestraftes 16jähriges Mädchen wegen Verstoßes gegen § 220 II StGB-DDR und die über einen Monat dauernde Inhaftierung der Jugendlichen. Sie hatte zwischen Nov. 1981 und Jan. 1982 jeweils etwa 10 Exemplare eines einmal als „Anklage", das andere Mal als „Aufruf" bezeichneten maschinenschriftlichen Flugblattes in Hausbriefkästen geworfen. Auf diesen Blättern stand im ersten Fall u.a. der Satz „Wir ... leben in einer gefährlichen Mausefalle", im zweiten u.a. die Forderung nach Meinungsfreiheit und nach Bestehenlassen der „Punkscene in Ost-Berlin". Der BGH sieht den Tatbestand des § 220 II StGB-DDR als erfüllt an, aber die Rechtsbeugung in der Veranlassung der U-Haft mangels eines Haftgrundes (als solcher war nicht stichhaltig „Wiederholungsgefahr" und Erwartung einer „disziplinierenden Strafmaßnahme" angegeben), wie der Senat näher begründet.[22]

---

20 BGH a.a.O. (s. Fn. 19).
21 BGHSt. *41*, S. 247, 270 f.= NJW 1995, S.3330 r. Sp.
22 BGHSt. *41*, S. 247, 271 ff. = NJW 1995, S. 3331 l. Sp.

Im *zehnten* und letzten Fall hat der BGH den Antrag auf Aufrechterhaltung der U-Haft und die Anklage wegen „Beeinträchtigung staatlicher Tätigkeit" (§ 214 I 2. Var. StGB-DDR) treffend als Rechtsbeugung qualifiziert, weil der zugrunde liegende Sachverhalt keine und schon gar nicht eine hohe Bestrafung rechtfertige. Hier hatte der betroffene DDR-Bürger am 28. Mai 1985 nachts gegen 0.25 Uhr an einer Grenzübergangsstelle in Berlin seinen Personalausweis vorgelegt und die Zulassung der Ausreise nach West-Berlin zu seiner kranken Mutter gefordert, nachdem vorher sein Ausreiseantrag abgelehnt worden war. Der fünfte Senat verneint mit vollem Recht die Tatbestandsvoraussetzungen der DDR-Vorschrift, da von einer Mißachtung der Gesetze in einer die öffentliche Ordnung *gefährdenden* Weise überhaupt keine Rede sein konnte, und sieht die (für den Rechtsbeugungstatbestand allerdings verfehlterweise geforderte) „offensichtlich schwere Menschenrechtsverletzung" endgültig in dem zu der rechtswidrigen Sachverhaltssubsumtion hinzukommenden „unerträglichen Mißverhältnis" zwischen „Tat" und Freiheitsstrafe von einem Jahr und zwei Monaten. Auf diesen „willkürlichen Unterdrückungs- und Gewaltakt" habe die DDR-Staatsanwältin direkt-vorsätzlich hingewirkt, wobei der Senat unter Berufung auf BGHSt. *39*, S. 168, 190 zutreffend kurz bemerkt, auch nach DDR-Recht wäre die Vorstellung der Anklägerin, mit ihrer gesetzwidrigen Handlungsweise aus politischen Gründen „recht getan" zu haben, unbeachtlich.[23]

Auch in den folgenden vier unveröffentlichen Urteilen des fünften Senats vom 15. Sept. 1995 findet sich meistens der „Refrain", die von DDR-Gerichten zum Teil angenommenen Straftatbestände seien zwar unter rechtsstaatlichen Gesichtspunkten bedenklich oder sogar abzulehnen, die ausgesprochenen Strafen oft unverhältnismäßig, nach den Maßstäben der SED-Justiz aber noch keine Rechtsbeugung. Zu diesen Entscheidungen des BGH muß hier aus Raumgründen auf die Ausführungen des *Verfassers* in der JR 1996, S. 177, 180 ff. (s. Fußn. 50) verwiesen werden.

Das Urteil des fünften Senats vom 16. November 1995

Wird durch die vorstehende Betrachtung die Kritik an der als unbefriedigend und unzureichend erachteten Judikatur zur Rechtsbeugung nicht entkräftet, so könnte ein späteres Urteil des fünften Senats vom 16. Nov. 1995 als Ansatz zu einer Revision seiner unzulässigen Tatbestandseinschränkung bei den §§ 336 StGB, 244 DDR-StGB aufgefaßt werden.[24] In dieser Entscheidung bestätigt er zwar in drei Fällen den Freispruch des SchwG Berlin, aber auch die Verurteilung eines hohen SED-Richters wegen Rechtsbeugung in *drei* Fällen, davon in zwei in Tateinheit mit Totschlag und in einem Fall in Tateinheit mit Totschlagsversuch (in zwei rechtlich zusammentreffenden Fällen), zu einer Ge-

---

23 BGHSt. *41*, S. 247, 276 = NJW 1995, S. 3331/3332.
24 BGHSt. *41*, S. 317 = NJW 1996, S. 857.

samtfreiheitsstrafe von drei Jahren und neun Monaten. Der 75jährige Angeklagte, von Haus aus gelernter Strumpfwirker, unter dem NS-Regime zeitweilig im Konzentrationslager und während des Krieges in einer Bewährungseinheit im Fronteinsatz, wurde nach einer Ausbildung als „Volksrichter" 1954 beisitzender Richter und daneben bis 1958 SED-Parteisekretär beim Obersten Gericht der DDR und brachte es schließlich, nach der Ablegung eines zweiten juristischen Examens, 1956 zum Vizepräsidenten dieses Gerichts.

Am 1. April 1955 stimmte er als Beisitzer und Berichterstatter der Bestätigung eines später auch vollstreckten Todesurteils des „Bezirksgerichts" Cottbus wegen „Verbrechen gemäß Art. 6 II DDR-Verfassung vom 7.10.1949" zu, obwohl er die Strafe nicht für schuldangemessen hielt. Vorgeworfen wurden dem verurteilten 52jährigen Kaufmann T für die Zeit von Herbst 1950 bis Sommer 1954 Aktivitäten in DDR-feindlichen Verbindungen wie „Vereinigung politischer Ostflüchtlinge" und „Deutsche Freiheitsliga", Verteilung von „Hetzschriften", „Spionagetätigkeit" für ausländische Geheimdienste, die aber keinen die „Staatssicherheit" wesentlich beeinträchtigenden „Geheimnisverrat" bedeuteten, und Kontaktaufnahme zum Berliner Verfassungsschutzamt. Rechtsausführungen und Strafmaßerwägungen im Todesurteil waren „phrasenhaft" und nach dem Eingeständnis des angeklagten SED-Richters im „Freisler-Stil" gehalten.

Am 4. Nov. 1955 wurde die Berufung gegen das später ebenfalls vollstreckte Todesurteil des „Bezirksgerichts" Cottbus gegen einen 40jährigen Ingenieur F vom Obersten Gericht zurückgewiesen. Der Angeklagte stimmte als beisitzender Richter und Berichterstatter wieder der Strafe zu, obgleich er den Fall für noch weniger schwerwiegend als beim ersten Mal hielt. Die Entscheidungsgründe ließen jede sachliche Strafmaßbegründung vermissen. Der Verurteilte hatte vom Herbst 1953 bis Sommer 1954 für den britischen Geheimdienst die „im wesentlichen untergeordnete und unselbständige" Tätigkeit „eines eher im unteren Bereich der Agentenhierarchie angesiedelten" Mitarbeiters ausgeübt.

Am 27. Jan 1956 verhängte das Oberste Gericht der DDR unter Mitwirkung des sich dem Votum des Vorsitzenden stillschweigend anschließenden Angeklagten in einem erstinstanzlichen Verfahren zwei Todesurteile gegen einen 42jährigen Konstrukteur H wegen Spionage für den amerikanischen Geheimdienst und Abwerbung von Wissenschaftlern und gegen einen 33jährigen Elektriker R wegen „Wirtschafts- und Militärspionage" namentlich in einem Erfurter Rundfunkwerk, ferner eine lebenslange Zuchthausstrafe gegen eine noch im gleichen Jahr in der Haft verstorbene 33jährige Stenotypistin Ha wegen „Ausspionierens" von Gebäuden der Polizei und der „Staatssicherheit" für den RIAS und den amerikanischen Geheimdienst und wegen der Namhaftmachung von Wissenschaftlern zwecks Abwerbung von 1950 bis 1954, schließlich eine achtjährige Zuchthausstrafe gegen einen 27jährigen Hollerith-Spezialisten S wegen (vollendeter und versuchter) Veranlassung der Übersiedlung von Arbeitskollegen. Die Todesstrafen wurden in lebenslanges Zuchthaus umgewandelt, aus dem H und R 1964 freikamen; S wurde später zu drei Jahren Zuchthaus begnadigt und bereits im März 1957 aus der Haft zur Bewährung entlassen.

Die Anwendung des damaligen Verfassungs-Artikels 6 II als Strafvoraussetzung[25] betrachtet der fünfte Senat - in Übereinstimmung mit einer Entscheidung des Obersten Gerichts der DDR vom 4. Okt. 1950 -, trotz der großen Unbestimmtheit der Vorschrift und des Fehlens einer Angabe der Deliktsfolge darin, als „vorgegeben" und „noch nicht als Rechtsbeugung",[26] ebensowenig die Verhängung der lebenslangen Zuchthausstrafe, obwohl diese für den BGH „nach rechtsstaatlichen Maßstäben gänzlich unangemessen" ist (!) und er seine Verneinung des Rechtsbeugungstatbestandes im Falle Ha selbst für „nicht unbedenklich" (!) hält.[27]

Anders sind dagegen die höchstrichterlichen Überlegungen, hinter denen ersichtlich der Abscheu vor der Todesstrafe überhaupt steht, wenigstens hinsichtlich der *Strafmaße* in den Fällen T, F, H, R und S:

Im *ersten* Fall T ist das Urteil für den BGH ein „willkürliches Töten unter dem Vorwand eines justizförmigen Verfahrens", das von dem Willen „zur physischen Vernichtung eines politischen Gegners ohne Rücksicht auf dessen persönliche Schuld" bestimmt war,[28]

im *zweiten* Fall F ein „willkürlicher Gewaltakt gegenüber einem ‚Staatsfeind' und gewollte Schreckensherrschaft zur Unterstützung der staatlichen Machthaber"[29],

im *dritten* Fall H und R ein Beleg für ein unerträgliches bzw. krasses Mißverhältnis zwischen Tat und Strafe[30] und im Fall S ein zumindest „vorrangig gänzlich überzogener Abschreckung dienendes Signal" gegen die Abwanderungs- und Abwerbungsbewegung,[31] das auch der SED-Richter als „viel zu hoch" ansah (die in diesem letzten Falle gegebene Rechtsbeugung in Tateinheit mit Freiheitsberaubung ist gemäß § 154 a StPO aus dem Verfahren ausgeschieden worden).

Da der Angeklagte selbst die Strafen, vor allem die Todesstrafen für ganz unangemessen, im zweiten Fall z.B. für „grob unbillig" gehalten hat, kann an der „Wissentlichkeit" seiner Rechtsbeugung (s. § 244 StGB-DDR) kein Zweifel bestehen. Die „Gesetzwidrigkeit" der Todesurteile etwa mit Rücksicht auf die „Staatsraison" für hinnehmbar gehalten zu haben, könnte den direkten Rechtsbeugungsvorsatz nicht ausschließen, wie der fünfte Senat mit Recht betont.[32]

---

25 Wortlaut in BGHSt. *41*, S. 317, 321 = NJW 1996, S. 857/858.
26 BGH a.a.O. (Fn. 24), S. 322 bzw. 858 l. Sp.
27 BGH a.a.O. (Fn. 24), S. 334 bzw. 861 r. Sp. (B III 1 c) bb) d. Gr.).
28 BGH a.a.O. (Fn. 24), S. 332 bzw. 861 l. Sp.
29 BGH a.a.O. (Fn. 24), S. 333 bzw. 861 l. Sp. a. E.).
30 BGH a.a.O. (Fn. 24), S. 334 bzw. 861 r. Sp. (B III l c) ff. d. Gr.).
31 BGH a.a.O. (Fn. 24), S. 336 bzw. 862 l. Sp.
32 BGH a.a.O. S. 338 bzw. 862 r. Sp. (B III 2 c) d.Gr.).

Daß die Todesurteile nicht als „Justizmord durch Rechtsbeugung", sondern als „minder schwere Fälle des Totschlags" (§ 213 2. Alt. StGB-BRD) qualifiziert worden sind, beanstandet der BGH nicht, obwohl für ihn „die vorsätzliche Tötung eines Menschen durch einen willkürlichen Richterspruch ein derart gravierendes ... Verbrechen" ist, daß sich eine solche Wertung „auf den ersten Blick zu verbieten scheint".[33] „Indes" sei eine Reihe von Milderungsgründen, die sowohl in den Tatumständen als auch in der Täterpersönlichkeit lägen, gegeben, die „die *überaus* milde Bestrafung" (!) noch vertretbar erscheinen ließen, so der auf den Richter unausgesprochen ausgeübte Druck im Kollegialgericht, der lange Zeitablauf von 40 Jahren zwischen Tatbegehung und ihrer Ahndung, sein erfolgreicher Widerstand gegen die Todesstrafe in anderen Fällen, sein persönliches Schicksal als KZ-Häftling und im Kriege, sein hohes Alter von 75 Jahren, sein Geständnis über sein Abstimmungsverhalten bei den Unrechtsurteilen.[34]

Auf die drei vom BGH bestätigten erstinstanzlichen Freisprüche kann im Rahmen dieses Überblicks nicht mehr eingegangen werden.

Das Urteil des dritten Senats vom 15. November 1995

Fast zugleich mit dem zuletzt betrachteten Urteil des fünften Senats hatte auch der *dritte* Senat des BGH am 15. Nov. 1995 eine Entscheidung des LG Dresden der Revision zu unterziehen. Er hat bei *28 (!) Fällen* die Verurteilung eines ehemaligen Vorsitzenden des für politische Strafsachen erstinstanzlich zuständigen Strafsenats eines „Bezirksgerichts" in zwei Fällen und die Freisprechung in 22 Fällen bestätigt, dagegen den Freispruch in vier Fällen aufgehoben.[35] Bemerkenswert an diesem Erkenntnis ist, daß er eine Stellungnahme zu der vom vierten und insbesondere vom fünften Senat vertretenen viel zu weitgehenden Einschränkung, ja Umdeutung des objektiven Rechtsbeugungstatbestandes von § 336 StGB, allerdings auch zur Kritik hieran in der Rechtslehre, vermeidet und sich nur um den Begriff „Gesetzwidrigkeit" in der Rechtsbeugungsvorschrift der DDR (§ 244 StGB) befaßt. Das Merkmal soll zwar allein bei einem Widerspruch zu elementaren „Mindestanforderungen" an das Recht vorliegen, könne sich aber durchaus auch aus dem Gesetzesrecht der DDR selbst ergeben; denn deren Rechtsanwendung sei „an diesem durch das *selbst* gesetzte Recht *nach außen* und innen begründeten Anspruch" auf Wahrung von Gerechtigkeit und Menschenwürde „zu messen", d.h. doch: nach dem vom SED-Regime äußerlich erweckten *Anschein* der Recht(sstaat)lichkeit zu beurteilen. Freilich betont der dritte Senat danach gleich wieder, daß die Annahme

---

33 BGH a.a.O. (Fn. 24), S. 341 bzw. 863 r. Sp. (C I vor 1 d Gr.).
34 BGH a.a.O. (Fn. 24), S. 342 bzw. 863 r. Sp. (C I 1 a. E. d. Gr.).
35 BGH in DtZ 1996, S. 92, s. auch das Urt. d. 3. Senats vom 5.7. 1995 in NJW 1995, S. 2734.

einer „Gesetzwidrigkeit" „auf extreme Ausnahmen beschränkt bleiben" müsse.[36]

Der vom BGH bestätigte Schuldspruch wegen Rechtsbeugung in Tateinheit mit Freiheitsberaubung gründet sich im *ersten* Fall darauf, daß ein ehemaliger leitender Krankenhausarzt Dr. K.[37] 1980 in zwei gleichlautenden Briefen an die von Lech Walesa geführte polnische Gewerkschaft Solidarnosc seine Verbundenheit bekundete, über Sympathiekundgebungen in der DDR berichtete und eine Spende von 3.000 M in Aussicht stellte, wobei er auch „verhaltene Kritik" (so BGH) an der mangelnden Pressefreiheit in der DDR übte. Die Verurteilung zu der dann voll verbüßten Freiheitsstrafe von einem Jahr und vier Monaten wegen „staatsfeindlicher Hetze" (§ 106 I Nr. 2 StGB-DDR) in Tateinheit mit „ungesetzlicher Verbindungsaufnahme" (§ 219 II Nr. 1 StGB-DDR) ist auch für den dritten Senat mit vollem Recht „gesetzwidrig", und zwar aus zwei Gründen: *einmal* schon hinsichtlich der *Sachverhaltssubsumtion*, da die zwei Briefe noch keinen „*Angriff* auf die verfassungsmäßigen Grundlagen der sozialistischen Staats- und Gesellschaftsordnung der DDR durch Verbreitung von Schriften zur Diskriminierung der gesellschaftlichen Verhältnisse" (so § 106 I Nr. 2 StGB-DDR) oder „Nachrichten" darstellten, die den „Interessen der DDR *schaden*" konnten (s. § 219 II Nr. 1 StGB-DDR), also wegen *Überdehnung* des Delikt*statbestandes, sodann* erst recht wegen der nicht mehr hinnehmbaren Unverhältnismäßigkeit von „Tat" und Strafe. Es sei „in Wahrheit um die Unterdrückung des politisch Andersdenkenden" gegangen.[38]

Im *zweiten Fall* hatte ein Dipl.-Ing. 1969/70 eine Schrift über „Das deutsche Dilemma" verfaßt, die u.a. eine massive Kritik an der Entwicklung der Verhältnisse in der DDR und Vergleiche mit der NS-Diktatur enthielt und vom Autor verschiedenen Personen zu lesen gegeben wurde, bis er sie schließlich in seinem Wohnzimmerschrank verwahrte. Dort in den 70er Jahren von seinem heranwachsenden Sohn entdeckt und gelesen, wurde sie von diesem wiederum einige Zeit später Freunden zur Lektüre überlassen, so daß sie endlich in die Hände von Stasi-Leuten fiel. Der Vater wurde unter dem Vorsitz des angeklagten SED-Richters am 13. Mai 1983 wegen planmäßig begangener „staatsfeindlicher Hetze" (§ 106 I Nr. 1 und 3, II i. V. m. § 108 StGB-DDR i. d. Fass. v. 1968) zu einer (bis zu seiner Entlassung in die Bundesrepublik im Juli 1984 teilweise verbüßten) Freiheitsstrafe von sechs (!) Jahren verurteilt, und zwar zwecks Umgehung der eingetretenen Verjährung unter gesetzwidriger Umdeutung des Tatbestandes, indem das DDR-Gericht die bloße *Verwahrung* der Schrift im Wohnzimmerschrank als *„Verbreitungsakt"* qualifiziert und die planmäßige Begehung einfach behauptet hatte. Der dritte Senat bejaht hier ebenfalls mit Recht sowohl eine „Überdehnung" des Delikttatbestandes unter

---

36 BGH in DtZ 1996, S. 93 l. Sp. (Hervorh. vom zitier. Verfasser), s. auch schon Spendel in JR 1994, S. 223 r. Sp.
37 Im Abdruck in DtZ als Dr. E. bezeichnet.
38 BGH in DtZ 1996, S. 94 l. Sp. (B III 2 a) aa) d. Gr.), Hervorh. vom zitier. Verfasser.

Überschreitung des Gesetzeswortlauts als auch eine „exemplarische, grausame Bestrafung und Unterdrückung des politisch Andersdenkenden"; er faßt seine Würdigung der DDR-Entscheidung in einer allgemeinen Wertung dahin zusammen, daß sie „als ein reines Willkürurteil, mithin als ein offensichtlicher und unerträglicher Gerechtigkeitsverstoß" erscheine.[39]

Unbefriedigend ist, daß der dritte Senat trotz seiner deutlichen und scharfen Worte zu den beiden Rechtsbeugungen des SED-Richters die sehr niedrige Freiheitsstrafe von einem Jahr und sechs Monaten unter Strafaussetzung zur Bewährung nicht beanstandet. Dies spricht nicht gerade für eine große Bereitschaft unserer Gerichte, die DDR-Justizverbrechen fühlbar zu ahnden.

Bei den *vier* in der Revisionsinstanz aufgehobenen Freisprüchen des LG Dresden hat nach dem dritten Senat der Tatrichter „der Anwendung des Rechtsbeugungstatbestandes zu enge Grenzen gesetzt"[40]. Es handelt sich in drei Fällen um angebliche „landesverräterische Nachrichtenübermittlung" oder „Agententätigkeit" (§ 99 bzw. 100 StGB-DDR) von Ehepaaren, die sich wegen ihrer Ausreisebemühungen an öffentliche Instanzen oder an Organisationen wie die „Gesellschaft für Menschenrechte" gewandt hatten und deren Freiheitsstrafen in krassem Mißverhältnis zu ihrem Handeln stand. In einem vierten, anders gelagerten, weil nicht Ausreisefragen betreffenden Fall war schon die Anwendung des § 99 DDR-StGB und erst recht die Strafe von drei Jahren und drei Monaten für eine im Rentenalter stehende Frau eine Rechtsbeugung.[41]

Dagegen werden die Sachverhalte von 20 Fällen, bei denen es im wesentlichen auch um die vorstehend genannten Vorschriften ging, in den Urteilsgründen des Senats nicht näher angegeben, sondern pauschal abgehandelt und die Freisprüche bestätigt, da „die durchweg harten, teilweise bis an die Grenze zum unerträglichen und offensichtlichen Gerechtigkeits- und Menschenrechtsverstoß heranreichenden Bestrafungen" wegen „erschwerender Besonderheiten" (z. B. erhöhte Intensität der Verbindung zu westlichen Stellen!?) „noch hinnehmbar" (!?) seien.[42] Diesen Opfern wird „nach der zu berücksichtigenden Sicht der DDR-Justiz" sogar testiert, „ein auf bewußte Konfrontation und Provokation angelegtes Verhalten gezeigt" zu haben (sic!). So haben sie sich ihre rechtswidrige Verurteilung eigentlich selbst zuzuschreiben, ist die Quintessenz solcher befremdlichen Rechtsprechung, die zugegebenermaßen „dazu führt, daß Bestrafungen gerade solcher Personen ohne strafrechtliche Reaktion bleiben, die dem Unrechtsregime der SED mutig und unerschrocken entgegengetreten sind"[43]. Schlagender kann der Beweis für den verfehlten Ausgangspunkt der

---

39 BGH a.a.O. (s. Fn. 38), S. 94 r. Sp. (B III 2 a) bb) d. Gr.).
40 BGH a.a.O., S. 94 r. Sp. unt. C vor I, C I 2 ff. d. Gr.
41 Die Urteilsbegründung zur Aufhebung von vier Freisprüchen und zur Bestätigung der restlichen 20 (C I 2 ff. der Gründe) ist in der DtZ 1996, S. 92, 96 l. Sp. leider nicht mitabgedruckt.
42 BGH (3. Sen. 1995) unt. C I 3 b) der Gründe.
43 BGH (Fn. 42) unt. C I 3) aa) d. Gr.

BGH-Judikatur (Berücksichtigung der Auslegungsmaßstäbe des SED-Systems, nicht der allgemeinen einer rechtsstaatlichen Ordnung) nicht geführt und formuliert werden, als es der Senat selbst tut.

Auf die Bestätigung der letzten beiden Freisprüche, die sich auf hohe Strafen unter anderem wegen „staatsfeindlicher Hetze" (§ 106 DDR-StGB) beziehen, kann hier aus Raumgründen nicht mehr eingegangen werden.

Schlußbetrachtung

Nach den vorstehend näher erörterten Entscheidungen sind wieder einige Aufhebungen erstinstanzlicher Richtersprüche und Zurückverweisungen zur Neuverhandlung oder Freisprüche zu vermerken, so wie schon im Oktober 1995 (s. BGHSt. *40*, S. 272) durch zwei Urteile vom 30. November 1995 des *vierten* Senats,[44] der als erster die weitestgehende Einschränkung des objektiven Rechtsbeugungstatbestandes bereits des § 336 (jetzt § 339) StGB gemacht hat (Beugung des Rechts nicht jede Rechts*beugung*, sondern nur der *schwere* Rechts*bruch*), weiter in zwei Entscheidungen des *fünften* Senats vom 20. Juni und 22. Okt. 1996 zu den subjektiven Rechtsbeugungsvoraussetzungen.[45] Dagegen hat dieser Senat in einem Falle der Nichtverfolgung von Wahlfälschungen durch einen Stellvertreter des Generalstaatsanwaltes der DDR mit Urteil vom 21. Aug. 1997 den Freispruch des Landgerichts Berlin aufgehoben und die Sache zurückverwiesen. Dabei hat er den Tatrichter mit Recht daran erinnert, daß der neu zu würdigende Rechtsbeugungs-Fall „letztlich auf derselben Bewertungsebene liegt wie die in" (der eingangs kritisierten) „BGHSt. *40*, S. 169, 181 behandelten Taten, durch die ein Sachverhalt in schwerwiegender Weise verfälscht wurde, um ein politisch erwünschtes Ziel zu erreichen".[46] Ebenso hat der *dritte* BGH-Senat in einer Entscheidung vom 11. April 1997 einen Freispruch des Landgerichts Dresden aufgehoben, weil er in der Verhängung einer Freiheitsstrafe von drei Jahren und zwei Monaten für einen *versuchten* ungesetzlichen Grenzübertritt im schweren Fall und für eine Urkundenfälschung (d.h. Mißbrauch eines falschen Passes) eine unvertretbar hohe, offensichtlich ganz unverhältnismäßige Strafe gesehen hat.[47] Außerdem werden verschiedentliche noch nicht rechtskräftige Verurteilungen wegen Rechtsbeugung durch die Landgerichte vor allem in der Tagespresse gemeldet.[48]

---

44 BGH (4. Sen.) in NStZ-RR, 1996, S. 65 und 69.
45 BGH (5. Sen.) in NStZ-RR 1997, S. 36 = NJ 1997, S. 35 und in NStZ 1997, S. 127 = StV 1997, S. 131 = NJ 1997, S. 264.
46 BGH (5. Sen.) in NJ 1997, S. 594, 595 r. Sp.
47 BGH (3. Sen.) in NJ 1997, S. 375, 376 r. Sp.
48 Vgl. z.B. LG Berlin (Urt. v. 26. Apr. 1996 wegen 5 Fällen Freiheitsstrafe von 2 Jahren und 8 Monaten) in NJ 1997, S. 36 r. Sp.; FAZ v. Di., 28 Okt. 1997, Nr. 250/S. 1 (LG Berlin wegen 9 Fällen Freiheitsstrafe von 2 Jahren unter Strafaussetzung zur Bewährung); v. Di., 25. Nov. 1997, Nr. 274/ S. 1 (LG Berlin wegen 7 Fällen zwei Jahre Freiheitsstrafe ohne Bewährung);

Die vorstehende Betrachtung muß einen zwiespältigen Eindruck hinterlassen. Einerseits ist zu begrüßen, daß sich die Judikatur von den allgemeinen, z.T. die DDR-Unrechtsjustiz mehr verdunkelnden als verurteilenden Ausführungen in der modernen Strafrechtsdoktrin, deren Ergebnisse den SED-Justizverbrechen nicht gerecht werden,[49] nicht beirren läßt. Anzuerkennen ist weiter, daß die Gerichte wenigstens in schweren Fällen zur Anwendung der Rechtsbeugungsvorschrift gelangen, wenngleich die verhängten auffallend niedrigen Strafen von übergroßer Nachsicht zeugen. Andererseits ist nach wie vor abzulehnen die unzulässige Einschränkung und Umdeutung des objektiven Rechtsbeugungstatbestandes in den schwerwiegenden Rechtsbruch i. S. eines Willküraktes und die Beachtung der SED-Auslegungsmaßstäbe durch den BGH. Diese Rechtsprechung führt zu vielen Freisprüchen, die nicht nur die Opfer der DDR-Unrechtsurteile bitter enttäuschen müssen. Bei der Aburteilung der SED-Justizverbrechen sollten unsere Tat- und Revisionsrichter an ein Wort aus dem Spanischen denken: Ein Unrecht hinnehmen zieht ein anderes Unrecht nach sich![50]

---

v. Sa., 29. Nov. 1997, Nr. 278/ S. 6 (LG Leipzig wegen Rechtsbeugung in Tateinheit mit Totschlag in den „Waldheim-Prozessen" 4 Jahre Freiheitsstrafe).

49 Vgl. z.B. Lorenz Schulz, Die Rechtsprechung des Bundesgerichtshofs zur Rechtsbeugung unter dem SED-Regime, in StV 1995, S. 206, 212 (zum Fall von BGHSt. *40*, S. 169); s. auch Hillenkamp, Offene oder verdeckte Amnestie - über Wege strafrechtlicher Vergangenheitsbewältigung, in JZ 1996, S. 179.

Vgl. auch noch den kritischen Artikel „Richter bleibt Richter" von Karl Fromme in FAZ v. Mi., 7. Febr. 1996, Nr. 32/S. 12.

50 Der Beitrag gibt, teilweise ergänzt und erweitert, teilweise gekürzt, in der Hauptsache einen Aufsatz wieder, den der Verfasser unter dem Titel „DDR-Unrechtsurteile in der neueren BGH-Judikatur - eine Bilanz" in der „Juristischen Rundschau" (JR) 1996, S. 177 ff. veröffentlicht hat. Er bemüht sich, auch dem nichtjuristischen Leser einen Überblick über die Rechtsprechung des Bundesgerichtshofes (BGH) zu den SED-Justizverbrechen zu geben.

Rudolf Wassermann

Nachsicht und Milde -
Vom Umgang mit dem Justizunrecht des SED-Regimes

Der englische Dramatiker Osborne hat einem seiner Stücke den Titel gegeben: „Blick zurück im Zorn".[1] Dieser Titel wäre unpassend, wenn man charakterisieren wollte, wie die Justiz der Bundesrepublik sich der Aufgabe unterzieht, sich mit dem Justizunrecht des SED-Regimes auseinanderzusetzen. Natürlich gehört zu solcher Vergangenheitsaufarbeitung der Blick zurück. Aber davon, daß der Rückblick im Zorn vorgenommen wird, kann nicht die Rede sein. Er geschieht vielmehr in Nachsicht und Milde.

Dürftige Bilanz

Der Justiz der Bundesrepublik ist bekanntlich mit großer Schärfe angelastet worden, daß sie NS-Richter wegen ihrer Urteile kaum zur Rechenschaft gezogen hat. Zu Recht: Wo Buße not tat, wurde nach Entlastung gesucht. Für die SED-Agitation war dies ein Geschenk des Himmels, konnte sie doch deswegen ein Dauerfeuer entfachen, wobei auch Fälschungen eine Rolle spielten.[2] Nach der Wiedervereinigung war es deshalb communis opinio, daß man es bei der Ahndung des SED-Justizunrechts besser machen müsse als nach 1945 bei den NS-Justizverbrechen. Hinzu kam, daß die „Rechtsbeugung durch Rechtsprechung" (Spendel) in der DDR ein Massendelikt gewesen war, so häufig - um einen DDR-Richter zu zitieren - wie hierzulande der Diebstahl.

Der Justiz Berlins und der neuen Länder ist zugute zu halten, daß sie die Problematik sogleich erkannt hat und in der Ahndung des SED-Justizunrechts eine ihrer wichtigsten Aufgaben sah. Mit Fleiß und Akribie haben die Staatsanwälte ermittelt und Anklagen erhoben, die Richter der erstinstanzlichen Gerichte ihre Urteile gesprochen. Dennoch ist die Bilanz dürftig. Von den 14.000 eingeleiteten Ermittlungsverfahren allein in Berlin führten nur wenige zur Anklage. Nach Angaben der Berliner Justizsenatorin Peschel-Gutzeit[3] wurden nach dem Stand vom 31. März 1997 insgesamt 150 Personen wegen Justizunrechts angeklagt. Zwölf von ihnen wurden freigesprochen, vier rechtskräftig verurteilt - eine zu einer Freiheitsstrafe, drei zu Freiheitsstrafen mit Bewährung.

---

1 John Osborne, Look back in anger, 1957, dt. 1958.
2 Vgl. z.B. die Broschüre: Wir klagen an. 800 Blutrichter - Stützen des Adenauer-Regimes, Hrsg. vom Ausschuß für Deutsche Einheit, Ostberlin o.J. (1958); W. Koppel (Hrsg.), Justiz im Zwielicht. Dokumentation. NS-Urteile und Personalakten, Katalog beschuldigter Juristen, Karlsruhe o.J. (1964).
3 Vgl. Frankfurter Allgemeine Zeitung (FAZ) vom 9.7.1997.

Etwas andere Zahlen hat Herr Schaefgen in seinem Beitrag mitgeteilt. Danach sind bis zum Mai 1997 etwa 100 Justizfunktionäre angeklagt und 19 verurteilt worden, darunter sieben rechtskräftig. 22 wurden freigesprochen, darunter zwölf rechtskräftig. Worauf ist dieses magere Ergebnis zurückzuführen?

Die Verantwortung dafür trägt der Bundesgerichtshof (BGH), der die Urteile der Tatgerichte in einer solchen Weise korrigierte, daß man von einem Schonraum der SED-Justiz sprechen kann. In der Öffentlichkeit wurde das nicht sogleich erkannt. Zunächst überwog in Erinnerung an die Zeit nach 1945 die Genugtuung darüber, daß Unrechtsrichter überhaupt zur Verantwortung gezogen werden. Als z.B. im Juni 1994 der frühere Richter am Obersten Gericht der DDR Reinwarth wegen Rechtsbeugung zu drei Jahren und neun Monaten Freiheitsentzug verurteilt wurde, wurde dies in der Öffentlichkeit positiv vermerkt. Das wiederholte sich bei der Bestätigung des Urteils durch den BGH. Dieser rühmte sich expressis verbis sogar, mit der unseligen Rechtsprechung zur Justiz des Dritten Reiches gebrochen zu haben.[4] Übersehen wurde dabei, daß es sich bei den Verurteilungen um einige wenige Ausnahmen handelt, während die Masse der der Rechtsbeugung beschuldigten DDR-Richter nicht zur Rechenschaft gezogen wird. Denn der BGH hat der Ahndung der DDR-Justizfunktionäre enge Grenzen gezogen - so enge Grenzen, daß nur ein sehr kleiner Teil der Unrechtsrichter bestraft werden kann.

SED-Justiz - Parteilichkeit und Klassenkampf

Hier taucht die Frage auf, welches Bild der BGH vom SED-Regime und seiner Justiz hat.[5] Offenbar hat der BGH den Wandel mitgemacht, den dieses Bild im Zuge der Entspannungspolitik in Politik und öffentlicher Meinung erfahren hat. In dem Bestreben, zu einem gutnachbarlichen Verhältnis zur DDR zu gelangen, verdrängte man damals in der Bundesrepublik weithin die Wahrheit über die Verhältnisse in der DDR. Man nahm, um eine selbstkritische Journalistin zu zitieren, kaum noch wahr, was die Realität war, sondern das, was man zu sehen wünschte.[6] Dieser Realitätsverlust hat offenbar den Untergang des SED-Regimes überdauert. Dieses System wird so positiv interpretiert, daß seine terroristische Seite kaum noch sichtbar wird. Solange das Regime existierte, pfiff es auf das Recht (Horst Sendler). Jetzt werden seine Fiktionen ernst genommen.

---

4 Vgl. BGH Neue Juristische Wochenschrift (NJW) 1996, 857, 863. Zuvor hatte derselbe 5. Strafsenat bereits von der „fehlgeschlagenen" Verfolgung des NS-Justizunrechts gesprochen, vgl. NJW 1994, 529, 531.
5 Vgl. Wassermann, Justizterror - ungeahndet, Deutschland Archiv 1996, 938 ff.
6 Vgl. Wassermann, Ein epochaler Umbruch, Asendorf 1991, S. 179 ff („Warum war es so schwer, die Wahrheit über die DDR zu sagen?").

Aus der totalitären Diktatur wird nachträglich so etwas wie ein normaler Staat, der lediglich seine dem Sozialismus geschuldeten Besonderheiten hatte.

Das gilt auch für die Justiz des SED-Regimes. Was diese angeht, so macht man sich nicht hinreichend klar, daß diese gegenüber dem, was man in der Bundesrepublik unter Justiz versteht, ein aliud war, etwas gänzlich anderes.[7] Unter dem SED-Regime führte die Justiz kein Eigenleben. Die Gewaltenteilung und -trennung wurde als Produkt des Kapitalismus ausdrücklich verworfen. Die Justiz war vielmehr schlichter Bestandteil der „einheitlichen Staatsmacht" - des nach dem Prinzip des „demokratischen Zentralismus"[8] aufgebauten sozialistischen Staatsapparats, mit dessen Hilfe die SED ihre Herrschaft sichern und ihre Ziele verwirklichen wollte. Die in diesem Staatsapparat tätigen Justizfunktionäre waren keine Richter im Sinne liberal-rechtsstaatlicher Rechtskultur, sondern, um einen Staatsanwalt aus Nordhausen zu zitieren, „Parteiarbeiter im besonderen Auftrag", die nach unseren Begriffen nicht als Richter anzusehen waren.

Der dem sozialistisch-kommunistischen Rechtskreis eigentümliche Wesensunterschied wurde jedoch vom BGH weithin negiert, insbesondere der parteiliche Charakter der DDR-Justiz. Der kommunistischen Klassenjustiz in der DDR wurde teilweise sogar Lob zuteil, etwa wenn ihr besondere Wärme und Fürsorglichkeit im Umgang mit der Bevölkerung attestiert wurde.[9] Aus dieser falschen, von westlichen Vorstellungen gespeisten Einstellung heraus ließ man sich auf eine individuelle Prüfung darüber ein, ob der DDR-Justizfunktionär seinen Taten und seiner Einstellung nach ein „glaubwürdiger Repräsentant rechtsstaatlicher Justiz" sein könne, was in der Praxis der Prüfungsausschüsse oft zur Farce gedieh. In Brandenburg z.B., so hat ein dort tätiger Gerichtspräsident berichtet, wurde geprüft, ob der DDR-Richter oder -Staatsanwalt eine bestimmte Zahl von Unrechtsurteilen gefällt habe oder ob er darunter geblieben sei. War dies der Fall, so blieb er im Amt.

Zu wenig beachtet wird auch der besondere, rein instrumentale Charakter der Strafjustiz des SED-Regimes. Die SED-Justiz hatte der Doktrin vom Klassenkampf entsprechend als Instrument des SED-Regimes zu dessen Aufbau und Festigung vor allem durch die Verfolgung des „Klassenfeindes", von „imperialistischen Agenten", „Saboteuren", „Abwerbern", „Republikflüchtlingen", „Hetzern", „Schädlingen", kurz: von politisch Mißliebigen, Andersdenkenden, Aufmüpfigen und Regimekritikern beizutragen. Man unterschied zwei Arten von Kriminalität, mit denen sich die Strafjustiz auseinanderzusetzen hatte. Die

---

7 Vgl. Wassermann, Die Vereinheitlichung des Rechtswesens, in: Jesse/Mitter (Hrsg.), Die Gestaltung der deutschen Einheit, Bonn 1992, S. 246, 248 ff.
8 Dazu Polak, Zur Dialektik in der Staatslehre, 2. erw. Aufl., Ostberlin 1963, S. 179 ff.
9 Vgl. Markovits, Die Abwicklung. Ein Tagebuch zum Ende der DDR-Justiz, München 1993, S. 73 f. Die Strenge der Urteile z.B. gegen Ausreisewillige erklärt die Autorin aus dem „elterlichen Charakter" des sozialistischen Rechts, das auf die Zurückweisung des Systems durch den Ausreisewilligen „mit der Härte und Bitterkeit reagierte, die aus enttäuschter Liebe springt" - „wie eine besitzerische Mutter" (a.a.O., S. 64, 135).

eine bildeten jene Verbrechen, „die die Kräfte des Kapitals unausgesetzt unternehmen, um die Arbeiter- und Bauernmacht und ihre Errungenschaften zu beseitigen und den Kapitalismus zu restaurieren"[10], die zweite war die sog. allgemeine Kriminalität, die im Gegensatz zu der „konterrevolutionären Kriminalität des Kapitals" als „Ausdruck sozial-negativer Verhaltensweisen anarchisch-spontanen Charakters" begriffen wurde, als „spezifische Erscheinung des Nach- und Fortwirkens von Relikten der Ausbeutergesellschaft".[11] Die Hauptstoßkraft der Strafjustiz galt den sog. konterrevolutionären Delikten. Hier, bei dem, was im westlichen Sprachgebrauch als politisches Strafrecht zu bezeichnen wäre, lag der Schwerpunkt von Strafrechtspolitik und -praxis.

Konterrevolutionär waren aber nicht nur die Delikte politischer Natur, sondern auch Wirtschaftsdelikte, ja selbst Branderregung oder Nachlässigkeiten bei der Arbeit, die als Sabotage qualifiziert wurden. Der Klassenkampf gegen das Bürgertum wurde von der Justiz mit der Beschuldigung geführt, Planziffern wie z.B. das Ablieferungssoll in der Landwirtschaft oder die Produktionszahlen nicht erreicht zu haben, was zur Bestrafung führte.[12] Zum imperialistischen Agenten wurde gestempelt, wer z.B. Westzeitungen in seinem Besitz hatte oder die Verhältnisse in der DDR brieflich Verwandten oder Freunden schilderte. Die Vorstellung, das „reaktionäre imperialistische System" wolle unausgesetzt und in vielfältigster Weise die sozialistische Gesellschaft in ihrer Entwicklung politisch, ökonomisch und ideologisch stören, hatte ideologisch-traumatischen Charakter, sie leitete die Machthaber in der DDR und ihre Handlanger ebenso nachhaltig wie seinerzeit die Avantgarde der Bolschewiki bei dem Terror, den sie in der Sowjetunion ausgeübt hatten. In der Art und Weise, in der sich die DDR-Strafjustiz betätigte, bestätigte sich die Erkenntnis, daß keine Unterdrückung druchgreifender ist als der Terror von Fundamentalisten, die sich als Vollstrecker historischer Gesetzmäßigkeiten verstehen. Insbesondere die Untersuchungen von Fricke[13], Schuller[14], Werkentin[15] und auch Rottleuthner[16] über die DDR-Justiz haben dabei deutlich gemacht, daß nicht nur das Politbüro jederzeit in der Lage war, ad hoc in die Justiz einzugreifen, sondern auch die DDR-Staatsanwälte und -Richter sich so stark mit dem Regime identifizierten, daß die Steuerung in hohem Grade Selbststeuerung war, wobei es für die

---

10 Vgl. Strafrecht, Allgemeiner Teil, Lehrbuch. Hrsg. von der Sektion Rechtswissenschaft der Humboldt-Universität zu Berlin und der Akademie für Staats- und Rechtswissenschaft der DDR Potsdam-Babelsberg, Ostberlin 1976, S. 31.
11 Ebenda, S. 31 f.
12 Vgl. die Schilderung von Prozessen vor dem Obersten Gericht der DDR (OG DDR) wegen Grubenbrands, Produktionsverlusten im Bergbau, Kohlenstaubverpuffung („Bernburger Musterprozeß"), Versorgungsschwierigkeiten u.ä. bei Beckert, Die erste und letzte Instanz. Schau- und Geheimprozesse vor dem OG DDR, Goldbach 1995, S. 97 ff.
13 Fricke, Politik und Justiz in der DDR, Köln 1990.
14 Schuller, Geschichte und Struktur des politischen Strafrechts in der DDR bis 1968, Ebelsbach 1980.
15 Werkentin, Politische Strafjustiz in der Ära Ulbricht, Berlin 1995.
16 Rottleuthner u.a., Steuerung der Justiz in der DDR, Köln 1994.

Justizfunktionäre des Regimes keineswegs einfach war, bei den zahlreichen Kursänderungen der kommunistischen Partei das Geforderte zu erkennen und in die Praxis umzusetzen.

Unrecht als System - Die Fehler des BGH

Um so mehr erstaunt die Rechtsprechung des BGH. Was falsch daran ist, hat vor allem Günter Spendel[17] dargelegt, dessen Ausführungen weithin gefolgt werden kann.

Der entscheidende Fehler des BGH, der unter die Lupe genommen werden muß, ist die Einengung des Rechtsbeugungstatbestandes auf schwerste Rechtsbrüche, was bei den anzuwendenden Strafbeständen - dem des DDR- und des bundesdeutschen Strafrechts - gar nicht vorgesehen ist. Rechtsbeugungen sollen - entgegen dem Wortlaut - nur noch krasse Willkürakte sein. Willkür ist ein aus der westlichen Rechtsdoktrin stammender Begriff, der besagt, daß jemand einen Fall unsachlich behandelt. So gesehen, müßte man eigentlich so gut wie das gesamte Klassenrecht des SED-Regimes als Willkür bezeichnen und nicht etwa bloß einzelne Gerichtsentscheidungen. Der BGH verkennt das und versteht unter Willkürakten „offensichtlich schwere Menschenrechtsverletzungen". Als solche nennt er die Überdehnung der Straftatbestände durch „Überschreitung des Gesetzeswortlauts", ein „unerträgliches Mißverhältnis" zwischen Straftat und Strafmaß und schließlich Strafverfolgung allein „zur Ausschaltung des politischen Gegners oder einer bestimmten sozialen Gruppe".

Natürlich fragt man sich, wenn man das liest, wo die Grenze zwischen „erträglichem" und damit hinzunehmendem und „unerträglichem" und dann strafwürdigen Unrecht liegt. Und was soll der Zusatz „allein" bei der Strafverfolgung zur Ausschaltung des politischen Gegners? Damit wird gleichsam durch die Hintertür die Möglichkeit geschaffen, das Kriterium um seine praktische Wirkung zu bringen. Aber betrachten wir die grundsätzlichen Aspekte:

Die SED-Strafjustiz war in den politischen Strafsachen im geschilderten Sinn Unrecht als System. Es kommt darauf an, Systemtäter zur Rechenschaft zu ziehen. Das wird verkannt, wenn die Strafbarkeit der Rechtsbeugung, wie dargelegt, auf Exzeßtaten beschränkt wird. Zu Recht meint Spendel[18], die Auffassung des BGH sei keine vertretbare Gesetzesauslegung mehr. Sie läuft auf eine unzulässige Gesetzesumdeutung und auf ein ungesetzliches Privileg für DDR-Richter hinaus. Denn bei den bundesrepublikanischen Richtern soll die vorgenommene Einschränkung nicht gelten, wie auf einer Tagung ein Mitglied

---

17 Vgl. Spendel, Rechtsbeugung und BGH, NJW 1996, 809 ff; ders., DDR-Unrechtsurteile in der neueren BGH-Judikatur - eine Bilanz, Juristische Rundschau 1996, 177 ff.; S.a. die eingehende Darstellung bei Tröndle, Strafgesetzbuch mit Nebengesetzen, 48. Aufl., München 1997, Vor 3, 49 ff.
18 Vgl. Spendel, NJW 1996, 810.

des BGH „klarstellte", als man es auf die Ungereimtheit hinwies, daß die vorsätzliche Verletzung wesentlicher prozessualer Vorschriften, da keine Menschenrechtsverletzung, künftig straflos bleiben müßte.

Ein weiterer Fehler des BGH liegt in der Forderung, daß die Gerichte, die jetzt über die Rechtsbeugung durch DDR-Justizfunktionäre entscheiden, neben dem Recht der DDR auch die „Auslegungsmethoden" der DDR-Justiz berücksichtigen sollen. Hier verfehlt der BGH die Wirklichkeit des SED-Regimes in eklatanter Weise. Was er „Auslegungsmethoden" nennt, sind nicht die Regeln für die Interpretation von Gesetzen, wie wir sie kennen, etwa die Auslegung nach der historischen, grammatischen oder teleologischen Methode. Der BGH hat etwas ganz anderes im Auge und spricht das auch offen aus. Er verlangt nämlich die Berücksichtigung der, wie er sich ausdrückt, „besonderen Züge" des DDR-Rechtssystems und erklärt auch, was er darunter versteht und berücksichtigt wissen will: das „System der auf Vereinheitlichung und Durchsetzung der sozialistischen Zielsetzung gerichteten Einflußnahmen", die „Direktiven zur Steuerung der Justiz", die „Standpunkte", „Orientierungen" und „Richtlinien" der SED-Justizoberen und damit letztlich der obersten Machthaber des kommunistischen Unrechts-Regimes, für die Recht das Mittel zur kommunistischen Gesellschaftsgestaltung und zur Sicherung ihrer Gewaltherrschaft war.

Solche Richtlinien und Weisungen sowie die Beschlüsse der SED, die oberste Rechtsquelle waren, kurz: das gesamte System der Anleitungen von oben nach unten, das für das SED-Regime im gesamten Partei- und Staatsapparat charakteristisch war, sollen also unsere Staatsanwälte und Richter berücksichtigen. Von ihnen wird verlangt, sich einfühlsam auf den Boden des klassenbewußten SED-Rechts zu stellen und die Wertungen des vom Marxismus-Leninismus indoktrinierten SED-Richters nachzuvollziehen, was eigentlich eine Schulung in kommunistischer Rechtstheorie und -praxis erfordert.[19] Haben die Justizfunktionäre des SED-Regimes sich systemgerecht verhalten, also so, wie es die SED von ihnen erwartete, so sind sie grundsätzlich nicht zur Rechenschaft zu ziehen. Dem BGH ist wichtig, daß die Verwirklichung des Sozialismus das in der Verfassung der DDR verankerte Staatsziel gewesen ist, wie ja die DDR-Verfassung auch die führende Rolle der SED anerkannt hatte. Richter, die sich von politischen Einflußnahmen zur Durchsetzung der Staatszielbestimmung Sozialismus leiten ließen, hätten deshalb noch keine Gesetzesverletzung begangen.

---

19 S.a. die Kritik von E. Wolf, NJW 1994, 1390 und F.-C. Schroeder, FAZ vom 3.12.1995, S. 12.

Justiz und Politik

Der BGH muß sich hier vorhalten lassen, daß Parteilichkeit im Sinn des Klassenkampfes die Anwendung des Rechts zu bestimmen hatte und auch tatsächlich bestimmte. Im sozialistischen Recht waren Parteilichkeit und Gerechtigkeit nichts Gegensätzliches. Von den Staatsanwälten und Richtern wurde gefordert, den Klassenfeind auch dort zu entlarven, wo es „scheinbar unpolitisch" zuging. Die Täter von Vermögensdelikten, Gewaltverbrechen und anderen „neutralen" Straftaten wurden zu Feinden des sozialistischen Aufbaus gestempelt, wenn dies politisch opportun war, ferner zu Agenten des Kapitalismus, zu Saboteuren und Schädlingen. Da die DDR-Gerichte sich um den subjektiven Tatbestand kaum kümmerten,[20] waren Manipulationen Tür und Tor geöffnet.

Das Verhältnis von Regel und Ausnahme stellt sich daher anders dar, als der BGH meint. Seine Bereitschaft, die Steuerung der DDR-Justiz im Sinne der SED als „Auslegungsmethodik" einer anderen Rechtsordnung zu begreifen und als solche anzuerkennen, verschafft politischen Einflußnahmen der SED sowohl Legitimität als auch Legalität. Erklärlich ist dieser Standpnkt wohl nur, wenn man dem BGH das Ziel unterstellt, die große Masse der Täter, die im Rahmen des Systems Unrecht getan und die Menschenrechte verletzt haben, von Strafe freizustellen und die Strafjustiz auf die Verfolgung von Sachverhalten zu beschränken, bei denen besonders schwere Menschenrechtsverletzungen festgestellt werden können. Wieder einmal machen Richter Politik, und es wäre naiv, das zu übersehen.

Wie schwer es der Justiz angesichts des Meinungsklimas der letzten Jahrzehnte fällt, das Justizunrecht der DDR angemessen einzuordnen, hat sich sogar bei den berüchtigten Waldheim-Urteilen des Landgerichts Chemnitz aus dem Jahre 1950 gezeigt.[21] Da die Waldheim-Verfahren bis auf zehn Fälle hinter verschlossenen Türen abgehalten, vom SED-Zentralkomitee gesteuert und nach dem menschenrechtswidrigen Prinzip der Kollektivschuld im Schnelltempo durchgeführt wurden, wäre es angemessen gewesen, von Scheinverfahren und Nichturteilen zu sprechen, zumal das Kammergericht bereits 1954 die Waldheimer Urteile in ihrer Gesamtheit für „absolut und unheilbar nichtig" erklärt hatte.[22] Fehlte es der Justiz, welche die Waldheim-Richter, die alles andere als Richter waren, abzuurteilen hatte, an der Fähigkeit, dies zu erkennen? Oder an dem Mut, es auszusprechen? Jedenfalls wurden die Richter und Staatsanwälte von Waldheim so abgeurteilt, als wenn sie an echten Gerichtsverfahren mit-

---

20 So schon Schuller, a.a.O., S. 268 ff.
21 Vgl. Eisert, die Waldheimer Prozesse. Der stalinistische Terror 1950, Esslingen/München 1993. Der Autor bezeichnet in seinem Nachwort diese Prozesse als „Gipfel der Niedertracht" (a.a.O., S. 311).
22 Vgl. KG NJW 1954, 1901 f., S.a. Spendel, Rechtsbeugung durch Rechtsprechung. Berlin 1984, S. 96 ff, 105 und Wassermann, Unrecht durch DDR-Rechtsprechung, Festschrift für Günter Spendel, Berlin/New York 1992, D. 629, 644 ff.

gewirkt hätten, obwohl sie tatsächlich nicht Recht sprachen, sondern eine Verurteilungsmaschinerie bedienten.

Dies als Kritik an der BGH-Rechtsprechung. Erfreuliches, wo es sich findet, soll allerdings nicht unterschlagen werden. So hat der BGH es abgelehnt, dem Magdeburger Landgericht dahin zu folgen, daß „Rechtsblindheit" aus politischer Verblendung wegen fehlenden Unrechtsbewußtseins zum Freispruch führt,[23] etwa in den Extremfällen, die nach dem BGH ausnahmsweise Bestrafung nach sich ziehen. Fanatische Kommunisten auf dem Richterstuhl - wie etwa die berüchtigte, vor kurzem in der ZEIT als „gebildete Damen mit guten Umgangsformen" angesprochene,[24] 1989 verstorbene Stalinverehrerin Hilde Benjamin - sollen danach nicht ungeschoren davonkommen, sondern als strafbare Überzeugungstäter betrachtet werden. Anderseits hat der BGH, obwohl er die „Überdehnung des Gesetzeswortlauts" als strafbaren Extremfall ansieht, nichts daran auszusetzen gefunden, daß die DDR-Justiz, dem Vorbild Benjamins folgend,[25] es fertigbrachte, den Boykotthetze-Artikel 6 der DDR-Verfassung von 1949 als unmittelbar geltende Strafnorm zu betrachten - trotz fehlender Bestimmtheit (der Verfassungsartikel enthält nicht einmal eine Strafdrohung).

Wegen weiterer fehlgehender Entscheidungen des BGH zur Rechtsbeugung durch DDR-Justizfunktionäre sei auf die zutreffende, vorzügliche Kommentierung durch Tröndle[26] verwiesen.

Der Rechtsstaat als Prügelknabe

Natürlich ist diese richterliche Politik nicht ohne Kritik geblieben. Interessant ist es, wie darauf reagiert wird. Es ist nämlich eine Abwehrstrategie entwickelt worden, die darin besteht, die Verantwortung auf den Rechtsstaat abzuschieben. Das Prinzip der Rechtsstaatlichkeit soll schuld daran sein, daß die Ahndung des Unrechts der SED-Justiz so unzulänglich ausfällt, ja in erschreckendem Umfang mißlingt.

---

23 Vgl. BGH NJW 1996, 857, 862.
24 Vgl. DIE ZEIT vom 11.4.1997 (Besprechung von A. Feth, Hilde Benjamin - Eine Biographie, Berlin 1927, durch Uwe Wesel).
25 Art. 6 Abs. 2 der DDR-Verfassung von 1949 wurde als unmittelbar geltende Strafnorm erstmals im Urteil des OG DDR vom 4.10.1950 gegen die Zeugen Jehovas angewendet, in dem Benjamin als Vorsitzende mitwirkte (Neue Justiz 1950, 452 ff). Der BGH bemerkt dazu, die rechtsstaatlich unakzeptable Rechtsprechung des OG DDR habe einem mit der Wiederherstellung deutscher Souveränität in West und Ost empfundenen Bedürfnis nach Staatsschutznormen Rechnung getragen. Richtern, die im Einklang mit dieser Rechtsprechung Schuldsprüche auf die Verfassungsnorm gestützt hätten, fehle jedenfalls der Vorsatz der Rechtsbeugung (BGH NJW 1996, 857 f).
26 Vgl. Tröndle, a.a.O., Vor 3, 49 f und g.

Damit aber streut man der Öffentlichkeit Sand in die Augen. Recht und Rechtsstaatsprinzip zwingen keineswegs dazu, mit der Justiz so umzugehen, wie das in der Rechtsprechung des BGH geschieht, an die sich die Staatsanwaltschaften und die Instanzgerichte halten müssen.

Dem Rechtsstaatsprinzip ist, genau genommen, nicht einmal anzulasten, daß die Handlungen der SED-Justiz nach deren Recht beurteilt werden, geschweige nach dem sozialistischen Kontext, in dem sich die DDR-Justiz bewegt hat.

Die rechtsstaatlichen Essentials sind in der Europäischen Menschenrechtskonvention (EMK) von 1950 kodifiziert. Der Grundsatz „Nullum crimen, nulla poena sine lege" (keine Strafe ohne vorheriges Gesetz), der, wie gesagt, einen Schutzwall um die Täter der SED-Verbrechen legt, befindet sich zwar darunter, der einschlägige Art. 7 Abs. 1 EMK wird aber durch einen Abs. 2 modifiziert, in dem es heißt: „Durch diesen Artikel wird die Verurteilung oder Bestrafung einer Person nicht ausgeschlossen, die sich einer Handlung und Unterlassung schuldig gemacht hat, die im Zeitpunkt ihrer Entstehung nach den allgemeinen, von den zivilisierten Völkern anerkannten Rechtsgrundsätzen strafbar war".

Die Bundesrepublik Deutschland hatte zwar bei der Ratifikation erklärt, sie würde den Absatz 2 nur in den Grenzen des die Rückwirkung von Strafgesetzen verbietenden Art. 113 Abs. 2 GG anwenden. Aber 1990 hätte man durchaus das Rückwirkungsverbot für die SED-Verbrechen durchbrechen können. Dies um so mehr, als man im Vermögensrecht keine Bedenken trug, mit verfassungsändernder Mehrheit jene Regelungen verfassungskräftig zu machen, durch die die Rückgängigmachung von Ost-Enteignungen ausgeschlossen wurde (vgl. Art. 143 Abs. 3 GG).

Es ist bemerkenswert, daß kein Geringerer als der Nestor der deutschen Zeitgeschichtsforschung, Karl Dietrich Bracher[27], 1990 empfohlen hat, den Grundsatz „nullum cirmen sine lege" für die Aufarbeitung des SED-Unrechts außer Kraft zu setzen, und zwar unter Berufung auf die Ahndung der NS-Verbrechen. Bracher hätte auch darauf hinweisen können, daß eine UN-Konvention vom 26. November 1968 ausdrücklich bekräftigt hatte, daß Verbrecher gegen die Menschlichkeit auch dann verfolgt werden können, „wenn solche Handlungen keine Verletzung des innerstaatlichen Rechts des Landes darstellen, in dem sie begangen wurden".

Einzuräumen ist allerdings, daß die Bundesrepublik von Anfang an keinen Zweifel daran aufkommen ließ, daß für sie eine Suspendierung des „Nulla poena sine lege"-Grundsatzes nicht in Betracht kam. Verwahrung muß jedoch dagegen eingelegt werden, daß die Nachsicht der Gerichte gegenüber den SED-Tätern unterschiedslos als rechtsstaatsbedingt hingestellt und damit dem Rechtsstaat angelastet wird.

Keineswegs haben bei der Aufarbeitung des SED-Justiz-Unrechts die Richter des BGH ihre Überzeugungen auf dem Altar des Rechtsstaats geopfert. Es

---

27 Vgl. Bracher, Vierzig Jahre Diktatur (SED-Unrecht) - Herausforderung an den Rechtsstaat, Recht und Politik, 1991 137 f.; S.a. Blanke, Amnestie-Debatte, Kritische Justiz 1995, 131 ff.

verhält sich genau umgekehrt. Denn sie setzen, wie dargelegt, rechtsstaatliches Recht außer Kraft, wenn sie, um Milde gegenüber weitaus den meisten DDR-Richtern und -Staatsanwälten üben zu können, als Rechtsbeugung nur solche Rechtsbrüche bestrafen, die sich als schwere Menschenrechtsverletzungen durch Verzerrung des Sachverhalts, Überschreitung des Gesetzeswortlauts und unerträgliches Mißverhältnis zwischen Tat und Strafe darstellen. Das ist eine rechtsschöpferische Restriktion des Gesetzes, ein Verhalten contra legem, also das Gegenteil dessen, was von einem an das Recht gebundenen, rechtsstaatlichen Richter zu verlangen ist. Nicht anders ist die Forderung des BGH zu beurteilen, rechtswidriges, gegen die DDR-Gesetze verstoßendes Verhalten der SED-Justizfunktionäre dann zu tolerieren, wenn dieses von den SED-Justiz-Oberen gewünscht oder von den Partei-Oberen gewollt war. Diese Tolerierung hat mit dem Rechtsstaatsprinzip nichts zu tun, sondern pervertiert es, verkehrt es in sein Gegenteil.

Bedauerlicherweise wird dies in der Öffentlichkeit zumeist verkannt. Wir haben in vielem ein von Nachsicht und Schonung geprägtes, unrechtsstaatliches Sonderrecht für die DDR. Ich erinnere daran, daß das Bundesverfassungsgericht im Fall der DDR-Spionage[28] das Weltrechtsprinzip ausschaltete, wonach Spionage bestraft wird unabhängig davon, wo sie begangen worden ist, ferner daran, daß der BGH den für Denunziationen in der DDR geschaffenen Tatbestand des § 241 a StGB faktisch außer Kraft setzte, um DDR-Denunzianten nicht bestrafen zu müssen.[29] Schließlich darf auch der Fall Honecker[30] nicht vergessen werden, wo der Berliner Verfassungsgerichtshof es fertig brachte, einen neuen, in der bundesrechtlichen Strafprozeßordnung nicht vorgesehenen Einstellungsgrund zu schaffen, nämlich die Vermutung, daß der Angeklagte das Prozeßende nicht erleben werde (was, nebenbei bemerkt, einen Anreiz schafft, Strafgerichtsverhandlungen in die Länge zu ziehen). Und mehr als problematisch ist es, daß keine Klarheit darüber geschaffen worden ist, wann SED-Unrecht erträglich und wann es unerträglich war, was für die Beurteilung der Strafbemessung entscheidend sein soll. Selbst das angestrengteste Einfühlen in die SED-Strafjustiz, das dem bundesdeutschen Richter aufgebürdet ist, hilft hier nicht viel, wenn man an die Kursschwankungen denkt, die die Geschichte des SED-Regimes gekennzeichnet haben.

„Die Waage des Rechts in Deutschland ist falsch justiert", klagte kürzlich ein sächsischer Politiker. Was die Beurteilung des SED-Justizunrechts angeht, so kann man ihm nicht widersprechen.

---

28 BVerfG NJW 1995, 1811.
29 Vgl. Wassermann, Die DDR-Denunzianten und der BGH, NJW 1995, 931 ff.
30 Vgl. Meurer, Der Verfassungsgerichtshof und das Strafverfahrensrecht. Der Fall Honecker, in: de Boor/Meurer (Hrsg.), Über den Zeitgeist. Bd. II: Justiz in Deutschland, Marburg 1995, S. 449 ff.

Ausblick

Kann man darauf hoffen, daß die Judikatur zum SED-Justizunrecht, die man als verfehlt bezeichnen muß, sich ändert? Wohl kaum. Viele Richter und Staatsanwälte halten die Rechtsprechung des BGH für falsch. Was läge da näher, als mit guten Argumenten gegen die Rechtsprechung anzugehen und durch abweichende Urteile den BGH zu veranlassen, sich mit den Gegenargumenten auseinanderzusetzen? Fast ausnahmslos folgen die erstinstanzlichen Gerichte jedoch den Urteilen des BGH, wobei sie jedes Wort, das sich in den Urteilen findet, auf die Goldwaage legen und nahezu als sakrosankt ansehen. Der Grund dürfte darin liegen, daß damit gerechnet wird, vom BGH aufgehoben zu werden, wenn man anders entscheidet. Es ist zudem nicht bloß *ein* Senat, dessen Rechtsprechung zum SED-Justizunrecht Unbehagen auslöst. Da drei Senate im wesentlichen übereinstimmen, kann man die höchstrichterliche Rechtsprechung als verfestigt ansehen. Insoweit gibt es Ähnlichkeiten zum NS-Justizunrecht. Auch damals hielt man das Aufbegehren gegen die herrschende Meinung für aussichtslos.

Wird eine spätere Generation das Versagen bei der strafrechtlichen Aufarbeitung von SED-Justizunrecht ähnlich negativ beruteilen wie das Versagen nach 1945? Das ist oft zu hören, und mancher, der heute empört ist, tröstet sich mit dem Ausblick auf die Zukunft. Ich bin da nicht so sicher. Die Geschichte ist stets offen. Kommunisten wird vieles verziehen. Man denke nur an den Terror in der Sowjetunion. Das Justizunrecht unter dem NS-Regime wäre vermutlich ebenfalls ohne politische Resonanz geblieben, wenn es nicht den Trendwechsel in den 60er Jahren gegeben hätte, der den Vorwurf unzulänglicher Aufarbeitung der NS-Verbrechen zum Bestandteil der aktuellen Radikalkritik an der Bundesrepublik machte. Unter ethischem Aspekt wäre allerdings zu wünschen, daß die Erinnerung an das SED-Unrecht nicht verblaßt, sondern stets als Mahnung und Warnung begriffen wird, wohin eine totalitäre Diktatur führt.

Hans-Jürgen Grasemann

Vergangenheitsbewältigung durch Rehabilitierung?

Einleitung

Der Begriff „Vergangenheitsbewältigung" stand 40 Jahre für die Mahnung vor dem Vergessen der Geschichte und für die Aufforderung zur kritischen Auseinandersetzung mit dem Nationalsozialismus. Seit 1990 steht das vereinte Deutschland vor der Aufgabe, 40 Jahre SED-Herrschaft „aufzuarbeiten", ohne daß die Auseinandersetzung mit dem NS-Regime als abgeschlossen betrachtet werden kann. Dabei läßt sich weder die eine politische Vergangenheit noch die andere „bewältigen", weil begangenes Unrecht weder bereinigt noch im eigentlichen Sinne wiedergutgemacht werden kann. Und aus der Sicht der Opfer besitzt der Begriff „Vergangenheitsbewältigung" ohnehin eine andere Qualität als bei Nichtbetroffenen oder Nachgeborenen.

Zwar muß sich die Justiz in vielfältiger Weise mit der Hinterlassenschaft beider totalitärer Diktaturen beschäftigen. Doch steht im Mittelpunkt der öffentlichen Aufmerksamkeit damals wie heute die strafrechtliche Dimension, obwohl das Strafrecht nur einen untergeordneten Beitrag zur Aufarbeitung der Vergangenheit leisten kann, weil vieles, was uns im moralischen Sinne als Unrecht erscheint, strafrechtlich nicht justitiabel ist. So ist manche Hoffnung, daß Unrecht gesühnt und wiedergutgemacht werden kann, längst enttäuscht.

Justizunrecht wiedergutzumachen, bedeutet deshalb neben seiner an den Maßstäben unseres bundesrepublikanischen Rechts gemessenen strafrechtlichen Ahndung in erster Linie Rehabilitierung und Entschädigung. Die Rehabilitierung nimmt den Justizopfern beider Unrechtssysteme den Makel, vorbestraft zu sein und markiert zugleich den Unterschied von Recht und Unrecht, während die Entschädigungsleistungen - so gut es geht - einer fortwirkenden Ungerechtigkeit abzuhelfen versuchen, ohne den Grundsatz der Opfergleichheit zu verletzen.

Strafrechtliche Rehabilitierung

Für jene Opfer des SED-Regimes, die - aus politischen Gründen kriminalisiert - durch strafrechtliche oder außerstrafrechtliche Maßnahmen ihre Freiheit durch teilweise langjährige Haftstrafen, deren Vollzug oftmals unter menschenunwürdigen Bedingungen stattfand, verloren haben, gilt seit dem 04.11.1992 das im Rahmen des Ersten SED-Unrechtsbereinigungsgesetzes enthaltene Strafrechtliche Rehabilitierungsgesetz (StrRehaG).[1] Die Rehabilitierungsverfahren betreffen ausschließlich Strafurteile deutscher Gerichte in der SBZ/DDR in der Zeit vom 08.05.1945 bis zum 02.10.1990, soweit sie mit wesentlichen Grundsätzen einer freiheitlichen rechtsstaatlichen Ordnung unvereinbar sind, wenn also die Entscheidung der politischen Verfolgung gedient hat oder die angeordneten Rechtsfolgen in grobem Mißverhältnis zu der zugrundeliegenden Tat stehen. Einbezogen in den Anwendungsbereich des StrRehaG sind auch die Opfer einer rechtsstaatswidrigen Einweisung in eine psychiatrische Anstalt. Gleichgestellt ist Zwangsarbeit unter haftähnlichen Bedingungen. Auf Antrag werden die angegriffenen Entscheidungen für rechtsstaatswidrig erklärt und aufgehoben, wobei an die staatliche Reaktion und nicht an die Aktivität und Motivation des Betroffenen angeknüpft wird.

Ein Katalog von Straftatbeständen, deren Anwendung in der Regel politischer Verfolgung gedient hat, erleichtert die Rehabilitierungsentscheidung. Den aufgeführten Strafbestimmungen liegen die Erkenntnisse über die politische Instrumentalisierung des DDR-Strafrechts zugrunde:

- Landesverräterische Nachrichtenübermittlung (§ 99 DDR/ StGB)

- Staatsfeindlicher Menschenhandel (§ 105 DDR/StGB)

- Staatsfeindliche Hetze (§ 106 DDR/StGB)

- Ungesetzliche Verbindungsaufnahme (§ 219 DDR/StGB)

- Ungesetzlicher Grenzübertritt (§ 213 DDR/StGB)

- Boykotthetze gemäß Art. 6 Abs. 2 DDR-Verfassung vom 07.10.1949

- Wehrdienstentziehung und Wehrdienstverweigerung (§ 256 DDR/StGB oder § 43 des Gesetzes über den Wehrdienst in der DDR)

- Hochverrat, Spionage, Anwerbenlassen zum Zwecke der Spionage, landesverräterische Agententätigkeit, Staatsverbrechen, die gegen einen verbündeten Staat gerichtet sind, Unterlassung der Anzeige einer dieser Straftaten, Geheimnisverrat (§§ 96, 97, 98, 100, 108, 225 Abs. 1 Nr. 2 i.V. mit diesen Vorschriften, § 245 oder § 246 DDR/StGB).

---

1 BGBl I, 1814.

Entschädigungsleistungen

Zuständig für die Rehabilitierung sind die Landgerichte, in deren Bezirk das angefochtene Straf- oder Ermittlungsverfahren anhängig war. Erst aufgrund ihres Rehabilitierungsbeschlusses, der die Dauer der zu Unrecht erlittenen Haft feststellt, wird die Höhe der Entschädigungsleistungen 300,00 DM Kapitalentschädigung für jeden angefangenen Haftmonat, errechnet. Wer bis zum 09.11.1989 in der DDR gelebt hat, erhält wegen der haftbedingten fortdauernden Benachteiligungen eine zusätzliche Entschädigung von 250,00 DM je Haftmonat. Diese zusätzliche Kapitalentschädigung rechtfertigt sich nach der amtlichen Begründung daraus, daß die Verurteilten auch nach ihrer Haftentlassung weiterhin unter Diskriminierung und anderen Nachteilen zu leiden hatten. Demgegenüber hätten jene politischen Häftlinge, die nach ihrer Haft (z.B. im Wege des Freikaufs) in die Bundesrepublik Deutschland übersiedeln konnten, Leistungen nach dem Flüchtlingshilfegesetz, dem Heimkehrergesetz, höhere Leistungen nach dem Bundesversorgungsgesetz und höhere Leistungen der Sozialversicherung, steuerliche Vergünstigungen und sonstige Eingliederungshilfen erhalten, die mit Ausnahme der Eingliederungshilfen nach dem Häftlingshilfegesetz auf die Kapitalentschädigung nicht angerechnet werden.[2]

Von weitreichender Bedeutung sind auch die übrigen Regelungen des StrRehaG:

- So werden die aufgrund des aufgehobenen Urteils bezahlten Geldstrafen, Kosten des Verfahrens und notwendigen Auslagen des Betroffenen im Verhältnis 2 Mark der DDR zu 1 DM erstattet.

- Sind Vermögenswerte durch eine strafrechtliche Entscheidung entzogen worden, werden sie nach der Urteilsaufhebung nach Maßgabe des Vermögensgesetzes restituiert bzw. entschädigt.

- Besonders bedürftige Personen erhalten von der Stiftung für ehemalige politische Häftlinge finanzielle Unterstützungen, deren Höhe sich individuell nach Art und Ausmaß der wirtschaftlichen Beeinträchtigung richtet (bis zu 8.000,-- DM jährlich).

- Wer in der Haft Gesundheitsschäden erlitten hat, erhält Versorgungsleistungen nach dem Bundesversorgungsgesetz.

- Die Zeit der unrechtmäßigen Freiheitsentziehung wird in der gesetzlichen Rentenversicherung als Ersatzzeit berücksichtigt.[3]

---

[2] BT-Dr 12/1608, S. 25 f.
[3] Vgl. Sabine Leutheusser-Schnarrenberger, Bewältigung der rechtlichen Probleme der Wiedervereinigung, in: Deutsch-Deutsche Rechts-Zeitschrift (DtZ) 1994, S. 290 f.

Beanspruchen können die Entschädigungsleistungen des StrRehaG schließlich auch die von der sowjetischen Besatzungsmacht im Zusammenhang mit der Errichtung der kommunistischen Gewaltherrschaft in Gewahrsam genommenen politischen Häftlinge. Begünstigte sind insbesondere die von Sowjetischen Militärtribunalen (SMT) Verurteilten sowie in der SBZ/DDR internierte oder aus ihr verschleppte Opfer. Russischen Angaben zufolge waren zwischen 1945 und 1950 rund 123.000 Deutsche inhaftiert. Etwa 43.000 von ihnen seien verstorben, 45.000 seien entlassen und 13.000 in die Sowjetunion verbracht worden.[4]

Für die Aufhebung der Entscheidungen in den „Waldheimer Prozessen" des Jahres 1950 wurde im StrRehaG eine besondere Grundlage geschaffen. Weil in diesen Prozessen seinerzeit rechtsstaatliche Verfahrensgarantien in unvorstellbarem Ausmaß mißachtet worden sind, wird die deklaratorische Aufhebung dieser nichtigen „Urteile" zwingend vorgeschrieben. Diese Regelung knüpft an das an, was die DDR nach der politischen Wende zunächst faktisch, sodann durch legislatorische Maßnahmen aktiviert hat: das Nebeneinander von Kassation und Rehabilitierung aufgrund des am 06.09.1990 von der DDR-Volkskammer verabschiedeten und am 18.09.1990 in Kraft getretenen Rehabilitierungsgesetzes.[5] Auf dieser Grundlage hat das Bezirksgericht Dresden 1991 wiederholt festgestellt, daß die 1950 in den Kriegsverbrecherprozessen in Waldheim vom Landgericht Chemnitz gefällten Urteile als politische Willkürakte lediglich Scheinurteile und damit absolut und unheilbar nichtig seien. Den Verhandlungen in Waldheim habe jegliches Bemühen um eine gerechte Urteilsfindung aufgrund eines individuellen Schuldnachweises gefehlt. Trotz Nichtigkeit sei jedoch zur Klarstellung die Aufhebung dieser rechtsstaatswidrigen Strafurteile im Kassationsverfahren geboten, da Art. 18 Abs. 1 EinigungsV. Entscheidungen ehemaliger DDR-Gerichte bis zu ihrer förmlichen Aufhebung als rechtswirksam behandelt.[6]

Anforderungen an die Praxis

Obwohl die Justiz in den fünf neuen Ländern und in Berlin mit 140.000 Rehabilitierungsentscheidungen einen wesentlichen Beitrag zur Wiedergutmachung von SED-Unrecht geleistet hat, veröffentlichen die Gerichte nur in geringem Umfang ihre Beschlüsse. Dies erklärt sich freilich daraus, daß die meisten Entscheidungen der Aussagekraft entbehren, weil sie aufgrund allseitigen Ein-

---

4 Antwort der Bundesregierung auf die Frage des Abg. Schwanitz, BT-Dr 12/2864, S. 7. f. (zit. nach Ludwig-Wilhelm Keck/Michael Schröder/Wilhelm Tappert, Das Strafrechtliche Rehabilitierungsgesetz im Überblick, in: DtZ 1993, S. 8.
5 GBl DDR I, 1459.
6 Z.B. BG Dresden, Beschl. v. 28.10.1991 - BSK (1) 231/91 (Neue Zeitschrift für Strafrecht-NStZ 1992, S. 137); BG Dresden, Beschl. v. 1.11.1991 - BSK (1) 118/91 (NStZ 1992, S. 91).

Vergangenheitsbewältigung durch Rehabilitierung? 289

vernehmens über die Rehabilitierung keiner Begründung mehr bedürfen. Die gewollte und zulässige Beschränkung auf die Wiedergabe der gesetzlichen Bestimmungen ergibt sich beispielhaft aus dem Beschluß des 2. Senats für Rehabilitierungsverfahren des Bezirksgerichts Potsdam vom 16.12.1992, dessen Gründe lediglich feststellen:

„Der Betroffene wurde durch das im Tenor näher bezeichnete Urteil wegen 'Spionage und Hetze im schweren Fall' zu einer Gesamtstrafe von 13 Jahren Zuchthaus verurteilt. Der Betroffene befand sich in der Zeit vom 28.08.1961 bis zum 24.05.1965 in Untersuchungs- bzw. Strafhaft. Der Betroffene beantragt seine Rehabilitierung. Die Staatsanwaltschaft hat dem Rehabilitierungsantrag zugestimmt. Der Anspruch auf Rehabilitierung ist nach § 1 Abs. 1 StrRehaG begründet. Die aufgehobene Entscheidung ist mit wesentlichen Grundsätzen einer freiheitlichen rechtsstaatlichen Ordnung unvereinbar, weil sie politischer Verfolgung gedient hat und die angeordneten Rechtsfolgen in grobem Mißverhältnis zu der zugrundeliegenden Tat stehen. Nach § 1 Abs. 1 Ziff. 1 h, i StrRehaG ist eine Verurteilung aufgrund der vorgenannten Tatvorwürfe ein Regelbeispiel für eine politisch motivierte Verfolgung durch die Strafjustiz der ehemaligen DDR ..."[7]

Aufgehoben wurde das Urteil des 1. Strafsenats des Bezirksgerichts Frankfurt/ Oder vom 26.02.1962 gegen einen damals 30 Jahre alten Bildjournalisten aus Berlin, dem als Spionagetätigkeit ausgelegt worden war, daß er „unter Ausnutzung seiner Registrierung und Zulassung als Bildjournalist beim Presseamt des Ministerpräsidenten und weiterer staatlicher und gesellschaftlicher Einrichtungen der DDR im Verlaufe mehrerer Aufenthalte in der DDR und der Sowjetunion fortgesetzt Informationen, die im politischen und wirtschaftlichen Interesse der DDR geheimgehalten sind, weitergegeben hat". Ebenfalls als Spionage wurde seine Tätigkeit für das Gesamtdeutsche Ministerium gewertet: „Seit Beginn des Jahres 1959 unterhielt der Angeklagte Verbindung zu dem vom Lemmer-Ministerium ausgehaltenen sog. 'Bundeshaus' und später zu dem sog. 'Büro Bonner Berichte'. Im Auftrage dieser Spionagedienststellen fertigte er ca. 300 Fotoaufnahmen über Warenangebot, Schaufensterauslagen, Wohnungsbau, Kundgebungen und Pressekonferenzen in der DDR sowie über Spartakiaden der Volkspolizei und Kampfgruppen und Paraden der Nationalen Volksarmee. Diese Aufnahmen fanden bei der Fertigung verschiedener gegen die DDR gerichteter Hetzschriften Verwendung". Die 23 Seiten umfassende Anklageschrift und das Urteil im Umfang von 20 Seiten werden im Rehabilitierungsbeschluß aufgrund der prozeßökonomisch begründeten gesetzlichen Regelung ausgeblendet, so daß ein Außenstehender den vom Rehabilitierungsgericht gewürdigten Sachverhalt nicht erfährt.[8]

---

7 BSK 155/90 (9 AR 1063/91 StA Potsdam), nicht veröffentlicht.
8 I BS 36/62; I 12/62.

Andere Reha-Entscheidungen hingegen geben durchaus Aufschluß über die Gründe der für rechtsstaatswidrig erklärten Verurteilung, wie der (nicht veröffentlichte) Beschluß der 6. Kammer für Rehabilitierungsverfahren des Landgerichts Magdeburg vom 03.08.1995 zeigt:[9]

„Der Betroffene wurde am 13.03.1984 durch den Ia-Strafsenat des Bezirksgerichts Magdeburg wegen Terrors in Tateinheit mit versuchtem ... ungesetzlichen Grenzübertritt, mit verbrecherischer Beschädigung sozialistischen Eigentums und mit unbefugter Benutzung von Fahrzeugen ... zu einer Freiheitsstrafe von 8 Jahren verurteilt. Gleichzeitig wurde sein Motorrad eingezogen und seine Fahrerlaubnis zeitlich unbegrenzt entzogen ... Der Verurteilung lag zugrunde, daß der Betroffene zusammen mit einem Beifahrer versucht hatte, am 21.11.1983 gegen 21.15 Uhr mit einem unbeladenen Großtankwagen nebst Anhänger aus dem Fuhrpark des VEB Minol Magdeburg an der Grenzübergangsstelle Marienborn/Autobahn die Grenze zur Bundesrepublik Deutschland zu durchbrechen. Nachdem er ein Passagentor und eine verkehrsregulierende Schranke durchbrochen hatte, wurde die Fahrt durch die nächste Sperre gestoppt. Bei dem Aufprall kam es zu schweren Beschädigungen an dem Fahrzeug. Der Betroffene und sein Beifahrer entstiegen unverletzt der Fahrerkabine. Ihre weitere Flucht wurde durch die Anwendung von Schußwaffen unterbunden; dabei wurde der Betroffene verletzt ... Der Betroffene befand sich wegen dieser Verurteilung vom 21.11.1983 bis zum 11.04.1990 in Haft.

Mit einem Antrag begehrte er erstmalig im Jahre 1990 seine Rehabilitierung. Im Kassationsverfahren erließ daraufhin der 4. Strafsenat des Bezirksgerichts Halle am 18.03.1992 einen Beschluß, der das Urteil des Bezirksgerichts Magdeburg vom 13.03.1984 und den Beschluß des Obersten Gerichts der DDR vom 19.04.1984 teilweise abänderte und zur Klarstellung neu faßte. Mit diesem Kassationsbeschluß wurde der Betroffene wegen verbrecherischer Beschädigung sozialistischen Eigentums in Tateinheit mit unbefugter Benutzung von Fahrzeugen zu einer Freiheitsstrafe von 3 Jahren verurteilt. Ihm wurde für die Dauer von 3 Jahren die Fahrerlaubnis entzogen ... Soweit die Einziehung des Motorrades vollstreckt worden war, sollte dem Betroffenen Entschädigung geleistet werden. Eine Haftentschädigung wurde dem Betroffenen nicht zugebilligt.

Der Betroffene hat nunmehr im Jahre 1994 einen Zweitantrag gestellt, mit welchem er seine vollständige Rehabilitierung begehrt ... Der erneute Antrag auf Rehabilitierung ist zulässig ... Der Antrag ist auch weitgehend begründet. Der Betroffene ist nach § 1 Abs. 1 Nr. 1 e i.V. mit Abs. 3 StrRehaG hinsichtlich der Verurteilung zur Freiheitsstrafe vollständig zu rehabilitieren. Das im Tenor genannte Urteil des Bezirksgerichts Magdeburg ist insgesamt mit wesentlichen Grundsätzen einer freiheitlichen rechtsstaatlichen Ordnung unvereinbar. Die

---

9 Reh. 1347/94.

Vergangenheitsbewältigung durch Rehabilitierung? 291

Kammer ist auf der Grundlage des Inhaltes der vorliegenden umfangreichen Handakten des Staatsanwaltes des Bezirks Magdeburg der Auffassung, daß die abgeurteilte verbrecherische Beschädigung sozialistischen Eigentums und die unbefugte Benutzung von Fahrzeugen gegenüber den übrigen Gesetzesverletzungen für die Anordnung der Rechtsfolgen von untergeordneter Bedeutung gewesen ist.

Der Betroffene wollte lediglich aus der damaligen DDR fliehen (nicht aber, was ihm das Bezirksgericht Magdeburg in seiner Entscheidung zur Last gelegt hat, einen 'Gewaltakt' zum Zwecke des 'Widerstands' gegen die sozialistische Staats- und Gesellschaftsordnung begehen) und hatte sich dazu als ebenso erfolgversprechende wie spektakuläre Möglichkeit den Grenzdurchbruch auf der Autobahn mit einem schweren Tanklastzug erdacht. Mit der Republikflucht wollte der Betroffene ersichtlich andere Zivilpersonen nicht gefährden; vielmehr wollte er nur mit seinem unbeladenen Tanklastzug die Grenze durchbrechen - offensichtlich in der nicht ohne weiteres unbegründeten Hoffnung, auf diese Weise nicht beschossen zu werden. In einem Vermerk des Staatsanwaltes K. vom 06.01.1984 in den Handakten des Staatsanwalts des Bezirks Magdeburg heißt es in diesem Zusammenhang zur Einlassung des Betroffenen bei seiner Vernehmung durch das Untersuchungsorgan des Staatssicherheitsdienstes: 'Über die Verhältnisse an der GÜSt hatte der Beschuldigte sehr unkonkrete Vorstellungen. Er ging davon aus, daß es ihm gelingen würde, die Sicherungsanlagen zu durchbrechen, ohne daß Personen zu Schaden kommen bzw. ein größerer Sachschaden entsteht'.

Entsprechend heißt es in der Einlassung des Betroffenen anläßlich seiner richterlichen Vernehmung am 20.01.1984 bei Eröffnung des um den Vorwurf der Tatbestände nach §§ 101, 201, 151, 164 DDR/StGB erweiterten Haftbefehls vom 20.01.1984: 'Als ich mit dem Volvo-Tankfahrzeug ... die Grenze ... durchbrechen wollte, ... war mir auch klar, daß ich Hindernisse an der Grenze, wie Grenzschranken oder einen Grenzzaun, durchbrechen mußte'. Ersichtlich hat der Betroffene mit den vorhandenen äußerst massiven, sehr schnell ausrollbaren Grenzsperren aus stahlarmiertem Beton, die selbst den geplanten Fluchtversuch als aussichtslos erscheinen lassen mußten, nicht ansatzweise gerechnet. Eine Auseinandersetzung mit diesen Gesichtspunkten findet sich in der vorliegenden Entscheidung des BG Magdeburg auch nicht ansatzweise; lapidar heißt es dazu nur: 'Daß der Angeklagte bei der Herbeiführung dieser schweren Schädigung (sozialistischen Eigentums) vorsätzlich handelte, ist ebenfalls zweifelsfrei'.

Daß die Verurteilung wegen Sachbeschädigung und unbefugter Fahrzeugführung für das Strafmaß offentlich nur von untergeordneter Bedeutung war, belegt auch der Gang des Ermittlungsverfahrens. Dieses wurde vom 21.11.1983 bis zum 10.01.1984 allein unter dem Gesichtspunkt des Verbrechens nach § 213 DDR/StGB (unerlaubter Grenzübertritt) geführt. Am 10.01.1984 wurde dann in einer 'Absprache' des Staatsanwaltes K. mit der Un-

tersuchungsabteilung des MfS 'festgelegt', das EV (Ermittlungsverfahren) nach § 101 Abs. 1 DDR/StGB umzuklassifizieren in der Alternative, daß versucht wurde, Grenzsicherungsanlagen gewaltsam zu durchbrechen. Diesbezüglich erfolgte eine Abstimmung mit der Hauptabteilung Untersuchung des MfS und der Abteilung IA des GenStA der DDR. Weiterhin erfolgte die Erweiterung des EV wegen versuchten verbrecherischen Diebstahls gemäß § 158 Abs. 1 und 2 sowie § 162 Abs. 1 Ziff. 1 DDR/StGB und § 151 DDR/StGB'. In einer weiteren Absprache am 17.01.1984 wurde 'festgelegt', das EV wegen unbefugter Benutzung des Kfz gemäß § 201 Abs. 1 DDR/StGB zu erweitern'. Zeigen schon diese Umstände deutlich, daß aus nachträglichen, offensichtlich durch das MfS gesteuerten 'Festlegungen' heraus zur Abschreckung fluchtwilliger Bürger vor derartigen oder ähnlichen Vorhaben ein mit hoher Strafe endendes Verfahren initiiert werden sollte, so gibt es darauf auch weitere Hinweise:

Unverständlich ist schon, weshalb die zuständigen Untersuchungsorgane erst am 10.01.1984 'festlegten', das Verfahren (auch) unter den o.g. erweiterten Gesichtspunkten zu führen, mußten sie doch aus Sicht dieser Organe klar auf der Hand liegen. Immerhin heißt es in dem im Tenor bezeichneten Beschluß des Obersten Gerichts der DDR dazu: 'Nach ständiger Rechtsprechung des Obersten Gerichts stellt das Durchbrechen der Grenzsicherungsanlagen mittels geeigneter Fahrzeuge - hier einem Großtankwagen ... - stets Terror in Form anderer Gewaltakte im Sinne des § 101 Abs. 1 StGB dar'. Daß der Schwerpunkt der Strafzumessung entscheidend bei dem Vorwurf des Terrors und des unerlaubten Grenzübertritts lag, zeigt auch das erhaltengebliebene Manuskript des Plädoyes des Staatsanwalts in der Hauptverhandlung; dessen Argumentation hat sich das Gericht ausdrücklich zueigen gemacht. Dort ist von einem 'verbrecherischen Anschlag gegen den sozialistischen Arbeiter- und Bauernstaat' die Rede, der durch die Justizorgane 'mit der erforderlichen Konsequenz zurückzuweisen' ist. In diesem Zusammenhang erfolgten umfangreiche Darlegungen zur ideologischen Diversionstätigkeit der Staatsführung der BRD gegen die DDR, denen der Betroffene erlegen gewesen sei. So führt das Urteil des Bezirksgerichts denn auch aus, daß das Terrorverbrechen 'überhaupt zu den schwersten Verbrechen gegen die sozialistische Staats- und Gesellschaftsordnung der DDR zu zählen' sei.

Die im Tenor genannten Erkenntnisse des Bezirksgerichts Magdeburg und des Obersten Gerichts der DDR waren deshalb insgesamt aufzuheben. Aufgrund der vollständigen Rehabilitierung hinsichtlich des Strafausspruches hat die Kammer den Betroffenen auch wegen der Entziehung der Fahrerlaubnis vollständig rehabilitiert ..."

Im Rehabilitierungsverfahren gilt im Hinblick auf die besondere Fürsorgepflicht gegenüber den Antragstellern und wegen der Schwierigkeit, die häufig in fernerer Vergangenheit liegenden Sachverhalte zu ermitteln, der Amtsermittlungsgrundsatz. Entsprechend dem im Strafverfahren geltenden Prinzip der materiellen Wahrheit dürfen also die tatsächlichen Feststellungen des angegriffenen Urteils der Rehabilitierungsentscheidung nicht ungeprüft zugrundegelegt werden. Das macht Sinn, weil DDR-Justizunrecht sich regelmäßig nicht ohne weiteres den Entscheidungssätzen und -begründungen der Gerichte entnehmen läßt, sondern die Weichenstellungen für erwünschte Verurteilungen nicht selten bei der Sachverhaltsermittlung selbst erfolgt sind, indem Geständnisse oder Zeugenaussagen mit rechtsstaatlich nicht vertretbaren Mitteln herbeigeführt oder Entlastungsbeweise nicht erhoben wurden.

Das Bundesverfassungsgericht hat deshalb den Rehabilitierungsgerichten aufgegeben, Hinweisen auf mögliche Geständniserpressungen unter Ausnutzung aller ihnen im Freibeweisverfahren zur Verfügung stehenden Mittel nachzugehen:

„Hält sich ein Rehabilitierungsgericht an die Tatsachenfeststellungen der DDR-Gerichte für gebunden und legt es diese seiner Entscheidung ungeprüft zugrunde, so verweigert es dem Betroffenen die von Rechtsstaats wegen geforderte Überprüfung erheblicher Tatsachen und verfehlt damit schlechterdings das vom Gesetzgeber verfolgte Ziel, zur Rehabilitierung politisch Strafverfolgter die fortdauernde Wirksamkeit von Urteilen der DDR-Gerichte zu durchbrechen. Ein solchermaßen ineffektives Rehabilitierungsverfahren steht in Widerspruch zum Rechtsstaatsprinzip des Grundgesetzes; der Betroffene wird hierdurch in seinem Recht aus Art. 2 Abs. 1 GG auf effektiven Rechtsschutz verletzt."[10]

Ausgelöst hat die Kritik des Bundesverfassungsgerichts das OLG Naumburg, das das Vorbringen des Betroffenen, es sei beim Zustandekommen des inhaltlich falschen „Geständnisses" nicht mit rechten Dingen zugegangen, nicht zum Anlaß genommen habe, seiner gesetzlichen Pflicht zur Sachverhaltserforschung nachzukommen: „Dies wäre aber umso dringlicher gewesen, als die Zahl und Dauer der Vernehmungen durch Beamte des MfS unübersehbar eine Drucksituation für den Beschwerdeführer während der Vernehmung ausweisen ...".

Der Beschwerdeführer, dessen Verfassungsbeschwerde gegen den Beschluß des OLG Naumburg vom 13.04.1994[11] Erfolg gehabt hat, war vom Bezirksgericht Magdeburg am 20.03.1975 wegen besonders schweren Terrors, besonders schwerer Diversion, mehrfachen versuchten Mordes, Spionage, mehrfacher Sabotage, staatsfeindlicher Hetze und versuchten Rowdytums zu einer Freiheitsstrafe von 15 Jahren verurteilt worden. Zur Begründung wird im Magdeburger Urteil ausgeführt:

Schon während der Ableistung seines Wehrdienstes habe er Kameraden gegen die Nationale Volksarmee aufgewiegelt und Dienststellen der Bundeswehr angefunkt. Im Rahmen seiner späteren Tätigkeit als Stellwerksleiter bei

---

10 BVerfG 2. Kammer des 2. Senats, Beschl. v. 3.5.1995 - 2 BvR 1023/94 (NStZ 1995, S. 449).
11 1 Ws Reh. 60/94.

der Reichsbahn habe er nicht nur Kollegen zu einer negativen Haltung gegenüber den Verhältnissen in der DDR beeinflußt, sondern auch durch eine Reihe von Aktionen den Betriebsablauf der Reichsbahn gestört, um die Volkswirtschaft der DDR zu schädigen und andere zu aktivem Widerstand zu bewegen. So habe er Steine zwischen Gleise gelegt, die Stromversorgung unterbrochen und Fernsprechanlagen durch Einspielen falscher Meldungen und die Übertragung des „Deutschlandliedes" mißbraucht. Insbesondere wurden ihm zwei Fast-Zusammenstöße von Zügen zur Last gelegt, die er in Sabotageabsicht bewußt herbeigeführt und bei denen er auch die Gefährdung von Menschenleben in Kauf genommen habe. So habe er am 25.11.1970 der Einfahrt eines Zuges zugestimmt, obgleich er bemerkt habe, daß eine Weiche aufgrund des Versehens eines Kollegen nach einem Gleis lag, auf dem ein Zug mit Mannschaftswagen der Roten Armee stand. Damit habe er bewußt eine Kollision herbeiführen wollen und in Kauf genommen, daß nicht nur erhebliche Sachschäden entstehen, sondern auch 200 Soldaten in Gefahr geraten könnten. Nur durch eine Notbremsung und die Achtsamkeit Dritter sei eine Kollision vermieden worden. In der nachfolgenden Untersuchung sei es ihm gelungen, den Vorfall als auf Fahrlässigkeit beruhend darzustellen, so daß er sich nur vor der Konfliktkommission des Betriebes habe verantworten müssen.

Am 08.03.1973 habe er Rangierfahrten auf einem Gleis veranlaßt, obwohl er gewußt habe, daß dadurch die Gefahr der Kollision mit einem aufgrund der Weichenstellung dort einfahrenden Güterzug entstand. Den Tod des an der Spitze des Zuges mitfahrenden Zugpersonals habe er in Kauf genommen. Auch diesmal sei nur durch Aufmerksamkeit anderer ein Zusammenstoß verhindert worden. Dieser Vorfall war kriminalpolizeilich untersucht, als Fahrlässigkeitstat aber einer innerbetrieblichen Regelung zugeführt worden.

Obwohl sich aus den Ermittlungsakten des Ministeriums für Staatssicherheit ergibt, daß der Verurteilte nach seiner Festnahme rund 50 Mal Vernehmungen unterzogen wurde, in deren Verlauf er immer mehr Taten eingestand, und einige Vernehmungen von 14.00 Uhr bis 07.00 Uhr und von 10.30 Uhr bis 02.30 Uhr des folgenden Tages dauerten, hat das OLG Naumburg keine Anhaltspunkte für eine Verfälschung der Beweisergebnisse zum Zweck einer auf andere Weise nicht zu rechtfertigenden Verurteilung zu der hohen Freiheitsstrafe gesehen. Es sei zwar von der Erfahrungstatsache auszugehen, daß der Staatssicherheitsdienst sich hochgradig gesetzwidriger Methoden bedient habe, wenn er ein bestimmtes Ermittlungsergebnis habe erreichen wollen. Die Tatsache, daß die Ermittlungen in einem bestimmten Verfahren vom Staatssicherheitsdienst geführt worden seien, beweise aber für sich allein nicht, daß auch im konkreten Fall mit solchen Methoden vorgegangen worden sei, und zwar auch dann nicht, wenn Ausführungen im Urteil eine politische Gegnerschaft des Angeklagten zum DDR-Regime erkennen ließen. Die Verurteilung durch das LG Magdeburg habe deshalb auch mit dessen rechtlicher Würdigung aufrechterhalten werden müssen.

Verwaltungsrechtliche und berufliche Rehabilitierung

In Ergänzung der strafrechtlichen Rehabilitierung enthält das am 01.07.1994 in Kraft getretene Zweite SED-Unrechtsbereinigungsgesetz[12] Regelungen der verwaltungsrechtlichen und beruflichen Rehabilitierung. Im Gegensatz zum StrRehaG werden im Verwaltungsrechtlichen Rehabilitierungsgesetz (Verw RehaG) die Grenzen für die Aufhebung rechtsstaatswidriger Verwaltungsentscheidungen der DDR jedoch erheblich enger gezogen, weil anderenfalls - so die amtliche Begründung - 40 Jahre Verwaltungsleben in der DDR einer Generalrevision unterzogen werden müßten, was einerseits durch den Einigungsvertrag nicht gewollt wurde, praktisch aber auch nicht umsetzbar wäre. So werden zwar die Verwaltungsmaßnahmen des SED-Regimes durchaus an rechtsstaatlichen Grundsätzen gemessen, jedoch mit der Einschränkung, daß der Rechtsstaatsbegriff insoweit auf Kernaussagen reduziert wird. Hat ein DDR-Hoheitsakt schwerwiegend gegen die Prinzipien der Gerechtigkeit, der Rechtssicherheit und der Verhältnismäßigkeit verstoßen und der politischen Verfolgung gedient, wird er von der Rehabilitierungsbehörde aufgehoben. An die Aufhebung oder die ihr gleichstehende Feststellung der Rechtsstaatswidrigkeit, die die eigentliche Rehabilitierung bildet, knüpfen die Folgeansprüche an, die freilich nur eine gewisse materielle Kompensation für das erlittene Unrecht darstellen. Deren Ausgestaltung ergibt sich aus dem Bundesversorgungsgesetz, dem Vermögensgesetz und dem nachstehend angesprochenen Beruflichen Rehabilitierungsgesetz.

Bei dem Beruflichen Rehabilitierungsgesetz (BerRehaG) geht es um rechtsstaatswidrige Maßnahmen, die sich auf Ausbildung oder Beruf ausgewirkt haben und die bis heute spürbar sind. Das Gesetz eröffnet die Möglichkeit, derartig festgestellte berufliche Diskriminierungen und Benachteiligungen durch Ausgleichszahlungen zu mildern. Anspruchsberechtigt ist indes nur derjenige, dessen Beruf oder berufsbezogenes Ausbildungsverhältnis das SED-Regime schwerwiegend und mit Auswirkungen bis zum heutigen Tage angegriffen hat. Angesichts der Quantität von Unrechtsmaßnahmen im SED-Staat, die berufliche Benachteiligungen bewirkt haben, hat sich der Gesetzgeber zu einem Ausgleich von solchen Nachteilen, die mehr oder weniger DDR-Allgemeinschicksal waren, außerstande gesehen. Rehabilitierten wird ein Ausgleich von Nachteilen in der Rentenversicherung gewährt, weil bei der Rentenberechnung frühere Eingriffe in den Beruf besonders spürbar bis in die Gegenwart fortwirken. Der vom SED-Regime Verfolgte wird für die Verfolgungszeit rentenrechtlich so gestellt, wie der Durchschnitt der Versicherten im Beitrittsgebiet mit vergleichbarer Qualifikation. Konkret bedeutet dies: Verfolgungszeiten gelten als Pflichtbeitragszeiten in der Rentenversicherung und werden bei der Rentenberechnung mit einem Verdienst bewertet, der ohne den verfolgungs-

---

12 BGBl I, 1311.

bedingten Eingriff erzielt worden wäre. Bei besonderer verfolgungsbedingter Bedürftigkeit können Verfolgungsopfer, die noch nicht das Rentenalter erreicht haben, Unterstützungsleistungen in Höhe von monatlich 300,00 DM erhalten.

Exkurs: Aufhebung von NS-Unrechtsurteilen

Die Aufhebung von 140.000 DDR-Unrechtsurteilen sowie die Bemühungen, das Justizunrecht des SED-Staates strafrechtlich zu erfassen, haben uns die Versäumnisse und Fehlentwicklungen der Strafjustiz beim Umgang mit dem nationalsozialistischen Unrecht wieder vor Augen geführt, zumal nunmehr auch der Bundesgerichtshof (BGH) auf „die (insgesamt fehlgeschlagene) Auseinandersetzung mit der NS-Justiz" hingewiesen und „das Scheitern der Verfolgung von NS-Richtern" anerkannt hat, ohne zu verschweigen, daß „ein wesentlicher Anteil an dieser Entwicklung" der eigenen Rechtsprechung zuzuschreiben sei.[13]

Insbesondere die Aufhebung der Todesurteile gegen die Widerstandskämpfer um Pastor Dietrich Bonhoeffer und gegen den Dompropst Bernhard Lichtenberg durch das LG Berlin[14] im Sommer 1996 ist der politischen Öffentlichkeit wieder bewußt geworden, daß auch mehr als 50 Jahre nach Ende der NS-Herrschaft die Beseitigung von nationalsozialistischem Justizunrecht noch immer nicht abgeschlossen ist und nur vergleichsweise wenige NS-Unrechtsurteile aufgehoben wurden. Andererseits hat die Publizität der beiden Entscheidungen des LG Berlin und die anschließende Kommentierung den Blick auf die noch vor der Gründung der Bundesrepublik Deutschland und der DDR auf Veranlassung der Alliierten Besatzungsmächte erlassenen Gesetze gelenkt,[15] die die Aufhebung bestimmter nationalsozialistischer Strafurteile kraft Gesetzes oder auf Antrag bzw. die Herabsetzung unverhältnismäßig hoher Strafen ermöglichten, und Vorbild für das StrRehaG sind. Daß die ausschließlich auf dem Territorium der jeweiligen Besatzungszone bzw. Berlins geltenden vier inhaltlich verschiedenen Regelungsbereiche zur Wiedergutmachung von NS-Strafjustizunrecht auch heute noch anzuwenden sind, war weithin nicht bekannt. Hinzugekommen ist eine neue bundesgesetzliche Regelung für die Länder der früheren Britischen Besatzungszone, das Gesetz zur Beseitigung nationalsozialistischer Unrechtsurteile vom 25.05.1990,[16] nach dem durch unan-

---

13 BGHSt 41, 317 (339 f.); abgedruckt auch in: Neue Juristische Wochenschrift (NJW) 1996, S. 857 (863).
14 Beschl. v. 17.6.1996 - 517 AR 5/96 (NJW 1996, S. 2740); Beschl. v. 1.8.1996 - 517 AR 4/96 (NJW 1996, S. 2742).
15 Vgl. u.a. Philipp Mohr, Die Aufhebung der Todesurteile gegen Dietrich Bonhoeffer und seine Mitstreiter und die Nachkriegsrechtsprechung, in: NJW 1997, S. 914; Ralf Vogl, Über den Umgang mit nationalsozialistischem Strafjustizunrecht in Deutschland nach 1945, in: Recht und Politik 4/1997, S. 237.
16 BGBl I, 966.

fechtbaren Beschluß des zuständigen Oberlandesgerichts Strafurteile insoweit zu annullieren sind, als die ihnen zugrundeliegenden Taten überwiegend aus Gegnerschaft zum Nationalsozialismus oder um sich oder andere der Verfolgung durch ihn zu entziehen begangen worden sind oder die allein nach nationalsozialistischer Auffassung strafbar waren.

Demgemäß konnte sich das LG Berlin bei der Aufhebung des Strafurteils gegen Bernhard Lichtenberg am 17.06.1996 auf das „Berliner Gesetz zur Wiedergutmachung nationalsozialistischen Unrechts auf dem Gebiete des Strafrechts vom 05.01.1951"[17] stützen. Lichtenberg war vom Sondergericht I bei dem LG Berlin am 22.05.1942 wegen Kanzelmißbrauchs und wegen Vergehens gegen das Heimtückegesetz zu einer Gesamtstrafe von 2 Jahren Gefängnis verurteilt worden, weil er als Dompropst im Gottesdienst in der St.-Hedwigs-Kirche in Berlin folgende Vermeldung verlesen wollte: „In Berliner Häusern wird ein anonymes Hetzblatt gegen die Juden verbreitet. Darin wird behauptet, daß jeder Deutsche, der aus angeblicher falscher Sentimentalität die Juden irgendwie unterstützt, und sei es auch nur durch ein freundliches Entgegenkommen, Verrat an seinem Volke übt. Laßt Euch durch diese unchristliche Gesinnung nicht beirren, sondern handelt nach dem strengen Gebot Jesu Christi: 'Du sollst Deinen Nächsten lieben, wie Dich selbst'." Eine Abendandacht zuvor hatte Lichtenberg mit einem Gebet geschlossen, das er mit den Worten einleitete: „Laßt uns nun beten für die Juden und die armen Gefangenen in den Konzentrationslagern, vor allem auch für meine Amtsbrüder."

Das LG Berlin hat festgestellt, daß das Sondergericht mit Lichtenberg, der nach Verbüßung seiner Freiheitsstrafe der Gestapo überstellt wurde und am 05.11.1943 auf dem Weg in das KZ Dachau verstarb, einen politischen Gegner allein deswegen bestraft habe, weil er sich durch sein konsequentes Christentum in Widerspruch zu den Machthabern in Deutschland befand: „Das Urteil bezweckte die Durchsetzung des nationalsozialistischen Systems in Deutschland. Es war daher aufzuheben."

Im Verfahren zur Aufhebung der Todesurteile gegen Pastor Dietrich Bonhoeffer, Admiral Wilhelm Canaris, Generalmajor Hans Oster, Heeresrichter Dr. Karl Sack und Hauptmann Ludwig Gehre hat das Landgericht Berlin am 01.08.1996 hingegen lediglich feststellen können, daß das Todesurteil des SS-Standgerichts im KZ Flossenbürg vom 08.04.1945 bereits kraft Gesetzes durch das „Bayerische Gesetz Nr. 21 vom 28.05.1946 zur Wiedergutmachung nationalsozialistischen Unrechts in der Strafrechtspflege"[18] aufgehoben worden ist. Obgleich aufgrund dieser Gesetzeslage für eine Gerichtsentscheidung in der Sache selbst kein Raum war, hat die Strafkammer sich eine eigene Wertung nicht versagt. Weil das Verfahren in Flossenbürg nicht zur Rechtsanwendung durch unabhängige Richter, sondern der Rache an und der Vernichtung von Gegnern des Nationalsozialismus unmittelbar vor dessen Untergang gedient

---

17 BerlVOBl I, Nr. 2, S. 31.
18 BayGVBl S. 21.

habe, wäre das Urteil des SS-Standgerichts auch nach dem „Berliner Gesetz zur Wiedergutmachung nationalsozialistischen Unrechts auf dem Gebiet des Strafrechts vom 05.01.1951" aufzuheben gewesen, denn den Machthabern sei es allein darum gegangen, Bonhoeffer und seine Mitstreiter wegen ihres Widerstandes gegen die Diktatur des Nationalsozialismus auszuschalten und zu vernichten. Der Zweck des Standgerichtsverfahrens habe nicht darin bestanden, die Wahrheit zu erforschen und Recht und Gerechtigkeit walten zu lassen. Vielmehr sei es darum gegangen, die aufgrund ihrer Widerstandtätigkeit unbequem gewordenen Häftlinge unter dem Schein eines gerichtlichen Verfahrens, das de facto unter Mißachtung aller Grundsätze eines rechtsstaatlichen Verfahrens stattfand, beseitigen zu können.

Durch die Entscheidung des Berliner Landgerichts werden Erinnerungen wach an die 1982 geführte Auseinandersetzung über den Film „Die Weiße Rose" von Michael Verhoeven und Mario Krebs, dessen Abspann lautete: „Nach Auffassung des BGH bestehen die Urteile gegen die Weiße Rose zu Recht. Sie gelten noch heute." Der BGH hat dem sofort widersprochen, während das Bayerische Justizministerium darauf hinwies, daß das Urteil des Volksgerichtshofs gegen die Geschwister Scholl deshalb keinen Bestand mehr habe, weil es durch das am 09.09.1947 zur zoneneinheitlichen Regelung in der amerikanischen Besatzungszone erklärte Gesetz zur Wiedergutmachung nationalsozialistischen Unrechts automatisch aufgehoben worden sei.[19] Über die Tatsache der Aufhebung des Urteils könne die Staatsanwaltschaft auf Antrag eine Bescheinigung ausstellen. Diese habe jedoch nur deklaratorischen Charakter, denn auch ohne sie gelte die automatische Aufhebung kraft Gesetzes.

Rehabilitierung und Entschädigung im politischen Widerstreit

Die Aufarbeitung der Vergangenheit soll dazu beitragen, Brücken zu schlagen und Verständnis für einander zu schaffen. Im Hinblick auf die vielfach als unzulänglich empfundene strafrechtliche Verfolgung von Verantwortlichen in beiden deutschen Diktaturen hätten Rehabilitierung und Entschädigung ihrer Opfer deshalb umso mehr als Chance begriffen werden müssen, Vertrauen in den Rechtsstaat zu schaffen und zu stärken. Stattdessen verstummt die Kritik gerade am Umgang mit den Opfern des SED-Regimes nicht. Trotz der Bilanz von 140.000 abgeschlossenen strafrechtlichen Rehabilitierungsverfahren, Entschädigungsleistungen in Höhe von 540 Millionen DM und über 40.000 Anträgen auf Rehabilitierung nach dem VerwRehaG uns BerRehaG werden die gesetzlichen Regelungen, deren Antragsfristen gerade bis zum 31.12.1999 verlängert worden sind, von den Opferverbänden weiterhin als unzureichend

---

19 Vgl. Wolgang Fikentscher/Rainer Koch, Strafrechtliche Wiedergutmachung nationalsozialistischen Unrechts, in: NJW 1983, S. 12 f. m.w.N.

bezeichnet.[20] Das politische Schlagwort „Vorrang hat die Opferperspektive" sei unverbindlich und eher ein Placebo. Die beiden SED-Unrechtsbereinigungsgesetze seien „jämmerlich unzureichend", weil kaum mehr als eine kleine Ergänzung der Sozialhilfe und eine gewisse Anrechnung der Verfolgungszeit bei der Rentenberechnung stattfinde, eine berufliche Wiedereingliederung aber nicht geleistet werde.

Der eigentliche Skandal bei der „SED-Unrechtsbereinigung" wird jedoch darin gesehen, daß die durch die SED eingeleitete gesellschaftliche Ausgrenzung ihrer Opfer bis heute fortgesetzt werde. Denn auch in der bundesdeutschen Gesellschaft blieben sie vielfach dort, wo der DDR-Staat sie hingestellt habe. Nicht zu Unrecht titelte die Frankfurter Allgemeine Zeitung am 06.08.1996: „Die SED-Opfer leiden nun unter dem Geiz des freien Deutschland".

Die Politik kann von niemandem, der aufgrund politischer Willkür Jahre seines Lebens unschuldig in Haft verbracht hat, erwarten, daß er Verständnis dafür aufbringt, daß der gesamtdeutsche Staat sich für die Wiedergutmachung von SED-Unrecht nur beschränkt zuständig fühlt, zumal wenn zur Begründung vorgebracht wird, daß für die Unrechtsakte der ehemaligen DDR die Bundesrepublik Deutschland keine Einstandspflicht treffe, weil weder sie noch die neuen Bundesländer als Gesamtrechtsnachfolger der mit der 03.10.1990 ersatzlos weggefallenen und als Rechtssubjekt untergegangenen DDR anzusehen seien.

Etwas anderes ergibt sich auch nicht daraus, daß die Bundesregierung zwar darauf hinweist, daß sich aus dem Rechts- und Sozialstaatsprinzip die Verpflichtung ableite, auch für die rechtsstaatswidrigen Maßnahmen einer fremden Staatsmacht unter sozialen Gesichtspunkten Ausgleichsleistungen zu schaffen, doch sogleich betont, daß der Gesetzgeber das Gesamtvolumen der wiedergutzumachenden Schäden berücksichtigen und gleichzeitig in Rechnung stellen müsse, welche Mittel für den Wiederaufbau in den neuen Bundesländern erforderlich sind. Denn welche Priorität gesetzt wird, bleibt nicht unklar: „Gerade in Zeiten äußerst angespannter Haushalte in Bund und Ländern wird damit eine Grundentscheidung vorgegeben. Die knappen personellen und materiellen Ressourcen sollen zukunftsweisend vor allem für den Aufbau von Wirtschaft und Infrastruktur in den neuen Bundesländern eingesetzt werden."[21]

Hiernach kann man verstehen, daß vor allem die Begründung der Begrenzungen der SED-Unrechtsbereinigungsgesetze in den Verbänden der DDR-Opfer tiefe Bitterkeit hat wachsen lassen. Nicht verständlich ist hingegen, daß sich die Bundesregierung darum sorgt, daß die „harsche und polemische" Kritik an den Rehabilitierungsgesetzen Verfolgungsopfer davon abhalten könnte, ihre be-

---

20 Vgl. Konrad Schuller, Ehrungen, aber keine Folgeansprüche, in: FAZ v. 3.12.1997.
21 Leutheusser-Schnarrenberger, Das Zweite Gesetz zur Bereinigung von SED-Unrecht, in: DtZ 1993, S. 162 (163).

rechtigten Ansprüche z.B. auf Leistungen des Beruflichen Rehabilitierungsgesetzes geltend zu machen.[22]

Moralische Rehabilitierung

Zum Ausgleich des oftmals beklagten psychisch-emotionalen Defizits im Umgang mit den Opfern enthält die Novellierung der Rehabilitierungsgesetze, einem Vorschlag der Enquetekommission des Bundestags „Überwindung der Folgen der SED-Diktatur im Prozeß der deutschen Einheit" folgend, nunmehr eine „moralische Rehabilitierung".[23] Die Rechtsstaatswidrigkeit gravierender Unrechtsmaßnahmen des SED-Regimes kann jetzt auch in den Fällen festgestellt werden, in denen bislang eine verwaltungsrechtliche Rehabilitierung deshalb ausgeschlossen war, weil kein ausgleichbarer Folgeschaden vorlag. Nun kommt es für eine (moralische) Rehabilitierung nicht mehr darauf an, ob ein Folgeschaden eingetreten ist. Begünstigt ist ein besonders großer Kreis von Anspruchsberechtigten: Wer bespitzelt, ausspioniert, diffamiert oder „zersetzt" worden ist, dessen Benachteiligung aber nicht in Geld oder Zeiten bemessen werden kann, kann nun eine persönliche Ehrenerklärung in Form einer Urkunde oder eines Bescheids verlangen. Die dadurch bedingte Belastung der zuständigen Behörden ist nicht unerheblich, dafür aber haushaltsrechtlich neutral.

Schlußbetrachtung

Trotz aller Bemühungen um Rehabilitierungs- und Entschädigungsregelungen und der sie begleitenden politischen Auseinandersetzung um Verbesserungen und Ausweitungen bleibt die Erkenntnis, daß die staatlichen Maßnahmen, wie immer sie ausgestaltet werden, nicht auszugleichen vermögen, was Diktatur-Opfer an physischen Schäden, Demütigungen, Erniedrigungen, seelischen Dauerbelastungen erlitten und welche Vernichtungsangst, Rechtlosigkeit und Hoffnungslosigkeit sie verspürt haben.

Und es bleibt die Erkenntnis, daß die 1990 gestellte Frage eines ehemaligen politischen Gefangenen der DDR auch heute unbeantwortet bleibt:

---

22 So Parlamentarischer Staatssekretär Rainer Funke b. d. BMin d. Justiz am 23.11.1995, zit. nach „recht" 1/1996.
23 Gesetz zur Verbesserung rehabilitierungsrechtlicher Vorschriften für Opfer der politischen Verfolgung in der ehemaligen DDR v. 1.7.1997 (BGBl I, S. 1609); vgl. auch FAZ v. 3.12.1997 (s.o.) und Heinz Lehmann, Novellierung der SED-Unrechtsbereinigungsgesetze, in: Die Brücke v. 15.10.1997, S. 10.

„Wofür? Wofür sind Menschen an der Mauer gestorben, wofür wurden Tausende jahrelang eingesperrt, wofür wurden Familien auseinandergerissen, und wofür wurden eigentlich so viele Menschen betrogen? Um jetzt im Taumel der Freude vergessen zu werden? Sind all diese Menschen, wie schon oft in der Geschichte, die nun mal beim Hobeln anfallenden Späne?"

V. Möglichkeiten und Grenzen der Ahndung von Justizunrecht durch den Rechtsstaat

Edzard Schmidt-Jortzig

Der Rechtsstaat ist nicht hilflos[1]

Wir haben in unserer deutschen Vergangenheit gleich zweimal Anlaß, uns mit diesem Thema auseinanderzusetzen. Ebensowenig wie sich die NS- und die SED-Justiz gleichsetzen lassen, gleichen sich auch die Bemühungen um eine Aufarbeitung des jeweiligen Justizunrechts. Die Ursachen dafür sind vielschichtig, und ich will hier nur einige von ihnen nennen: so überschattet die NS-Vergangenheit das gesamte deutsche Volk, während die SED-Vergangenheit - jedenfalls vordergründig - zunächst einmal nur die ostdeutschen Bürger belastet. Unterschiedlich verteilt ist auch die Verantwortung für die rechtliche Vergangenheitsbewältigung. Nach 1945 lag sie zunächst bei den alliierten Mächten und ging erst spät auf deutsche Stellen über. Nach der Wiedervereinigung dagegen oblag die Verantwortung von Anfang an dem gesamten deutschen Volk. Den wesentlichsten Unterschied beim Umgang mit der NS- und der SED-Vergangenheit machen aber wohl die verschiedenen verfassungsrechtlichen Rahmenbedingungen aus. Während die Aufarbeitung des NS-Unrechts in einer vorrechtsstaatlichen Zeit begann, vollzog sich diejenige des SED-Unrechts von Anfang an unter rechtsstaatlichen Vorgaben.

Die daraus erwachsenden Unterschiede im Umgang mit dem NS- und dem SED-Unrecht sind eminent und lassen sich in dem mir hier zur Verfügung stehenden Raum kaum darstellen. Ich will mich deshalb im folgenden auf einen Teilaspekt des Themas konzentrieren, der für mich als heutigen Bundesjustizminister von ganz besonderer Bedeutung ist: die Aufarbeitung von Justizunrecht der ehemaligen DDR.

Diese Aufarbeitung ist sicher keine leichte Aufgabe. Einen Pessimismus halte ich jedoch für unberechtigt und zudem für wenig sachdienlich: So wichtig eine kritische Distanz zum bisherigen Umgang mit dem Unrecht der SED-Justiz ist - mich bewegt die Sorge, daß hier zuviel von einer diesbezüglichen Unfähigkeit oder gar Unwilligkeit unseres Rechtsstaates die Rede sein könnte. Der damit verbundene Eindruck, der Rechtsstaat sei gegenüber Regierungsunrecht von vorneherein zur Resignation verurteilt, wäre gerade für die Bürger der neuen Länder, die zu der für sie immer noch neuen Rechtsordnung Vertrauen fassen müssen, ein falsches Signal. Denn zum Rechtsstaat gehört auch Rechtsbewußtsein, gehören Vertrauen und Akzeptanz.

---

1 Die Beiträge von Bundesjustizminister Prof. Dr. Edzard Schmidt-Jortzig, Prof. Dr. Wolfgang Schuller und Prof. Dr. Friedrich-Christian Schroeder gehen auf Stellungnahmen zurück, die anläßlich einer Podiumsdiskussion der Akademie für Politische Bildung zum Thema „Überfordert - unfähig - unwillig? Möglichkeiten und Grenzen der Ahndung von Justizunrecht durch den Rechtsstaat" am 21. Juni 1997 in Tutzing abgegeben wurden.

Grenzen rechtsstaatlicher Aufarbeitung von Justizunrecht

Tatsächlich ist der Rechtsstaat bei der Ahndung von Justizunrecht keineswegs ohnmächtig! Man muß allerdings ganz nüchtern und realistisch die Grenzen im Auge behalten, die einer rechtsstaatlichen Justiz bei der Bewältigung dieser Aufgabe gesteckt sind: Die naturrechtliche Idee der Gerechtigkeit bricht hier eben oftmals an den Form- und Verfahrensprinzipien, die die staatliche Strafgewalt zugunsten von Freiheit und Sicherheit der Bürger begrenzen. Der Rechtsstaat ist nicht grenzenloses Gerechtigkeitsfühlen und -wünschen. Er ist vielmehr ein kontrolliertes und abgestimmtes Verfahren von Rechts- und Gerechtigkeitsfindung. Dabei kennzeichnet nicht stete Einzelfallgerechtigkeit, sondern ein Gerechtigkeitskompromiß in Gesetzesform die Gerechtigkeit im Rechtsstaat. So garantiert das rechtsstaatliche Verfahren Waffengleichheit für Ankläger und Angeklagten. In ihm wird außerdem der Sachverhalt genauestens ermittelt, mögen die Tatsachen für die Öffentlichkeit auch noch so offenkundig sein. Unschuldsvermutungen, die Prinzipien der gerichtseigenen Beweisaufnahme und Verwertungsverbote verpflichten die Gerichte zu Ergebnisoffenheit auch dort, wo die Geschichte Wissen und Wertung bereits vorgegeben hat. Insoweit verlangt der Rechtsstaat vor allem von den Opfern des hier zur Diskussion stehenden staatlichen Unrechts ein hohes Maß an Geduld.

Gerade deshalb ist es wichtig, das Selbstverständnis des Rechtsstaates, sein Wirken und seine Grundprinzipien immer wieder zu erklären und sich fortwährend um das Vertrauen der Bürger in seine Kompetenz zu bemühen. Daß vielfach noch ein fundamentales Mißverständnis darüber herrscht, was eine rechtsstaatliche Justiz leisten kann und leisten soll, läßt nicht nur die anhaltende Kritik an den bisherigen Bemühungen zur strafrechtlichen Aufarbeitung von Justizunrecht erkennen. Während nämlich die einen beständig den Vorwurf der „Siegerjustiz" wiederholen, sehen die anderen die bisherige strafrechtliche Verfolgung der Täter als völlig unzureichend an. Wiederum andere fordern beständig eine Amnestie für die Verantwortlichen des SED-Regimes. Ich persönlich vermag mich keiner dieser Meinungen anzuschließen:

Eine Amnestie findet zumindest derzeit bei der überwiegenden Mehrheit der Bevölkerung keine Akzeptanz. Erst kürzlich hat dies eine Umfrage des Emnid-Instituts bestätigt, in der sich 69 Prozent der befragten Westdeutschen und sogar 75 Prozent der Ostdeutschen gegen eine Amnestie ausgesprochen haben. Wir müssen das respektieren, denn ohne Akzeptanz verliert eine Amnestie ihre friedensstiftende Wirkung.

Unsere Gerichte haben also die schwierige Aufgabe zu lösen, staatliches Unrecht mit den Mitteln des Strafrechts zu ahnden. Daß sie dabei keine Siegerjustiz betreiben, ist selbstverständlich: „Sieger" war 1989/90 allein und unbestritten die Bevölkerung der DDR. Insoweit geht es auch gar nicht um Sieger und Besiegte, sondern darum, daß hier etwas - nämlich die gerichtliche Verfolgung von staatlichem Unrecht - von den Menschen selbst gewollt wurde, dessen Folgen nun aber verständlicherweise als beschwerlich empfunden werden.

Die Rechtsprechung des Bundesgerichtshofes zur Rechtsbeugung

Um schließlich den Vorwurf der unzureichenden gerichtlichen Ahndung von Justiz-Unrecht auszuräumen, lohnt es sich, die Leitlinien zu beleuchten, die der Bundesgerichtshof mit seiner grundlegenden Entscheidung vom Dezember 1993 vorgegeben hat: Zunächst stellt der BGH fest, daß sich auch Justizangehörige der ehemaligen DDR grundsätzlich ihrer Verantwortung für Rechtsbeugungshandlungen stellen müssen. Unter Berücksichtigung des verfassungsrechtlich verankerten Grundsatzes des Vertrauensschutzes führen aber die Unterschiede der Rechtssysteme in Ost und West dazu, daß der Vorwurf der Rechtsbeugung nur den Richtern gemacht werden kann, deren Entscheidung willkürlich und eine schwere Menschenrechtsverletzung war. Hieraus entwickelt der Bundesgerichtshof drei Fallgruppen, in denen eine Verurteilung wegen Rechtsbeugung erfolgen kann: Die erste Fallgruppe bilden Entscheidungen, in denen Straftatbestände überdehnt worden sind; eine zweite Fallgruppe solche, in denen die verhängte Strafe in einem unerträglichen Mißverhältnis zu der abgeurteilten Handlung gestanden hat. In der dritten Fallgruppe schließlich geht es um schwere Menschenrechtsverletzungen durch die Art und Weise des Verfahrens.

Auf dieser Grundlage sind bereits einige rechtskräftige Verurteilungen wegen Rechtsbeugung erfolgt und zahlreiche weitere Verfahren laufen noch. Es kann also keine Rede davon sein, die Justiz komme ihrer Aufgabe zur Ahndung des Justizunrechts in der ehemaligen DDR nicht nach. Auch der oft gezogene Vergleich mit der - tatsächlich fehlgeschlagenen - strafrechtlichen Bewältigung des NS-Justizunrechts ist nicht gerechtfertigt. Damals ließen bekanntlich vor allem die weitgehende personelle Identität in der Nachkriegsjustiz und ein die Justiz durchdringender Korpsgeist eine Bestrafung der Täter scheitern. Hinzu kam, daß der Bundesgerichtshof den subjektiven Tatbestand der Rechtsbeugung durch Auslegung so weit einschränkte, daß er praktisch unanwendbar wurde.

Ich meine, daß es gelungen ist, eine Wiederholung dieser Fehler zu vermeiden: So waren die bisherigen Verurteilungen von DDR-Richtern nur möglich, weil sich der BGH von der einschränkenden Tatbestandsauslegung der Nachkriegszeit gelöst hat. Und die bisherige Rechtsprechungspraxis - besonders auch die durch ehemalige DDR-Richter - bestätigt, daß es einen falsch verstandenen Korpsgeist in der gesamtdeutschen Justiz nicht gibt.

Ein Rechtsstaat muß Rechtssicherheit gewährleisten

Freilich geht diese Rechtsprechung vor allem den Opfern der SED-Justiz nicht weit genug. Vielen von ihnen erscheint es unbegreiflich, daß der Rechtsstaat auch Menschen schützt, die dabei mithalfen, Bürgern der DDR über lange Zeit hinweg elementare Menschenrechte zu verweigern. Das ist angesichts der oftmals schweren persönlichen Schicksale nur zu verständlich. Trotzdem bin ich der Überzeugung, daß rechtsstaatliche Grundsätze bei der strafrechtlichen Aufarbeitung des Justizunrechts strikt eingehalten werden müssen. Es ist ein wesentliches Charakteristikum des Rechtsstaates, daß er seine Rechtsprinzipien auch seinen politischen Gegnern nicht vorenthält. Eine Art „Revolutionsprozeßordnung", die um einer angemessenen Aburteilung der Täter willen auf die Achtung von Grundrechten und Verfahrensgarantien verzichtet, kann und wird es deshalb in einem Rechtsstaat nicht geben. Der Rechtsstaat vermag seine eigene Plausibilität nur dadurch zu beweisen, daß er seinen Prinzipien eindeutig und unbeirrbar folgt und so seine konstituierende Kontinuität manifestiert. Denn es ist gerade diese Bindung an unverrückbare rechtsstaatliche Prinzipien und Menschenrechte, die unsere Rechtsordnung und unsere Justiz von derjenigen der DDR unterscheidet.

Aus diesem Grunde halte ich auch die Ende 1997 beschlossene, nochmalige dritte Verlängerung der Verjährungsfristen für sog. mittelschwere Straftaten aus DDR-Zeiten, wie beispielsweise Rechtsbeugung, für nicht sachgerecht. Ein Rechtsstaat muß Rechtssicherheit gewährleisten - für die Täter ebenso wie für die Opfer! Er darf deshalb nicht beliebig mit Verjährungsfristen jonglieren.

Es ist wohl auch eine Illusion, Aussöhnung und Wiedergutmachung allein oder auch nur in erster Linie durch die Strafjustiz erreichen zu wollen. Die Tatbestände des Strafrechts sind auf individuelles, eigenverantwortliches Handeln zugeschnitten und können deshalb dem Ganzen des systemimmanenten Unrechts kaum gerecht werden.

Keine Vernachlässigung des Opferschutzes

Ohnehin ist es mit einer Aburteilung der Täter allein nicht getan - selbst wenn wir zunehmend auch den Gesichtspunkt einer Genugtuung für die Opfer in den straftheoretischen Blick nehmen. Keineswegs zuletzt, sondern ganz vorrangig geht es auch um Gerechtigkeit für die Opfer. Hier stand der Gesetzgeber nach der Wiedervereinigung vor der schwierigen Frage, ob und wie begangenes Unrecht wiedergutgemacht werden kann. So hatte schon der Einigungsvertrag klargestellt, daß eine Generalrevision aller Entscheidungen von DDR-Behörden und DDR-Gerichten nicht in Betracht kommen konnte, weil dies zu einer unerträglichen Rechtsunsicherheit geführt hätte. Aber: elementar rechtsstaatswidrige Strafurteile und Verwaltungsmaßnahmen sollten nicht in der Welt bleiben.

Diese Vorgaben setzte der Deutsche Bundestag noch in der ersten Legislaturperiode nach der Vereinigung mit dem Strafrechtlichen, dem Verwaltungsrechtlichen und dem Beruflichen Rehabilitierungsgesetz um. Staatliche Wiedergutmachung wird danach denjenigen gewährt, die in der Zeit des DDR-Regimes in besonderem Maße Unrecht erlitten haben, also vor allem den Opfern politisch motivierter Strafverfolgungsmaßnahmen.

Die Rehabilitierungsgesetze konnten zwar keinen Schadensersatz vorsehen. Sie konnten aber - neben dem eigentlichen Rehabilitierungsakt, der den Betroffenen die Möglichkeit geben soll, sich vom Tort persönlicher Diskriminierung zu befreien - Ausgleichsleistungen unter sozialen Gesichtspunkten gewähren. Grundsätzlich haben sich diese Gesetze bewährt. Im Rahmen des Strafrechtlichen Rehabilitierungsgesetzes sind inzwischen rund 150.000 Anträge auf individuelle Wiedergutmachung und Entschädigung für erlittene Freiheitsentziehung gestellt worden, von denen der größte Teil erledigt werden konnte: Es sind an die 710 Mio. DM an Kapitalentschädigungen und Unterstützungsleistungen ausgezahlt worden. Nach dem Verwaltungsrechtlichen und dem Beruflichen Rehabilitierungsgesetz, deren Gegenstand schlechthin rechtsstaatswidrige Verwaltungsmaßnahmen der DDR-Organe sowie schwerwiegende Eingriffe in die Ausbildung und den beruflichen Werdegang politisch nicht Linientreuer sind, liegen inzwischen rund 75.000 Anträge vor und ca. 33.000 Verfahren sind bereits abgeschlossen.

Gleichwohl sind die Rehabilitierungsgesetze eigentlich von Anfang an von einer breiten und kritischen Diskussion darüber begleitet worden, ob sie dem Schicksal und der heutigen Situation der Opfer politischer Verfolgung gerecht werden. Vor allem die in den Gesetzen vorgesehenen Ausgleichsleistungen wurden als unzureichend kritisiert. Diese Diskussion hat inzwischen dazu geführt, daß trotz der kritischen Haushaltslage in Bund und Ländern einige Verbesserungen erreicht wurden. Freilich gehen manchen auch diese Verbesserungen noch nicht weit genug. Ich habe dafür Verständnis, doch muß man leider sehen, daß den Möglichkeiten des Gesetzgebers wegen der knappen öffentlichen Kassen enge Grenzen gesetzt sind. Wir mußten uns deshalb darauf konzentrieren, die zusätzlichen finanziellen Leistungen vorrangig denjenigen Verfolgungsopfern zukommen zu lassen, bei denen die Verfolgungsmaßnahmen noch heute nachwirken und deren Situation gerade aus diesem Grunde schwierig ist.

Zusammenfassende Bewertung

Somit läßt sich feststellen: Gerichte und Gesetzgeber haben bereits wichtige Beiträge zur Aufarbeitung der sozialistischen Rechtswirklichkeit geleistet. Sie haben damit gezeigt, daß die Bestrafung der Täter und die Wiedergutmachung für die Opfer grundsätzlich geeignete und auch wirksame Mittel zur rechtsstaatlichen Reaktion auf das geschehene Justizunrecht sind.

Eines muß aber ganz klar gesehen werden - weder der Gesetzgeber noch die Gerichte können uns von einer geschichtlichen Aufarbeitung und einer gesamtgesellschaftlichen Auseinandersetzung mit der Justiz im SED-Staat entbinden. Vor allem den Opfern der SED-Justiz sind wir es schuldig, das ihnen geschehene Unrecht beim Namen zu nennen und durch eine Auseinandersetzung mit dem Gewesenen dafür Sorge zu tragen, daß sich diese dunklen Kapitel in der jüngsten deutschen Justizgeschichte nicht wiederholen. Letztlich entscheidend ist deshalb die Bereitschaft aller, sich der historischen Wahrheit zu stellen und sich darauf einzulassen. Pauschale Vorurteile oder nostalgische Verklärungen helfen hier sicher nicht weiter. Notwendig sind vielmehr differenzierte Einsichten in die Rolle und Funktionsweise der Justiz der ehemaligen DDR.

Das Bundesministerium der Justiz hat deshalb bereits verschiedene rechtstatsächliche Untersuchungen in Auftrag gegeben, so zum Beispiel ein Forschungsprojekt zur Steuerung der Justiz in der DDR durch politische Einflußnahmen. Darüber hinaus will auch die von meinem Haus initiierte Wanderausstellung mit dem Titel „Im Namen des Volkes? Über die Justiz im Staat der SED" über das Rechtssystem zu DDR-Zeiten informieren und zu einer vorurteilsfreien Auseinandersetzung mit der sozialistischen Rechtswirklichkeit anregen. Die Akademie für Politische Bildung trägt mit ihrer Tagung „Justiz im Zwielicht" ebenfalls zu einem öffentlichen Diskussionsklima bei, in dem Sachkenntnis und Offenheit im Vordergrund stehen. All dies sind Impulse für eine erfolgreiche Auseinandersetzung mit unserer deutsch-deutschen Vergangenheit. Und ich hoffe, daß es uns gelingt, mit ihnen zugleich einen Beitrag zur positiven Gestaltung unserer gesamtdeutschen Zukunft zu leisten. Immer noch sind in den Köpfen der Ost- wie der Westdeutschen Reste einer geteilten Nation vorhanden und das kann im Grunde auch nicht anders sein. Im Gegenteil: Es wäre wohl naiv zu glauben, daß 40 Jahre des Getrenntseins in weniger als einer Generation überwunden sein könnten. Das Zusammenwachsen braucht nun einmal reichlich bemessene Zeit, die bekanntlich viele Wunden heilt. Es braucht aber auch gegenseitiges Verständnis, ein unbefangenes Aufeinanderzugehen und vor allem offene Diskussionen.

Wolfgang Schuller

Justizunrecht im NS- und SED-Regime - einige vergleichende Überlegungen

Zunächst will ich einige vergleichende Bemerkungen zur Stellung der Justiz und des Justizpersonals in der DDR und im NS-Staat und zu den Folgerungen hinsichtlich der Weiterbeschäftigung des Personals machen, um mich dann der Frage zuzuwenden, warum in Westdeutschland nach dem Zweiten Weltkrieg die Verfolgung von NS-Tätern, dann insbesondere von Richtern, zögerlich bis unzulänglich war und wie der Vergleich mit der heutigen Situation auszusehen hat.

Stellung der Justiz und des Justizpersonals

In der DDR wurde, laut kommunistischem Programm, der bisherige Staatsapparat vollständig zerschlagen; er wurde neu und mit eigenem neuen Personal aufgebaut. Dieser Apparat arbeitete gut vierzig Jahre lang. Das Justizpersonal war vollständig kommunistisch ausgebildet und fühlte sich als Justizfunktionäre im Dienste der Partei. Ganz dürfte das nicht aufgegangen sein; es gab, in der letzten Zeit vielleicht zunehmend, gelegentlich das Gefühl vom Eigenwert von Recht und Justiz, und es gab, wenn auch sehr selten, bei manchen das Gefühl, daß man insbesondere als Richter eine Art Unabhängigkeit zu wahren habe. Das waren aber Einzelfälle; in der überwiegenden Mehrzahl handelte es sich um Justizfunktionäre im Dienste der kommunistischen Partei. Deren Übernahme war natürlich ganz ausgeschlossen; diese Funktionäre sollten auch nicht als Richter bezeichnet und behandelt werden.

Auf der anderen Seite hat diese nichtrichterliche und nicht an elementarer Gerechtigkeit orientierte Eigenschaft, die sich in vier Jahrzehnten eingeschliffen hatte, Folgen für das Unrechtsbewußtsein. Was einer unbefangenen Betrachtung als Unrecht vorkommt, kann in der Sicht eines an den Vorgaben der Partei orientierten Funktionärs durchaus im Rahmen des Erlaubten gelegen haben. Hier wäre allenfalls damit zu arbeiten, daß die betreffende Tat ein so elementares, sozusagen schreiendes Unrecht darstellt, daß auch von dem borniertesten Funktionär zu verlangen sei, dieses Unrecht als solches zu erkennen; eine in praxi schwer zu lösende Aufgabe.

Das nationalsozialistische Regime hatte den bisherigen Staatsapparat nicht beseitigt, sondern sich lediglich darübergelegt und begonnen, ihn zu durchdringen. Auch das Justizpersonal wurde - ungeachtet aller nationalsozialistischen Personalpolitik u.a. auch auf Grund des zynisch benannten „Gesetzes zur Wiederherstellung des Berufsbeamtentums" - nicht prinzipiell und von Grund auf ausgewechselt; es gab keine NS-Variante der Volksrichter. Gleichwohl ist die personelle und vor allem inhaltliche Veränderung durch den Nationalsozialismus nicht gering zu achten; sogar im Zivilrecht hat es schwerwiegende Anpassungen gegeben. Hinzu kam eine zum Teil empörende Verschärfung des Strafrechts und der Strafrechtspraxis im Kriege. Auf der anderen Seite dauerte das Regime nur zwölf Jahre, davon fünfeinhalb eines totalen Krieges. Es blieben weite Strecken von Recht und Justiz unbeeinflußt. Hier ist noch viel empirische Forschungsarbeit zu leisten, auch in bezug auf das Verhältnis von NS-Konformität zu dem Verhalten, das nicht NS-gemäß war; Einzelbeispiele genügen nicht. Für das Verwaltungsrecht und die Verwaltungsgerichtspraxis hat Michael Stolleis festgestellt, daß sie eine Art rechtsstaatlicher Kontinuität bewahren konnten.

Gleichwohl muß gesagt werden, daß die ganz überwiegende Mehrheit des Justizpersonals traditionell-rechtsstaatlich ausgebildete Juristen waren, die in den demokratischen Staat, der an die Zeit vor 1933 anknüpfte, übernommen werden konnten. Paradoxerweise zeigen gerade manche Nachkriegskarrieren von an empörenden Unrechtsurteilen beteiligten Juristen, wie wenig Einfluß die nationalsozialistische Epoche auf sie gehabt hat. Nach dem Ende dieser Zeit agierten sie - individuelle Ausnahmen mögen auf sich beruhen - wie alle anderen bürgerlich-rechtsstaatlich ausgebildete Juristen auch.

Auf der anderen Seite stellt sich auch hier die Frage des Unrechtsbewußtseins und muß umgekehrt beantwortet werden wie im Fall DDR. Gerade von rechtsstaatlich ausgebildeten Juristen konnte verlangt werden zu erkennen, wie viel von dem, was in der NS-Zeit von ihnen erwartet wurde, ja sogar von dem, was sie taten, schreiendes Unrecht war. Es wird nicht verkannt, daß die fehlende Öffentlichkeit eines jedenfalls insoweit totalitären Regimes Widerspruch schwer machte, auch müßten insbesondere Urteile des Kriegsstrafrechts im internationalen Vergleich betrachtet werden. Trotzdem bleibt es dabei, daß die normale, traditionelle juristische Ausbildung höhere Anforderungen an das Unrechtbewußtsein stellen muß.

Zögerlichkeit bei der Verfolgung von NS-Verbrechen

Zunächst muß für das frühe Nachkriegs-Westdeutschland gesagt werden, daß nahezu in der gesamten Bevölkerung und in allen Parteien die Verurteilung Deutscher wegen Kriegsverbrechen von außerdeutschen Gerichten als ungerechte Siegerjustiz angesehen wurde. Diese Verurteilten wurden „Kriegsverurteilte" genannt, weil man einhellig der Ansicht war, daß sie kein faires Verfahren bekommen hätten; heute wird ungeprüft vom Gegenteil ausgegangen und die Verurteilten werden „Kriegsverbrecher" genannt. Demgemäß konnte damals von allen Seiten ihre Freilassung gefordert werden, die allmählich auch geschah. Gründe des beginnenden Kalten Krieges waren nur auf seiten der Freilasser maßgebend; von deutscher Seite erfolgten die Freilassungs-Forderungen, weil man die Urteile für ungerecht hielt, und demgemäß dienten diese Freilassungen wirklich dem Rechtsfrieden.

Von diesen allgemeinen Erwägungen abgesehen bleibt die spezifische Frage, warum die spätere deutsche Justiz so gut wie nicht gegen Richter vorging, die in der NS-Zeit schwere Schuld auf sich geladen hatten. Es ist nicht so, daß der westdeutsche Staat kein Gespür für NS-Belastungen gehabt hätte. Sowohl für den diplomatischen Dienst als auch für die Streitkräfte wurden Personalgutachterausschüsse eingesetzt, bei den Richtern nicht; daß die Justiz schon 1945 wieder zu arbeiten begann, ist kein hinreichender Grund, man hätte auch im Amt befindliche Richter wieder entfernen können. Vielleicht war die Ansicht vorherrschend, daß die Justiz im allgemeinen fleckenlos gewesen sei und sich im übrigen nur den kriegsbedingten Notsituationen gefügt habe. Ich möchte auch annehmen, daß man aus rechtsstaatlichen Erwägungen nicht in die Unabhängigkeit der Justiz eingreifen wollte.

Anders liegt die Angelegenheit, wenn man fragt, warum nicht die Justiz selber gegen solche Richter vorgegangen ist. Die beliebte und allzu oft hingesagte Metapher von den Krähen, die einander keine Augen aushacken, ist ungeeignet, weil sie erstens irrig voraussetzt, daß alle Richter belastet wären, und weil sie zweitens die eben skizzierte allgemeine Atmosphäre vernachlässigt, die sich nicht nur auf die Richter beschränkte. Zum einen spielt gewiß auch hier der Zeitgeist eine Rolle, der die zwölf Jahre NS-Herrschaft als eine Abweichung ansah, über die man hinweggehen solle. Vor allem aber möchte ich von Richtersolidarität oder Corpsgeist sprechen. Dieser Reflex überwog die Empörung über schrecklichste Urteile, die unter weiter Überdehnung selbst weitgefaßter Gesetzestexte Todesurteile verhängten. Freilich sollte hier der umgekehrte Reflex eingesetzt haben, nämlich der, daß ein solches Verhalten nichts mehr mit Rechtsprechung zu tun hatte. Statt dessen wurde der Rechtsbeugungstatbestand extrem restriktiv ausgelegt.

Eine parallele Entwicklung liegt heute vor. Die Justizfunktionäre der DDR treffen gewiß auf keine Sympathie bei ihren gesamtdeutschen Richtern. Aber schon die Tatsache, daß sie überhaupt als Richter und nicht als Justizfunktionäre behandelt werden, zeigt, daß sie doch als eine Art Kollegen angesehen werden, die man dann nach den eigenen restriktiven Maßstäben behandeln kann; freilich hat das auch mit dem Erfordernis der Anwendung von DDR-Recht zu tun. Dieser Reflex ist offensichtlich stärker als die Abscheu über terroristische Urteile, die zum Teil sogar zu Hinrichtungen führten. Immerhin kommt es, lobenswerterweise, zu Verurteilungen wegen Rechtsbeugung. Aber auch hier versetzt man sich in einem Ausmaß in die scheinbare Lage von DDR-Richtern, daß die nachträgliche Selbstkritik des BGH unangemessen wirkt. Erwähnt sei nur, daß in einem Fall gewaltsamer Entführung freigesprochen wurde.

Ich kann mich daher der allgemeinen Meinung nicht anschließen, die die Selbstkritik lobt, mit der der Bundesgerichtshof heute seine eigene frühere Zurückhaltung gegenüber NS-Richtern tadelt. So, wie das damalige Verhalten dem früheren Zeitgeist entsprach, so entspricht die heutige verspätete Selbstkritik in unhistorischer Weise dem jetzigen. Besser wäre es, solche Selbstanklagen unterblieben, und das Gericht urteilte sachgerecht.

Läßt sich Justizmacht mit den Mitteln des Rechtsstaates aufarbeiten?

Selbstverständlich kann gewöhnliches Justizrecht mit den Mitteln des Rechtsstaates aufgearbeitet werden, schließlich sieht das Strafrecht die Strafbarkeit der Rechtsbeugung vor; der ungerechte Richter, der eigenen Vorteils wegen oder aus Parteilichkeit „schiefe Sprüche" fällt, ist ein uraltes Phänomen der Menschheitsgeschichte. Hier geht es jedoch um die Frage, ob das Fällen grausamer Urteile im Rahmen einer totalitären Parteidiktatur nachträglich von einem rechtsstaatlichen Gemeinwesen bestraft werden kann. Diese Frage ist natürlich nur ein Unterfall der allgemeinen Problematik, ob überhaupt Unrechtshandlungen eines solchen Regimes und seiner Träger wie gewöhnliche Kriminalität behandelt werden können, woran ich grundsätzliche Zweifel hege.

Aus praktischen Gründen folge ich jedoch der gefestigten Rechtsprechung, die die Frage bejaht hat. In diesem Rahmen bewege ich mich mit dem folgenden und sage deshalb: Selbstverständlich läßt sich Justizrecht mit den Mitteln des Rechtsstaates aufarbeiten; Unzulänglichkeiten bei der inhaltlichen Gerechtigkeit sind deshalb unvermeidlich, weil der Rechtsstaat Grenzen setzt. Die rumänische revolutionäre Variante der Aufarbeitung war nicht rechtsstaatlich.

Im besonderen muß - wie schon erwähnt - zwischen den NS- und den SED-Fällen unterschieden werden. Trotz aller Überwucherungen durch NS-Ideologie, Personalpolitik, verschärftes Kriegsstrafrecht, grundsätzlicher Infragestellung des Rechtsstaates usw. existierte auch im Dritten Reich das Fundament des traditionellen Rechtsstaates weiter, und deshalb hätten Richter bei Vorliegen aller normalen Erfordernisse - Tatbestandsmäßigkeit, Rechtswidrigkeit und Schuld - ohne weiteres wegen Rechtsbeugung angeklagt und verurteilt werden können. Gerade weil kein radikaler Bruch mit dem hergebrachten Rechtsstaat erfolgte, hätten dessen Maßstäbe an das Verhalten der betreffenden Richter angelegt werden können, und gerade deshalb spricht viel für ihr Unrechtsbewußtsein. Freilich kommt es, banalerweise, auf den jeweiligen Fall an, und diese Fallgestaltungen können hier nicht durchgespielt werden. Ein schweres Hindernis besteht freilich, und das ist die äußerst restriktive Auslegung des Rechtsbeugungstatbestandes durch die Rechtsprechung, die Günter Spendel nie müde wurde und wird, anzuprangern. Von diesem Faktor abgesehen muß die Frage für die NS-Fälle grundsätzlich und emphatisch mit ja beantwortet werden.

Für das SED-Unrecht ist die Sachlage komplizierter, wenngleich im Ergebnis ähnlich. Das hängt zum einen damit zusammen, daß, wie bereits ausgeführt, der SED-Staat nicht beanspruchte, ein Rechtsstaat im überkommenen Sinne zu sein, daß das Justizpersonal völlig ausgewechselt wurde und daß dieses sich als Justizfunktionäre verhielt, die nur der Partei zu dienen hatten. Zum zweiten wird die Sachlage dadurch kompliziert, daß nach dem Einigungsvertrag DDR-Recht angewandt werden muß. Die Kompliziertheit resultiert nicht aus dieser Vorschrift an sich, sondern aus der Ungewißheit, was denn DDR-Recht sei. Es scheint so zu sein, als hätten die Verfasser des Einigungsvertrages sowie die meisten Juristen darunter das geschriebene DDR-Recht verstanden. Allmählich machte sich bei den bis dahin kenntnislosen vorwiegend westdeutschen Juristen die richtige Erkenntnis breit, daß über dem geschriebenen Recht der Wille der Partei stand und daß dieser vor allen Dingen bestimmte, was Recht war. Ich habe die dadurch eingeschränkte Geltung des geschriebenen Rechts an anderer Stelle den „Parteivorbehalt" genannt.

Will man also konsequent sein, müßte man heute das geschriebene DDR-Recht nach marxistisch-leninistischen Kriterien, insbesondere unter Berücksichtigung des erkennbaren Willens der Partei auslegen. Aus dieser Zwickmühle hat sich die Rechtsprechung dadurch zu befreien versucht, daß sie sozusagen nach Schweregraden urteilt. Bei als besonders schwerwiegend empfundenen Handlungen wird auf die Berücksichtigung der DDR-Auslegung verzichtet; ein Widerspruch in sich. In praxi kommt es darauf an, wie schwer die jeweilige Handlung empfunden wird. Hinzu kommen die immer noch restriktive Auslegung des Rechtsbeugungstatbestandes sowie die oben erwähnte intrikate Frage des Unrechtbewußtseins. Gleichwohl würde ich auch für das Justizunrecht der DDR die Frage bejahen, ob es sich *überhaupt* mit Mitteln des Rechtsstaates aufarbeiten läßt. In concreto kommt es zu Schwierigkeiten, die nicht sein müßten. Im übrigen geht es in beiden Fällen nicht nur um Rechtsprechung, sondern auch um Tötungsdelikte, Körperverletzung, Freiheitsberaubung.

Haben Gesetzgeber und Justiz bei der Ahndung von Justizunrecht der DDR aus den Versäumnissen der Nachkriegszeit die richtigen Schlüsse gezogen?

Es ist insofern ein richtiger Schluß gezogen worden, als überhaupt Verurteilungen wegen Rechtsbeugung erfolgen. Negativ ist zu bemerken, daß der Rechtsbeugungstatbestand immer noch restriktiv ausgelegt wird und daß im konkreten Fall die Schwelle sehr hoch angesetzt wird; anders ist es nicht zu erklären, daß der DDR-Justizfunktionär freigesprochen wurde, der einen aus Westberlin Entführten verurteilt hatte. Auch verweise ich auf die aus Unkenntnis der Sachlage hervorgerufene Zwickmühle, die in der Verpflichtung besteht, DDR-Recht anzuwenden.

Amnestieforderungen und Verjährungsproblematik

Für eine Amnestie - bzw. für die Verfolgungseinstellung - haben sich ehrenwerte und nicht ehrenwerte Personen ausgesprochen. Ehrenwert ist die, auch historisch zu untermauernde, Überlegung, daß weitere Strafverfolgung bzw. die weitere Fortdauer einer Verurteilung den Rechtsfrieden gefährden könne. Es sei dem allgemeinen gesellschaftlichen Klima nicht zuträglich, wenn auf unabsehbare Zeit mit immer neuen Strafprozessen gerechnet werden müsse. Es behindere eine allgemeine Versöhnung, wenn ständig neue Zwietracht gesät werde. Ein berühmter Fall aus meinem Fachgebiet als Historiker ist die Amnestie im alten Athen am Ende des 5. Jahrhunderts v. Chr., als die siegreiche Demokratie eine Amnestie für die Taten der kurzfristig herrschenden Oligarchen beschloß (außer ganz schweren Verbrechen), die seltsamerweise auch eingehalten wurde und tatsächlich zur Befriedigung beitrug. Der Unterschied zu heute ist freilich der, daß es sich damals um eine überschaubare Gesellschaft handelte, in der man sich gegenseitig kannte oder in der man jedenfalls wußte, was an Taten geschehen waren, die man „vergessen" wollte - Amnestie heißt „Vergessen".

Diese Übersichtlichkeit fehlt im Fall der DDR. Es kommt hinzu, daß rechtsstaatliche Strafverfolgung nicht etwas ist, was unabsehbares und unverhältnismäßiges Unheil auf die ihr Unterworfenen herabbeschwört. Im Gegenteil ist allseits bekannt, daß deren Unzuträglichkeiten und die manchmal sogar zu erwartenden Strafen in gar keinem Verhältnis zu dem stehen, was die Herrschenden der DDR ihren Untertanen angetan haben oder gar den Westdeutschen angetan hätten, wenn die Wiedervereinigung wie geplant unter kommunistischem Vorzeichen vonstatten gegangen wäre. Rechtsstaatliche Strafverfolgung durch eine Amnestie oder durch Einstellung zu verhindern, wäre vielleicht sogar eher ein Zeichen dafür, daß man der eigenen Rechtsstaatlichkeit mißtraut. Es ist bezeichnend, daß es gerade die DDR war, die sich in zahlreichen Amnestien gefiel. Dadurch wurden die Gefängnisse von ihrer regelmäßig eintretenden Überlastquote befreit und dadurch wurde unwillentlich signalisiert, daß die Verurteilungen ohnehin ungerecht waren.

Der Rechtsfriede und die allgemeine Versöhnung werden durch die Ablehnung einer Amnestie nicht behindert. Im Gegenteil sind es eher die unehrenhaften Mitbürger, die das Argument des Rechtsfriedens ins Feld führen, nämlich diejenigen, die selber oder deren politischer Umkreis ein Strafverfahren zu befürchten haben. Es ist auch empirisch erwiesen, daß die Prozesse außer bei den von ihnen Betroffenen keine gekränkte Unruhe in der Bevölkerung hervorriefen. Wenn es eine verbreitete Unzufriedenheit mit der Rechtsprechung gibt, dann ist es die, daß zu wenig und zu milde bestraft wurde. Wenn der Rechtsfriede gestört würde, dann durch eine Amnestie.

Die Bewußtseinslage nach 1945 war umgekehrt. Daß die „Kriegsverurteilten" entlassen wurden, was einer Art Amnestie durch die Siegesmächte gleichkam, stieß auf breite Zustimmung, wohlgemerkt auch aller demokratischen

Parteien. Der Sachverhalt ist vielschichtig, jedenfalls war ein wichtiger Grund der, daß die Prozesse teilweise als nicht rechtsstaatlich und einseitig angesehen wurden. Das muß auch bei den Siegermächten so gesehen worden sein, denn sonst hätte man nicht in so fast völligem Umfang entlassen. Das Tragische daran war, daß durch diese Freilassungen wirklich Schuldige - sofern man das vom grünen Tisch aus sagen kann - entlassen wurden und nicht wieder vor Gericht gestellt werden konnten. Rechtsstaatliche Verfahren garantieren, daß man nicht aus schlechtem Gewissen amnestieren muß.

Ich bin - und war immer - gegen Manipulationen bei der Verjährung und bin daher auch heute für die Einhaltung der Verjährungsfristen. Es gibt eine sachgerechte Ausnahme, die nicht als Manipulation zu verstehen ist, und das ist die, daß Straftaten größeren Umfanges überhaupt jetzt erst bekannt werden und bekannt werden können. Ich habe für die jetzige Enquete-Kommission des Bundestages eine Expertise über die strafrechtliche Beurteilung der Zersetzungsmaßnahmen der Staatssicherheit gemacht und dabei festgestellt, daß diese Maßnahmen durch die Öffnung der Archive großenteils überhaupt jetzt erst bekannt werden. Wenn also eine scharf umgrenzbare strafbare Tätigkeit durch objektive Umstände nicht verfolgt werden konnte, dann wäre an eine Verlängerung der Verjährungsfrist zu denken. Aber ich drücke das vorsichtig aus und bestehe nicht darauf.

Rechtspolitische Konsequenzen aus der doppelten deutschen Diktaturerfahrung

Eine gelinde Kritik am Ausdruck der „doppelten Diktaturführung" sei vorangestellt. Diese Formulierung ist, mit allen möglichen Varianten, heute üblich; sie ist insofern dem Sprachgebrauch von vor 1989 vorzuziehen, als damals mit wenigen Ausnahmen die DDR nicht als Diktatur bezeichnet wurde. Freilich ist sie in zweierlei Hinsicht ungenau. Erstens unterschieden sich die beiden Diktaturen in zum Teil wesentlichen Aspekten ganz erheblich, und zweitens liegen sie nicht auf derselben Ebene und sollten daher immer nur unter Vorbehalt miteinander verglichen werden. Die NS-Diktatur war nämlich in Deutschland selbst und durch Deutsche entstanden, und sie errichtete im von ihr beherrschten Teil Europas ähnliche Regimes oder förderte sie; sie war sozusagen die Hauptdiktatur. Die SED-Diktatur war nur eine abgeleitete Diktatur, die vom KPdSU-Staat eingerichtet wurde, wobei deren Diktatur die Hauptdiktatur war. Wenn substantiell verglichen werden soll, dann müßte die Sowjetunion mit dem Dritten Reich verglichen werden, nicht die DDR. Gleichwohl veranlaßt die Tatsache, daß SED- und NS-Regime in Deutschland herrschten, zu Vergleichen, natürlich auch aus praktischen Gründen. Nur sollte man die unterschiedlichen Vergleichsebenen immer im Auge behalten, insbesondere bei der Bewertung. Hitler ist mit Stalin zu vergleichen, nicht mit Ulbricht.

An rechtspolitischen Konsequenzen sehe ich zwei. Die erste ist die Reformierung des Rechtsbeugungstatbestandes, wenn es die Rechtsprechung selber nicht schafft, von ihrer restriktiven Auslegung Abstand zu nehmen; hierzu äußert sich Günter Spendel in zahlreichen Publikationen. Die andere besteht in der Frage des Verbotes der Rückwirkung von Strafnormen. An dieser Stelle kann die ganze komplizierte Problematik natürlich nicht erschöpfend behandelt werden, ich beschränke mich auf zwei Gesichtspunkte und einen konkreten Vorschlag. Der erste Gesichtspunkt ist der, der im Beschluß des Bundesverfassungsgerichts vom 24.10.1996 (abgedruckt z.B. in der Juristenzeitung 1997, S. 142-147) zum Ausdruck gekommen ist. Es ging um das oben skizzierte Dilemma, das durch das Erfordernis der Anwendung des DDR-Rechts entstanden ist. Durch den Bundesgerichtshof verurteilte Mitglieder des Nationalen Verteidigungsrates der DDR hatten Verfassungsbeschwerde erhoben mit der Begründung, ihr Tun sei nach DDR-Recht nicht strafbar gewesen, und wenn die gesamtdeutsche Justiz sie jetzt bestrafe, wende sie rückwirkend altbundesdeutsches Recht an.

Trotzdem verwarf das Bundesverfassungsgericht die Beschwerde, und das mit Recht. Zwar betonte das Gericht mit großer Emphase die Unverbrüchlichkeit des Satzes „Keine Strafe ohne Gesetz", wie er in Artikel 103 des Grundgesetzes zum Ausdruck kommt, aber dann machte das Gericht eine Ausnahme, relativierte diesen Satz also doch. Es begründete nämlich das Rückwirkungsverbot mit der „besonderen Vertrauensgrundlage, welche die Strafgesetze tragen, wenn sie von einem an die Grundrechte gebundenen demokratischen Gesetzgeber erlassen werden"; daran fehle es aber, wenn der „Träger der Staatsmacht" über das geschriebene Gesetz hinaus zu „schwerstem kriminellen Unrecht" auffordere und dadurch „die in der Völkerrechtsgemeinschaft allgemein anerkannten Menschenrechte in schwerwiegender Weise mißachtet". Das Rückwirkungsverbot gilt also dann nicht, wenn in einer Diktatur neben, oder sogar über dem geschriebenen Gesetz noch andere Normen gelten, die besonders schweres Unrecht darstellen und dem geschriebenen Gesetz vorgehen. Das wäre auch auf Rechtsbeugungsfälle anzuwenden. Zwar hatte es das Verfassungsgericht mit Todesopfern der Mauer zu tun. Aber aus der Tatsache, daß ein Justizfunktionär, der den unabhängigen Richter nur spielt und in Wirklichkeit auf unkontrollierbare Anweisung einer Monopolpartei nun ungerechte und grausame Urteile fällt, dürfte zweifelsfrei im Kontrast zur europäischen zivilisatorischen Entwicklung stehen.

Das Bundesverfassungsgericht hatte etwas umständlich argumentiert. Direkter ist der Gedanke, daß für eine freiheitliche Justiz wohl kaum Gesetze maßgeblich sein können, die Diktaturen sich selber mit der Wirkung geben, daß alle ihre Untaten straffrei bleiben. Das war anscheinend von den Autoren des Einigungsvertrages übersehen worden, weil sie nur an das geschriebene DDR-Recht dachten und nicht berücksichtigten, daß der ungeschriebene Parteiwille die entscheidende Komponente des Rechts darstellte. Nach ihm waren die Untaten der DDR-Organe nicht nur straffrei, sondern gefordert. Der Gedanke, daß Teilnehmer an einem Diktaturregime nicht durch die von ihnen selbst erlassenen Gesetze bei unmenschlichen Handlungen straflos ausgehen dürften, fand in der Europäischen Konvention zum Schutz der Menschenrechte und Grundfreiheiten vom 4. Oktober 1950 ihren Ausdruck. Danach wurde in Absatz 1 des § 7 zwar das Rückwirkungsverbot festgelegt, Absatz 2 aber bestimmte: „Durch diesen Artikel darf die Verurteilung oder Bestrafung einer Person nicht ausgeschlossen werden, die sich einer Handlung oder Unterlassung schuldig gemacht hat, welche im Zeitpunkt ihrer Begehung nach den allgemeinen, von den zivilisierten Völkern anerkannten Rechtssätzen strafbar wäre."

Die Bundesrepublik trat dieser Konvention bei, übernahm aber nicht den Absatz 2, versteifte sich also auf eine lupenreine Anwendung des Satzes „Keine Strafe ohne Gesetz". An sich ein ehrenhafter Standpunkt - der heute von Ex-SED-Seite ebenfalls mit Vehemenz vertreten wird -, der aber in praxi bedeutete, daß der Verurteilung von NS-Verbrechern Grenzen gesetzt wurden. Auch das ist ein deutlicher Hinweis auf den damaligen Zeitgeist, der nicht als ein Weiterwirken der NS-Ideologien zu interpretieren ist, sondern so, daß die Siegerurteile in ihrem Verfahren durchgängig als ungerecht empfunden wurden. Allerdings ist die Bundesrepublik dem Internationalen Pakt über bürgerliche und politische Rechte der Vereinten Nationen vom 19. Dezember 1966 beigetreten, der ebenfalls eine entsprechende Einschränkung des Rückwirkungsverbotes enthält; diesmal ist kein Vorbehalt eingelegt worden. Ich rege daher an, den Artikel 103 des Grundgesetzes entsprechend zu ändern.

Friedrich-Christian Schroeder

Der Rechtsstaat hat die Pflicht zur Wiederherstellung der Gerechtigkeit

Grundsätzliche Überlegungen

Das Strafrecht und die Strafjustiz halten zum Schutz der Gesellschaft die schärfsten Reaktionen bereit, über die der Staat verfügt: Freiheitsberaubung und in vielen Staaten auch die Tötung. Um so verwerflicher ist es, wenn diese Machtmittel zur Vernichtung bloßer politischer Gegner mißbraucht werden.

Dies geschah auch in der DDR. Von den über 200 in der DDR gefällten Todesurteilen beruhten viele auf rein politischen Gründen. Daneben gab es aber auch Zehntausende von Freiheitsstrafen wegen bloßer politischer Gegnerschaft. Dabei muß man sich einmal ganz deutlich vor Augen halten, was Freiheitsstrafen in der DDR bedeuteten: Einkerkerung in trostlosen, hoffnungslos überbelegten Zellen mit unzureichenden sanitären Einrichtungen und ohne jede Möglichkeit der Durchlüftung, mit dem erklärten Versuch, die Persönlichkeit der politischen Gegner zu brechen. Es wird oft so reichlich abstrakt über das „Justizunrecht" in der DDR diskutiert. Um beurteilen zu können, worum es dabei geht, muß man sie einmal gesehen haben, die Stätten dieses Justizunrechts: das „Gelbe Elend" im Bautzen, den „Roten Ochsen" in Halle, das „U-Boot" in Hohenschönhausen, das Frauengefängis auf Burg Hoheneck... Diese grausamen Freiheitsstrafen wurden verhängt für Bagatellen, z.B. für ein „A" im Fenster als versteckte Bekundung des Ausreisewunsches. Dies führte schon zu Freiheitsstrafen von mehr als einem Jahr!

Deswegen greift die Frage nach „Möglichkeiten und Grenzen" der Ahndung von Justizunrecht durch den Rechtsstaat, zu kurz. Vielmehr hat der Rechtsstaat auch die *Pflicht*, die Gerechtigkeit wiederherzustellen und den Opfern Genugtuung zuteil werden zu lassen. Dies ist eine elementare Aufgabe des Rechtsstaats. Diesen wichtigen Gesichtspunkt hat vor kurzem völlig unerwartet der entführte Millionenerbe Jan Philipp Reemtsma zum Ausdruck gebracht. Er erklärte, die Bestrafung seiner Entführer sei für ihn wichtig gewesen, „um etwas an dem Stück Welt, das kaputtgegangen ist, wieder in Ordnung zu bringen". Mit unverbrauchten und damit um so eindrucksvolleren Worten hat Reemtsma den Blick von seiner jahrzehntelangen einseitigen Ausrichtung auf die Täter zurück auf die Opfer gelenkt. Auch die Ahndung des SED-Unrechts hat dazu beigetragen, die Blickrichtung der Strafjustiz zu verändern. Es handelt sich hier um eine grundsätzliche Änderung der Blickrichtung, die gegenwärtig die gesamte Strafjustiz erfaßt. Dies gilt nicht nur für die Opfer politischer Justiz, sondern auch für viele andere Prozesse, etwa für Frauen, denen Gewalt angetan wurde. Auch sie standen bei den Strafprozessen lange Zeit völlig am Rande und wurden nur als Zutat zu den Prozessen angesehen.

Ich sage dies allerdings nicht, um hieraus eine hemmungslose Bestrafung der Richter und Staatsanwälte der DDR, eine Bestrafungswut herzuleiten. Ich wollte nur diesen Gesichtspunkt noch einmal hervorheben, weil er mir bei der Diskussion zunehmend aus dem Blickfeld geraten zu sein scheint. Denn wir dürfen nicht vergessen: Auch die Richter und Staatsanwälte der DDR haben ihrerseits Menschenrechte. Insbesondere haben sie das Recht, nicht mit einem Recht überfallen zu werden, mit dessen Anwendung sie zur Zeit der Begehung der ihnen vorgeworfenen Taten nicht rechnen konnten. Darin besteht die Problematik der Aufarbeitung des SED-Unrechts: Daß hier den Menschenrechten der Opfer Menschenrechte der Täter gegenüberstehen. Man kann daher nicht sagen, daß der BGH „menschenrechtsunfreundlich" judiziert habe, sondern es geht immer nur darum, wessen Menschenrechte den Vorrang erhalten haben.

Die Richter und Staatsanwälte der DDR haben in vielen Fällen nur Gesetze angewendet, die bereits die Menschenrechtsverletzungen enthielten, die aber nicht von ihnen gemacht waren. Hier erhebt sich eine Frage, die bisher fast noch kaum diskutiert wurde, ob nicht die größere Verantwortlichkeit bei denen liegt, die diese Gesetze gemacht haben, also bei der Volkskammer der DDR, ob also nicht folgerichtig Strafverfahren gegen die Mitglieder der Volkskammer der DDR eingeleitet werden müßten. Eine Indemnität, d.h. eine Nichtverfolgbarkeit der Abgeordneten wegen ihrer Abstimmung in der Volkskammer, sah das Recht der DDR bemerkenswerterweise nicht vor.

Im übrigen ist eine Bestrafung der DDR-Richter und -Staatsanwälte wegen der Anwendung menschenrechtswidriger Gesetze schwierig. Radbruch hat in seiner bekannten Formel nur solche Gesetze für unrecht und ungültig erklärt, die Gerechtigkeit nicht einmal anstreben, die also in hohem Maße menschenrechtswidrig sind. Diese Einschränkung wird man auch hier vornehmen müssen. In vielen Fällen erfolgte aber eine eindeutige Beugung des Rechts, so bei der Verurteilung der Aufstellung eines A-Zeichens im Fenster oder des Zeigens eines kleinen Transparents mit der Aufschrift „DDR! Deine Grenzen sind für mich kein Friedensbeitrag!" als „Bekundung der Mißachtung der Gesetze in einer die öffentliche Ordnung gefährdenden Weise" und bei der Verurteilung der Bitte um Genehmigung der Gründung eines Verbandes der Ausreisewilligen als Bedrohung des Ministeriums des Inneren der DDR.

Lehre aus der Vergangenheit?

Auf die Frage, ob der Gesetzgeber und die Justiz die richtigen Schlüsse aus der unzulänglichen Verfolgung des nationalsozialistischen Justizunrechts gezogen haben, möchte ich meinen, daß der Gesetzgeber hier nicht aufgerufen war. Die Rechtsprechung hat hinreichende Kriterien für die strafrechtliche Ahndung des nationalsozialistischen Justizunrechts entwickelt; ob sie damals zureichend angewendet wurden, steht auf einem anderen Blatt. Die Rechtsprechung hat jedoch jetzt eine Reihe von Fällen, und zwar die vorhin aufgeführten, nicht nur unglücklich, sondern falsch, ja geradezu für die Opfer und auch für dem Recht verpflichtete Juristen empörend entschieden.

Zur Verjährungsproblematik

Hinsichtlich der Verjährung teile ich voll die Auffassung, wonach, wenn ein Staat die Strafverfolgung überhaupt nicht anstrebt, das Institut der Verjährung überhaupt nicht zu laufen beginnt. Ich halte zwar die Heranziehung des Instituts des „Ruhens" der Verjährung für diesen Fall nicht für angebracht, aber der Grundgedanke der Verjährung kann nicht eingreifen, wenn der Staat die Verfolgung überhaupt nicht erstrebt. Etwas anders sieht es bei einer zusätzlichen Verlängerung der Verjährungsfristen aus. Aber auch hier möchte ich - in gewissem Widerspruch zu dem Herrn Bundesjustizminister - sagen, daß dann, wenn ein Staat eine große Masse unerledigter Strafverfahren hinterläßt - und in diesem Sinn hat der umstrittene Begriff der „Aufarbeitung" seine Berechtigung: wir müssen hier enorme Rückstände an nicht verfolgten Straftaten „aufarbeiten" - , auch eine Verlängerung der Verjährungsfrist rechtsstaatlich zulässig ist.

Zur Problematik einer Amnestie

Eine generelle Amnestie für das Justizunrecht in der DDR halte ich nicht für angebracht. Wie dargelegt sind durch die sehr restriktive Rechtsprechung des Bundesgerichtshofes nur noch die schwersten Fälle von Justizunrecht für eine Aburteilung übrig geblieben. Es wäre kaum erträglich, wenn auch diese Fälle nun noch amnestiert würden. Im übrigen würde eine spezielle Amnestie für Justizunrecht die ohnehin um sich greifende Meinung stärken, daß die Juristen bei der Aufarbeitung von Staatsunrecht immer am besten wegkommen. Eine generelle Amnestie für das DDR-Unrecht würde aber jedenfalls hinsichtlich der Flüchtlingserschießungen kaum die Zustimmung des allgemeinen Rechtsbewußtseins finden. Denkbar wäre allerdings eine Amnestie für die Mitglieder der Volkskammer, die sich nach der oben vertretenen Auffassung strafbar gemacht haben. Denn hier verteilt sich das Unrecht auf 500 Abgeordnete, so daß der Anteil des einzelnen sehr gering ist.

Ich bin nicht der vielfach vertretenen Meinung, daß die hohe Zahl von Ermittlungsverfahren irgendwie ein Zeichen dafür ist, daß an der Strafverfolgung etwas nicht stimmen kann, sondern die hohe Zahl der Ermittlungsverfahren ist ein Zeichen dafür, daß es in der DDR eine große Zahl von Justizunrecht gegeben hat. Man kann die Argumentation nicht so umdrehen.

Was kann der Gesetzgeber für die Zukunft tun?

Es ist in der Tat überraschend: Sowohl nach 1945 als auch nach 1990 haben sich die Täter auf Rechtfertigungsgründe berufen, und es bedurfte großer Mühe, um ihnen diese Rechtfertigungsgründe abzuschneiden. Zweimal ist das innerhalb von vierzig Jahren passiert. Wäre es nicht an der Zeit, in das Grundgesetz eine Bestimmung aufzunehmen, wonach rechtsstaats- oder menschenrechtswidrige Rechtfertigungsgründe nicht berücksichtigt werden können, und diese Bestimmung für unabänderlich zu erklären, damit uns nicht bei einem möglichen nächsten ähnlichen Umschwung wieder das gleiche entgegengehalten wird?

Nun besteht eine gewisse Ironie der Geschichte darin, daß eine solche Bestimmung sich ausgerechnet im Recht der DDR befunden hat! In § 95 des Strafgesetzbuches der DDR hieß es: „Auf Gesetz, Befehl oder Anweisung kann sich nicht berufen, wer in Mißachtung der Grund- und Menschenrechte ... handelt; er ist strafrechtlich verantwortlich." Meines Erachtens war diese Bestimmung ein Ausdruck dafür, daß die DDR nach außen die Einhaltung der Menschenrechte dokumentieren wollte, daß sie sich als menschenrechtsfreundlich darstellen wollte. Groteskerweise ist man nun nach dem Zusammenbruch der DDR in der Bundesrepublik darangegangen, diese Bestimmung des Rechts der DDR für nichtig zu erklären und die anderen Bestimmungen, die menschenrechtswidriges Verhalten erlaubten, für gültig. Ich möchte meinen Vorschlag dahingehend zuspitzen, diese Bestimmung des DDR-Rechts in das Grundgesetz zu übernehmen und für unabänderlich zu erklären!

Herwig Roggemann

Politischer Systemwechsel, Systemunrecht und Strafrecht - Zur Kritik des deutschen Modells aus vergleichender Sicht

Einleitung

Die Diskussion dieses Themas führt an die Grenzen des Rechts, insbesondere des Strafrechts, in seine historischen und politischen Voraussetzungen, damit auch Bedingtheiten und zur Frage nach der Geltungskraft positiven innerstaatlichen Rechts im Verhältnis zu internationalen und zu überpositiven Rechtssätzen.

Aus den folgenden acht Punkten sollen *Ansätze für eine systematische Kritik* der Rechtsprechung zu Mauerschützen- und Rechtsbeugungsfällen und darüber hinaus zur strafrechtlichen Aufarbeitung von Systemunrecht der damaligen DDR entwickelt werden:[1]

- Was ist Systemunrecht?

- Historische und vergleichende Aspekte.

- Aufgaben der Aufarbeitung.

- Formen und Alternativen der Aufarbeitung.

- Voraussetzungen und Schranken strafrechtlicher Aufarbeitung von Systemunrecht.

- Fallbeispiele und Zahlen.

- Probleme nachholender Strafrechtsanwendung.

- Rechtswidrigkeit und Rechtfertigung.

---

1 Der Verfasser knüpft mit diesen Ausführungen an seine folgenden Veröffentlichungen zum Thema: Grenzübertritt und Strafrechtsanwendung zwischen beiden deutschen Staaten, ZRP 1976, 243; Von der interdeutschen Rechtsvergleichung zur innerdeutschen Rechtsangleichung, JZ 1990, 366; Zur Strafbarkeit der Mauerschützen, DtZ 1993, 10; Die Justiz auf dem Prüfstand der Justiz, in: Wiss. Begleitband der Ausstellung des Bundesministeriums der Justiz: Im Namen des Volkes? Justiz im Staat der SED, Leipzig 1994; Richterstrafbarkeit und Wechsel der Rechtsordnung, JZ 1994, 769; Die strafrechtliche Aufarbeitung der DDR-Vergangenheit am Beispiel der „Mauerschützen" und der Rechtsbeugungsverfahren, NJ 1997, 226; Systemunrecht und Strafrecht, Berlin 1993 (Berlin Verlag); Fragen und Wege zur Rechtseinheit in Deutschland, Berlin 1995 (Berlin Verlag); Die Internationalen Strafgerichtshöfe, 2. Aufl., Berlin 1998 (Berlin Verlag) an. Nützliche Hinweise verdankt der Verf. Frau stud. jur. Kerstin Waltenberg.

Was ist Systemunrecht? - Das Problem der Rechtsmaßstäbe

Von den rund 185 Mitgliedstaaten der Vereinten Nationen lebt allenfalls ein Drittel, wahrscheinlich weniger, unter Bedingungen von Verfassungs- und Rechtsordnungen, deren Normen *und* Rechtswirklichkeiten als freiheitlich, demokratisch und rechtsstaatlich bezeichnet werden können. Die Weltherrschaft des Rechts ist noch in weiter Ferne. An diesem Zustand wird sich in absehbarer Zeit wenig ändern.

Als *Systemunrecht* in einem umfassenden Sinne können *Rechtsnormen und Rechtspraxis* derjenigen politischen und Regierungssysteme verstanden werden, die anerkannten freiheitlich-demokratischen, menschenrechtlichen und rechtsstaatlichen Mindeststandards *nicht* entsprechen. Offensichtlich beschränkt sich derartiges systembedingtes Unrecht nicht nur auf staatliches Unrecht, d.h. von staatlichen Institutionsträgern an Bürgern begangene oder tolerierte Rechtsverletzungen, sondern betrifft auch von *Wirtschaftssubjekten* als Trägern von Markt- und Dispositionsmacht begangene Rechtsverletzungen. Derartiges ebenfalls systemtypisches Unrecht soll in dieser Darstellung außer Betracht bleiben. Jedenfalls stellt „Systemunrecht" im weiteren Sinne einen in seinen verschiedenen Spielarten weltweit verbreiteten Sachverhalt dar. Dies macht die Frage nach anerkannten Maßstäben hierfür um so wichtiger.

Welches sind die genannten Mindeststandards und an welchen Maßstäben ist ihre Verletzung zu messen? Tiefgreifende Meinungsverschiedenheiten hierüber bestehen nicht nur zwischen der Mehrheit der Nichtrechtsstaaten (Vorrechtsstaaten, Unrechtsstaaten, usw.) und den Rechtsstaaten, sondern auch innerhalb dieser. So ist z.B. zu konstatieren, daß sich ein allgemeines, unbedingtes und ausnahmsloses Tötungsverbot bisher weder im nationalen noch im internationalen Recht durchgesetzt hat (Gegenbeispiele: Strafsanktion Todesstrafe; Todesschüsse durch Polizei oder Grenzschutz; militärische Intervention auf der Grundlage kollektiver Friedenssicherung durch den Sicherheitsrat der UN).

Drei Maßstäbe kommen zur Evaluierung von Systemunrecht in Betracht:

– *Nationales positives Recht*
 Ist der Staat oder jedenfalls das politische (Unrechts)System durch einen politischen Systemwechsel abgelöst oder - wie im Falle der DDR - durch Beitritt zu einem anderen Staat untergegangen, so stellt sich die weitere Frage, ob vorrechtsstaatliches *Altrecht als Tatzeitrecht* oder rechtsstaatliches *Neurecht als Gerichtsrecht* Maßstab oder sogar Urteilsgrundlage sein kann. Oder, wie nach der deutschen Einigung aufgrund des Einigungsvertrages und der Rechtsprechung hierzu, eine eigenartige Mischung aus beiden?

– *Internationales Recht*
 Hier sind wiederum drei Rechtsebenen in Betracht zu ziehen:

- *Internationales Strafrecht* (wie es in den Statuten des Nürnberger Kriegsverbrechertribunals von 1945[2] und des Internationalen Strafgerichtshofs der UN in Den Haag von 1993[3] niedergelegt ist.
- *Internationale Menschenrechtspakte*
  UN-Charta von 1945, Internationale Pakte über bürgerliche und politische Rechte (IPBPR) sowie über soziale Rechte von 1966; Europäische Menschenrechtskonvention (EMK) von 1950.[4]
- *Internationales Gewohnheitsrecht*
  (International customary law), auf das sich z.B. in hohem Maße der Sicherheitsrat und die Richter des Internationalen Strafgerichts zur Aburteilung von Balkankriegsverbrechen in Den Haag beziehen.

  In seinem Beschluß über die Ablehnung der Verfassungsbeschwerde durch Mitglieder des Nationalen Verteidigungsrats v. 24.10.1996[5] verbindet das BVerfG die Argumentation mit „Menschenrecht" und „internationales Gewohnheitsrecht" zu der Formel von „in der Völkerrechtsgemeinschaft allgemein anerkannten Menschenrechten".

– *Überpositives Recht*
  Dieses kann in Funktion gesetzt werden durch
- Berufung auf religiöse Normen (Beispiel: Islam-Recht)[6] ;
- Berufung auf moralphilosophische Wertgrundlagen[7];
- Bezugnahme auf Naturrechtssätze. Diesen Weg beschreitet der BGH seit seinem ersten Mauerschützenurteil von 1992[8]. Die Formel für inkriminiertes Verhalten lautet hier: „Wenn darin ein offensichtlich grober Verstoß gegen den Grundgedanken der Gerechtigkeit und Menschlichkeit zum Ausdruck kommt; der Verstoß muß so schwer wiegen, daß er die allen Völkern gemeinsamen, auf Wert und Würde der Menschen bezogenen Rechtsüberzeugungen verletzt.". In seinem Urteil v. 26.7.1994 gegen Mitglieder des Nationalen Verteidigungsrats[9] faßt der BGH die Begründung wie folgt zusammen:

---

2 Nuremberg International Military Tribunal of August 8, 1945.
3 Vgl. Resolution Nr. 808 v. 22.2.1993 und Nr. 827 v. 25.5.1993; dazu näher *H. Roggemann*, Die Internationalen Strafgerichtshöfe (1998), S. 62 ff.
4 Konvention zum Schutze der Menschenrechte und Grundfreiheiten v. 4.11.1950, für die Bundesrepublik Deutschland vgl. BGBl. 1952 II, S. 685, 953.
5 NJW 1997, 930.
6 Jüngste und offensichtlich menschenrechtswidrige Beispiele: Die Todesdrohung gegenüber dem Schriftsteller Salman Rushdie, das Todesurteil gegen einen deutschen Staatsbürger wegen angeblicher sexueller Kontakte zu einer Muslimin, vgl. Der Tagesspiegel v. 2.2.1998.
7 Dazu kurz *K. Adomeit*, Rechtstheorie für Studenten, 4. Auflage, Heidelberg 1998, S. 134ff.
8 NJW 1993, 141.
9 NJW 1994, 2703.

„Wegen offensichtlichen, unerträglichen Verstoßes gegen elementare Gebote der Gerechtigkeit und gegen völkerrechtlich geschützte Menschenrechte nicht geeignet, den Täter zu rechtfertigen".

Alle genannten Maßstäbe sind in ihrer Anwendbarkeit und ihren Auswirkungen auf das strafrechtliche Unwerturteil bei Systemunrecht und speziell in ihrer Auswirkung auf Rechtfertigungsgründe des DDR-Rechts umstritten. Sie geben Anlaß zu kritischen Fragen, die in der deutschen Rechtsprechung noch keine befriedigende Antwort gefunden haben.

Die Ausführungen der Präsidentin des BVerfG, Limbach, am 9.1.1998 vor der IHK Berlin, gehen über diese Kontroversen hinweg: „Über alle Gerichtsinstanzen hinweg bis hinauf zum Bundesverfassungsgericht ist die Strafwürdigkeit der Gewaltakte an der Mauer bejaht worden"[10].

In der Bundesrepublik hat sich in Zusammenhang mit der Aufarbeitung vorrechtsstaatlicher Vergangenheit der Begriff „Regierungskriminalität" eingebürgert. Dieser Begriff ist jedoch aus mehreren Gründen ungenau.

Es kann weder um die Kriminalisierung der Regierungstätigkeit der ehem. DDR-Führung schlechthin gehen, noch handelt es sich beim Schußwaffengebrauch oder der inkriminierten Rechtsprechungstätigkeit um Regierungshandeln. Ob und inwieweit derartige Ausführungshandlungen den Regierungsmitgliedern und der obersten Parteiführung der DDR strafrechtlich zurechenbar sind, ist streitiger Gegenstand einzelner Verfahren gegen Mitglieder oberster Staats- und Parteiorgane (Verfahren gegen Nationalen Verteidigungsrat, Politbüro-Verfahren). Die Einführung und Aufrechterhaltung einer undemokratischen, repressiven oder auch ökonomisch ruinösen Regierung und Staatsordnung mag aus übergeordneter ethischer, sozialer, religiöser oder staatsphilosophischer, auch aus menschenrechtlicher Sicht zu verurteilendes Unrecht sein, ist jedoch weder für sich genommen strafbar, noch unmittelbar zur Begründung strafrechtlicher (Regierungs)Verantwortlichkeit in einem rechtstaatlich minimierten Strafrecht geeignet. Menschenrechtsverletzungen an und für sich begründen noch keine Strafhaftung.

Es sollte daher von Systemunrecht sowie von den *Strafrechtsfolgen systembedingten oder systembegünstigten Fehlverhaltens* gesprochen werden. Im einzelnen sind zu unterscheiden:

a) Regierungskriminalität im engeren Sinne als Frage nach tatbestandlicher Haftung von Regierungsmitgliedern und anderen Spitzenfunktionären für Tötung und Verletzung von Flüchtlingen an der Grenze zwischen beiden deutschen Staaten sowie an der Berliner Mauer. Hierzu zählen die Verfahren gegen den Staatsratsvorsitzenden (Honecker-Verfahren[11]), Mitglieder

---

10 Der Tagesspiegel v. 11.1.1998.
11 JuS 1992, 261 = KG-Beschluß vom 6.3.1991 = NJW 1991, 2653.

des Nationalen Verteidigungsrates (Keßler-Verfahren[12]) sowie Mitglieder des Politbüros (Krenz-Verfahren[13]) als Anstifter oder wegen täterschaftlicher Beteiligung als Mittäter oder mittelbare Täter im Rahmen organisatorischer Machtapparate als auch die Verfahren wegen Wahlfälschung[14];
b) Justizkriminalität (Rechtsbeugung[15], Verfolgung Unschuldiger, Freiheitsberaubung);
c) Vollzugskriminalität (Straftaten von Polizei, Strafvollzugspersonal oder Grenzsoldaten);
d) Organisationskriminalität (MfS als kriminelle Organisation?);
e) Wirtschaftskriminalität (Untreue, Unterschlagung und sonstige Vermögensdelikte).

Die sog. Mauerschützen-Prozesse[16] erfassen inzwischen Akteure auf allen Ebenen: ausführende Grenzsoldaten als Befehlsempfänger; befehlende Offiziere

---

12 BGHSt 40, 218ff. = NJ 1994, 532 m. Anm. *Prantl* = NStZ 1994, 537 dazu Anm. *G. Jakobs*, NStZ 1995, 26ff.; *W. Gropp*, JuS 1996, 13.
13 „Politbüro-Prozeß"; vgl. auch *die Dokumentation von D. Jochum*, Der Politbüroprozeß, Berlin 1996; ders., Das Politbüro auf der Anklagebank, Berlin 1996.
14 Fall *Berghofer*, BG Dresden vom 7.2.1992, NStZ 1992, 438ff.; Fall *Modrow*, Urteil des LG Dresden v. 27.5.1993, NJ 1993, 493ff., BGH-Urteil v. 3.11.1994, NJ 1995, 96ff.
15 Vgl. neuestens *Havemann*-Richter-Prozeß, LG Frankfurt/Oder, Urt. v. 30.9.1997, AZ 63 JS 1291/93. Beginnend mit BGHSt 40, 30 = NJ 1994, 130 = JZ 1994, 796, dazu *H. Roggemann*, JZ 1994, 769ff., haben BGH und Instanzgerichte inzwischen zahlreiche weitere Entscheidungen zur Rechtsbeugung von DDR-Richtern und Staatsanwälten erlassen. Vgl. BGH, NJ 1994, 419 = NStZ 1994, 426, dazu *E. Reimer*, NStZ 1995, 83; BGHSt 40, 169 = NJ 1994, 422 = NJW 1994, 3238, dazu *O. Hohmann*, NJ 1995, 128ff.; BGHSt 40, 272 = NJ 1994, 583 = NJW 1995 = JR 1995, 211 m. Anm. *G. Spendel*; BGH, NJ 1995, 579; BGHSt 41, 157, NJ 1995, 542 = NJW 1995, 2734 = NStZ 1995, 546 m. Anm. *F.-C. Schroeder*; BGHSt 41, 247, = NJ 1995, 653 = NJW 1995, 3224; BGH v. 15.9.1995, NStZ-RR 1996, 201 = StV 1996, 297; BGH v. 15.9.1995, BGHR StGB § 336 DDR-Recht 9; BGH NJ 1996, 318 = NStZ 1996, 386, BGH v. 16.11.1995, BGHSt 41, 317 = NJ 1996, 154 = NJW 1996, 875 = NStZ 1996, 389 m. Anm. *H. Begemann* = JZ 1996, 866 m. Anm. *M. Maiwald*; BGH NJ 1996, 264 = NStZ-RR 1996, 69; BGH NStZ-RR 1996, 65; BGH NJ 1997, 35; BGH v. 22.10.1996, NJ 1997, 264. Insbesondere in den Urteilen vom 15.9.1995, in denen es um die Anwendung des politischen Strafrechts der DDR ging, und v. 16.11.1995, wo die Mitwirkung an Todesurteilen in Frage stand, hat der BGH eine rückblickende Bestandsaufnahme der bisher von ihm entwickelten Rechtsprechungsgrundsätze vorgenommen; dazu kritisch *G. Spendel*, JZ 1995, 378f.
16 Beginnend mit BGHSt 39, 1 = NJ 1993, 88 = NJW 1993, 141, dazu *H. Roggemann*, DtZ 1993, 10, haben der BGH und die Instanzgerichte sich in zahlreichen Entscheidungen mit dem Problem auseinandergesetzt. Vgl. BGHSt 39, 168 = NJ 1993, 275 = NJW 1993, 1932; BGHSt 39, 199 = NJ 1993, 374 = NJW 1993, 1938; BGH, NStZ 1993, 488 = DtZ 1993, 255; BGHSt 39, 353 = NJ 1994, 229 = NJW 1994, 271 = JR 1994, 258 m. Anm. *J. Bohnert*; BGHSt 40, 48 = NJ 1994, 322 = NJW 1994, 2237; BGHSt 40, 113 = NJ 1994, 526 = NJW 94, 2240; BGHSt 40, 218 = NJ 1994, 534 m. Anm. *H. Prantl* = NStZ 1995, 26 m. Anm. *G. Jakobs*, BGHSt 40, 241 = NJ 1995, 42 = NJW 1994, 2708 = JZ 1995, 45 m. Anm. *C. Roxin*, BGHSt 41, 10 = NJ 1995, 325 = NJW 1995, 2732; BGH, NStZ 1995, 286 BGHSt 41, 101 = NJ 1995, 539 = NStZ 1995, 401; BGH, NJW 1995, 2732 BGHSt 41, 149 = NStZ 1995, 497; BGH, NJ 1996, 431 = NJW 1996, 2042; BGH v. 17.12.1996, NJ 1997, 265.

und Kommandeure; Befehle konzipierende, formulierende oder das Befehlssystem in der Staatspraxis der DDR überhaupt erst ermöglichende Organisations- und Kommandospitzen; oberste politische Funktionsträger.

Historische und vergleichende Aspekte

Systemunrecht und Systemwechsel in Deutschland

In den rund 125 Jahren seit Inkrafttreten des RStGB hat Deutschland nicht weniger als acht politische Systemwechsel erfahren, teils in Form von Systembrüchen, gewaltsam und erzwungen, teils als Übergang und Wende, gewaltlos und vereinbart: Von der vordemokratischen Kaiserzeit über die kurze radikaldemokratische Durchgangsphase des Rats der Volksbeauftragten während der Revolution von 1918, den gescheiterten zweiten deutschen Demokratieversuch der „Weimarer Republik", die Diktatur des nationalsozialistischen Unrechtsstaats, die Jahre der Besatzungsherrschaft nach dem militärischen und politischen Zusammenbruch 1945, den Aufbau des demokratischen Rechtsstaats in der (Alt)Bundesrepublik Deutschland sowie den „sozialistischen Aufbau" im Vor-Rechtsstaat der DDR seit 1949, die revolutionäre Übergangs- und Wendezeit in der DDR 1989/90, die Vereinigung Deutschlands durch Beitritt der DDR 1990 zur gesamtdeutschen „Berliner Republik" der Gegenwart.

Nicht jeder, doch mehrere dieser Übergänge waren mit Rechtsbrüchen und Rechtsänderungen, einige auch mit tiefergehenden Folgen politischen Systemunrechts verbunden. In keinem Falle ist es zu vergleichbar intensiven Versuchen einer „Vergangenheitsverarbeitung" mit Mitteln der Strafjustiz gekommen.[17] So dürfte die berichtete Zahl von rund 70 veröffentlichten Entscheidungen zur Rechtsbeugung während des Jahrhunderts seit 1871 bis 1990[18] bereits in den wenigen Jahren seit der Deutschen Einheit bald erreicht sein.

Der aus heutiger Sicht unfaßbaren Zahl von „mindestens 32.000 Todesurteilen", die die deutsche Justiz zwischen 1933 und 1945 fällte[19] und bei denen es sich in der Mehrzahl um offensichtliche Terrorurteile handelte, stehen neben Verfahrenseinstellungen und Freisprüchen - soweit überhaupt Verfahren eröffnet wurden - nur einige wenige Verurteilungen gegenüber, die man an einer Hand abzählen kann.[20] Mit den etwaigen Unrechtsurteilen der DDR-Justiz verhält es sich anders, und zwar nicht nur soweit es um den Verdacht schwersten Justizunrechts in Form der - bis 1987 zulässigen - Todesstrafe und ihrer „Ver-

---

17 Vgl. *S. Zimmermann*, Die strafrechtliche „Bewältigung" der deutschen Diktaturen, JuS 1996, 865ff.
18 Dazu näher *H. Roggemann*, Justiz auf dem Prüfstand der Justiz, a.a.O., S. 286.
19 Vgl. weitere Angaben dazu, in: *H. Roggemann*, JZ 1994, 770.
20 So *G. Spendel*, Rechtsbeugung durch Rechtsprechung, Berlin u. A. 1984, S. 1ff.

hängung in mindestens 200 Fällen"[21] geht, sondern infolge nachträglich angeordneter Nichtverjährung auch in zahlreichen anderen, minderschweren Fällen justizieller Rechtsverletzungen.

Wenn sich auch die Zahlen der Anklagen und Verurteilungen - gemessen an den Ermittlungsverfahren - bisher in überschaubarem Rahmen halten, so lassen sich doch bereits an dieser Stelle zwei zusammenfassende Feststellungen treffen:

Erstens: Noch nie hat es in der deutschen - und wohl auch außerdeutschen - Justizgeschichte nach einem politischen Systemwechsel eine auch nur annähernd vergleichbar hohe Verfolgungsintensität und Zahl von Rechtsbeugungsverfahren gegeben.

Zweitens: Die Strafverfolgung wegen Gewalttaten und insbesondere wegen Justizstraftaten des Nationalsozialismus in Deutschland nach 1945 und des Staatssozialismus in der DDR nach 1990 verhält sich umgekehrt proportional zur Schwere der begangenen Straftaten.

Die Frage nach den Gründen für diesen bemerkenswerten Sachverhalt läßt sich nicht einfach mit Hinweisen auf die Qualitäten rechtsstaatlicher Justiz im heutigen Deutschland erledigen, auch nicht mit den unerträglichen Dimensionen des Justizunrechts in der DDR. Dahinter bleibt die weitere Frage, ob nicht, gewissen historischen Traditionslinien der deutschen Justiz folgend und im Bestreben nach Überkompensation des notorischen Versagens der Justiz angesichts des nationalsozialistischen Systemunrechts, nunmehr die Strafjustiz erneut - und sei es absichtslos - für politische Zwecke instrumentalisiert wurde.

Systemwechsel und Systemunrecht in Ost und West

Die Frage, wie Unrechtshandlungen vorrechtsstaatlicher Systeme oder *Unrechtsstaaten* nach deren Überwindung zu beurteilen und wie auf sie zu reagieren sei, stellt sich nicht nur in Deutschland, sondern in neuerer Zeit in zahlreichen Staaten in Ost und West.[22]

Rund 30 Staaten haben sich in neuerer Zeit damit auseinandergesetzt oder tun dies noch. Das Ende der staatssozialistischen Systeme in Mittel- und Osteuropa und der große, noch lange nicht abgeschlossene Prozeß ihrer postsozialistischen Transformation auf dem Wege in rechtsstaatliche Ordnungen betrifft die 15 Nachfolgestaaten der früheren Sowjetunion, die 6 Neustaaten auf dem Balkan nach Auflösung der jugoslawischen Föderation und darüber hinaus die mittel- und südosteuropäischen EU-Assoziierungskandidaten Polen, Tschechien, Slowakei, Ungarn, Bulgarien, Rumänien. Aber auch Griechenland, Spanien,

---

21 Dazu *F.-Ch. Schroeder, GA 1993, 401.*
22 Vgl. dazu *G. Brunner* (Hrsg.), Juristische Bewältigung des kommunistischen Unrechts in Europa, Berlin 1995.

Portugal, Argentinien, Chile und nicht zuletzt Südafrika hatten in neuerer Zeit grundlegende Systemwechsel zu bewältigen.

Aufgaben der Aufarbeitung

Warum Aufarbeitung? Warum nicht, nach Überwindung eines nicht rechtsstaatlichen Systems und seiner von staatswegen veranlaßten, begangenen oder tolerierten Rechtsverletzungen ein Schlußstrich ziehen? Drei Begründungsebenen lassen sich unterscheiden:

- *Prinzipielle rechtsethische Erwägungen,* entsprechend der berühmten Forderung Kants: Auch am Tage vor dem Untergang der Welt müsse noch der letzte Verbrecher seiner gerechten Strafe zugeführt und die durch die Rechtsverletzung aus dem Gleichgewicht geratene Rechtsordnung wiederhergestellt werden.

- *Allgemeine gesellschaftlich-politische Gründe,* wonach im Anschluß an individuelle und kollektive Rechtsbrüche und Gewalttaten die innere und äußere Friedensfähigkeit der Zivilgesellschaft erst durch Aufdecken des Geschehens und öffentliches Unwerturteil wiedergewonnen werden kann. Andernfalls böten nicht abgebaute traumatische Potentiale und bewußte Verfälschungen immer wieder Möglichkeiten, begangenes Unrecht zu instrumentalisieren und so zur Rechtfertigung neuen Unrechts politisch zu mißbrauchen - Abläufe, wie sie aus der NS-Zeit in Deutschland wie aus dem Balkankrieg der neunziger Jahre bekannt sind.

  Mit diesen Erwägungen: Aufklärung von schweren Rechtsbrüchen und Verfolgung und Bestrafung der Täter als Beitrag zur Friedensordnung ist u. a. auch die Einrichtung des Jugoslawien-Strafgerichtshofs der UN in Den Haag von 1993 als friedenssichernde Interventionsmaßnahme begründet worden.[23]

- *Spezifische strafrechtliche Gründe,* die auf den Schutz der rechtsstaatlich legitimierten Rechtsgüter abzielen. Diese Zwecke sollen *generalpräventiv* durch Verteidigung der Rechtsordnung im Bewußtsein der Allgemeinheit und *spezialpräventiv* durch resozialisierende Einwirkung auf die Täter sowie Genugtuung für die Opfer erreicht werden. Dahinter steht das Ziel gesellschaftlicher (Re)Integration mit strafrechtlichen Mitteln: Durch Rechtsfrieden zum gesellschaftlichen Frieden.

---

23 So *R. Goldstone,* der frühere Chefankläger des Internationalen Strafgerichtshofes der Vereinten Nationen für Balkankriegsverbrechen von 1993 in Den Haag, auf dem Einstein-Forum in Potsdam 1996; Vgl. auch *H. Roggemann,* Fragen und Wege zur Rechtseinheit in Deutschland, Berlin 1995, S. 251ff.

Formen und Alternativen der Aufarbeitung

Die Frage, ob und inwieweit nach einem tiefgreifenden politischen Systemwechsel eine sowohl in ihrer Zielsetzung als auch in ihren Verfahrensabläufen rechtsstaatlich reduzierte Strafverfolgung diese verschiedenen Ziele überhaupt angemessen erreichen kann, wird bei der Verfolgung von DDR-Systemunrecht wenig gestellt, sondern offenbar stillschweigend bejaht. Sie ist aber durchaus offen. Deutschland steht mit seinem justizförmigen Rigorismus ziemlich allein da.

Die Verfahren gegen „Mauerschützen" und gegen DDR-Juristen wegen Rechtsbeugung bilden nur die - wenn auch weithin sichtbare - Spitze einer breiten Pyramide von nach der deutschen Einigung eingeleiteten Maßnahmen größtenteils rechtlicher Verarbeitung des politischen Systemwechsels und der Folgen des Sozialismus in der ehemaligen DDR. Das Strafrecht eröffnet nicht den einzigen, möglicherweise auch nicht den allen Fällen angemessenen Weg dahin. Folgende Reaktionsformen nach politischem Systemwechsel sind denkbar - und auch teils in Europa, teils anderswo praktiziert worden:

a) Abolitionistisches Vorgehen in Form einer Generalamnestie, verbunden mit einem zukunftsgewandten Programm der nationalen Versöhnung - Spanisches Modell nach Ende der 40jährigen faschistischen Herrschaft;[24]
b) Außergerichtliche Spruchkörper mit der Möglichkeit anschließenden Rechtsweges (Wahrheitskommission) - Südafrikanisches Modell;[25] vgl. auch Polnisches Modell: Aufklärungsverfahren vor dem Lustrationsausschuß aufgrund spezieller Lustrationsgesetzgebung;[26]
c) Politische Aufklärungsverfahren - Beispiel: Enquete-Kommission des Deutschen Bundestages „Aufarbeitung von Geschichte und Folgen der SED-Diktatur in Deutschland";[27]
d) Justizförmiges Verfahren, insbesondere durch Strafgerichte, ferner durch Verwaltungsgerichte (Rehabilitierungsverfahren[28]) und Arbeitsgerichte

---

24 Dazu näher *A. Lopez-Pina*, Die Aufarbeitung der Geschichte in Spanien - Straf- und strafprozeßrechtliche Reformen zur Zeit der Verfassungsgebung, Vortrag am FB Rechtswissenschaften der FU Berlin 1992, JöR N.F. 41 (1993), S. 485.
25 Vgl. dazu *R. Goldstone* a.a.O. (Fn 23); ferner *G. Werle*, Ohne Wahrheit keine Versöhnung! - Der südafrikanische Rechtsstaat und die Apartheid-Vergangenheit, Humboldt-Universität zu Berlin 1995; ferner *H. Krause*, Auseinandersetzung mit der Vergangenheit in Südafrika und Deutschland, DA 1997, 955ff.
26 Zum Problem vgl. *B. Banaszak*, ROW 1994, 113ff., ferner den Sejm-Beschluß zur Offenlegung von Informationen über Funktionsträger vom. 28.5.1992, der am 19.6.1992 vom polnischen Verfassungsgericht für verfassungswidrig erklärt wurde, vgl. Urteile des Verfassungsgerichts 1992 (Teil I), Warschau 1992, S. 196ff. Das geltende Recht führt nur im Falle der Verletzung der Aufklärungspflicht zu (Straf)Sanktionen.
27 Durch BT-Beschl. Vom 13.5.1992 (BT-Drucks. 12/2597) eingerichtet; vgl. auch Deutscher Bundestag (Hrsg.), Materialien der Enquete-Kommission „Aufarbeitung von Geschichte und Folgen der SED-Diktatur in Deutschland" (Neun Bände), Fankfurt a.M./Baden-Baden 1995.

(Streitigkeiten wegen politischer Eignungsprüfung und Sonderkündigungsverfahren);

e) Internationale oder supranationale Strafgerichte: In Anbetracht der Tatsache, daß in den Strafverfahren gegen „Mauerschützen" und DDR-Richter Gesetzgebungs-, Rechtsprechungs- und Ausführungsakte von Funktionsträgern eines Staates (der DDR) durch einen anderen (die gesamtdeutsche Bundesrepublik) wegen des Vorwurfs schwerer Menschenrechtsverletzungen zur Beurteilung anstehen, liegt die Frage nach einer internationalen bzw. supranationalen Spruchinstanz nahe[29] - die es (noch) nicht gibt[30].

Vier Kritikpunkte können gegen eine strafrechtliche Aufarbeitung vorgebracht werden:

- Das vielgewünschte Täter-Opfer-Gespräch findet unter den formalisierten Bedingungen des Strafverfahrens in der Regel selten oder gar nicht statt. Täter machen im Verfahren von Aussageverweigerungsmöglichkeiten Gebrauch und tragen nur selten (Ausnahmefall: Schabowski im Politbüro-Prozeß)[31] aktiv zur Sachaufklärung bei.

- Die auf eine Entscheidungsalternative (Verurteilung/Freispruch) hinzielende Verfahrensstruktur behindert die Suche nach anderen Verfahrensabschlüssen (z.B.: Einstellung nach Täter-Opfer-Gespräch und Bußgeldzahlung. Ein derartiger Versuch ist im Havemann-Richter-Prozeß gescheitert. Danach erkannte das LG Frankfurt/ Oder in seinem erstinstanzlichen Urteil 1997 auf Freispruch mangels Nachweises des subjektiven Tatbestandes.[32]).

- Die vom StGB zur Verfügung gestellten *Sanktionsformen* erweisen sich in politischen Prozessen wegen Systemunrechts als fragwürdig. Die einschlägigen Strafandrohungen wegen Tötung (durch Mauerschützen) oder Rechtsbeugung durch DDR-Richter sehen Freiheitsstrafen vor, deren Zumessung in einer Reihe von Fällen gemildert und zur Bewährung ausgesetzt wurden (gem. § 56 II StGB).

---

28 Beispiel Ungarn: 1. Ges. v. 1989: Rehabilitierung der Freiheitskämpfer von 1956, 2. Ges. v. 1990: Rehabilitierung von Veruteilungen wegen Staats- und Wirtschaftsdelikten, die gegen das sozialistische System gerichtet waren, 3. Ges. v. 1992: Rehabilitierung nach Verurteilungen mit politischem Einschlag bis 15.10.1989; vgl. *G. Halmai*, Juristische Bewältigung des kommunistischen Unrechts in Ungarn, S. 9ff., in: *G. Brunner*, a.a.O.

29 So z.B. *J. Arnold* (Hrsg.), Die „Bewältigung" der DDR-Vergangenheit vor den Schranken des rechtsstaatlichen Strafrechts, in: Institut für Kriminalwissenschaften in Frankfurt a.M., S. 312.

30 Dazu näher *H. Roggemann*, ZRP 1996, 388; *ders.*, Die Internationalen Strafgerichtshöfe, a.a.O. (Anm. 1); *K. Ambos*, Zum Stand der Bemühungen um einen ständigen Internationalen Strafgerichtshof und Internationales Strafgesetzbuch, ZRP 1996, 263ff.

31 *D. Jochum*, Das Politbüro auf der Anklagebank, Berlin 1996.

32 Vgl. Havemann-Urt. v. 30.9.1997, a.a.O, (Anm. 14), S. 7.

In den Urteilen gegen Mitglieder der obersten militärischen und politischen Führungsgremien wurden dagegen mehrjährige Freiheitsstrafen verhängt.

Weder die gesetzlichen Vollzugsziele[33] noch die Rechtswirklichkeit des derzeitigen Freiheitsstrafvollzuges lassen sich auf überzeugende Weise mit den gesellschaftlichen Befriedungs- und Integrationszielen der Aufarbeitung von Systemunrecht nach politischem Systemwechsel in Einklang bringen. Vielleicht könnte dies in derartigen historischen Sonderfällen, wie wir sie nach der Vereinigung der beiden deutschen Staaten zu bewältigen hatten und noch haben, ein in seinem Anwendungsbereich erweiterter und veränderter § 59 StGB (Schuldspruch mit Strafvorbehalt) in Verbindung mit einem ebenfalls veränderten § 45 (Verlust der Amtsfähigkeit als Nebenfolge) erreichen.[34] Doch soviel Phantasie und humane Entschlossenheit wie von den Gesetzgebern anderer Länder konnte offenbar vom deutschen Strafgesetzgeber nicht erwartet werden.

– Ein vierter Kritikpunkt betrifft die spezifische deutsche Konstellation: Anders als in allen anderen Fällen politischen Systemwechsels und insbesondere anders als im Falle nationalsozialistischen Systemunrechts handelt es sich im Falle der DDR-Alttaten um Straftaten innerhalb eines anderen Staates und einer anderen Rechtsordnung. Im Verhältnis zum Gerichtsstaat (gesamtdeutsche Bundesrepublik) stellt das Recht des Tatortstaats (DDR) der Sache nach *Fremdrecht eines Staates* dar, das *von der Strafjustiz eines anderen Staates* angewandt werden soll. Dies ist eine Konstellation aus dem internationalen Strafrecht. Diese Tatsache kann auch der Einigungsvertrag nicht überspielen. Die zu Beginn des Einigungsprozesses gelegentlich erhobene Forderung nach internationalen Entscheidungsinstanzen lag also gar nicht so fern.

Voraussetzungen und Schranken strafrechtlicher Verfolgung von Systemunrecht

Die Entscheidung für eine umfassende Strafverfolgung von Systemunrecht der DDR durch innerstaatliche deutsche Gerichte ist zugleich die Entscheidung für die ausnahmslose Anwendung aller rechtsstaatlichen Schranken des Verfahrens. Bis auf den heutigen Tag umstritten ist insbesondere die Frage, ob und inwieweit die Verfassungsschranken, die Art. 103 II GG dem Strafrecht setzt,

---

33 Vgl. § 2 StVollzG v. 16.3.1976.
34 Eines der seltenen Anwendungsbeispiele für die Sanktionsform des § 59 StGB bietet das *Modrow*-Urt. des LG Dresden v. 27.5.1993, NJ 93, 493; dazu *F.L. Lorenz*, DDR-Wahlfälschungen vor Gericht, MDR 93, 705; *E. Samson*, Zur Straflosigkeit von Wahlfälschungen in der DDR, StV 1993, 141.

auch bei DDR-Unrechtstaten gelten: der Grundsatz der strengen Gesetzesbindung und das Rückwirkungsverbot, das das Vertrauen darauf schützt, daß die Bewertung des Unrechtsgehalts der Tat nicht nachträglich zum Nachteil des Täters geändert wird. Im Prozeß gegen Mitglieder des Nationalen Verteidigungsrates der DDR (Albrecht, Keßler und Streletz) haben der BGH[35] und das BVerfG[36] die Auffassung vertreten, daß der „absolute und strikte Vertrauensschutz" auch durch Anwendung von Rechtfertigungsgründen bei der Strafverfolgung von DDR-Systemunrecht nur mit Einschränkungen gilt. Der Vertrauensschutz durch Rückwirkungsverbot soll entfallen, „wenn der andere Staat für den Bereich schwersten kriminellen Unrechts zwar Straftatbestände normiert, aber die Strafbarkeit gleichwohl durch Rechtfertigungsgründe für Teilbereiche ausgeschlossen hatte, indem er über die geschriebenen Normen hinaus zu solchem Unrecht aufforderte, es begünstigte und so die in der Völkerrechtsgemeinschaft allgemein anerkannten Menschenrechte in schwerwiegender Weise mißachtete. Hierdurch setzte der Träger der Staatsmacht extremes staatliches Unrecht, das sich nur solange behaupten kann, wie die dafür verantwortliche Staatsmacht faktisch besteht"[37].

Dies ist einer der Kernpunkte der gesamten Aufarbeitung von Systemunrecht durch Strafrecht: Die Durchbrechung, d.h. Nichtanwendung des an sich anzuwendenden positiven Tatort- und Tatzeitrechts wegen seines extremen Unrechtsgehalts. Man kann es auch die Anwendung der Radbruch'schen Formel in der Formulierung des BVerfG nennen. Im Grundsatz verdient diese höchstrichterliche Argumentation Zustimmung. Eine der schmerzhaften Lehren der deutschen Justiz aus der insgesamt mißlungenen strafrechtlichen Aufarbeitung des NS-Systemunrechts besteht darin, daß *nicht jede Normsetzung und rechtfertigende Staatspraxis* eines Staates schon wegen ihrer Positivität und des Vertrauens der Rechtsunterworfenen auf ihre Verbindlichkeit in einem Strafverfahren *nach dem Systemwechsel* ihre Geltungskraft behält und anwendbar bleibt.

Es gehört zu den prägenden negativen Erfahrungen der deutschen Justizgeschichte, daß nicht der Bundesgerichtshof, sondern erst wesentlich später der Deutsche Bundestag in seiner Entschließung v. 25.1.1985 dem nationalsozialistischen Volksgerichtshof in Berlin, durch dessen Terrorurteile weit über 5.000 Menschen den Tod fanden,[38] die Qualität und den Wirkungsanspruch eines Rechtsprechungsorgans und damit seinen *Urteilen die Rechtswirkung absprach.*[39] Auch die Begründung des BGH[40], wonach dem „Führerbefehl" vom 1.9.1939 über die Vernichtung „lebensunwerten" Lebens, dem berüchtigten

---

35 Urt. v. 26.7.1994, NJW 1994, 2703.
36 BVerfG-Entscheidung v. 24.10.1996, NJW 1997, 929.
37 So BVerfG NJW 1997, 930.
38 Vgl. dazu näher *Jahntz/Kähne,* Der Volksgerichtshof, Berlin 1986.
39 Vgl. dazu den Fall *Rehse,* BGH NJW 1968, 1339; zur generellen Rechtswidrigkeit von Todesurteilen der Militärjustiz im Zweiten Weltkrieg vgl. jetzt BSG v. 1.9.1991, BSGE 1969, 21; NJW 1988, 2842.
40 BGHSt 2, 234, 237.

Euthanasiebefehl, Rechtsverbindlichkeit als Rechtsnorm nur darum nicht zukomme, weil er nicht öffentlich verkündet worden sei;[41] war noch von positivistischem Denken geprägt.

Daß der Geltungs- und Rechtfertigungsanspruch des positiven Rechts eines jeden politischen Systems enden muß, wo ein allgemein und auch international anerkannter Kernbereich von Menschenrechten von Gesetzes wegen verneint wird, ist eine Lehre, die die deutsche - und auch die internationale - Strafrechtsprechung aus diesen furchtbaren Rechtsbrüchen des Nationalsozialismus gezogen hat.

Daß dies im Grundsatz auch für das weder qualitativ noch quantitativ mit dem NS-Unrecht nur annähernd vergleichbare Systemunrecht der DDR zu gelten hat, ist streitig, doch grundsätzlich zu bejahen. Die Grenze allerdings, jenseits derer das DDR-Recht und seine Rechtfertigungskraft nicht mehr gelten soll, haben der BGH und das BVerfG weder angemessen definiert noch überzeugend ziehen können.

Dies stellt einen weiteren Kernpunkt der Kritik dar. Die beiden Gerichte vermochten dies darum nicht, weil sie die Zeit der jahrzehntelangen deutschen Teilung, der Zweistaatlichkeit Deutschlands und ihre historische, politische und rechtliche Relevanz für die retrospektive strafrechtliche Beurteilung nicht zutreffend berücksichtigt haben.

Zu den rechtsstaatlichen Fragwürdigkeiten gehört ferner das dreimalige Hinausschieben des Verjährungseintritts. Durch das *1. VerjährungsG* v. 26.3.1993[42], das *2. VerjährungsG* v. 27.9.1993[43] und das *3. VerjährungsG* v. 22.12.1997[44] wurde die Unverjährbarkeit nach DDR-Recht (vgl. § 84 StGB DDR) beibehalten, im übrigen *bei noch nicht verjährten Taten* die Verfolgungsverjährung am 3.10.1990 unterbrochen und begann mit neuer Frist zu laufen (gem. §§ 78 ff.) und schließlich bei weiter zurückliegenden Taten ein *Ruhen der Verjährung* für die Zeit v. 11.10.1949 bis 2.10.1990, d.h. für die staatliche Existenz der DDR angenommen.[45] Danach schob das 2. VerjährungsG den Verjährungseintritt bis Ende 1995 bzw. Ende 1997 hinaus. Schließlich wurde der Verjährungseintritt nochmals aufgeschoben und durch das 3. VerjährungsG auf den 2. Oktober 2000 festgelegt.[46]

---

41 Vgl. dazu W. *Odersky*, Die Rolle des Strafrechts bei der Bewältigung polit. Unrechts, Heidelberg 1992, S.15.
42 BGBl I 293.
43 BGBl I 1657.
44 BGBl I 3223. Dieses Verfahren kritisierte zunächst auch Bundesjustizminister *Schmidt-Jortzig* als verfassungswidrig.
45 *Eser* in Schönke-Schröder, 25. A., Rdnr. 115 Vorbem. zu §§ 3-7.
46 Vgl. zum Problem auch *S. Zimmermann*, Strafrechtliche Vergangenheitsaufbereitung und Verjährung. Rechtsdogmatische und -politische Analyse mit vergleichenden Ausblicken nach Tschechien, Ungarn und Frankreich, Freiburg 1997.

Fallbeispiele und Zahlen

Die Zahlen und Fakten der deutschen Teilung und der bei der Durchsetzung der Abgrenzung mittels Mauer, Minen und Schußwaffengebrauchs verursachten Todesfälle und Verletzungen sind bedrückend. In der Zeit von 1961 bis 1989 kamen 263 Menschen zu Tode, davon 32 durch Minen und Selbstschußanlagen, durch die 150 verletzt wurden.[47] Insgesamt wird eine Zahl von rund 470 Todesfällen an der Grenze zwischen beiden deutschen Staaten angenommen.[48]

Justizunrecht schwersten Ausmaßes, das zu Todesurteilen und deren Vollstreckung führte, wurde in der DDR in den *Waldheim-Prozessen* von 1950 begangen, bei denen auch 33 Todesstrafen verhängt und davon 24 vollstreckt wurden.[49] Ferner fällt hierunter das *Vorgehen gegen Teilnehmer am Aufstand des 17. Juni 1953* und schließlich eine Reihe von Schauprozessen und Geheimverfahren gegen politische Oppositionelle und Agenten in den ersten beiden Jahrzehnten der DDR. Insgesamt wird nach derzeitigem Kenntnisstand von rund 170, nach anderen Annahmen 200 verhängten und vollstreckten Todesstrafen in der DDR ausgegangen.[50]

Hierbei ist zu bedenken, daß es auch auf Seiten der DDR-Grenzsoldaten Tote gab, die von bewaffneten Flüchtlingen erschossen wurden.[51]

Die Strafverfolgungsmaßnahmen bezüglich des Systemunrechts der DDR sind außerordentlich nach Umfang und Intensität und gehen insbesondere in den beiden hier betrachteten Teilbereichen (Mauerschützen und Rechtsbeugung durch DDR-Richter) weit über das Maß der Verfolgung nach anderen Systemwechseln hinaus.

Verfahren

Bis zum 31.7.1996 belief sich die Gesamtzahl der - nur zu 3-5 % auf Strafanzeigen beruhenden - Ermittlungsverfahren zur strafrechtlichen Aufarbeitung von DDR-Unrecht auf rund 52.000, von denen über 30.000 abgeschlossen wurden. In 1-2 % der Fälle haben die Ermittlungen zur Anklage geführt. Etwa die Hälfte aller o.g. Ermittlungsverfahren, d.h. mindestens 25.000 sind gegen Richter und Staatsanwälte eingeleitet worden.[52]

---

47 *B. Jahntz*, Die strafrechtliche Auseinandersetzung mit der tödlichen Grenzsicherung der DDR, 1997, (Manuskr.) S. 1.
48 *R. Grafe*, DA 1997, 380.
49 Vgl. dazu Wiss. Begleitband zu: Im Namen des Volkes, a.a.O. (Anm. 1), S. 61 ff.
50 Im Namen des Volkes, a.a.O., S. 217.
51 Vgl. Fall *Weinhold:* Ein fahnenflüchtiger DDR-Soldat erschoß zwei Grenzsoldaten und floh in die BRD.
52 Vgl. die Angaben in NJ 5/1997, S. 5-10, 5-11; vgl. auch *J. Arnold/M. Kühl*, Zur strafrechtlichen Beurteilung von Wahlfälschungen in der DDR, NJ 1992, 476ff.

Nach der statistischen Erfassung durch die Staatsanwaltschaft II beim Landgericht Berlin stellt sich der Stand der Verfahren wegen SED-Unrechts (Regierungskriminalität) für die Zeit vom 3.10.1990 bis 31.8.1996 wie folgt dar:

Von insgesamt 6.273 Eingängen wurden 5.109 erledigt, davon 194 durch Anklagen, 4.915 durch Einstellungen u.a. Erledigung, 1.164 Verfahren sind noch offen. Wegen Gewalttaten an der Grenze (Totschlag) wurden 78, wegen Justizunrechts (Rechtsbeugung und Totschlag/Freiheitsberaubung) 45 Anklagen erhoben. In den genannten 78 Anklagen in „Mauerschützen"-Prozessen wurden 182 Personen angeklagt, davon 40 rechtskräftig verurteilt und 25 rechtskräftig freigesprochen.

Wegen Justizunrechts wurden von 12.554 Eingängen 8.272 erledigt, davon die genannten 45 Anklagen erhoben, von diesen 27 wegen Rechtsbeugung. 4.282 Verfahren sind noch offen. Insgesamt sind 91 Personen angeklagt, 14 Verfahren abgeschlossen, bisher ein Angeklagter rechtskräftig verurteilt, 5 nicht rechtskräftig verurteilt, 3 rechtskräftig und 8 nicht rechtskräftig freigesprochen.[53]

Bis Mitte 1997 wurden *rund 90 Strafverfahren* durchgeführt, davon endete die Mehrzahl mit Verurteilungen zu Freiheitsstrafen wegen versuchten oder vollendeten Totschlags zwischen ein oder zwei Jahren, die zur Bewährung ausgesetzt wurden.

In Berlin fanden *rund 50 Verfahren* gegen Grenzsoldaten statt, wobei im Falle der Verurteilung meist Bewährungsstrafen zwischen ein und zwei Jahren verhängt wurden. In *Brandenburg* wurden 17 Grenzsoldaten wegen Totschlags zu Bewährungsstrafen verurteilt, 10 freigesprochen und ein Angeklagter wegen Mordes zu 10 Jahren Haft verurteilt, der einen Flüchtling erschossen hatte, nachdem dieser sich bereits ergeben hatte.

In Thüringen fanden *9 Grenzschützenprozesse* statt, 9 Verurteilungen, 0 Freisprüche, in *Sachsen-Anhalt 14 Anklagen*, 1 Verurteilung, in *Mecklenburg-Vorpommern* wurden *4 Anklagen* vorbereitet.

Seit 1994 kam es in mehreren großen Verfahren auch zu Verurteilungen höherer und oberster Befehlsgeber von Grenzschützen und damit politischen Spitzenfunktionären der DDR.

Am 26.7.1994[54] wurden die Mitglieder (Keßler, Albrecht und Streletz) des *Nationalen Verteidigungsrates* zu Haftstrafen zwischen fünf und siebeneinhalb Jahren verurteilt. Am 10.9.1996 verurteilte das LG Berlin den ehemaligen *Chef der DDR-Grenztruppen* (Baumgarten) und fünf seiner Stellvertreter zu Haftstrafen von dreiviertel bis sechseinhalb Jahren. Die Berufung wurde vom BGH durch Beschluß v. 30.4.1997 verworfen. Ferner wurden *Kollegiumsmitglieder des DDR-Verteidigungsministeriums* und des *Politbüros* angeklagt.

---

53 Zu diesen Angaben vgl. *H. Roggemann*, NJ 1997, 229 aufgrund von Auskünften der StA beim LG Berlin; neuere Angaben bei *B. Jahntz*, a.a.O. (Anm. 47).
54 NJW 1994, 2703.

Dessen Mitglieder (Krenz, Schabowski und Kleiber) wurden am 25.8.1997 vom LG Berlin zu Haftstrafen von sechseinhalb bzw. drei Jahren verurteilt.

Zahlenvergleich: NS-Systemunrecht

Diesen genannten Vorgängen und Zahlen aus der vierzigjährigen Rechtsgeschichte der DDR gegenüber weisen die tausend- bis millionenfachen Justiz und Kriegsverbrechen sowie Menschlichkeitsverbrechen während der NS-Zeit Dimensionen auf, die von vornherein jeden Vergleich zwischen beiden Systemen verbieten.

Probleme nachholender Strafrechtsanwendung

Zwischen *Rechtsgeltung* und *Rechtsanwendung* einer Strafnorm ist zu unterscheiden. Die Rechtsgeltungsanordnung bezieht sich auf Tatzeit und Tatort des Täters als Normadressaten. Die Rechtsanwendungsanordnung betrifft Ort, Zeit und Entscheidung des rechtsanwendenden Gerichts.

Die Ersetzung von Tatort- und Tatzeitrecht, d.h. DDR-Strafrecht durch neues bundesdeutsches Strafrecht ist vom EinigungsV nicht vorgesehen, da sie offensichtlich wegen Verstoßes gegen das verfassungsrechtliche Rückwirkungsverbot unzulässig gewesen wäre. Anderes soll gem. Art. 315 Abs. 1 EGStGB i. V. m. § 2 Abs. 3 StGB gelten, wenn das seit der Vereinigung auch im Beitrittsgebiet geltende Strafrecht *milder* ist.

Dieses *Mildeprivileg* zwingt zu einem Rechtsvergleich unter Einbeziehung des gesamten Altrechts (= Tatzeitrecht der DDR) und des bundesdeutschen Strafrechts zur Entscheidungszeit einschließlich aller etwaigen Rechtfertigungs- und Entschuldigungsgründe. Die schwierigen Schlußfolgerungen aus diesen Anwendungsvoraussetzungen hat der BGH nicht vollständig gezogen.[55] Da das mildeste Recht i. S. v. § 2 StGB zweifellos dasjenige ist, das den Täter straflos läßt, ist dies in den Mauerschützen- und Rechtsbeugungsfällen das DDR-Recht. Dessen Nichtanwendung kann nur damit begründet werden, daß die Strafverfolgungsbehörden und Gerichte der DDR dieses ihr eigenes DDR-Recht durch die Nichtverfolgung an sich strafbarer Handlungen verletzten. Sonst, gewissermaßen „richtig" angewendet, wäre es nicht milder. Hier wird also durch Auslegung ex post eine *Mischung* aus DDR-Altrecht und Auslegungsgrundsätzen der Bundesrepublik und internationalem Recht hergestellt, die zu einem neuen, „bereinigten" DDR-Recht führt.

---

[55] Vgl. BGH v. 3. 11. 1992, BGHSt 39, 12; NJW 1993, 141.

Unrechtskontinuität?

Die nachträgliche Strafverfolgung von DDR-Altlasten nach Erstreckung der Strafrechtsgeltung des bundesdeutschen StGB setzt also voraus, daß die Taten sowohl nach dem Recht der DDR als auch nach bundesdeutschem Strafrecht strafbar sind. Fehlt es an ersterem, so wäre die Verfolgung wegen Verstoßes gegen das Rückwirkungsverbot von vornherein unzulässig. Fehlte es an letzterem, so schlösse das straflose mildere Bundesrecht ein Strafbedürfnis aus.

Damit ist die Frage nach der Legitimation eines Staates zur Ausübung von Strafgewalt über Bürger eines anderen, durch Beitritt zum strafverfolgenden Staat untergegangenen Staates aber noch nicht beantwortet. Das BVerfG hat in seiner Spionage-Entscheidung[56] ausgeführt, daß die Strafverfolgung aufgrund von Staatsschutznormen nach Wegfall des Schutzbedürfnisses unverhältnismäßig sei. Weiterbestrafung aufgrund von Strafnormen, die Staatsschutz und politischen Systemschutz zum Ziel haben, ist danach unzulässig, wenn die Staatsordnung, von der die potentielle Gefahr ausging oder deren Systemschutz die Strafnormen dienten, weggefallen ist.

Nun betreffen beide hier betrachteten Tatkomplexe, „Mauerschützen" wie Rechtsbeugung, aus der Sicht des DDR-Strafgesetzgebers - und damit aus bundesdeutscher Sicht „seitenverkehrt" - zweifellos den damaligen, dortigen politischen Systemschutz, nämlich die Durchsetzung des Grenzregimes mit seinen Sperrmaßnahmen[57] sowie der sozialistischen Gesetzlichkeit durch eine in den sozialistischen Parteistaat eingebundenne Rechtsprechung.[58]

Ob das Konstrukt der „Unrechtskontinuität" über diese Differenz der politischen Systembindung des jeweiligen Schutzzwecks bei der Strafverfolgung wegen Rechtsbeugung hinweghelfen kann, ist zumindest dann zweifelhaft, wenn man mit der wohl vorherrschenden Auffassung in diesem Straftatbestand ein Gemeinschaftsrechtsgut sieht und den Individualrechtschutz nur als „Rechtsreflex" gelten lassen will. Für die Taten in den „Mauerschützen"-Verfahren gelingt dies ebenfalls nur, wenn man sie völlig aus ihrem politischen Kontext herauslöst und als reine Individualrechtsgüterverletzung ohne politischen Systembezug betrachtet. Wie schon die Fallkonstellationen und die täterschaftlichen Formen der Tatbeteiligung - einschließlich des täterschaftlichen Handelns der politischen „Hintermänner" im Rahmen „organisatorischer Machtapparate" - zeigen, würde dies bereits auf der Tatbestandsebene in unlösbare Widersprüche führen.

---

56 Fall Schütt v. 15.5.1995, NJ 1995, 313, entgegen BGH NJW 1991, 2418.
57 Geschützt durch § 105 DDR-StGB „Staatsfeindlicher Menschenhandel" und § 213 DDR-StGB „Ungesetzlicher Grenzübertritt".
58 Geschützt durch § 244 DDR-StGB „Rechtsbeugung".

Rekonstruktion von DDR-Recht

Die Anwendung des DDR-Altrechts verlangt, wie der BGH zutreffend herausarbeitet, eine eigenartige Rekonstruktion.

Die retrospektive strafrechtliche Beurteilung von Handlungen früherer Funktionsträger (Richter, Staatsanwälte, Grenzsoldaten, Offiziere) der DDR hat demnach auf der Grundlage des in der DDR geltenden Rechts, „der besonderen Grundzüge dieses Rechtssystems" und der dortigen Methoden der Rechtsanwendung zu erfolgen: „Bei der Auslegung von Normen kommt es auf die Auslegungsmethoden der DDR, nicht auf die der Bundesrepublik an". Es handelt sich also in diesen Fällen der Anwendung von DDR-Altrecht durch den heutigen Strafrichter der Bundesrepublik um *immanente, kritische Fremdrechtsanwendung,* die eine möglichst genaue Rekonstruktion des DDR-Rechts verlangt.[59] Zum geltenden Recht der DDR gehört nicht nur die Normlage neben den dort entwickelten Auslegungsmethoden, sondern auch die Praxis der Rechtsanwendung, die nicht derjenigen eines demokratischen Rechtsstaats entsprach, sondern die eines sozialistischen Vor-Rechtsstaats mit weitgehend fehlender rechtsstaatlicher Garantiewirkung von Normen war.

Zweifellos erwächst aus diesen Anforderungen für den heutigen Strafrichter ein gewisses Dilemma: Einerseits kann es nicht darum gehen, die staatssozialistische, sich als „marxistisch-leninistisch" verstehende Staats- und Rechtsideologie verlängernd nachzuvollziehen. Andererseits ist es nicht Sache „berichtigender" Interpretation, Strafrecht der DDR, die Zeit ihrer Existenz kein Rechtsstaat war, nachträglich in das eines Rechtsstaates entsprechend der Bundesrepublik zu verwandeln oder es daran zu messen. Denn auf diese Weise würde das „Mildeprivileg" - in Zusammenhang mit der Tatortrechtsanwendung die notwendige rechtsstaatliche Brücke zur nachholenden Strafverfolgung - „hintenherum" wieder umgangen.

Rechtswidrigkeit und Rechtfertigung

Der schwierige - aber einzig gangbare - Lösungsweg der Rechtsprechung, um überhaupt die Strafbarkeit zu begründen, besteht also darin, die andersartige sozialistische Rechtsordnung der DDR nach deren Rekonstruktion grundsätzlich beim Wort zu nehmen. Dieses Verfahren soll allerdings nur mit Einschränkungen gelten. Die Rechtfertigungsgründe des DDR-Rechts einschließlich der Praxis seiner Rechtsanwendung werden nicht einschränkungslos angewandt, sondern an vier Maßstäben[60] gemessen:

---

59 Vgl. hierzu *J. Arnold,* Die Berücksichtigung der systemimmanenten Auslegung des DDR-Rechts, Wistra 1994, S. 323ff.
60 Zu diesen vgl. bereits oben.

– Der BGH verlangt eine im Gegensatz zur tatsächlich herrschenden Staatspraxis womöglich „*menschenrechtsfreundliche Auslegung* mit Mitteln des Rechts der DDR".[61]
– *Naturrechtliche Grundsätze* in Gestalt „*elementarer Gebote der Gerechtigkeit*".[62]
– *Internationales Recht* in Gestalt völkerrechtlich geschützter Menschenrechte, d.h. Konventionsrecht sowie
– Gewohnheitsrecht.

Diese Brücke erweist sich bei näherer Betrachtung als noch schmaler, als vom BGH und BVerfG angenommen.

Den Kernpunkt bildet die Frage, ob die *gesetzlichen* (§ 27 DDR-GrenzG von 1982) oder *anderen*, auf Dienstvorschriften oder Befehlen und der *herrschenden Praxis* beruhenden Rechtfertigungsgründe für die Tötung von Flüchtlingen ganz oder teilweise zu entkräften sind.

War - und ist - der *Selbsterhaltungsversuch eines Staates durch Grenzsperrung*, verbunden mit restriktiver Reise- und Ausreisereglementierung, durchgesetzt gegenüber seinen Staatsbürgern mittels strafrechtlicher Verbote[63] und verwaltungsrechtlicher Zwangsvorschriften[64] grundsätzlich rechtfertigungsfähig? Oder handelt es sich um einen jener „äußersten Fälle", in denen Natur- und Menschenrechte positives Recht entkräften? Da ein allgemeines, weltweit anerkanntes, unbeschränktes Natur- oder Menschenrecht auf Ausreise nicht besteht - ebenso wie von einem notwendigerweise korrespondierenden allgemeinen Menschenrecht auf Einreise keine Rede sein kann - stellen ausreisebeschränkende und Grenzbewachung sichernde Rechtsvorschriften der ehemaligen DDR kein evidentes „Nichtrecht" dar, sondern können Zwangs- und Schußwaffenanwendung im Rahmen der selbstgesetzten Verhältnismäßigkeitsschranken rechtfertigen. In seinem 1. Mauerschützenurteil[65] räumt der BGH immerhin ein, „daß die Ausreisefreiheit bei der Schaffung des Grundgesetzes nicht zu einem selbständigen Grundrecht gemacht worden ist." Eine weitergehende Erläuterung dieses Problems, insbesondere der immanenten und externen Schranken dieses Rechts, nimmt der BGH jedoch nicht vor.

Das Gegenargument, die Vorschriften des DDR-Rechts stellten das „Menschenrecht auf Leben" in Frage, trifft darum nicht zu,[66] weil es das Verhältnis zwischen Verbotsnorm und Rechtfertigungssatz verkehrt: in den Mauerschüt-

---

61 BGH Urt. v. 20.3.1995, NJ 1995, 541 (Hervorhebg. v. Verf.).
62 BVerfG v. 24.10.1996 in NJ 1997, 19; dazu *H. Dreier*, JZ 1997, 421, *G. Sprenger*, NJ 1997, 3.
63 „Ungesetzlicher Grenzübertritt", § 213 DDR-StGB.
64 „Anwendung von Schußwaffen", § 27 DDR-GrenzG.
65 NJW 1993, 145.
66 So aber *F.C. Schroeder*, Tötungen in staatlichem Auftrag, in: *G. Brunner* a.a.O. (Anm. 22). Von dieser Sichtweise setzt sich sogar das LG Berlin in seinem Urteil gegen die Mitglieder des NVR ab (Anm. 77).

zenfällen geht es - im Gegensatz zu nationalsozialistischen Tötungen in staatlichem Auftrag - um die (im Einzelfall gerechtfertigte oder ungerechtfertigte) gewaltsame Verhinderung unerlaubter Rechtsausübung (Grenzübertritt). Dies den staatlichen Tötungshandlungen jener Zeit gleichzusetzen, wäre unangemessen.

In den jahrelang restriktiven und bis zum Ende der DDR weit hinter den Reise- und Ausreisewünschen der Bürger zurückbleibenden Ausreiserechtsregelungen und einer entsprechenden, rechtlich nicht nachprüfbaren, von Konflikten und Repressionen gekennzeichneten Verwaltungspraxis der DDR wurde und wird ein Verstoß gegen *„universal anerkannte Menschenrechte" und geltendes Völkerrecht* gesehen. Diese sowohl mit Hinweis auf Völkergewohnheitsrecht als auch auf Art. 12 II des Internationalen Pakts über bürgerliche und politische Rechte (IPBPR) vom 19.12.1966 begründete Völkerrechtsverletzung bildet ein Hauptargument gegen die Geltungskraft des Straftatbestandes unerlaubter Grenzübertritt (§ 213 DDR-StGB) sowie gegen die - insoweit akzessorische - Rechtfertigungswirkung der Schußwaffengebrauchserlaubnis (§ 27 DDR-GrenzG). Bei näherer Betrachtung zeigt sich allerdings, daß es mangels genereller und spezieller Transformation dieser Völkerrechtsnorm in der DDR über die dort vorgenommene Ausreiserechtsregelung hinaus an einer weitergehenden Rechtswirkung im Sinne eines subjektiven Rechts zugunsten jedes einzelnen DDR-Bürgers fehlte. Zudem läßt Art. 12 III IPBPR weitgehende Einschränkungen des Ausreiserechts unter anderem zum Schutze der nationalen Sicherheit und der öffentlichen Ordnung zu.[67] Im Konflikt zwischen Staatserhaltung (durch restriktive Kanalisierung einer übermäßigen, ökonomisch und politisch untragbaren Ausreisewelle) und Individualrechtsausübung ist schlechterdings kein Völkerrechtssatz ersichtlich, der die *evidente* Nichtigkeit der entsprechenden Straf- und Grenzgesetzgebung der DDR zwingend zur Folge gehabt hätte. Die Qualität universellen Völkergewohnheitsrechts besitzt die Ausreisefreiheit des Art. 12 II IPBPR im übrigen bis auf den heutigen Tag nicht.

Die Ausführungen des BGH[68] sind in diesem Punkte in sich offensichtlich widersprüchlich. Sie weisen auf vier Hauptgegenargumente hin:

- die fortbestehenden Meinungsverschiedenheiten über Einschränkungskriterien von Art. 12 III IPBPR unter UN-Mitgliedsstaaten;
- tatsächlich bestehende Ausreisebeschränkungen bei zahlreichen anderen nichtsozialistischen und allen damaligen staatssozialistischen Staaten;
- die Gefährdung für die Stabilität der DDR durch weitgehende Grenzöffnung;

---

67 Kritisch auch: *J. Polakiewicz*, EuGRZ 9-10 1992, S. 177: „Ein Verstoß der in der DDR geltenden Regelungen des Schußwaffengebrauchs gegen Art. 6 I IPBPR läßt sich nicht feststellen."
68 In seinem Urt. v. 3.11.1992.

– die unterlassene Umsetzung des IPBPR in innerstaatliches DDR-Recht, die für die strafrechtliche Relevanz erforderlich wäre.

Der BGH geht insbesondere auf die *rechtstatsächlichen Dimensionen* und die Relevanz dieser Argumente nicht nur nicht näher ein, sondern bleibt bei seiner Rechtsbehauptung, das freie Ausreiserecht der DDR-Bürger beruhe auf einer *„allen Völkern gemeinsamen Rechtsüberzeugung"*.

Drei wichtige Gegenargumente werden entweder gar nicht oder unvollständig erörtert:

– Waffengewalt bis hin zu Schußwaffengebrauch wurde und wird bis heute an zahlreichen anderen Grenzen der Welt praktiziert;
– Der Satz, es habe *„jedenfalls bis zum 1. Januar 1989 für nicht politisch privilegierte Bürger unterhalb des Rentenalters, abgesehen von einzelnen dringenden Familienangelegenheiten keine Möglichkeit der legalen Ausreise"* gegeben, ist unzutreffend. Von 1950 bis 1970 waren 2,49 Millionen Menschen aus der DDR ausgereist, in den Jahren von 1965 bis 1974 waren es 0,11 Millionen und in den Jahren 1975 bis 1984 0,28 Millionen.[69] Hierbei handelte es sich keinesfalls ausschließlich um „Republikflüchtlinge". Die Zahlen der Personen im Rentenalter und nicht im Rentenalter, die aus der DDR in die BRD reisen oder die DDR verlassen konnten, stiegen langsam aber stetig an. In dringenden Familienangelegenheiten durften 1982 45.709, 1983 64.025, 1984 61.000, 1985 66.000 Personen aus der DDR in die BRD fahren. 1984 konnten etwa 40.000 Personen nicht im Rentenalter die DDR verlassen.[70] Diese Entwicklung wurde auch von der damaligen Bundesregierung anerkannt. In seinem Bericht zur Lage der Nation 1984 führte Bundeskanzler Helmut Kohl aus: "Wir wissen, welchen Belastungen sich Deutsche in der DDR aussetzen, die einen Übersiedlungsantrag stellen. Die Bundesregierung begrüßt die wachsende Zahl der Genehmigungen. Wir freuen

---

69 vgl. Berliner Institut für vergleichende Sozialforschung (Hrsg.), Statistische Tafel zu Migration und Gesellschaft, Teil 3, 1992; ferner: Die Flucht aus der Sowjetzone. Ursachen und Verlauf – die Eingliederung der Flüchtlinge. Hrsg. vom Bundesministerium für Vertriebene, Flüchtlinge und Geschädigte, Bonn 1962; sowie F. Ulrich, Die Übersiedlerbewegung in die Bundesrepublik und das Ende der DDR, Forschungsgruppe internationale Beziehungen des WZB, 1991.
70 Vgl. hierzu und zu den vorangehenden Zahlen die Angaben u.a., in: Bundesministerium für innerdeutsche Beziehungen, DDR-Handbuch, 1975 und 1985, jeweils unter „Flüchtlinge", und „Übersiedlung in die Bundesrepublik Deutschland"; ferner Bundesministerium für innerdeutsche Beziehungen, Zehn Jahre Deutschlandpolitik. Die Entwicklung der Beziehungen zwischen der Bundesrepublik Deutschland und der Deutschen Demokratischen Republik 1969-1979, Bonn 1980, S. 42ff.; *J. Nawrocki*, Die Beziehungen zwischen den beiden Staaten in Deutschland, Berlin (West) 1986; weitere Nachweise, in: *H. Roggemann*, Die DDR-Verfassungen, Einführung in das Verfassungerecht der DDR, Berlin, 4. Aufl. 1989, S. 93 ff., 100.

uns über jeden, der in die Bundesrepublik Deutschland übersiedeln möchte und von den Behörden der DDR die Genehmigung dazu erhält."[71]

– Alle essentiellen Änderungen des Grenzregimes bedurften der ständigen und genauen Abstimmung mit der sowjetischen Besatzungsmacht. Die Beweisführung des BGH und auch des LG Berlin im Prozeß gegen die Mitglieder des Nationalen Verteidigungsrates ist insofern ungenau, als sie eine Zeitphasenverschiebung vornimmt. Mit beginnender Perestroika unter Gorbatschow und seinen Mitarbeitern wurde die Ermessensfreiheit der DDR für die Grenzgestaltung größer, zugleich wuchs die Zahl der Ausreisenden. In den z.T. länger zurückliegenden Tatzeiträumen war die Paktbindung der DDR wesentlich enger. Deren Westgrenze war zugleich Außengrenze des Sowjetsystems. Ermessensalternativen für eine Grenzöffnung seitens der DDR bestanden daher früher nicht.

Den spezifisch deutsch-deutschen, aber eben *nicht internationalrechtlich relevanten* und daher in diesem Zusammenhang irrelevanten Gesichtspunkt benennt der BGH nebenbei: *„Das Grenzregime der DDR empfing jedoch seine besondere Härte dadurch, daß Deutsche aus der DDR ein besonderes Motiv für den Wunsch, die Grenze nach West-Berlin und Westdeutschland zu überqueren, hatten: Sie gehörten mit den Menschen auf der anderen Seite der Grenze zu einer Nation und waren mit ihnen durch vielfältige verwandtschaftliche und sonstige persönliche Beziehungen verbunden"*[72].

Dem setzte das LG[73] die Feststellung entgegen: *„Es ist nicht festgestellt worden, daß auch nur eines der Opfer durch staatliche Willkür in eine so ausweglose Konfliktsituation gebracht worden wäre, daß Fluchtversuch die einzige Lösung und somit der Tod zwangsläufige Konsequenz des staatlichen Handelns war"*.

Rechtmäßige Alternativen?

Rechtswidrigkeitsurteil und Schuldvorwurf führen unausweichlich zu weiteren Fragen, denn Vorwerfbarkeit setzt Vermeidbarkeit voraus. Wie also hätten die DDR-Täter, wie hätten Grenzsoldaten, Befehlsgeber, wie DDR-Richter sich verhalten sollen? Welche realen, zumutbaren Handlungs- oder Unterlassungsalternativen bestanden? Wie hätte eine etwaige Humanisierung des Grenzregimes, eine menschenrechtsfreundliche Auslegung von § 27 des GrenzG aussehen müssen?

---

71 Protokoll der 59. Sitzung des deutschen Bundestages, in: Texte zur Deutschlandpolitik, Reihe III, Band 2, hrsg. vom Bundesministerium für innerdeutsche Beziehungen, 1985, S. 79.
72 BGH NJW 1993, 146.
73 Vgl. dazu bei *U. Wesel*, Ein Staat vor Gericht, Frankfurt a.M. 1994, S. 143.

Abschaffung der Grenzbewachung mit Schußwaffen? Jedenfalls keine Verwendung von Erd- oder Splitterminen? Oder gar weitgehende Öffnung der Grenze mit der Folge alsbaldigen Zusammenbruchs der inneren Stabilität der DDR und damit des Gefüges der europäischen Nachkriegsordnung?

Die historischen Tatsachen, daß die Regierung der USA ebenso wie England und Frankreich die weitere Teilung Deutschlands und die Verhinderung der Massenflucht aus der DDR durch den Mauerbau als Beitrag zur Stabilisierung der europäischen Nachkriegsordnung akzeptierten,[74] und daß eine weitgehende Änderung der Grenzbewachung etwa durch partielle Grenzöffnung nicht zur Disposition der DDR-Regierung im Verhältnis zur sowjetischen Besatzungsmacht stand, werden von der Rechtsprechung nicht angemessen in die Argumentation einbezogen.

Die Antwort kann nicht nachträglich losgelöst von außen- und deutschlandpolitischen sowie völkerrechtlichen Rahmenbedingungen ausschließlich auf staatsrechtliche, im engeren Sinne rechtsstaatliche Aspekte reduziert werden. Solange fortgeltende besatzungsrechtliche Vorbehalte der vier Siegermächte den Rechtsstatus Deutschlands, der beiden deutschen Staaten, ihrer Beziehungen zueinander begründeten und begrenzten, standen die Außen- und Binnenbeziehungen der beiden deutschen Staaten und vor allem der DDR nicht zu deren alleiniger Disposition.[75]

Diese Rahmenbedingungen können rückwirkend weder aus dem (Straf-) Recht der DDR eliminiert, noch als „historischer Irrtum" abgetan werden. Die gegenteilige Auffassung beruht auf einer Fiktion, die in der Rechtsgeschichte der beiden deutschen Staaten - leider - zu keiner Zeit ihrer Existenz vor dem Ende der Ära Gorbatschow Platz hatte: Daß es der DDR und ihren jeweiligen Regierungen freigestanden hätte, sich innerhalb des sowjetisch dominierten „Sozialistischen Lagers" zu einem freiheitlichen Rechtsstaat zu entwickeln. Dies gelang erst in der Wendezeit 1989/90. Der heutige deutsche Strafrichter ist nicht berufen, den Mauerfall rückwirkend vorzuverlegen.

Exzeßtaten

Nicht rechtfertigungsfähig und nicht entschuldbar[76] bleibt damit nur derjenige Teil des Systemunrechts, der in die Kategorie der *Exzeßtaten* fällt.

---

74 Siehe *H. Catudal*, Kennedy und die Mauerkrise, Berlin 1981; *ders.* The Diplomacy of the Quadripartite Agreement on Berlin, Berlin 1978.
75 Zum Problem der außenpolitischen Eingebundenheit der DDR und ihrem Verhältnis zur Sowjetunion hat kürzlich erneut die Staatsduma der Russischen Föderation in einer Erklärung Stellung genommen, vgl. ND v. 15./16.3.1997; zum Gesamtzusammenhang vgl. *H. Roggemann*, Fragen und Wege zur Rechtseinheit in Deutschland, Anm. 1, S. 34 ff.
76 *A. Eser*, FS für Odersky, S. 340.

Bei den Mauerschützen-Fällen sind dies die sog. „Hinrichtungsfälle", Erschießung Verwundeter, Fluchtunfähiger oder -unwilliger; unterlassene Hilfeleistung (Fall Fechter[77]).

Ob die Installation von Minen und Selbstschußanlagen ebenfalls hierzu zählt, hängt von den konkreten Wirkungsformen ab, dürfte aber, wegen ihrer unabsehbaren Folgen für die später wieder abgebauten Selbstschußanlagen, nicht dagegen für die Landminen zu bejahen sein. Bei dieser Unterscheidung (die auf der Grundlage von § 27 III DDR-GrenzG möglich ist), ist die Tatsache zu berücksichtigen, daß Landminen bis heute noch nicht zu den vom internationalen Recht geächteten Waffen gehören.[78] Einen Versuch in dieser Richtung stellt das Osloer Abkommen von 1997[79] dar. Auch dieses nimmt aber z.B. Panzerminen und Anti-Personen-Minen zum „Schutz" von Panzerminen aus.[80] Zu den Ländern, die bis heute Teile ihrer Grenzen durch Minen schützen, gehört neben Nordkorea auch Griechenland.[81]

Für die Rechtsbeugungsfälle bleiben als Exzeßfälle im Bereich strafrechtlicher Relevanz nur diejenigen Verfolgungsmaßnahmen, die wegen offensichtlicher Verfahrensverstöße, Sachverhaltsmanipulationen oder Strafmaßexzesse jenseits der generell rigiden Normalität staatssozialistischer Zumessungspraxis als Willkürhandlungen anzusehen sind.

Geht man davon aus, daß nur die Exzeßtäter als unmittelbare Täter bzw. Mittäter oder Gehilfen strafbar sein können, so kommt eine Strafbarkeit der Befehlsgeber und obersten politischen Funktionsträger als mittelbare Täter, handelnd im Rahmen organisierter Machtapparate, auch nur insoweit in Betracht, als es um Anordnung oder Duldung durch Unterlassen der Verhinderung derartiger Exzeßtaten geht.[82]

---

77 LG Berlin, Urteil v. 5.3.1997, NJ 1997, 407ff.
78 Bis heute gehören Belgien, Bulgarien, Kanada, Chile, Frankreich, Italien, Jugoslawien, Korea, China, Portugal, Rumänien, Rußland, Großbritannien, Südafrika, Tschechien, Deutschland, Ungarn, USA, Vietnam, Simbabwe und Österreich zu den Ländern, die Landminen einsetzen, exportieren oder herstellen. Vgl. dazu Norwegian People's Aid (Stand: 1998, WWW-Seite http:// www. npaid.no/mines) In Korea werden Landminen zur Grenzsicherung zwischen Nord- und Südkorea eingesetzt. Diese Tatsache gilt als Hauptgrund dafür, daß die USA bislang einer völkerrechtlichen Ächtung von Landminen als verbotene Waffen ihre Zustimmung versagt haben. Bundesaußenminister Kinkel erklärte hierzu: „Einige Staaten sehen Antipersonenminen immer noch als billiges aber effektives Mittel der Landesverteidigung oder wollen auf den Export dieser Teufelsdinger nicht verzichten." (so in einer Rede v. 24.2.1997); vgl. auch Stockholm International Peace Research Institute.
79 Convention on the Prohibition of the Use, Stockpiling, Production and Transfer of Antipersonnel Mines and on Their Destruction' vom 18.September 1997, Oslo, Norwegen.
80 Artikel 2, 1., Satz 2 und Artikel 3, 1. der Osloer Convention.
81 Dies geht u.a. aus zwei AFP-Meldungen vom 5.11.1997 und 29.9.1996 hervor, in denen darüber berichtet wurde, daß bei dem Versuch, die griechisch-türkische Grenze zu überqueren zwei Türken verwundet bzw. drei Türken von Minen getötet wurden.
82 Beispiele: Unterlassene Anordnung, Verwundeten Hilfe zu leisten oder auf Fluchtunfähige oder offensichtlich Fluchtunwillige zu schießen.

Damit reduziert sich auch der strafrechtliche Verantwortungsbereich der Befehlsgeber und politischen Verantwortungsträger (Nationaler Verteidigungsrat; Politbüro) deutlich gegenüber den bisherigen Verurteilungen.

Internationale Maßstäbe

Nach dem gegenwärtigen Entwicklungsstand des *materiellen internationalen Strafrechts*[83] und den dort fixierten Kategorien strafrechtlicher Verantwortlichkeit wegen Völkermords, Kriegsverbrechen, Menschlichkeitsverbrechen, sowie Aggressionsdelikten wäre eine Strafbarkeit von DDR-Funktionsträgern wegen Systemunrechts *nicht* gegeben.

Ob und wie der *EuGHMR in Straßburg* diese Frage beurteilt, ist offen. Schon einmal (Fall Vogt) hat der EuGHMR in einem politischen Systemkonflikt, nämlich im Falle der Praxis der Berufsbeschränkungen, auch Berufsverbote genannt, gegen eine Lehrerin, die DKP-Mitglied war, anders als die ganz herrschende Rechtsprechung in der (Alt)Bundesrepublik entschieden.[84]

---

83 So o. Anm. 3, sowie den Entwurf für die Staatenkonferenz von Rom 1998.
84 EuGHMR, NJ 1996, 248, dazu näher *H. Roggemann,* NJ 1996, 228 ff.

Abkürzungsverzeichnis

ACS	Archivio Centrale dello Stato
AIM	Archivierte Akte eines Inoffiziellen Mitarbeiters
BAB	Bundesarchiv, Abteilungen Berlin
BADH	Bundesarchiv, Dahlwitz-Hoppegarten
BerRehaG	Berufliches Rehabilitierungsgesetz
BG	Bezirksgericht
BGH	Bundesgerichtshof
BGHSt	Entscheidungen des Bundesgerichtshofes in Strafsachen
BStU	Der Bundesbeauftragte für die Unterlagen des Staatssicherheitsdienstes der ehemaligen DDR
DA	Deutschland Archiv
DJ	Deutsche Justiz
DJV	Deutsche Zentralverwaltung für Justiz
DtZ	Deutsch-Deutsche Rechts-Zeitschrift
EGStGB	Einführungsgesetz zum Strafgesetzbuch v. 2.3.1974
EuGHMR	Europäischer Gerichtshof für Menschenrechte
FDGB	Freier Deutscher Gewerkschaftsbund
FDJ	Freie Deutsche Jugend
GI	Geheimer Informator
GMS	Gesellschaftlicher Mitarbeiter für Sicherheit
GRGA	Gustav-Radbruch-Gesamtausgabe
GStA	Generalstaatsanwaltschaft
GVG	Gerichtsverfassungsgesetz
HA	Hauptabteilung
HB	Handbuch
Hbd.	Halbband
IM	Inoffizieller Mitarbeiter
IMK	Inoffizieller Mitarbeiter zur Sicherung der Konspiration und des Verbindungswesens
IMS	Inoffizieller Mitarbeiter zur politisch-operativen Durchdringung und Sicherung des Verantwortungsbereichs
IPBPR	Internationaler Pakt über bürgerliche und politische Rechte
JR	Juristische Rundschau
JuS	Juristische Schulung
JW	Juristische Wochenschrift
JZ	Juristen-Zeitung

KPdSU	Kommunistische Partei der Sowjetunion
KSSVO	Kriegssonderstrafrechtsverordnung
LDPD	Liberaldemokratische Partei Deutschlands
LG	Landgericht
LPG	Landwirtschaftliche Produktionsgenossenschaft
M.d.R.	Mitglied des Reichstages
MDR	Monatsschrift für deutsches Recht
MfS	Ministerium für Staatssicherheit
ND	Neues Deutschland
NDPD	Nationaldemokratische Partei Deutschlands
NJ	Neue Justiz
NJW	Neue Juristische Wochenschrift
NSDAP	Nationalsozialistische Deutsche Arbeiterpartei
NStZ	Neue Zeitschrift für Strafrecht
NStZ-RR	NStZ-Rechtsprechungs-Report Strafrecht
NVA	Nationale Volksarmee
OibE	Offizier im besonderen Einsatz
OLG	Oberlandesgericht
OV	Operative Vorgänge
RGBl	Reichsgesetzblatt
RJW	Reichsjustizministerium
RStGB	Reichsstrafgesetzbuch
RuP	Recht und Politik
SAPMO	Stiftung Archiv der Parteien und Massenorganisationen der DDR
SBZ	Sowjetische Besatzungszone
SED	Sozialistische Einheitspartei Deutschlands
SJZ	Süddeutsche Juristenzeitung
SMAD	Sowjetische Militäradministration in Deutschland
StA	Staatsarchiv
StGB	Strafgesetzbuch
StPO	Strafprozeßordnung
StrRehaG	Strafrechtliches Rehabilitierungsgesetz
StV	Strafverteidiger
VerwRehaG	Verwaltungsrechtliches Rehabilitierungsgesetz
VGH	Volksgerichtshof
VO	Verordnung
VP	Volkspartei
ZA	Zentralarchiv
ZK	Zentralkomitee
ZPKK	Zentrale Partei-Kontroll-Kommission
ZRP	Zeitschrift für Rechtspolitik

Die Autoren

Walther L. *Bernecker*, Dr., o. Professor für Auslandswissenschaft (Romanischsprachige Kulturen) an der Universität Erlangen-Nürnberg.

Willi *Dreßen*, Oberstaatsanwalt, Leiter der Zentralen Stelle der Landesjustizverwaltungen zur Aufklärung von NS-Gewaltverbrechen, Ludwigsburg.

Hans-Jürgen *Grasemann*, Dr., Oberstaatsanwalt, Abteilungsleiter in der Staatsanwaltschaft Braunschweig.

Bernhard *Jahntz*, Oberstaatsanwalt, Abteilungsleiter in der Staatsanwaltschaft II bei dem Landgericht Berlin zur Verfolgung von SED-Regierungskriminalität.

Adam *Krzemiński*, Publizist, Warschau.

Michael *Piazolo*, Dr., Dozent an der Akademie für Politische Bildung, Tutzing.

Herwig *Roggemann*, Dr., Universitätsprofessor für Recht der osteuropäischen Staaten, Rechtsvergleichung, Straf- und Strafverfahrensrecht an der Freien Universität Berlin.

Fernando *Rosas*, Dr., Professor an der Universidade Nova de Lisboa, Direktor des Instituts für Zeitgeschichte, Lissabon.

Christoph *Schaefgen*, Generalstaatsanwalt, Staatsanwaltschaft II bei dem Landgericht Berlin.

Edzard *Schmidt-Jortzig*, Dr., o. Professor für Öffentliches Recht an der Universität Kiel, Bundesminister der Justiz.

Friedrich-Christian *Schroeder*, Dr., o. Professor für Strafrecht, Strafprozeßrecht und Ostrecht Universität Regensburg, Vorstand des Instituts für Ostrecht München.

Wolfgang *Schuller*, Dr., o. Professor für Alte Geschichte an der Universität Konstanz.

Günter *Spendel*, Dr., em. o. Professor für Strafrecht, Strafprozeßrecht und strafrechtliche Hilfswissenschaften an der Universität Würzburg.

Clemens *Vollnhals*, Dr., Stellvertretender Direktor des Hannah-Arendt-Instituts für Totalitarismusforschung, Dresden.

Rudolf *Wassermann*, Dr., Oberlandesgerichtspräsident a.D., Mitglied des Niedersächsischen Staatsgerichtshofs.

Jürgen *Weber*, Dr., Dozent an der Akademie für Politische Bildung, Tutzing.

Hermann *Wentker,* Dr., Wissenschaftlicher Mitarbeiter am Institut für Zeitgeschichte München, Außenstelle Berlin.

Falco *Werkentin*, Dr., Wissenschaftlicher Mitarbeiter beim Berliner Landesbeauftragten für die Unterlagen des Staatssicherheitsdienstes der ehemaligen DDR, Berlin.

Hans *Woller*, Dr., Wissenschaftlichen Mitarbeiter am Institut für Zeitgeschichte, München; Chefredakteur der Vierteljahrshefte für Zeitgeschichte.

Jürgen *Zarusky*, Dr., Wissenschaftlicher Mitarbeiter am Institut für Zeitgeschichte, München

Personenregister

Alberti, Rafael 115
Albrecht 336, 339
Aranguren, José Luis L. 126
Arendt, Hannah 143

Badoglio, Pietro 97, 98, 99, 100, 101
Bästlein 54, 57
Baumgarten 339
Benjamin, Georg 181, 182, 183
Benjamin, Hilde 14, 171, 174, 176, 181, 182, 183, 184, 187, 226, 232, 260, 280
Benjamin, Michael 183
Benjamin, Walter 181
Berge 223
Berija, Lawrentij 157, 158
Best, Werner 28, 29
Blume, Alfred 78
Bodin, Jean 12
Bonhoeffer, Dietrich 296, 297, 298
Borchert, Karl-Heinrich 230, 231, 232
Borning 198
Borodziej, Wlodzimierz 165, 166
Bösel, Thea 218
Bottai, Giuseppe 101
Bracher, Karl Dietrich 281
Bucharin 155
Bumke, Erwin 29

Caetano, Marcelo 133, 146
Canaris, Wilhelm 297
Cebrián, Juan Luis 128
Cheng, Yat-Che 37
Chruschtschow, Nikita 158
Ciano, Galeazzo 101
Croce, Benedetto 102
Cruz, M. Brage da 137, 140

Dimitroff 33, 36, 40
Dorn, Erna 202

Eberhard, Fritz 27
Eidem 73
Engels, Friedrich 152, 153
Enskat, Gustav 220

Fanjul, Juan Manuel 119
Farinacci, Roberto 101
Fechner, Max 181, 184, 215
Fechter 348
Fraenkel, Ernst 27, 211
Franco 118, 119, 120, 122, 123, 130
Frank, Hans 14, 26, 27
Freisler, Roland 14, 25, 26, 42, 43, 44, 50, 52, 58, 59, 60, 66, 73, 79, 80, 84, 159, 176, 260
Frick, Wilhelm 26, 39, 68
Fricke 276
Friedrich 232
Fuchs, Hans 230

Gackstetter 88
Gasperi, Alcide De 102
Gauck, Joachim 12, 166
Gauger, Martin 27, 28
Gehre, Ludwig 297
Gelzenleuchter 68, 69
Gisevius, Hans-Bernd 36
González, Felipe 115
Gorbatschow, Michail 161, 347
Gottschalk, Friedrich 88, 89
Grieco, Ruggero 108
Gritschneder 20
Grüneberg, Gerhard 197
Gura, Stefan 83
Gürtner 40, 92

Gust, Erich 204
Güstrow, Dietrich 87, 88

Hänsel, Erich 218
Hanselmann 88, 89
Hartmann, Alfred 235, 236
Hartwig, Otto 173
Heger, Siegfried 218, 223, 224
Hehr, Friedrich 84
Heilmann 39
Heinitz 232
Heinlin 83
Heitmann, Steffen 18
Hermann 92
Hermlin 202
Heuck, Christian 32
Heumann 83
Heusinger, Hans-Joachim 226, 228, 229
Heydrich, Reinhard 35
Heyer, Eberhard 231
Heyer, Elenore 231
Hitler, Adolf 14, 15, 27, 28, 29, 30, 32, 35, 39, 40, 43, 48, 49, 78, 79, 81, 82, 87, 88, 92, 180, 182, 317
Hoeppner 91
Hohenlohe-Langenburg, Max Prinz zu 59
Holländer 70
Hölscher, Heinrich 178
Honecker, Erich 17, 200, 210, 211, 213, 214, 241, 282
Hugot 222

Iribarne, Manuel Fraga 116

Jakob, Günter 54
Janka, Walter 210, 211
Jaruzelski, Wojciech 165
Jelzin, Boris 162
Jolson alias Friedrich Julius Stahl 26

Juan Carlos, König 120

Kalwert, Günter 227
Kamenjew 155
Kant, Immanuel 26, 332
Karassjow, Jakow Affanassewitsch 173
Katzenberger 81
Kern, Herbert 218, 224, 226, 229
Kerrl, Hanns 177
Kerski, Basil 162
Keßler 336, 339
Kieling, Karl 180
Kienberg, Paul 222
Kießling, Charlotte 227
Kirchheimer, Otto 25, 195
Kirow 154
Kirschneck, Johann 31, 32
Kiszczak, Czeslaw 166
Kleiber 340
Klenner, Hermann 213
Koch, Holger 233
Kohl, Helmut 345
Körner, Gerhard 233
Krebs, Mario 298
Krenz, Egon 210, 219, 340
Kreyßig, Lothar 92

Lamm, Fritz 31
Lammers 26, 82
Landwehr 83
Lange, Hildegard 181
Leeb, Johannes 34
Lenin, Wladimir Iljitsch 151, 152, 155
Leverenz 63
Lichtenberg, Bernhard 296, 297
Litt, Theodor 94
Lockes, John 12
Lohmann 222
Lubbe, Marinus van der 33, 36, 40
Luftglass, Markus 82

Personenregister

Machado, Antonio 111
Machiavelli, Niccolo 12
Mai, Heinz 218, 233
Maikath, Willi 196
Malefakis, Edward 128
Marx, Karl 152, 153
Marxen 45
Maschkow 179
Maser, Willi 227
Mazowiecki 161, 162, 163
Melsheimer, Ernst 14, 171, 176, 177, 178, 179, 180, 181, 183, 184, 187
Melzheimer, Anton 87
Metzger 62, 63, 73, 74, 80
Michnik, Adam 166, 167
Mielke, Erich 165, 186, 200, 209, 229
Miller, Leszek 166
Montesquies 12
Mühlberger, Friedrich 233
Müller, Hans 222
Müller, Ingo 87, 92
Müller, Walter 85
Müller, Wilhelm 227
Mussolini, Benito 97, 98, 100, 105

Nagel, Fritz 236, 237
Nenni, Pietro 106
Neubert 91
Nicolai 26

Oppenhoff 93
Oster, Hans 297

Pätzel 237
Peller, Wolfgang 227
Penndorf, Lothar 233, 235, 237
Peschel-Gutzeit 273
Pinar, Blas 116
Popieluszko 165

Popoff 33, 36, 40

Queiró, Afonso 133

Rauschenplat, Hellmut von 27
Recht, Alfred 83
Reemtsma, Jan Philipp 321
Rehse 61, 62, 63, 73, 74, 80, 81
Reichart, Johann 83
Reimers 63
Reinwarth 274
Rosenholz, Arkadi 155
Rothaug 81
Rottleuthner 276
Rüter von 86
Rykow 155

Sack, Karl 297
Saefkow 54, 57
Salazar, Antonio de Oliveira 131, 132, 133, 134, 137, 143, 144
Sarge, Günter 233, 234, 235
Schabowski, Günter 340
Schaefgen 274
Scharper 196
Schiffer, Eugen 181
Schille, Alfred 220
Schlegelberger 33, 34, 82, 84
Schlüter 35
Schmitt, Carl 26, 27
Scholl, Hans und Sophie 158, 298
Schorn, Hubert 92
Schreiter, Johannes 234
Schuller 276
Schulze, Kurt 31, 196
Schumann, Horst 184
Schwingenschlögl, Michael 83
Scoccimarro, Mauro 103, 104
Seidel 83, 84
Sendler, Horst 274
Sieradcka, Genowefa 82, 83
Sievers, Max 57

Simon, Max 88, 89
Sinowjew 155
Solschenizyn, Alexander I. 153
Sorgenicht, Klaus 198, 218
Spendel 273, 277, 314
Stahl, Friedrich Julius 26
Stalin, J. W. 14, 15, 151, 153, 155, 157, 158, 164, 317, 154, 194
Steinhauser 83
Stolpe, Manfred 162, 165
Strasberg, Werner 233
Streit, Josef 194, 215, 229
Streletz 336, 339

Taneff 33, 36, 40
Teske 236
Thälmann, Ernst 35, 36, 204
Thierack 15, 42, 43
Timm, Rudolf 32
Toeplitz, Heinrich 232, 233
Togliatti, Palmiro 103, 104, 106
Torgler 33, 40
Trebeljahr 236
Tröndle 280

Uhl, Josef 88
Ulbricht, Walter 17, 200, 211, 317
Unamunos, Miguel de 127

Verhoeven, Michael 298
Vogt, Arthur 30

Wagenknecht, Bernd 236
Waksberg, Arkadi 158
Waldmann, Günter 233
Walesa, Lech 161
Warnecken 83
Wasner, Eugen 87, 88
Wendland, Günter 229, 232
Werkentin, Falco 17, 276
Wessels, Horst 182
Windisch, Gernot 231

Wittenbeck, Siegfried 226, 227
Wittstock, Ursula 227
Wolfseder 88
Wollweber 57
Wostry, Heinz 218
Wrobel, Alfreda 84
Wrobel, Walerian 83, 84
Wünsche, Kurt 213, 226, 227, 228
Wyschinski, Andrej 14, 154, 155, 158, 159

Zeller, Max 83
Ziegler, Walter 233, 235
Zorn 83